문학교육총서 ❸

문학능력

문학능력

한국문학교육학회 엮음

역락

머리말

　삶 속에서 문학을 누리고 문학을 통해 인간과 세상을 보는 마음의 눈을 일깨우는 일이야말로 문학을 배우고 가르치는 궁극적 목적입니다. 학교라는 제도교육의 장에서 문학교육이 그 무엇보다도 소중한 가치를 지닌 이유도 여기에 있습니다.

　문학교육의 활성화와 이론적 토대 및 방향의 정립을 목표로 활발하게 연구 활동을 전개해 온 한국문학교육학회에서는 이미 '문학작품 읽기 방법의 재검토'라는 주제로 2005~2006년의 2년 간, 그리고 2007년에는 '문학텍스트와 정전의 제 문제', 2008년에는 '문학능력이란 무엇인가'를 주제로 하여 여러 차례에 걸쳐 학술대회를 개최한 바 있습니다. 이에 본 학회에서는 이와 같은 최근의 연구 성과들을 문학교육을 연구하고 관심을 가지는 모든 이들과 공유하는 한편, 교직에 뜻을 두고 있는 학부생들과 대학원생들의 공부에 요긴한 도움을 주고자 하는 취지를 가지고 '문학교육총서'를 기획, 발간하게 되었습니다.

　총서의 1권을 <텍스트 읽기>로 엮은 이유는 문학교육에서 '작품 읽기'가 가장 기본적이면서도 핵심적인 교육 내용을 차지하는 중요한 문제라 생각했기 때문입니다. 학생들은 작품을 읽음으로써 수용과 창작의 능력을 함양하여 새로운 문학의 주체로 성장해 갑니다. 이 과정에서 학생들은 교사들의 작품 읽기나 문학교육 연구자들의 작품 읽기 등, 다양한 차원에서 이루어지는 작품 읽기들을 참조합니다. 달리 말해 교사들이나 문학교육 연구자들의 작품 읽기는 학생들의 읽기 활동의 방향을 결정할 수 있는 실제적 영향력을 지닌 것입니다.

이러한 중요성을 지니고 있기 때문에, 교사들이나 문학교육 연구자들의 작품 읽기의 구체적 절차나 방법, 그리고 그것의 타당성에 대한 검토는 언제나 치열하게 이루어질 필요가 있습니다.

본 책에서는 시와 소설, 고전문학과 희곡, 수필, 아동문학 등 문학의 여러 장르를 중심으로 작품을 읽어내는 방법과 시각을 새롭게 할 수 있는 방안들을 모색하는 논의들을 담았습니다. 이러한 논의는 교실 현장 및 문학교육 연구 차원에서의 읽기 방법에 대한 비판적 성찰을 낳을 수 있을 것으로 보입니다.

총서의 2권인 <정전(正典)>은 아마도 각급 학교 문학 교재의 자료의 범위가 급격하게 확산된 7차 교육과정 이후 지금까지 가장 많은 논란을 불러일으키면서 연구와 논의를 거듭해온 핵심적인 문제를 다루고 있습니다. 문학교육에서 정전의 역사는 곧 문학관의 역사이자, 동시에 교육관의 역사이기도 합니다.

이 책에서는 문학교육에서 정전의 형성을 위한 요건은 무엇이며, 그것이 교재에서는 어떻게 구현되어야 하는지에 대한 성찰을 바탕으로 하여,

현대문학과 고전문학, 아동 및 청소년문학의 정전을 총체적으로 재검토하는 한편, 최근의 변화된 문학 향유의 환경을 고려하여 문화콘텐츠 정전의 구성 문제에 대한 논의도 함께 포괄하면서 정전 교육의 실제에 다가가고자 했습니다.

총서 3권에 해당하는 <문학능력>은 2008년도 한국문학교육학회가 <문학능력이란 무엇인가>라는 큰 주제 아래 3차에 걸쳐 개최한 학술대회의 기획발표 논문들을 토대로 이루어진 총체적 논의의 결산이 담겨져 있습니다.

문학교육의 중요한 목표 중 하나를 문학능력의 성장이라고 볼 때, 문학능력이 무엇인가를 명확히 하는 것은 중요한 문제입니다. 특히 하루가 다르게 변화하는 미디어 환경과 사회적·문화적 상황 안에서 문학능력을 바라보는 새로운 시각의 필요성이 대두되고 있습니다.

이러한 환경 변화를 배경으로 이 책에서는 지식과 취향 및 태도, 감수성과 비평적 능력과 연관되는 문학능력의 문제들을 검토하고, 미디어시대에서 문학능력의 함의를 탐색하는 동시에, 창작교육의 측면을 포함한 실제 교육현장에서 문학능력의 발현과 평가의 방향을 고찰하는 데 초점을 두었습니다.

한국문학교육학회는 이번 '문학교육총서'의 발간을 계기로 앞으로 교육

현장에 더욱 밀착된 연구를 지속적으로 수행해나갈 것이며, 이론적인 토대의 정립은 물론 우리의 문학교육, 나아가 국어교육의 발전을 위해 끊임없이 노력할 것을 약속드리는 바입니다.

아무쪼록 이번 기획 총서가 문학교육의 저변을 확대하고, 문학교육을 공부하는 연구자들은 물론, 현장에서 문학을 가르치는 각급 학교의 교사들에게 보다 즐겁고 유익한 지침서가 되는 동시에, 문학을 통해 삶의 희망과 꿈을 다지고 실천하는 데 조그마한 디딤돌이 되기를 바라면서, 어려운 여건에서도 언제나 한국문학교육학회에 성원을 보내고, 학술지 출판은 물론 연구의 활성화를 위해 도움을 아끼지 않으시는 도서출판 역락의 이대현 사장님께 마음의 빚과 더불어, 깊은 감사의 정을 표하는 바입니다.

2010년 8월 1일
문학교육총서 간행위원장   최　병　우
한국문학교육학회 회장   김　종　철

차례

제1부 문학능력의 제문제

제2부 미디어 시대의 문학능력

제4부 문학능력과 현장교육

제1부
문학능력의 제문제

제1장

문학교육의 목표이자 내용으로서 문학능력의 개념, 교육 방향

Dal primo giorno ch'i' vidi il suo viso
in questa vita, infino a questa vista,
non m'è il seguire al mio cantar presciso ;
이승에서 내 그의 얼굴을 본 바로 그 첫날부터
지금 이곳에서 그 모습 보기까지 나는 줄곧
내 노래를 끊은 적이 없었느니라

— 단테 〈신곡〉 천국편, 30곡, 28~30

우 한 용
서울대학교 국어교육과

1. 문학을 한다는 것

우리는 문학과 문학교육을 놓고, 헤세가 구상한 대로 '유리알 유희(Das Glasperlenspiel)'를 하고 있는 것은 아닌가? 지금 여기의 시공간적 조건과는 현격히 다른 가상의 공간에서 이상적 유희를 즐기고 있는 것은 아닌가. 이러한 이야기를 하는 까닭은 우리가 논의의 대상으로 삼고 있는 문학이, 문학교육이 그 구체상이 무엇인가 하는 물음에 바탕을 두어야 한다는 점 때문이다. 문학의 구체상을 떠나서는 문학능력을 이야기하기 어려운 것이 아닌가.

문학의 실체상을 문학현상이라 한다. 문학교육 논의는 문학현상이라는 실체를 바탕에 두고 이루어져야 한다. 문학은 언어행위의 영역에 포함된다. 문학의 매체가 언어이기 때문이다. 그러나 문학의 언어는 일상적인 언어 용법과는 다른 어법을 지닌다(산술평균적으로는 그렇지 않을 수도 있다). 문학은 예술 영역에 들기 때문이다. 문학이 언어예술이라는 점 때문에 의미의 예술이고 따라서 역사와 철학에 가깝다는 것은 부정할 수 없는 문학의 본질 요건이다. 그렇다고 해도 문학이 문학으로서 존재하는 존재근거는 문학의 '문학성'을 떠날 수 없다. 문학의 문학성은 문학현상의 맥락에서 규정되어야 한다. 텍스트만으로는 문학이 안 되기 때문이다. 문학을 한다는 것은 누군가 구체적인 주체가 문학현상을 역동화, 현동화하는 일이다.

그러면 문학현상의 구체상으로서 '문학을 한다'는 것은 무엇인가? 논의의 편의상 '문자문학'을 대상으로 상정하기로 한다. 구비문학이나 매체문학, 장르문학 등을 논의의 대상으로 삼는 것은 상식으로 되어 있다. 문학을 하는 주체를 중심으로 본다면 문학을 하는 사람들은 문학을 읽는 일(독자), 문학을 평가하는 일(비평가), 문학을 연구하는 일(문학연구자), 문학을 가르치는 일(문학교사), 문학을 생산하는 일(작가, 시인) 등을 수행한다. 이들 일은 영역 간에 서로 넘나들기도 하고, 그 일이 문학에 속하는가 하는 의문이 드는 경우도 있다.

이러한 문학을 한다는 영역의 구분은 형식주의에 기울어져 있다. 문학의 가치가 문제되기 때문이다. 읽되 어떻게 읽는 것이 잘 읽는 것인가, 글을 쓰는 작가이되 어떤 작가가 좋은 작가인가 하는 것이 문제가 된다. 그런데 문학의 이러한 가치개념은 다시 누구를 향하고 있는가 하는 문제를 불러온다. 문학을 읽는 내가(나에게) 가치 있는 체험을 했다고 해야 제대로 된 독서이다. 그리고 읽어주되 감동과 깨달음이 전달되어야 한다. 글을 쓰는 일로 문학을 하는 사람은 글쓰기가 삶의 중요성, 삶의 의의를 증대해 주어야 한다. 문학능력을 논의하는 장에서 가치의 문제가 빠질 수 없는 이유가 이것이다.

이 글에서는 이상의 문제들을 구체적인 사례를 들어 논의하고자 한다. 이러한 논의도 문학을 하는 가운데 포함되는 일이다.

2. 문학의 영토

문학능력을 논의하기 위해서는 우선 문학의 영역을 한정해 두는 것이 순편하다. 영역을 한정하는 일은 때로는 확대하는 일이 되기도 한다. 최재서는 <문학원론>에서 "문학은 가치있는 체험의 기록"이라 정의한 바 있다. 나는 이를 고쳐 문학을 "價値있는 體驗의 言語的 形象化"라고 규정했다. 이러한 규정 속에는 주체가 전제되어 있고, 그 과정과 결과가 포함되기 때문에, 이들을 특별히 강조하지 않아도 무리가 없어 보인다. 그 결과에 대한 소통은 다소 정련된 논의를 요하는 사항으로 보인다.

잘 아는 바와 마찬가지로, 문학은 그 媒材가 언어이기 때문에 역사와 철학과 상통하는 점이 뚜렷하다. 그렇기 때문에 시, 소설, 희곡, 비평 등의 영역만을 문학으로 한정하는 것은 무리이다. 문학을 하는 사람들의 아집을 경계할 필요가 있다. 그것은 스스로 자기 일을 '순문학'으로 한정하여 다른 영역과 경계를 분명히 함으로써 고립을 자초하는 我執인지도 모른다.

문학은 역사와 영토를 접하고, 공유하고 있다. 함석헌의 <뜻으로 본 한국 역사>, 일연선사의 <三國遺事>, 사마천의 <史記>는 역사서 가운데 포함된다. 그러나 이들 텍스트를 놓고 그 속성과 구조를 밝혀 그것이 문학인가 아닌가를 따지는 일은 거의 무의미하다. 소설과 역사가 결합한 '역사소설'의 경우도 텍스트로만 본다면 구분이 안 되는 점이 있다. 역사와 소설(문학)은 그렇게 맞물려 있다.

문학은 철학과 매우 닮았다. <訓民正音>, 특히 그 서문이나 <龍飛御天歌>는 철학과 구분되는가? 퇴계와 율곡 사이에 전개된 '사칠변론四七辯論'은 잘 아는 바처럼 맹자의 사단, 즉 惻隱之心, 羞惡之心, 辭讓之心, 是非之心과 <예기>와 <중용>에서 이끌어온 인간 심리의 기본인 喜, 怒, 哀, 懼, 愛, 惡, 慾과 연관되는 논의이다. 퇴계 이황이 주장한 '이기이원론'에 대해 기대승이 理氣共發論을 제안하고, 율곡 이이가 이를 지지하여 '이기일원론'을 주장하기에 이른 이 논쟁은, 철학과 삶의 문제가 분리될 수 없다는 것을 증명한다. 이 논의의 핵심은 인간 심성의 구조를 그리는 일이다. 인간의 심성구조는 과학적인 증명이 안 되는 연역적 추론의 영역이다. 이는 칸트가 말하는 창조적 상상력의 발휘가 없다면 아예 논의조차 불가능한 것이다. 탁월한 서사구성력을 실증해 보인 플라톤의 <대화편>이라든지 세기의 철학을 바꾸어 놓은 니체의 <짜라투스트라는 이렇게 말하였다> 같은 저작은 기실 문학과 철학 어느 편에 속하는가를 따지는 일이 무의미할 정도로 문학과 철학이 밀착되어 있다.

  일반적으로 말하자면, 과학의 언어는 추상적 기호로 이루어지기 때문에 그만큼 보편적이다. 피타고라스의 정리(Pythagorean theorem)는 그 증명 방법이 360여 가지가 된다고 하지만, 그것이 定理인 한은 언제 어디서도 같은 결과를 나타나낸다. 아르키메데스가 발견했다는 '부력의 원리'는 과학에 해당한다. 그러나 그가 부력의 원리 아이디어를 얻고 목욕탕에서 알몸으로 뛰쳐나오면서 'Eureka!'라고 외쳤다는 '이야기'는 문학이다. 과학은 사물을 추상적으로 이야기하고 문학은 사물과 인간을 형상적으로 이야기한다. 그런 이야기가 인간에게 '발견의 기쁨'이 무엇인가를 언어로 보여주는(이야기하는) 데 기여하지 못한다면, 그것이 문학일 까닭이 없다.

  문학을 기존의 장르론에 따라 영역을 구획하고, 그 영역 사이에 오고 가며 넘나드는 일을 捨象하고 진행하는 논의는 문학의 진수를 놓치기 십상이다. 이는 공자의 <論語>를, 맹자의 <孟子>를, <周易>을 두고 그 장르를 따지는 것이 합리적이지 못한 것과 마찬가지이다. 근대의 분과학문으로서 문학은 문학의 본질요건을 망각하고 있는 것인지도 모른다. 문학은 사라지고 비평과 수사학만 남은 문학에 들려[憑] 거기서 한 발도 떼지 못한 채 문학을 논하고 문학교육을 모색하는지도 모를 일이다.

  문학의 영토는 인간이 언어를 통해 가치를 발굴하는 형상화의 영역

안에서 다양한 분화를 지속한다.

3. 문학능력(으로 접근하기)

　문학능력은 문학과 연관된 문학현상 전반에 관여한다. 이는 문학을 하는 주체의 능력을 뜻한다. 이 주체는 추상적 존재가 아니라 사회·역사적으로 규정되는 존재이다. 실존적 존재로서 인간의 능력은 다른 실존적 인간과 맺는 관계 속에서 드러난다. 문학이 '자기구원'을 도모하면서 타자와 소통을 동시에 도모하는 까닭이 여기 있다.

　문학능력은 문학을 할 줄 아는 능력이다. 그러면 다시 문학을 한다는 것은 무엇인가?[1] 문학을 한다는 것, 문학하기는 문학현상과 다면적으로 관계를 형성하고 삶의 가치를 발굴하는 작업 일체를 포괄한다. 따라서 문학을 창작하는 주체는 문학 생산의 주체이고, 문학을 수용하는 주체는 수용주체이다. 문학능력은 이러한 두 주체의 능력으로 구체화된다.

　인간의 정신기능과 연관된 문학을 할 줄 아는 능력, 즉 문학능력은 다음과 같은 층위를 설정할 수 있다. 이러한 논의는 인간의 감성적 수용능력, 지적인 이해 능력, 가치의 판단 능력과 아울러 세계를 초월하고자 하는 의지를 정신기능의 기본 요소로 상정한다. 또한 문학은 정신능력의 제반 영역에 골고루 연계된다는 점을 전제한다. 문학이 수행되는 층위에 따라, 문학능력의 범주 안에 다음과 같은 영역을 상정할 수

---

1) 한국어 조어법상 '문학하다'라는 동사는 아직 어색하다. 영어로 옮겨 보아도 마찬가지이다. What is doing literature? 그래서 문학 활동, 문학적 실천, 문학 수행 등의 용어가 쓰인다. 작품을 쓰는 일은 작업이라는 용어를 쓰기도 한다. 교육과정에서는 '수용과 창작'이라는 두 영역으로 문학하기의 범주를 한정하고 있다.

있을 것으로 본다.

- 문학적 감수력 literary sensibility
- 문학적 사고력 literary thinking ability
- 문학적 판단력 ability of literary judgement
- 문학적 지향의지 literary willingness, literary perspectives

문학적 감수력은 대상을 문학적으로 파악할 수 있는 능력을 뜻한다. 이는 대상의 미적 자질을 발견하고, 이를 자신의 감수성과 연관짓는 능력이다. 슬픔과 기쁨과 증오와 혐오감을 수용하고 이를 자신의 감성과 연계짓는 능력을 뜻한다. 시에서는 유치환의 <春信>, 서정주의 <冬天>, 이육사의 <絶頂>, 조지훈의 <僧舞> 등을 예로 들 수 있다. 이는 문학의 기본적 속성이기 때문에 '좋은 문학'의 공통 자질이다. 이광수의 <無情>, 김동인의 <배따라기>, 염상섭의 <三代>, 채만식의 <太平天下>, 이상의 <날개> 등 얼마든지 예를 들 수 있다. 구체적인 설명은 생략하기로 한다.

문학적 사고력은 형상화 능력과 서사능력으로 대표된다. 이들은 '형상적 사유'라는 문학의 기본 속성에 연유하는 것이다. 시에서는 주로 은유를 중심으로 하는 형상화 능력이 이에 해당한다. 형상화 능력은 상상력의 다른 이름이다. 상상력이되 이미지를 환기하는 상상력의 범위를 넘어서는 것인데, 시를 구조(성)하는 능력, 즉 시를 쓰는 능력 전반이 포함된다. 서사능력은 이야기를 구성하는 능력 전반에 연관된다. '구성적 능력'으로서의 상상력이 이에 해당하는 것으로, 그 구체적인 발현 양상은 문학적 감수력, 사고력, 판단력, 지향의지 등과 겹친다. 서사로 구체화되는 작품은 인간사 전반을 포괄할 수 있기 때문이다.

　　문학적 판단력은 문학에 대한 기치판단을 하는 능력이다. 이는 달리 문학적 비평능력이라 할 수도 있다. 헤르나디가 <비평이란 무엇인가>에서 문학비평이 문학의 거래를 활성화하고 문학의 구조를 설명하며, 문학의 가치를 평가하는 일로 규정하는 것처럼, 문학의 가치평가는 다층적인 평가 작업이 된다. 문학의 가치평가는 문학의 역사성, 시공간적인 규제에서 자유롭지 못하다. 아울러 개인 층위와 집단 층위에서 평가가 이루어진다. 이는 취향의 문제와도 연관된다. 취향은 다시 어느 시대의 지배적 담론과 연관되기 때문에 개인과 시대의 상호관계 속에서 판단되어야 함은 물론이다.

　　문학적 지향의지는 간단히 '역사전망'이라 할 수 있다. 그런데 문학의 역사전망을 능력이라는 측면에서 보자면 작품에서 독자가 읽어낼 수 있는 것이기도 하고, 작가가 자신의 작품에 그려낼 수 있는 대상이 되기도 한다. 작가의 경우 역사전망을 그리는 일은 장르에 따라 고유한 법칙성이 있는 것으로 논의된다는 사실은 누구나 아는 일이다. 문학이 역사─사회적인 작업(현상)이라는 점을 고려한다면, 문학의 향유에서 이러한 능력이 설정될 수 있는 데에 이의가 따르지 않을 것으로 보인다.

　　이처럼 다층적인 구조를 지니고 있는 문학능력을 단순화하는 것은 문학을 편벽되게 보도록 할 수 있다는 문제를 야기한다. 문학능력은 본질 개념을 가운데 두고 부수적 개념을 배제하는 식으로 규정할 것이 아니라 累加的으로, 微分하여 소거하는 것이 아니라 積分式으로 규정하는 것이 문학의 실상에 맞는다.

　　문학을 할 줄 아는 능력은, 문학을 享有하는 주체의 감성, 이성, 판단력, 지향성 등 인간 정신의 제반 영역에 대한 형상적 언어의 관여로 구체화된다.

4. 문학하기의 한 사례—문학의 향유

문학을 한다는 것은 문학을 향유한다는 뜻이다. 享有(jouissance)는 소유와 즐김을 함께 뜻한다. 문학의 속성을 따지기보다는 문학을 자기 것으로 하여 즐기는 일을 향유라 한다. 이 향유에는 문학의 생산과 보존(수용)이 동시에 포함된다. 기실 문학의 속성은 가변성을 특징으로 함은 물론 자명한 실체가 아니다. 규정하는 데 따라 문학의 개념이 달라지는 것처럼 문학의 속성은 향유자의 의지와 향유자가 속한 문화의 규제를 받는다.

문학 향유의 가장 평범한 양태는 책을 읽는 것이다. 시를 잘 읽는 것은 문학을 향유하는 한 범례가 된다. 문학을 잘 읽는 사람으로 불문학을 전공한 곽광수 교수를 들 수 있다. 그는 문학에 대한 사랑이 문학에 접근하는 가장 중요한 여건임을 강조하면서, 바쉴라르를 예로 들어 '이미지의 현상학'을 전개한다. 원형적 이미지가 상상력의 최고 단계라는 논의를 전개하는 중에 그러한 방법으로 시를 읽는 일종의 실천비평을 펼쳐 보인다. 그 가운데 서정주의 <四更>이라는 시를 읽는 방법은 꽤 구체성을 띤다. 서정주의 '四更'이라는 시는 이렇게 되어 있다.

이 고요에 / 묻은 / 나의 손때를 //
누군가 / 소리 없이 / 씻어 헤우고 //
그 씻긴 자리 / 새로 / 벙그는 //
새벽 / 지샐 녘 / 난초 한 송이. //

그는, 좋은 시를 읽는 일은 '존재의 전환'을 꾀하는 일이라고 가치개

넘으로 설명한다. 존재의 전환은 시의 이미지와 더불어 '함께 태어남' 곧 앎이라는 것이다.[2] 텍스트와 상호작용을 하면서, 텍스트가 환기하는 '이미지와 더불어 함께 태어나는 존재의 전환을 도모하는 것'이 시 읽기이다. 그 구체적인 사례로, 그는 <四更>을 읽은 감상을 이렇게 적어 놓고 있다.

> 매일매일 어쩔 수 없이 우리의 영혼에 덮이는 온갖 더러운 '때'를, 그 다음 날 어두운 밤을 헤치고 '벙그는 새벽'처럼 '헤(워)'버리고, 그 새벽의 맑은 이슬을 머금은 청초한 '난초'처럼 새로이 태어날 수 있다면, 우리는 얼마나 행복할 것인가……. 어느 다행한 순간 우리를 새로이 태어나게 하는 이 시의 힘은, 역설적이게도 '때'의 경음 ㄸ이 환기하는 듯한 그것의 두꺼움을, '헤우고'와 '벙그는'의 후음 ㅎ과 순음 ㅂ의 부드러움이 눈 녹이듯 씻어 버리는 데 있다. '헤우다'와 '벙그다'가 의태어인지 나는 자신이 없지만, 그 맺힘 없는 ㅎ소리와 저항을 안 받는 ㅂ 소리가 풀어지듯 하는 씻김과 억누를 수 없을 것 같은 열림을 얼마나 잘 환기하는가? 그것은 두껍게 막고 있는 듯한 ㄸ 소리에 대비됨으로써 한결 두드러진다. 그것은 뭐랄까, 힘이 없는 듯한 힘, 눌린 듯하면서 다시 솟아나는 그런 힘이다. 때의 두꺼움으로 두드러진 이 이 부드러운 힘의 그 부드러운 분위기에, 우습게도 이젠 그 두꺼움마저 휩싸여 든다. 이리하여 그 두꺼운 때는, '헤우다'라는 역동적 이미지가 환기하는 물에 씻겨 부드럽고 저항 없이 사라져 버리는 것이다. 우리는 언제나 우리 영혼의 때를 이처럼 손쉽게, 이처럼 힘 안 들이고 씻어버릴 수 있어야 한다, 그래 그때의 회한에서 웃으면서 벗어날 수 있어야한다.[3]

---

2) 불어로 앎은 connaissance인데 이를 접두어로 분리하면 co-naissance가 되어 함께 태어난다는 말놀이가 된다. 폴 클로델(Paul Claudel)이 문학의 작용을 설명하기 위해 사용한 말이다. 곽광수·김현, 『바슐라르 연구』, 민음사, 1976, 108면.
3) 곽광수·김현, 앞의 책, 109면.

위의 인용 다음에 이런 설명이 이어진다. "만약 문학에 효용성이 있다고 할 수 있다면, 그것은 이와 같이 문학이 우리의 내면을 변화시키는 순간이 있을 수 있다는 것"4)이라는 것이다. 그런데 내면의 변화가 중요한 까닭은 그것이 윤리적인 高揚을 가능하게 하는 것이기 때문이다. "한 문학작품, 한 예술작품은 아름다우면 아름다울수록 그만큼 더 향수자에게 윤리의식을 일깨워주게 된다는 사실"5)을 증명하기 위해 많은 지면을 할애하고 있다.

결국 미학과 존재론의 동일성을 증명하는 일이 문학을 하는 일인 것이다. 내면의 변화를 이끌어내는 문학은 자연적 상태로 놓인 것이어서는 안 된다. 문학을 읽는다는 것은 경이로움과 신선한 감각으로 문학에 다가가야 가능한 일이다. 문학을 읽는다고 할 경우, 문학을 어떻게 읽을 것인가 하는 물음에 대해서는 '경이로움'을 방법으로 할 일이다. 그리하여 문학 읽기의 기능주의를 벗어나야 진정한 문학읽기가 된다. 문학 읽기의 경이로움은 존 키츠(John Keats)의 소네트 "채프맨의 '호머'를 처음 읽었을 때, On First Looking into Chapman's Homer"에 잘 드러난다.

> Much have I traveled in the realms of gold,
> And many goodly states and kingdoms seen ;
> Round many western islands have I been
> Which bards in fealty to Apollo hold.
> Oft of one wide expanse had I been told
> That deep-browed Homer ruled as his demesne ;
> Yet I did never breathe its pure serene

---

4) 곽광수·김현, 앞의 책, 110면.
5) 곽광수·김현, 앞의 책, 111면.

Till heard Chapman speak out loud and bold :
Then felt I like some watcher of the skies
When a new planet swims into the ken ;
Or like stout Cortez when with eagle eyes
He stared at the Pacific - and all his men
Looked at each other with wild surmise-
Silent, upon a peak in Darien.

문학이라는 대상을 내 삶의 영역 안으로 이끌어 들이되 驚歎을 더불어 하는 이끌어 들임이라야 한다. 이는 개인의 순수한 호기심과 의욕만으로 이루어지는 것이 아니다. 결정론을 경계하면서 말하자면, 이는 문화적으로 규제되는 사항이기도 하기 때문이다. 시대적 감수성이 문학 읽기에 작용한다는 뜻이다.

우리는 시를 읽는 중에 "놀라움에 찬 '행복'감과 '안온'감을 느낀다."[6] 좋은 시를 읽을 때 우리는 바슐라르가 경탄(émerveillement)이라고 부르는 영혼의 상태에 도달하는 것이다. "시란 세계의 사물들을 사랑함으로써 세계를 예찬하는 것 이외의 다른 아무것도 아니며, 우주의 찬가 없이는 시란 없는 법이다."[7] 세계에 대한 사랑과 우주의 찬미에 참여하는 시 읽기는 영혼의 구원에 자연스럽게 연계된다.

시를 이렇게 경탄의 감정으로 다가가 읽고 거기서 삶의 근원적인 에너지를 얻어 존재의 변환을 꾀하는 일, 그것은 문학적으로 사는 일, 문학을 하는 것이다. 그런데 곽광수 교수처럼 그렇게 읽는 과정을 모두 글로 기술하고 다시 확인하는 과정이 필수적인가는 하는 문제는 달리 생

6) 곽광수 · 김현, 앞의 책, 116면.
7) 곽광수 · 김현, 앞의 책, 116면.

각할 여지가 있다. 시를 읽는 감동을 표현하는 방법은 언어가 가장 손쉽고 보편적일 뿐이지, 다른 여지가 없는 것은 아니기 때문이다.

5. 문학창작하기 – 글(소설)쓰기

문학의 생산은 두 측면에서 이루어진다. 하나는 작가의 글쓰기이고 다른 하나는 독자의 글읽기이다. 하이데거의 표현으로는 창작(Schaffen)과 보존(Bewahrung)이 될 터인데, 창작은 쉬운 말로 작품의 생산이고 보존은 그 작품이 예술로 인지되게 하는 독자의 독서를 통해 형성되는 기억이며 문화맥락이다. 예술의 보존은 '의미의 생산'이라 할 수 있다. 독서가 생산성을 지니는 것은 그것이 창작된 작품(das Geschaffensein)(숲길, 79면)의 존재를 뒷받침하며 다른 창작행위의 원천이 되기 때문이다.

문학하기의 원상 가운데 하나는 글쓰기이다.[8] 진정한 의미의 글쓰기는 경험의 記述에서 출발한다. 이를 기억의 문자적 표출이라 해도 좋다. 기억은 자기성찰로 이어진다. 자기성찰이 세계형성으로 전이된다는 점은 더 이상 설명이 필요치 않다. 자기성찰을 통한 세계형성의 문제이기 때문에 진정한 글쓰기는 사유의 방식이며, 삶을 실천하는 방법이라는 의미를 지닌다. 따라서 글쓰기 과정은 삶의 과정 그 자체가 된다.

삶의 과정이 글쓰기가 되는 예를 우리는 박완서에게서 발견하게 된다. 그의 자전소설 <그 많던 싱아는 누가 다 먹었을까>(이하 '싱아')가 삶의

---

8) 구비문학의 경우, 이야기하기, 노래하기 등이 포함된다는 것은 상식이다. 그리고 글쓰기 속에 그러한 口頭言語의 연행성이 작용한다는 것도 널리 알려진 사실이기 때문에 구구한 설명이 필요치 않다.

과정이 글쓰기가 된 예에 해당한다. 박완서의 <싱아> 초판 서문에 '자화상을 그리듯이 쓴 글'이라는 제목이 달려 있다. 그리고 "순전히 기억력에만 의존해서" 쓴 '소설'이라 하면서, 순전히 기억에 의해서만 쓴다고 하더라도 상상력이 필요하다는 점을 지적하고 있다. 자료와 기억에 의존하는 글도 상상력의 도움이 필연적 조건이라면, 그러한 영역의 문학 또한 상상력의 문학이라는 이야기가 된다. 그리고 '자기 미화의 욕구를 극복하기가 어려웠다'는 점을 고백하고 있다. 그런데 이 소설에서 주목되는 것은 작가의 세세한 생애 체험이 아니다. 어떤 계기에 작가가 되려는 결심을 하게 되는가 하는 점에 주목하게 된다. 이 점은 이 소설의 말미에 기록되어 있다. 이 소설은 그런 점에서, 결말에서 출발하여 처음으로 돌아가는 回歸形式의 소설이라 할 수도 있다.

일사후퇴 직후, 시민들은 피난을 가고 적치하의 서울은 텅 빈 공허의 공간이 된다. 피난을 가지 못한 작가는 '천지에 인기척이라곤 없'는 서울에서 제어할 수 없는 공포감을 느낀다. 그 공포는 감쪽같은 소멸의 열망을 불러올 정도로 전율을 자아내는 것이다.

그때 문득 막다른 골목까지 쫓긴 도망자가 획 돌아서는 것처럼 찰나적으로 사고의 전환이 왔다. 나만 보았다는 데 무슨 뜻이 있을 것 같았다. 우리만 여기 남기까지 얼마나 많은 고약한 우연이 엎치고 덮쳤던가. 그래, 나 홀로 보았다면 반드시 그걸 증인할 책무가 있을 것이다. 그거야말로 고약한 우연에 대한 정당한 복수다. 증언할 게 어찌 이 거대한 공허뿐이랴. 벌레의 시간도 증언해야지. 그래야 난 벌레를 벗어날 수가 있다.

그건 앞으로 언젠가 글을 쓸 것 같은 예감이었다. 그 예감이 공포를 몰아냈다. 조금밖에 없는 식량도 걱정이 안 됐다. 다닥다닥 붙은 빈 집들이 식량으로 보였다. 집집마다 설마 밀가루 몇 줌, 보리쌀 한두 됫박쯤 없을라구. 나는 벌써 빈 집을 털 계획까지 세워 놓고 있었기 때문에 목

구멍이 포도청도 겁나지 않았다.9)

박완서에게 글쓰기는 존재근거 마련하기이다. 박완서의 경우, 살아야 하는 이유를 발견한 것이 글을 쓸 수 있다는 '찬란한 예감'으로 전환된다. 죽을 수밖에 없는 상황에서 삶의 근거를 마련하는 일은 곧 구원인 셈이다. 구원의 가능성이 글쓰기의 가능성과 등가적이라는 점은 음미를 요한다. 글쓰기를 통해 어떤 일을 수행하는 경우를 상정하기 쉬운데, 이는 존재근거 마련에 비하면 부차적인 것이다.

글쓰기가 구원의 방법이 된다는 예는 다른 데서도 발견된다. 구원이란 죽음을 벗어나는 일이다. 그런데 육신을 가진 존재로서 죽음 자체를 피할 수는 없다. 죽음의 두려움을 벗어나는 일이 구원에 값하는 대체물이다. 릴케의 <말테의 수기(Die Aufzeichungen des Malte Laurids Brigge)>에서는 죽음의 두려움에서 벗어나 구원에 이르는 글쓰기를 보여준다.

거듭하거니와, 죽음은 어떤 생이라도 결국 망가뜨리기 마련이다. 그렇기 때문에 누구나 죽음 앞에서 의연할 수 없다. 그런데 죽음은 삶과 맞물려 있다. 릴케는 이런 예를 든다. 임산부의 뱃속에 '아이와 죽음'이 같이 자라고 있다는 것이다. 이러한 진실을 아는 순간 주인공은 '슬픈 아름다움'이라는 양가적인 감정에 휩싸이게 된다. 그리고 죽음은 여전히 무서움으로 다가온다. 이 죽음의 극복(구원)을 위한 시도 가운데 맨 앞에 내놓을 수 있는 것이 글쓰기이다.

죽음에 대한 공포로 인한 "무서움에 조금 맞서 보았다. 온 밤을 앉아서 글을 쓴 것이다."10) 말테에게 "글쓰기란 일차적으로 불안한 실존의

---

9) 박완서, <그 많던 싱아는 누가 다 먹었을까>, 웅진출판, 1992, 269면.
10) Rainer Maria Rilke, *Die Aufzeichnungen des Malte Laurids Brigge*, 전영애 옮김, <말테의

감내"[11]라는 의미를 지닌다. 말테는 존재의 한계를 넘어서기 위해, 그림에 대한 논문을 쓰고, 드라마를 쓰고 "그리고 시를 썼다."면서 시의 속성을 이렇게 기술하고 있다.

> 아, 일찍 시를 쓰면 별로 이루지 못한다. 의미(意味)와 감미(甘味)가 모이기를 한평생 기다려야 하는 것 같다. 아마도 긴 한 평생을. 그러면, 아주 끝에 와서 어쩌면 그 때야 좋은 시 열 줄을 쓸 수 있을지 모른다. 시란, 사람들이 생각하듯 감정이 아니기 때문이다. (감정이라면 젊을 때 충분히 가지고 있다.)—그것은 체험이다.

이러한 언급에 이어서 각종 가능한 경험을 나열한 다음, 그것으로 충분한 것이 아니라 경험을 일단 망각하고, 그 망각 속에서 다시 정련되어 솟아나는 경험이 시가 된다고 설명한다. 그리고 '이야기'가 불가능한 시대(현대)에는 관찰하고 서술하는 것이 유일한 방법이라고 글쓰기의 방법을 제시한다. 그 실천이 <말테의 수기>이다. 이 책은 글쓰기의 방법을 제시하고 그 방법에 따라 글을 쓰는 메타적 성찰이 담겨 있다. 릴케 곧 말테는 글쓰기를 통해 자신의 삶을 구원하고 새로운 존재를 구축하는 체험을 형상화하고 있다.

앞 인용에서, '시는 감정이 아니라 체험'이라는 지적은 문학능력을 논의하는 방향을 잡아 준다. 학습자들에게 '시의 기법'을 가르치는 것이 충분하지 못한 이유를 여기서 짐작하게 된다. 아울러 시는 삶의 과정에 축적되는 체험들이 형상화된 것이라는 점을 이해하게 된다. 결국 글쓰기와 글읽기는 체험의 축적과 분리되지 않는다.

수기>, 서울대학교 출판부, 1997, 12면.
11) Rainer Maria Rilke, 앞의 책, 228면.

소설가들이 이따금 소설 쓰는 일을 소설 가운데 포함하는 경우를 본다. 소설쓰기가 인생사에서 중요한 의미를 가지기 때문이다. '소설가소설'은 예술가소설로 분류되기도 한다. 그러나 유독 소설쓰기를 표 나게 드러내는 경우는 소설에 대한 작가의 가치부여를 볼 수 있게 한다. 이청준의 <매잡이>는 소설쓰기와 존재의미의 생성을 다루고 있다. 이문열의 장편소설 <변경>은 12권에 달하는 길이인데, 거기 작중인물 가운데 하나가 '소설가가 되는 과정'을 그리고 있다. 작중인물의 소설가 — 되기는 작가의 소설가 — 되기와 평행적인 구도를 그린다. 사르트르의 <구토(La Nausée)>는 글쓰기의 의미를 통해 현상학을 설명하는(?) 소설이다. 사르트르의 <말(Les Mots)>은 아예 읽기와 쓰기 2부로 구성되어 있다. 한마디로 자서전이되 인식과 참여를 다루고 있는 작품이다. 따라서 이 작품의 장르가 문제가 아니라 체험과 그 형상화가 인간의 성장에 어떻게 기여하는가를 읽어내는 계기가 된다는 데 이 책의 의의가 있다.

글을 쓰는 능력은 삶에 존재의미를 부여하는 일이다. 그리고 그것은 구원의 의미를 지니는 것이기도 하다.

6. 문학연구―구원과 위안

문학을 연구하는 일은 문학의 향유 유형 가운데 하나이다. 문학연구가 문학에 대한 애정과 감수성을 전제함은 물론, 어느 시대의 '사상사'에 포함되는 담론의 생산에 해당하는 작업이기 때문이다. 창작과 비평의 연계선상에 '문학하기'의 실천태로 문학연구가 자리 잡는다. 문학연구는 문학하기의 한 방법론이 된다. 김윤식 교수는 그러한 사례 가운데 대표성을 지닌 경우라 할 수 있다. 김윤식은 『韓國近代文藝批評史研究』와 연관된 생애사 몇 가지를 회고한 다음, 이 책에 대해 이렇게 적고 있다.

> "이 저서가 그 나름의 힘을 유지할 수 있었던 것이 그 시대의 지배적 담론에 말미암은 때문이었던 듯, 그것을 뒷받침한 독자들 역시 그러한 지배적 담론 속에 있었던 것. 나는 다만 이 저서를 통해 그러한 시대적 담론의 매개항 몫을 했을 따름이다."
>
> "이 저서가 나와 분리되어 흡사 사물처럼 저만치 놓여, 나를 불쌍한 듯이 바라보고 있는 이 환각이란 무엇인가. 사물의 질서 속에 그가 놓였기 때문이 아닐까. 사물의 질서 속에 들어간 저서가 죽을 운명에 있는 한 인간을 측은한 시선으로 바라봄이란 새삼 무엇인가. 이는 분명 기묘한 환각이다. 분명한 것은 이 환각이 나를 구해줄 수는 없다 해도 가끔 나를 위로해 준다는 사실이다."[12]

"지식(앎)이란 분별력의 일종이거니와 아무리 대단하더라도 한 시대를 지배하는 담론의 일종일 뿐이다." 하는 것을 전제로 하고, 자신의 저서가 '특정 시대의 주류적 담론에 지나지 않는다.'고 정리하고 있다. 문학이 아니라 '문예'라고 할 경우는 그것은 '사상사와 관련되며' 그 '실천'에로 연결된다고 보는 관점을 견지한 연구의 결과를 스스로 평가하는 맥락이다. 그 평가가 '구원은 아닐지라도 위안'이 되기는 한다는 것인데, 문학연구 자체가 삶의 가치를 보증하는 작업이란 의미로 읽을 수 있는 부분이다.

그런데 여기서 한 가지 환기해 둘 것이 있다. 문학연구가 문학하기에 대한 메타적 검토라면, 형상화로서의 문학에서 멀리 떨어져 있는 영역이 아닌가 하는 점이다. 문학적 글쓰기는 작품을 쓰는 것에서부터, 감상, 비

---

12) 김윤식 외, 『아름다운 성찰』, 한울, 1999, 135면.

평, 연구에 이르기까지 영역이 다양하다. 원론비평에 해당하는 글쓰기는
철학에 가깝다. 그런데 이들 작업이 공유하고 있는 속성은 '해석'이라는
것이다. 그 해석이 순전한 논리적인 분석이 아니라 얼마간이라도 창조성
을 지닌다면, 이들 글쓰기 모두가 문학하기에 포함되는 것은 자연스러운
일이다. 이런 주장을 참고할 수 있다.

> 해석은 그 자체가 부분적으로 하나의 예술이다. 왜냐하면 해석은 비평
> 가의 사실적이고 전문가적 의견일 뿐만 아니라 그의 개성과 미적 판단이
> 기도 하기 때문이다. 일급의 비평은 다루고 있는 작품만큼이나 영감에
> 따라 창조된 독특한 개성의 소산일 수 있다.[13]

이렇게 본다면 문학을 하는 일 가운데 문학연구를 포함하는 것은 무
리가 없어 보인다. 문학교육의 자리에서는 문학연구자와 학습자가 같은
성격을 지닌 주체인가를 물을 수 있다. 한마디로 능력의 수준 차이는 있
을지 몰라도 그 능력이 발현되는 원리는 같다고 보아야 한다. 이는 비평
의 경우에도 마찬가지이다. 교사와 비평가의 차이를 드러내자면 둘 사이
의 공통점보다는 차이점에 주목하게 된다. 그러나 원리가 같은 경우, 같
은 논리로 설명이 가능하다는 점을 놓쳐서는 안 된다. 수준의 차이는 있
을지 몰라도 문학교사의 일과 학습자의 일은 비평가와 연구자의 일과
같은 원리로 수행된다고 보아야 한다.

그렇다고 문학을 가르치는 일이나 학습자가 문학을 공부하는 일이 존
재의 '구원'이나 '위안'과 직접 연관되는 것이라고 하기는 여전히 무리
이다. 다만 문학연구가 자기 구원의 문제와 다소간이라도 연관이 있다는

---

13) Edward O. Wilson, *Consilience : the unity of knowledge*, 최재천 외 옮김, 『통섭』, 사이언
　　스북스, 2005, 364면.

점을 몰각하지 말아야 한다는 점을 분명히 해 둘 필요는 있다.

7. 문학하기로서의 예술론

예술론은 철학 영역의 작업이다. 예술론을 전개하면서 문학적 방법을 동원한 예를 하이데거에서 찾을 수 있다. 하이데거는 <예술작품의 근원(Der Ursprung des Kunstwerkes)>에서 문학적인 글쓰기를 통해 예술작품의 근원을 설명한다. 문학으로 철학을 하는 셈이다. 논의의 출발점은 고흐(van Gogh)의 <한 켤레의 구두>(1886년 작)이다. 하이데거는 우리가 예술작품을 어떻게 수용하는가 하는 문제와 관련하여, 그 구두를 이렇게 묘사하고 있다.

너무 오래 신어서 가죽이 늘어나 버린 신발이라는 이 도구의 안쪽 어두운 틈새로부터 밭일을 나선 고단한 발걸음이 엿보인다. 신발이라는 이 도구의 수수하고도 질긴 무게 속에는 거친 바람이 부는 드넓게 펼쳐진 평탄한 밭고랑 사이로 천천히 걸어가는 강인함이 배어 있고, 신발가죽 위에는 기름진 땅의 습기와 풍요로움이 깃들어 있으며, 신발 바닥으로는 저물어가는 들길의 고독함이 밀려온다. 신발이라는 이 도구 가운데에는 대지의 말없는 부름이 외쳐오는 듯하고, 잘 익은 곡식을 조용히 선사해 주는 대지의 베풀음이 느껴지기도 하며, 또 겨울 들녘의 쓸쓸한 휴경지에 감도는 해명할 수 없는 대지의 거절이 느껴지기도 한다. 더 나아가 이 도구에서는, 빵을 확보하기 위한 불평 없는 근심과, 고난을 이겨낸 후에 오는 말없는 기쁨과, 출산이 임박해서 겪어야 했던 [산모의] 아픔과 죽음의 위협 앞에서 떨리는 전율이 느껴진다. 이 도구는 대지(Erde)에 속해 있으며, 농촌 아낙네의 세계(Welt) 속에 포근히 감싸인 채 존재한다.

이렇듯 포근히 감싸인 채 귀속함(das behuete Zugehoeren)으로써 그 결과 도구 자체는 고요히 머무르게 된다"[14]

대지와 세계의 변증논리 속에 예술의 본질을 설명하는 단계의 글이기 때문에 독립성은 다소 떨어진다. 그러나 상상력이 발현된 자료라는 점은 분명하다. 상상력의 발현이란 언어적 형상화가 개재한다는 뜻이다. 이러한 글의 장르가 무엇인가를 거듭 물을 일은 아니다. 이러한 논의 끝에 이르는 결론을 봄으로써 글의 성격을 이해하는 것으로 충분하다. 예술작품의 속성에 대한 설명은 이렇게 되어 있다.

> 예술이란 작품—속으로의 —진리의 —정립으로서 시 짓기이다. 단지 작품의 창작행위만이 시를 짓는 예술적인 활동이 아니라, 작품의 보존도 또한 이와 마찬가지로 그 자신의 고유한 방식에 있어 시를 짓는 예술적 활동이다. (…중략…)(인용자) 예술의 본질은 시 짓기이다. 그러나 시 짓기의 본질은 진리의 수립(Stiftung) 이다. 우리는 여기서 수립함(Stiften)을 삼중의 의미에서 — 즉 선사함(Shenken)으로서의 수립, 터닦음(Gruenden)으로서의 수립, 그리고 시작함(Anfan gen)으로서의 수립함으로 — 이해한다.[15]

이 글의 특징 가운데 하나는 비유를 활용한 설명이다. 대지와 세계의 비유에서 문학적 방법이 드러난다. 바닷가 언덕 위에 신전이 하나 서 있다. 신전은 하나의 세계이다. 그리고 그 신전이 서 있는 언덕은 대지이다. 신전은 그 자체의 독립된 세계이기를 주장하고, 대지는 그 안에 하고 많은 물상을 숨긴 채 신전과 맞서 있다. 이 신전과 대지의 힘겨루기,

---

14) Martin. Heidegger, *Holzwege*, 신상희 옮김, 『숲길』, 나남, 2008, 42~43면.
15) Martin. Heidegger, 위의 글, 103~105면, 579면.

그 상호포용의 창조적 계기가 예술의 근원인 셈이다.

시 짓기를 통해 수립된 진리는 우리들을 일상으로부터 벗어나 새로 열린 세계에 자리 잡게 한다. 그것은 존재의 새로운 차원인데, 이는 존재하고 있는 모든 것을 능가하면서 개개의 존재자에게 현존을 보장해 준다. 이 넘쳐흐름을 가능하게 한다는 점에서 예술로서 시 짓기는 '선사함'이다.

진리의 수립은 시를 향유하는 주체들이 설 수 있는 '대지'를 확보해 준다. 이는 역사성을 지니는 삶의 바탕이라는 점, 따라서 존재의 '역사적 운명'이라는 점에서 진리는 '터닦음'이라는 속성을 지닌다. 아울러 존재의 심연에서 분출되는 놀라움이 시적 상상력의 근원인데, 그 근원에서 비롯되는 시적 원천이 詩作이라는 것이다.

> 예술작품의 근원(Ur-sprung)은 시 짓는 예술가, 즉 창작하는 자와 보존하는 자의 근원이 되는 동시에, 더 나아가 한 민족의 역사적인 터―있음의 근원이 된다. 바로 이러한 근원이 예술이다. 왜냐하면 예술은 본질상 그 안에서 존재의 진리가 역사적으로 생기하면서 현성하는(現成, ereignen ―필자) 하나의 탁월한 방식이기 때문이다.16)

이 설명에 따르면, 작가의 '창작'은 예술작품으로 구체화된 예술성이다. 그런데 '보존'은 독자의 예술 수용으로 구체화된다. 창작과 수용이 예술의 근원이라고 하는 예술현상에 공존하는 것이다. 공존보다는 변증법적 생산적 투쟁과 겨루기를 통해 서로의 존재를 가능하게 하는 가능성을 열어주는 것이다.

이상에서 본 바와 마찬가지로, 문학적 방법을 구사함으로써 예술론을

---

16) Martin. Heidegger, 앞의 글, 582면.

전개한 하이데거의 작업은 문학능력이 철학으로 전이될 수 있음을 증명하는 것이라 할 수 있다.[17]

8. 문학능력의 재음미

문학능력은 문학현상과 연관된 주체의 실천행위 전반에서 드러난다. 이를 문학을 이해하고 표현하는 두 영역으로 갈라 논의할 수도 있고, 창작과 수용이라는 두 측면에서 논의를 전개할 수도 있다. 그런데 창작의 생산성과 독서의 생산성을 이미 문학적 생산의 두 측면으로 승인한 자리에서, 다시 문학의 영토에 세분된 영역을 설정하는 것은 번거로운 일이다. 평범하게 독서와 창작, 두 사항에 관련하여 약간의 논의를 덧붙이기로 한다.

1) 텍스트의 가치

구체적인 독서 대상을 밝히지 않은 독서론은 추상주의로 빠져든다. 그 결과는 메마른 이론의 모래바닥이나 자갈밭이 되고 만다. 거기서는 정신의 풀과 나무가 자라지 않는다. 국어교육 나아가 문학교육의 장에서 이론을 위한 이론의 '유리알 유희'가 행해질 뿐인 것은 아닌가 하는 의구심을 갖게 하는 사태가 우리 학계에 한편에 벌어져 있다.

---

17) 문학으로 철학을 한 사람으로 폴 리쾨르를 들 수 있다. 그의 시간철학은 마르셀 푸르스트의 소설 <잃어버린 시간을 찾아서>를 해석하는 가운데 구체화된다. 시간적 존재로서 인간이 자기 존재를 확인하는 데 소설이 이용된다는 점은 문학능력의 자장이 어디에 이르는지를 보여주는 예가 된다. 이에 대한 검토는 다른 기회로 미룬다.

어떻게 읽을 것인가보다 무엇을 읽을 것인가를 먼저 고려해야 한다. 무엇이 인생에 가치를 가져다주는가, 내 자신의 삶은 왜 지속되어야 하는가, 도무지 理性으로 통어되지 않는 야생마 같은 육체의 욕구를 어떻게 다스려야 하는가, 세계는 어떤 형상으로 되어 있고, 어떤 세계를 어떻게 구축해야 하는가 하는 피어린 고투의 기록이라야 읽을 가치가 있다. 그러한 가치가 있는 텍스트를 변별하는 능력은 문학능력의 순금부분이다. 이러한 변별력은 독서 체험의 과정에서 길러진다. 작가, 작가는 인간의 감수성을 청신하게 하고, 정신을 쇄신하며, 아카디아의 이상을 환기하는 작품을 써야 한다. 그것이 문학능력이 발현된 꽃다발 혹은 화원이다. 이런 글을 작가가 써야 하는 이유는 형상화 작업을 거쳐야 하기 때문이다. 다음과 같은 체험이 담긴 글이 독서의 대상이 될 만하지 않은가.

> "나타나엘이여! 우리는 언제 모든 책들을 다 불태워 버리게 될 것인가! / 바닷가의 모래가 부드럽다는 것을 책에서 읽기만 하면 다 되는 것이 아니다. 나는 맨발로 그것을 느끼고 싶은 것이다. 감각으로 느껴보지 못한 일체의 지식이 내겐 무용할 뿐이다."
> "나는 바위들 또는 초목들 속으로 뚫린 길을 거닐었다. 눈앞에 전개되는 봄의 풍경을 나는 보았다. / 현상계(現象界)의 수다스러움. / 그 날부터 내 삶의 순간순간은 무어라 말할 수 없는 선물처럼 새로움의 맛을 지니게 되었다. 그리하여 나는 거의 끊일 줄 모르는 열정적 경탄 속에 살았다."[18]

읽기의 방법은 텍스트 편에서 그 속성으로 요구해 오는 것이다. 글쓰

---

18) André, Gide, *Les Nourritures terrestres*, 김화영 옮김, 『지상의 양식』, 민음사, 2007, 39면.

기의 방법은 삶의 방향이 예비한다. 우리가 살아가는 것은 글쓰기의 방법을 마련한 일이기도 하다. 마찬가지로 우리가 무엇을 읽는가 하는 문제는 읽기의 방법을 규제한다. 이육사의 <曠野>를 읽는 방식과 서정윤의 <홀로서기>를 읽는 방식이 같을 수 없다. 채만식의 <太平天下>를 읽는 방식과 문화일보에 연재되는 <强顏男子>를 읽는 방식이 같아야 한다면 억지 주장이다. 문학이 예술에 속하고 인간의 가치를 다루는 형상물이라는 점에서, 그러한 조건에 미달인 글은 문학에 들 수 없다. 따라서 문학능력을 논하는 자리에 범례가 되기 어렵다.

2) 문학능력과 체험

문학능력은 체험 속에서 길러진다. 릴케의 말대로 "시는 체험이다."[19] 시가 체험이라는 것은 시를 쓰는 일과 시를 읽는 일 양편에 두루 통용된다. 김소월의 <招魂>이나 한용운의 <님의 침묵>을 초등학교 학생이 읽기는 대단히 어렵다. 더구나 백석의 <南新義州 柳洞 朴時逢方> 같은 작품이나 이육사의 <絶頂> 같은 작품을 중－고등학생 수준에서 제대로 읽어내기도 마찬가지로 어렵다. 체험의 시간이 주체 내면에 축적되지 않으면 읽어지지 않기 때문이다. 읽기로 구현되는 문학능력의 경우, 그 능력이 처음부터 주어지는 것이라거나 학습을 통해 단기간에 형성되는 것이라기보다는 체험의 축적에 따라 능력의 수준이 차츰 높아진다고 보아야 한다. 그 체험 속에는 세계에 대한 체험과 독서체험이 동시에 포괄된다. 그렇기 때문에 문학하기는 일종의 生涯課業이 된다. 문학을 지속적

---

19) Rainer Maria Rilke, 앞의 책, 15면.

으로 읽은 사람이라야 독자로서 자신의 위치를 지속적으로 높여갈 수 있다. 쉬지 않고 작품을 쓰는 작가라야 최고정점에 이를 수 있다. 쉬지 않고 쓴다는 것이 시간적 길이를 뜻하지만은 않는다. 쓰는 시간에 문학적 사유를 하고 문학적 가치를 일궈내는 체험이 집적되는 것을 전제로 하는 이야기이다. 또 하나, 반복은 배제된다는 점. 글쓰기는 새로운 삶을 지속하는 것이지 하나의 틀을 만들고 이를 반복하는 것은 아니기 때문이다.

3) 문학능력과 사랑(驚異感)

문학능력은 세계에 대한 쉼 없는 사랑에서 돋아난다. 단테(<신곡>)의 경우처럼, 괴테(<파우스트>)의 경우처럼, 혹은 박경리(<토지>)가 보여준 것처럼. 자신의 삶에 대한 애정의 발굴과 그 유지 확대 가운데 언어적인 형상화를 지속하면서 문학능력은 삶의 능력으로 전환된다. 삶을 포함한 세계에 대한 사랑과 문학능력은 '해석학적 순환'의 관계에 있다. 삶의 과정 속에서 문학을 향유하는 가운데, 삶의 경이감이 발견되고, 그 경이감이 삶을 경이롭게 하는 이 과정은 사랑과 이해의 관계와 같다. 그것은 믿음과 이해의 관계이기도 하다. 믿어야 잘 알 수 있고, 잘 아는 것이 믿음에 확신을 부여한다.

아울러, 문학은 기도와 속성을 공유함으로써 종교적 성격을 지닌다. 달리 말하자면 문학을 하는 사람은 문학 그 자체를 옹호하고 들어가는 호교론적(apologétique) 성격을 지니는 것이다. 이는 코울리지의 개념으로는 '불신의 자발적 중단(the willing suspension of disbelief)'과 상통하는 것이기도 하다.[20]

읽을 만한 의의를 느끼지 못하는 시와 소설을 읽어야 하는 문학 독서, 생애에 아무 도움이 안 되는 재미가 없는 글쓰기, 아무 할 이야기가 없는 비평 등은 문학이라는 이름에 다가갈 수 없다. 문학과 연관된 일체의 일은 문학에 대한 사랑, 자연대상에 대한 사랑, 나아가 자신에 대한 사랑을 바탕으로 한다. "시적 이미지 안에서 대상과 주체의 전적인 합일"[21]을 가능하게 하는 것도 세계와 문학에 대한 사랑이 바탕이 되어야만 한다.

경이감을 자아내는 작품, 삶과 자연에 대한 애정을 환기하는 작품, 인간의 고통을 미적 형식으로 형상화한 작품을 대하면서 경탄하고 즐거워하고 놀라워할 줄 아는 정신능력이 문학능력의 하나이다.

4) 문학능력의 혁명성

글쓰기가 곧 삶이 되는 이들을 작가라고 한다. 작가들은 한 시대를 살면서 그 시대를 초월하는 정신적 모험을 감행한다. 이광수의 '연애'와 '민족'이 그렇고, 이상의 '태도의 희극'이라는 방법으로 수행한 문학이 그러하다. 채만식의 희곡 <螳螂의 傳說>은 소설로 형상화하기 어려운 역사전망을 희곡으로 형상화한 예이다. 최인훈의 <廣場>은 4·19혁명

---

20) 코울리지와 워즈워드가 <서정민요집>을 만들기로 하면서, 초자연적인 속성과 일상성을 결합하자는 의견을 냈고, "이런 생각에 근거해서 <서정민요집>의 계획이 시작되었고, 여기서 내 노력은 초자연적인, 적어도 낭만적인 인물이나 성격에 기울여져야 한다는 데 의견의 일치를 보았다. 그러나 이것은 상상력이 만들어낸 환영 때문에, (독자가) 일시적으로 불신을 갖는 것을 기꺼이 중단할 만큼 인간적인 흥미와 진실의 유사성을 우리 마음의 내적 본성으로부터 전달하기 위한 것인데, 이것이 바로 시적 신앙(poetic faith)을 구성하는 것이다." Samuel Taylor, Coleridge, *Biogra phia Literaria*, 김정근 옮김, 『문학전기』, 한신문화사, 1995, 40면.
21) 곽광수·김현, 앞의 책, 114~115면.

을 겪은 지식인이 역사에 대한 발언을 한 사례이다. 이육사의 <광야>, <절정> 등도 그러한 예에 해당한다.

작가들의 글쓰기는 그것이 절실하면 절실한 글쓰기일수록 기왕의 장르를 넘어서는 모습을 보인다. 최인훈의 <소설가 구보씨의 일일>은 꼭 소설로 분류될 성질의 것이 아니다. 그의 문학적 생애를 정리하는 의미를 지닌 <화두> 또한 유사한 성격을 보여준다. 장르를 넘어서는 글쓰기는 프라이가 말하는, '수사학적 억압'을 넘어서는 일이기도 하다. 원형적 글쓰기는 대개 혁명적이다.

외국의 경우 이런 작품을 예로 들 수 있다. 니체의 <짜라투스트라는 이렇게 말했다>, 횔덜린의 <휘페리온(Hyperion)>, 릴케의 <말테의 수기 (Die Aufzeichungen des Malte Laurids Brigge)>, 괴테의 <시와 진실(Dichtung und Wahrheit)>, 지드의 <지상의 양식(Les nourritures terrestres)>, 사르트르의 <말(Les mots)> 등은 문학의 장르를 구분하기 어려운 '글쓰기의 혁명'에 해당하는 사례들이다.

이들은 이미 고전이 되어 있기 때문에 그 가치를 더 강조할 필요는 없다. 다만 문학을 한다는 것의 원형을 여기서 발견할 수 있다는 점은 중요한 시사점이다. 이들 작품은 문학능력이 발현되는 최적의 사례들이다. 문학을 통해 경험을 재구성하고, 사색과 사고의 혁명을 도모하는 일이 문학능력이다. 세계에 참여하여 공감하고, 세계를 바꾸고 재구성하는 일을 문학을 통해 해낸다면 그것은 오롯한 의미의 문학능력이 발현된 양상이 아니겠는가.

문학능력은 새로운 이론을 구축하는 일로 구체화되기도 한다. 루카치의 <소설의 이론>이나 지라르의 <낭만적 거짓과 소설적 진실> 등이 그러한 예이다. 루카치는 소설을 대상으로 근대라는 세계에 대응하는 인간의 문학적 방식을 고구하였으며, 지라르는 역시 소설을 대상으로 근대라는 세계의 정신구조와 소설의 구조 사이에 나타나는 상동구조를 추출함으로써 소설의 '이론'을 구축했다. 세계에 대한 새로운 해석은 그 자체가 혁명적이다.

문학은 자아혁명을 도모하는 일이며, 각질화된 사회 구조에 문제를 제기하는 비판이며, 이상세계를 지향하는 이념의 지표이다.

5) 문학교육에서 문학능력

문학교육의 목표를 문학능력의 증대로 설정하는 것은 옳다.[22] 그런데 그 문학능력이 주체의 내적 영토에서 어떻게 발현되어야 하는가 하는 점은 깊은 성찰의 대상이 되지 못했다. 삶의 가치로 전환되는 문학교육을 모색해야 하고, 문학능력 또한 삶의 가치와 연관된 것이라야 한다는 점에서 이는 문학교육의 중요한 과제이다. 문학교육이 윤리교육과 연관되는 까닭은 이러한 데 있다. '미학과 존재론의 동일성'(곽광수, 바슐라르 연구, 112면)을 증명하면서, 그러한 실천의 맥락으로 학습자를 이끌어가는 문학교육이라야 한다.

미학과 존재론의 분리를 우리는 속물주의라고 한다. 무엇을 읽을 것인가를 고려하지 않은 채 전개되는 독서론을 속물주의라고 하는 까닭이 이것이다. 주제만 선명하고 형상화가 안 된 글은 속물적이다. 모든 속물적인 것은 사람을 안이하고 추하게 만든다. 그렇다면 천속한 속물주의를

---

22) 문학교육에서 문학능력을 직접 내세운 것은 7차 교육과정기이다. '문학능력의 세련', '문학능력의 신장' 등이 문학교육의 목표로 기술되어 있다. 교육부, 『국어과 교육과정』, 1997, 150면.

정신의 영토에서 몰아내는 작업을 문학교육에서 해야 한다. 문학이 한 가지 의미만 전달하는 것인 양 여기는 것 또한 속물주의다. 문학은 삶의 맥락만큼이나 다성적이고 형상화 방법 또한 그렇게 복합적이다(김욱동은 『<광장>을 읽는 7가지 방법』이라는 책을 쓰기도 하였다). 문학의 이름으로, 의미의 단일성을 벗어나는 방법의 모색과 그 실천이 문학교육의 벼리[綱]가 되어야 한다.

학습자(독자) 개개인은 하나하나 온전한 자기 세계를 구축하고 있다. 혹은 그렇게 하려는 의지로 가득 차 있다. 따라서 문학능력이 발휘되는 방식은 개인에 따라 다양하게 마련이다. 각자 다양한 방식으로 자기 세계를 구축하는 존재가 되도록 이끌어 주는 것이 문학교육의 몫이다. 그들에게 문학의 주제를 강요한다든지, 안이한 독자의 에피고넨(épigone)을 만든다면 그것은 메피스토펠레스의 거래가 아닐 것인가.

6) 금기를 파괴하라 – 이코노클래즘

문학교육의 목표로 문학능력의 향상을 들 때, 한 편에서 그러면 문학능력이 길러진 최종의 인간상이 무엇인가를 묻곤 한다. 이러한 성마른 질문 앞에서 우리는 절망을 체험한다. 교육이 삶의 과정이라면, 삶의 맨 끝에 교육받은 인간은 어떤 존재가 되어야 하는가. 난감한 질문이다. 답을 할 수 없기 때문이 아니라 질문 방식이 틀렸기 때문이다. 우리가 理想으로 합의한, 그리하여 주류 담론이 된 인간의 속성과 능력이 있을 뿐이지 직업적 전문가를 목표로 하여 교육을 몰고 갈 수 없는 일이다. 말재주가 뛰어난 사람은 최종적으로 변호사, 목사, 아나운서, 정당 대변인 그런 '답지' 가운데 어느 하나를 필수적으로 선택해야 한다면, 이는 오도된 교육일 뿐이다.

중·고등학교에서 시를 잘 읽고 제법 쓰는 학생을 훈련시켜 시인을 만든다? 안 될 일이다. 우리가 아는 '운명적 시인', '시에 미친 사람'은 교육목표가 될 수 없다. 예술로서 시를 이해하고 기회가 되면 시를 쓸 줄 아는 '시를 사랑하는 사람'이 목표가 되어야 한다. 그에게 필요한 문학능력은 시를 읽을 줄 알고 시를 쓸 줄 아는 그러한 능력일 뿐이다. 시인으로 가는 길이 그의 문학능력의 목표가 될 수 없다.

문학을 공부하는 가운데 문학능력을 갖춘 어떤 사람이 있어, 때를 만나 시인이 된다든지 소설가가 된다면 경하할 일이다. 그러한 시인은 문학을 공부하는 사람 즉 독자 가운데 잠재되어 있다. 시인이 될 만한 역량이 있는 사람이 국제무역을 생업으로 삼는다고 해서 잘못일 까닭이 없다. 그리고 하나 문학교육에서 경계할 것은 '전문가 콤플렉스'다.23) 지금 문학을 배우고 있는 학생들 가운데, 문학의 대가가 나온다면 그야말로 경축할 일이다. 보통교육에서는 문학 전문가를 만들지 않는다는 이유로 문학능력이 있는 학생을 싹부터 자른다면 교육이란 이름으로 저지르는 죄가 아닐 것인가.

글쓰기는 이따금 운명의 빛깔을 띠는 경우가 있다. 사마천이 <史記>를 쓸 수 있었던 정황을 상고한다면 그것은 운명적인 색채가 너무나 선연하다. 김소월, 한용운은 물론 이광수, 채만식, 이상 같은 경우도 그들의 문학적 생애에 운명적 아우라를 거느리고 있다. 이들을 두고 문학능력 운운한다면 그야말로 천속한 발상이 된다. 이들이 일궈낸 문학의 진수에 접근하는 길은 차단하지 말아야 한다. 문학능력이 탁월한 사람을

---

23) 이는 너무나 집요하고 완악스러워서 앞으로도 얼만가 지속될 것으로 보인다.

발굴하여 격려하지 못할망정 이들의 가능성을 차단하는 것은 죄에 속한다.

문제는 문학을, 문학능력을 당장 실용화하려는 교육적 필리스틴(Philistine)과 에피고넨(epigonen)들이 우리 교육의 현장을 휘몰아가고 있다는 점이다. 이는 교육에서 영웅주의와 천재지향성이 위험한 그 이상의 위험성을 지니는 실태이다. 문학교육이라고 예외가 아닌 듯하다. 오히려 그러한 유혹에 더 이끌리는지도 모른다. 이런 질문이 있다.

"작가가 이 작품을 통해서 전달하고자 하는 핵심적인 내용은 무엇인가?"

비유컨대, 이는 문학교육의 길에 묻어 놓은 지뢰다. 이러한 지뢰밭에서 문학능력을 논하는 것은 또 하나의 지뢰를 매설하는 음험한 작업인지도 모른다. 그것도 지극히 게으른. 단테 식으로 '문학을 만난 그 순간부터 지금까지 문학하기를 쉬지 않고 해 왔는가' 하고 묻는 데서, 이 지뢰밭을 피해가는 길이 겨우 트일지도 모른다.

7) 문학능력 실천의 맥락

문학교사가 스스로 문학을 해 보이는 것은 교육적으로 매우 가치 있는 일로 생각된다. 질적으로 탁월한 작품을 내놓는다면 그보다 좋을 수 없겠지만, 내 나름의 최선을 문학하기로 실현해 보여주는 것이 문학교사의 몫이라는 게 내가 가진 신념(고정관념) 가운데 하나이다. 그게 전부는 아니지만, 나는 그래서 문학을 한다.

나의 경우, 내 안에서 부글거리며 괴어오르는 속물주의를 눌러두려고 소설을 쓴다. 속물주의의 실상을 밝혀 소설로 형상화하는 과정에서 나는 속물주의에 대한 내심의 반성을 시도한다. 그리고 내가 살고 싶은 나라를 세우기 위해 서사적 상상을 하고, 소설적 사유를 한다. 그러한 상상 끝자락에 자유라는 이념의 기폭(旗幅)이 펄럭이고 있다.

내게 어떤 언어가 계속 반복되는 것은 나의 세계의 한계를 露모하는 일이다. 내 세계가 확장될 수 있는 길을 막는 일이다. 내 언어의 영토에 늘 서늘한 바람이 불어오게 하기 위한 기도를 대신해서 나는 시를 쓴다. 그리고 내가 읽는 작품이 의미 있고, 그 작가들은 고뇌로 가득 차 있으며, 삶의 놀라움을 발하는 발광체라는 것을 증언하기 위해 글을 쓴다. 이제는 글을 쓰는 일이, 글쓰기의 문학능력이 삶의 가치를 어떻게 증대하는가 하는 증언을 하기 위해, 글쓰기에 대한 글을 쓰고 있다.

나를 이러한 맥락으로 이끌어가는 것은 이제까지 내가 읽은 문학의 磁力이 아직 작용하기 때문이다. 그 문학은 기실 장르가 모호하다. 그렇기 때문에 내 정신의 영토에 넓게 물길을 낼 수 있다. 그 문학은 내게 선생노릇을 하지 않는다. 오히려 싸움을 걸어온다. 즐거운 싸움을 통해 나는 통념의 먼지를 털어내고, 상처에 돋아나는 새살을 보게 된다. 나는 나를 상대로 문학교육을 하고 있는 것이다.

참고문헌

교육부, 『국어과 교육과정』, 1997.

곽광수·김현, 『바슐라르 연구』, 민음사, 1976.

김윤식 외, 『아름다운 성찰』, 한울, 1999.

박완서, 『그 많던 싱아는 누가 다 먹었을까』, 웅진출판, 1992.

Coleridge, Samuel Taylor, *Biographia Literaria*, 김정근 옮김, 『문학전기』, 한신문화사, 1995.

Gide, André, *Les Nourritures terrestres*, 김화영 옮김, 『지상의 양식』, 민음사, 2007.

Heidegger, Martin, *Holzwege*, 신상희 옮김, 『숲길』, 나남, 2008.

Rilke, Rainer Maria, *Die Aufzeichnungen des Malte Laurids Brigge*, 전영애 옮김, 『말테의 수기』, 서울대학교 출판부, 1997.

Wilson, Edward O., *Consilience : the unity of knowledge*, 최재천 외 옮김, 『통섭』, 사이언스북스, 2005.

제 2 장

문학능력의 신장을 위한 문학교육 지식론의 방향 탐색

염 은 열

청주교육대학교 국어교육과

1. 논의의 출발

지식은 학생보다 먼저 있기도 하고 학생의 머릿속에 있기도 하고 학생보다 나중에 있기도 한다. 즉 교실에서 지식은 어떤 능력을 길러주기 위한 내용으로 제시되기도 하고 그 능력을 길러주기 위해 기획된 활동에 녹아 작동하기도 하며 학습 혹은 능력 습득의 증거가 되기도 한다. 이처럼 지식이 교육의 내용과 과정, 그리고 결과에 이르는 전 층위에 관여한다는 점에서 문학교육 연구 대부분이 어느 정도는 지식의 문제를 다룰 수밖에 없게 된다. 따라서 문학교육에서의 지식론은, 문학능력의 신장을 표 나게 혹은 암묵적으로 가정하는, 문학교육 연구 및 실천의 전 영역에 걸쳐 있는 중심적인 문제가 된다고 할 수 있다. 그러나 지식이 이처럼 여러 층위나 범주에 걸쳐 존재하거나 작용하는 까닭에 문학교육에서 지식의 문제를 다루는 것이 쉽지 않다. '지식'이라는 말 자체가 추상의 수준이 매우 높고 일상적으로도 범용되는 말인 까닭에 논의의 어려움이 더 크다.

그런데 2007년 개정 국어과 교육과정은 '용감하게도' 지식이라는 개념을 전면에 내세우고 있어 우리의 눈길을 끈다. 지식에 대한 논의의 현 수준을 보여주고 나아갈 방향에 대한 실마리를 제공해주는 하나의 사건이 아닐 수 없다. 이에 필자는 우선적으로 개정 국어과 교육과정을 살핌으로써 문학교육 지식 논의의 현 수준을 확인하려 한다. 국어교과학 연구가 현실추수주의나 제도추수주의로 흐르지 않고 현실과 제도를 견인해야 한다고 생각하지만, 서로 다른 철학과 이론들, 권력들 간의 타협의

산물이자 그래서 가장 영향력이 있는 현실 담론이 바로 국어과 교육과
정이라는 점에서 개정 국어과 교육과정을 살피는 것으로 문학지식 논의
를 시작하는 것은 의미가 있다고 생각한다.

이에 개정 국어과 교육과정에 반영되어 있는, 지식에 대한 관점과 문
학지식에 대한 인식 혹은 의식을 확인한 후, 문학능력을 신장하기 위한
문학교육 지식론의 과제를 추출하고 과제 해결의 방향을 탐색해 보려
한다.

2. 국어과 교육과정에 나타난 '문학지식'

1) 주장과 실질의 괴리 : 국어과 교육과정에서의 '지식'

2007년 개정 국어과 교육과정을 살필 때 우리가 주목해야 할 지점은
크게 두 부분이다. 국어과의 성격을 규정하면서 지식이라는 말이 자주
언급되고 있어 그 의미에 대한 검토가 필요하고, 내용 체계의 범주 명칭
으로 지식 범주가 신설되어 있어 그 취지와 실질을 검토하는 것이 필요
하다.

먼저, 국어과의 성격을 규정한 대목부터 살펴보기로 한다. 개정 국어
과 교육과정은 창의적·비판적 국어능력을 강조하고 있는데, 교육과정
해설서[1]에서는 이러한 능력이 "언어 활동의 반복에 의한 숙달보다는 국
어 활동과 국어와 문학에 대한 기초적인 지식의 체계적인 학습이 선행

---

1) 이하 인용한 " " 안의 내용은 모두 2007년 개정 국어과 교육과정 해설서에서 가져온
   것이고, 굵은 글씨는 필자가 논의의 초점을 마련하기 위하여 덧붙여 표시한 것이다. 교
   육과학기술부, <중학교 교육과정 해설(국어과)>, 2007, 15면.

될 때 효과적으로 향상된다."라고 말한다. 나아가 "국어 활동의 지적 기반으로서 지식 학습이 강조되어야 함"을 주장하고, "이러한 지적 기반이 곧 국어 사용 양상과 내용을 정확하고 비판적으로 이해하는 능력과 사상과 정서를 효과적이고도 창의적으로 표현하는 능력을 길러, 국어 교육의 이념적 지향인 국어 문화의 이해와 창조에 기여한다."라고 명시하고 있다.

'지식의 체계적인 학습'이나 '지식 학습' 등을 언급함으로써 국어교과가 지식 학습을 중시하는 교과임을 분명하게 밝히고 있다. 그리고 국어지식이 국어능력, 곧 이해하고 표현하는 능력을 길러준다고 함으로써 국어지식과 국어능력과의 관련성에 대해서도 언급하고 있다. 다소 모호하기는 하지만 '지식' 앞에 붙어있는 '기초적인'이라는 수식어와 '지적 기반' 등의 말이 바로 국어지식과 국어능력의 관련성을 염두에 둔 표현으로 보인다. 무엇의 '기초'이고 '기반'인지, 기초가 아닌 다른 것은 무엇이고 그것들과 기초와의 관계는 또 무엇인지 드러나 있지 않지만, 개정 국어과 교육과정이 실제 담화나 글의 생산과 수용 활동을 강조하고 있다는 사실을 고려해 보면, 국어활동이나 국어 및 문학에 대한 지식이 담화나 글을 이해하고 표현하는 능력을 신장하는 데 필요조건이 됨을 주장하고 있다고 볼 수 있다. 이해하는 능력과 표현하는 능력, 즉 국어능력을 길러주려는 국어교과에서 체계적인 지식 학습이 중요하고 필요하다고 주장하고 있는 것이다.

국어능력의 신장을 위하여 국어지식 교육의 중요성과 필요성을 표방하게 된 맥락은 짐작이 간다. 활동의 목적성에 대한 의문과 활동의 결과에 대한 회의가 맞물려, 활동은 무성한데 배움이 일어나지 않는다는 비판이나 활동을 안내할 지식의 부재로 인해 활동을 하는 것 자체가 어렵다는 불만이 심심찮게 제기되어 왔기 때문이다. 사고 과정을 분절하여 늘어놓은, 비슷한 패턴의 형식적인 활동을 반복하여 수행함으로써 모국어사용자의 국어능력이 신장될 수 없다는 점을 인정하고, 활동을 기획하고 안내하고 평가할 준거로서의 지식을 활동의 기반 혹은 기초로서 다시 인정하게 된 것이다. 이는 텍스트, 지식, 맥락, 기능 등 여러 변인들이 복합적·동시적으로 개입하는 국어활동의 본질에 대해 자각하고, 그 속에서 지식이 차지하는 위상과 역할에 대해 새롭게 인식한 결과로 해석할 수 있다. 우리는 '학습자 중심의 교육'을 내세우면서 '지식 위주의 교육'을 그와 양립할 수 없는 대립항으로 설정해두고, 잘못된 지식 학습의 방법과 그로 인해 발생한 부작용을 예로 들어 교육에 있어서 지식의 중요성과 역할 자체를 부정했던 역사를 가지고 있다. 그러한 역사를 돌아볼 때 다시금 지식이 기초가 되어야 한다고 인정하게 된 것은 한 차원 성숙한 관점이라 환영할 만하다.

이제 문제는 기반이 되거나 기초가 되는 지식이 과연 무엇인가로 넘어가게 된다. 이와 관련하여, 개정 국어과 교육과정이 내용 체계의 범주 명칭으로 '지식'을 설정하고 있어 이에 대한 검토가 필요하다. '실제', '기능', '맥락'과 더불어 '지식' 범주를 내용 체계로 설정한 것이다.2) '지식'이 '기능'과 '맥락', '실제' 활동의 기초라는, 그 세 범주와의 관련성에 대한 인식의 실마리를 찾아볼 수 있다.

'지식'이 범주 이름으로 독립되었다는 것은 우선 독립 범주로 설정될

---

2) '지식' 범주에는 '담화나 글의 수용과 생산 활동에서 요구되는 형식적, 본질적, 명제적 지식'이, '기능' 범주에는 '담화나 글의 수용이나 생산 활동에 관여하는 사고의 절차나 과정'이 포함되며, 이 두 범주는 언어 활동의 목적을 기준으로 가른 '실제' 범주와, '담화나 글의 수용 및 생산 활동에서 고려해야 할 사회 문화적 배경'을 다루고 있는 '맥락' 범주와 함께 국어과 교육의 내용 체계를 구성한다고 하였다. 논의의 편의를 제공하기 위하여 다음과 같이 문학 영역을 포함하여 두 영역의 내용체계표를 참고 자료로 제시한다.

만큼 지식 범주가 중요해진 것으로 해석할 수 있다. 그러나 범주 이름으로의 선택은 다른 범주와의 구분이나 범주 안에 포함되지 못한 다른 어떤 것의 배제를 전제로 하기 때문에, 지식 학습을 강조한 본래의 취지에 부합하는지, 다시 말해 실질적으로 지식이 중요하게 다뤄지고 있는지의 여부는 범주 구분의 논리와 배제된 내용까지 고려하여 종합적으로 내려질 판단이다.

이러한 판단을 위하여 우선 지식 범주에 포함되어 있는 내용에 대해 살펴보아야 한다. 개정안에서는 7차 교육과정의 내용 범주인 '본질'과 '원리'가 지시하는 바가 불분명하여 직접적으로 제시할 수 있는 '지식'과 '기능'이라는 명칭으로 바꾼다고 하였다. 그리고 7차에서 '본질' 범주에 속했던 이른바 명제적 지식3)에 해당하는 내용들을 '지식' 범주로 묶

쓰기의 실제		작품의 수용과 생산의 실제	
• 정보를 전달하는 글 쓰기 • 설득하는 글 쓰기 • 사회적 상호 작용의 글 쓰기 • 정서 표현의 글 쓰기		• 시(시가) • 소설(이야기) • 극(연극, 영화, 드라마) • 수필·비평	
지식	기능	지식	수용과 생산
• 소통의 본질 • 글의 특성 • 매체 특성	• 내용 생성 • 내용 조직 • 표현과 고쳐 쓰기	• 문학의 본질과 속성 • 문학의 양식과 갈래 • 한국 문학의 역사	• 내용 이해 • 감상과 비평 • 작품의 창조적 재구성 • 작품 창작
맥락		맥락	
• 상황 맥락 • 사회·문화적 맥락		• 수용·생산의 주체 • 사회·문화적 맥락　• 문학사적 맥락	

3) 잘 알려진 것처럼 명제적 지식(knowing that)과 방법적 지식(knowing how)을 처음으로 구분한 사람은 철학자 라일(Ryle)이다. '무엇(what)'에 대한 지식이 명제적 지식이라면, '어떻게(how)'에 대한 지식이 바로 방법적 지식이라고 할 수 있다. 이러한 라일의 구분에 이어 존스(Jones) 등이 명제적 지식을 선언적 지식(declarative knowledge)으로, 방법적 지식을 절차적 지식(procedural knowledge)으로 명명하고, 여기에 '언제(when), 왜(why)'에 해당하는 지식인 조건적 지식(conditional knowledge)을 첨가하여 지식을 삼대별하였다. 연구자에 따라 선호하는 개념이 다르기는 하지만, 국어교육의 장에서는 라일과 존스 등의 개념이 뚜렷한 구분의식 없이 사용하고 있는 것 같다. Ryle R.(1949), *The Concept of*

고 7차에서 '원리' 범주에 속했던 방법적 지식이나 조건적 지식에 해당하는 내용들을 '기능' 범주로 묶었다. 실질적으로 '지식'의 외연이 축소된 것을 확인할 수 있다. 개정안에서 '지식' 범주에 포함되어 있는 형식적·본질적·명제적 지식4)은, 국어교육에서 지식 중심의 폐해를 지적할 때 주로 비판의 표적이 되었던 지식들이라는 점에서, 즉 방법적 지식에 비해 상대적으로 중요도가 떨어지는 것처럼 여겨져 왔다는 점에서 지식 범주의 내용을 이렇게 규정한 것은 지식 범주의 외연을 크게 축소한 것으로 볼 수밖에 없다.

이러한 축소는 지식 학습의 중요성을 강조했던 성격 규정 논의와 배치되는 것이어서 개정안에 전제된 철학과 논리 자체를 신뢰하기 어렵게 한다. 구체적으로 범주 구분의 논리 자체에 대해서도 의심하게 한다. 현재 개정안에 제시된 것처럼, '사고의 절차나 과정'과 관련된 지식이 과연 '기능' 범주에 속하는 것인지, 문학사적 지식에 의해 구성될 수밖에 없는 문학사적 맥락을 지식 범주가 아닌 '맥락' 범주에 포함할 수 있는지 의문이고, 이러한 의문은 궁극적으로 '기능'과 '맥락'과 '지식'을 별도의 범주로 설정하는 것이 타당하며 유효한지에 대한 의심으로까지 발전할 수 있다. 교육과정 입안자들 역시 이러한 비판을 어느 정도는 인식하고 있는 듯하다. '실제' 범주는 물론이고 '지식', '기능', '맥락' 범주의 내용들이 함께 작용하는 것이 국어활동이고 따라서 이 셋이 통합되어야

---

mind, Hutchison & Co., 1949, 27~32면. Jones, B. F. & Palincsar, A. S. & Ogle D. S. & Carr, E. G., *Strategic Teaching and Learning*, ASCD, 1987, 10면.

4) 지식 범주에 대해 설명하면서 사용한 '형식적', '본질적', '명제적'이라는 수식어를 보면 국어과 교육과정 입안자들의 지식에 대한 얕은 이해를 확인할 수 있다. 형식적 지식이 담화나 글의 형식과 관련된 지식을, 본질적 지식이 7차 교육과정에서 본질 영역에 속했던 내용을 막연하게 칭하고 있다는 점에서, 치열한 논의의 결과로 명명한 수식어로 볼 수 없으며 개념 사용의 엄밀함을 결하고 있다는 비판을 면하기 어려워 보인다.

함을 언급하고 있기 때문이다. 기초라는 말도 그러한 통합성을 암시하는 말일 수 있다. 그러나 셋의 상호관련성이나 결합성을 강조하고 있음에도 불구하고, 범주로 가름으로써 범주로서의 독립성이나 단위성을 또한 획득하게 되었다는 점에서 문제는 여전히 남는다. 이러한 구분이나 배제가 교육 내용의 구성이나 교수학습 상황에서도 재연될 수밖에 없고 결국에는 통합적인 사고 능력인 국어능력의 발달을 도모하는 데 걸림돌이 될 수도 있기 때문이다.

결국, 개정 국어과 교육과정은 국어과교육의 성격을 규정하는 자리에서는 국어지식의 중요성을 주장하였지만, 그러한 주장에 부합하는 실질은 확보하지 못한 것으로 볼 수 있다. 한 문건 안에서 '지식'이라는 말을 지적 기반이나 앎의 체계 전반을 포괄적으로 지칭하는 개념으로도 사용하고 명제적 지식을 지칭하는 좁은 개념으로도 사용하고 있어, 혼란만 야기하고 있다. 확고한 철학이나 이론의 부재로 인해 성격 규정이 불철저했고 그러한 성격에 부합하는 내용 체계를 마련하지 못함으로써 결과적으로는 명제적 지식만을 '지식' 범주에 귀속시키는 문제를 낳은 것이다. 이렇게 되면 추상적 앎으로서의 지식과 구체적인 삶으로서의 국어활동과의 연관성이 간과됨으로써 문학능력의 발달을 도모하는 일이나 문학교육의 목표에 도달하는 것이 어렵게 되는 문제가 발생할 수 있다.

2) 문학지식의 진부함

개정 국어과 교육과정의 문학 영역 '지식' 범주에는 '문학의 본질과 속성', '문학의 양식과 갈래', '한국 문학의 역사'가 포함되어 있다. 문학의 보편적인 특성은 물론이고 한국문학의 특수성 및 역사성과 관련된 내용이 '지식' 범주에 포함되어 있음을 알 수 있다. (국)문학 이론과 국 문학사를 연상케 하는 내용5)이라는 점에서 문학 영역 '지식' 범주에서 국문학이라는 학술담론이 차지하는 위력을 확인할 수 있다.

국문학이 문학교육의 배경 학문으로 차지하는 위상에 대해서는 새삼 말할 필요가 없을 것이다. 국문학이 문학에 대한 탐구를 통해 인간과 세 계에 대한 이해와 변화를 도모하는, 역사와 전통을 지닌 인문학이라는 점에서, 문학을 가르침으로써 개인과 공동체의 성장과 변화를 꾀하려는 문학교육과 긴밀하게 관련될 수밖에 없다. 그러나 국문학 연구의 결과가 문학교육의 지식으로 편입되기 위해서는 교육의 논리에 따라 재구조화 하는 과정을 거쳐야 한다. 그리고 그와 더불어 학습자의 문학능력의 발 달이라는 관점에서 작품이나 문학현상을 새롭게 조망함으로써 새로운 교과 지식을 산출해내는 일도 병행되어야 한다.

그런데 문학 영역의 '지식' 범주에는 국어교과학의 학문적 정체성을 보여줄 수 있는 내용이 포함되어 있지 않아, 국문학연구와 민족교육을 연결선상에 두고 국문학 연구의 결과를 의심없이 가르쳤던, 오래된 전 통6)에 다시 복귀한 듯한 느낌이다. 우리 문학교육의 전통은 그 자체로 존중받을 만하고 기여한 바 또한 적지 않지만 치열하게 논의하고 갈등 하고 합의한 교과교육 관련 연구 성과들이 다 어디로 갔는지 의심하지 않을 수 없다. 이와 관련하여 교육의 내용과 방법에서 가장 변화가 적은

---

5) 이는 도남 조윤제가 국문학사와 국문학개론을 저술한 맥락과 그로부터 기원한 국문학의 전통과 무관하지 않아 보인다. 도남의 국문학에 대해서는 김종철(2005)의 논문을 참고할 수 있다.
6) 해방 직후 민족주의가 국어과교육의 정체성 규정이나 국어교재 선정 층위에 좀 더 직접 적인 규정력을 발휘했고, 국어과를 민족의식의 형성교과로 봄으로써 조선적인 것을 표현 하고 있는 문학 독본이 지배적인 텍스트로 자리 잡게 되었는데(민현식 외, 2007), 이때 마련된 전통이 지금까지 이어지고 있는 것이다.

영역이 문학 영역이고 가장 진부한 교과 내용이 바로 문학지식이라는 점도 성찰할 필요가 있다.

한편 문학교육에서의 '지식' 범주가 명제적 지식에 집중되어 있기는 하지만, 교육 내용으로서의 비중은 높은 편이다. 전통적으로 '기능' 범주에 해당하는 교육 내용이 강조되는 국어활동 영역과 달리, 문학 영역과 문법 영역의 경우에는 '지식' 범주가 교육 내용으로 비중 있게 다뤄져 왔다. 개정안에서도 내용 체계표 이후 제시되는 성취기준이나 그에 따른 내용 요소의 예를 보면 어렵지 않게 이를 확인할 수 있다. 국어활동 영역의 경우 '기능' 범주의 내용들이, 문학과 문법 영역의 경우는 '지식' 범주의 내용들이 성취기준이나 내용 요소의 예로 구체화된 항목이 더 많기 때문이다. 교육과정에 따라 교과서를 만들 때도 이러한 편향은 계속된다. 문법 영역에서도 '탐구'라는 사고 과정이 중시되기는 하지만 국어학의 체계에 따라 교육 내용을 배치하는 식으로 교과서의 얼개가 구성되고, 문학 영역의 경우에도 생산 및 수용 관련 활동이 중시되기는 하지만 가르친 작품이나 이론 혹은 개념 등이 우선적으로 선정이 되고 그에 따라 생산 및 수용 관련 활동이 덧붙여지는 식으로 교과서의 단원이 설계된다. 교육과정이라는 문건으로 나타나는 내용뿐만 아니라 교육 및 교과서 제작 경험을 떠올려 보아도 문법 영역과 함께 문학 영역의 경우는 '지식'의 비중이 상대적으로 높다고 결론지을 수 있다.

이처럼 지식이 중요하게 간주된다는 것은 문학교육의 장에서 교육 담론으로서 국문학이 차지하는 위상이 절대적임을 새삼 일깨워준다. 사실 문학교육은 '문학(학)'과 '교육'의 산술적 조합을 넘어서는 차원에서 궁구되고 실천된다. 국문학 연구가 생산인 것처럼, 교육 역시 국문학의 연구 결과를 분배하고 소비하는 활동이 아니라 태도, 기능, 사고력 등의 성장이라는 또 다른 생산을 목표로 한다(김흥규, 1992 : 306). 따라서 아직도 국문학 연구의 결과로서의 지식을 가르치고 있다는 것은 문제가 있다.

국문학 연구에서 유래한 지식들은, 무엇인가 할 수 있는 능력, 그와 관련하여 방법적 지식의 중요성을 은연중에 강조하고 있는 국어과 교육과정의 전체 구도에서 보더라도 다소 벗어난 감이 있다. 앞서 언급한 것처럼 담화나 글의 생산과 수용에 관여하는 방법적 지식을 강조하는 관점에서 보면, 문학지식은 연구의 결과로 도출된 명제적 지식들의 목록에 가까워 암기에 부담만 주는 지식이라고 비판을 받을 소지가 있다. 그리고 인문적 전통이나 지적 기반 자체가 도전을 받고 있는 오늘날에는 이러한 지식의 권위 자체가 인정되기 어렵다. 필자는 명제적 지식이라고 해서 암기에 부담을 주고 방법적 지식이라고 해서 국어활동에 유용하다는 생각에는 동의하지 않지만,[7] 현재 교육 환경과 관행 속에서는 명제적 지식이라는 표지가 붙은 문학지식이 문학적 실천력과 무관하게 가르쳐질 소지가 더 있고 또 실제로 그렇게 가르쳐지고 있다는 점을 지적하고 싶다. 이에 국문학에서 유래한 문학지식의 제한적 의의와 위상을 명확히 하고, 문학교육 지식론에 대한 체계적 진단과 대응을 통해 새로운 문학교육 지식을 산출할 필요가 있다는 점을 강조하고자 한다.

3) 문학교육 지식론의 방향 전환의 필요성

국어과 교육과정에 나타나는 지식에 대한 인식의 불철저함과 문학지

---

7) 이에 대해서는 3장에서 자세히 언급하기로 한다.

식의 진부함은 일차적으로 문학교육 지식론, 나아가 국어교육 지식론의 미흡함을 보여주는 현상이다. 사실상 국어교육 지식 논의는 국어활동 영역의 연구자들에 의해 집중적으로 논의되었고, 대개 인지주의라는 학문적 배경을 깔고 교육공학적 관점에서 연구되었다. 명제적 지식이나 방법적 지식, 조건적 지식 등의 개념을 적용하거나 재개념화하려는 논의들과, 지식이나 기능 및 전략, 상위인지 등의 상호관련성에 대한 여러 논의들이 바로 그 예가 된다. 이처럼 지식의 문제를 심리와 인지의 문제로 보는 관점이나 투입과 산출의 문제로 보는 관점이 국어교육 지식론을 주도하게 됨으로써 이러한 관점이 더욱 지배적인 관점으로 확대·재생산되었다. 물론 이러한 논의 자체가 문제가 되는 것은 아니다. 오히려 지식론을 촉발하고 국어교육의 이론화 및 체계화에 기여한 것이 사실이다.

그러나 확인해야 할 것은 이러한 지배적 담론이, 강력한 현실 담론으로 작용하면서 문학교육 지식 논의의 폭과 방향을 제한한 측면이 있다는 점이다. 이와 관련하여 필자는 실제로 우리 문학교육연구자들의 학문적 상상력이 교육공학이나 인지이론에 기반을 둔 국어교육 안에서의 지식론(현실)에 갇혀 있었던 것은 아닌지, 혹 은연중에 무엇인가를 할 수 있는 방법적 지식을 찾아야 한다는 강박을 가지고 문학교육에서의 지식을 논의했던 것은 아닌지, 기왕의 국어교육연구의 장에서 제안된 분류 틀에 따라 문학지식을 그 안에 위치 지우려는 편의적 방법을 취하지는 않았는지 반성하게 된다.

이러한 반성적 성찰은 문학교육에서의 지식론이 명제적 지식이나 방법적 지식, 조건적 지식 등의 개념을 적용하여 지식을 가르고 묶는 분류학적 관심에서 벗어날 필요가 있다는 생각으로 이어진다. 지식론은 분류학적인 관심을 넘어서 교육적 인식론이자 경험론의 성격을 지녀야 한다. 이를 위해서는 내용론의 차원에서 어떤 지식을 선정할 것인지, 어떻게 가르칠 것인지, 그래서 학습자에게 어떤 일이 일어나도록 할 것인지에 대해 체계적인 답을 마련하고 있어야 한다.

그리고 명제적 지식이 아닌 방법적 지식을 도출해야 한다는 강박으로부터도 자유로워질 필요가 있다. 사실상 방법적 지식의 유용성은 문학교육 실천의 차원에서 실현되어야 할 문제이지 문학교육 이론의 차원에서 주장될 성질의 것이 아니기 때문이다. 그런데 그간의 논의는 '어떻게 가르쳐야 하는가' 하는 교육 실천의 문제와 '무엇을 가르칠 것인가'하는 내용론의 문제를 혼동한 면이 없지 않다. 소설 쓰는 방법에 대한 지식을 배움으로써 소설을 쓸 수 있게 된다는 식의 발상이 바로 그 예가 된다. 이는 순진한 발상이고 별의미가 없는 동어반복에 지나지 않는다. 소설의 본질에 대해 깊이 알게 되면 소설 쓰는 방법을 터득할 수도 있고 소설 쓰는 방법과 관련된 방법적 지식도 암기하고 만다면 소설 쓰는 능력의 신장으로 이어질 수 없기 때문이다. 소설 쓰는 능력을 길러주기 위해서는 이것이 방법적 지식이고 이것이 중요하다고 주장하는 것보다, 명제적 지식이든 방법적 지식이든 간에 그것들을 할 수 있는 능력으로 바꿔줄 수 있는 교육 경험의 구조 내지 메커니즘에 대한 이론화가 더 시급하고 유용하다. 지식을 능력으로 전이하는 문제는 방법적 지식을 도출하여 가르침으로써 가능한 것이 아니라 지식을 자기화하고 수행 능력으로 전이할 수 있도록 유도하는 모종의 경험을 학습자들에게 제공함으로써 가능한 문제로, 경험의 구조와 여러 변인들, 그 변인들의 작용 양상 등에 대한 깊이 있는 이해가 전제되어야 한다.

문학교육 지식론은 사실 문학교육 내용론의 중핵에 해당한다고 볼 수 있다. 그래서 문학교육의 부실 내지 문제점의 상당 부분은 문학교육 지식론의 문제와 겹칠 수밖에 없다. 필자는 문학교육 내용론으로서의 문학교육 지식론이 활성화되지 못한 까닭이 문학교육 목표에 대한 성찰이나 지식 생산의 방법론에 대한 성찰이 부족했거나 내용의 문제를 방법 내지 실천의 문제와 혼동함으로써 생겨났다고 생각한다. 이런 점에서 보면 문학지식을 어떤 목표나 이념을 위하여 어떤 맥락에서 어떻게 도출할 것인가 또 어떤 교육적 실천을 통해 학습자들의 능력으로 바꿔 줄 것인가 하는, 목표론과 생성론, 실천론을 문학교육 지식론의 우선적인 과제로 삼을 수 있다. 문학지식의 중요성이나 역할을 명확히 하고, 실천의 국면에서 발생한 문제를 들어 이론 자체를 공격하고, 이론적 탐구를 현실 논리로 대신하는 식의 혼란에서 벗어나야 한다는 것이다. 이에 따라 필자는 문학교육 목표론과 생성론, 실천론으로 나눠,[8] 다시 말해 어떤 목표에 따라 어떤 지식을 생성하며 어떻게 가르쳐야 하는지와 관련하여 문학교육 지식론의 과제와 그 해결의 실마리를 탐구해보고자 한다. 이 모든 논의가 결국에는 문학교육 내용론의 내실화 내지 활성화로 수렴될 것이라고 생각한다.

---

[8] 민병곤(2006)이 투입, 과정, 산출의 과정을 나누고 각각의 단계에서 작용하는 지식을 기법적 지식, 실천적 지식, 인격적 지식으로 분류한 것에서 아이디어를 얻었다. 그러나 지식론을 정보 처리 과정 혹은 공학적 과정으로 볼 수 없어 일부를 수정하고 보완하였다. 문학지식의 생성과 교육적 실천에 대해 논의하기에 앞서 문학능력을 무엇으로 보는가, 문학능력을 신장함으로써 궁극적으로 도달하고자 하는 것이 무엇인지가 논의되어야 한다고 보았다. 문학능력의 개념이나 문학능력을 통해 도달하고자 하는 바가 설정되어야 그것이 준거가 되어 그러한 목표에 도달하기 위한 지식의 생성이나 조직, 실천을 논할 수 있게 되기 때문이다.

3. 문학능력 신장을 위한 지식론의 범주와 과제

1) 목표론 : 문학지식과 문학능력의 지향성 내지 목표 설정하기

'지식은 무엇인가'라는 질문은 아무데서나 느닷없이 불거져 나오는 것이 아니라 모종의 脈絡에서 제기(이홍우, 1991 : 11~32)된다.9) 이 질문이 자연스럽게 또는 의미 있게 제기되는 경우는 대부분 '지식'에 무엇인가 심각한 문제가 있다고 생각될 때이다. 문학교육에서 다뤄져야 할 '지식' 은 이러저러한 것들인데 그러한 지식이 다뤄지지 않고 있다는 것을 지적할 때 문제점을 규정하는 기준으로 필요한 것이다. 이처럼 문제를 지적하는 상황이 아니라면, 특정한 문제에 대하여 異見이 있을 때 그러한 견해 차이를 일으킨 근본적인 원천으로서의 '지식'의 개념이 거론된다. 결국 문학교육에서 '지식'이 무엇인가 하는 질문은 문학교육에서 '지식' 이 무엇이어야 하는가에 대한 정의10)를 함의할 수밖에 없다고 하겠다. 그렇다면 이제 우리의 질문은 '문학교육에서 지식이 무엇이어야 하는가' 하는 것으로 수정되어야 한다.

문학교육에서의 지식에 대한 논의가 쉽지 않은 까닭이 바로 이러한 질문의 성격 자체에 내재되어 있다. 무엇인지 기술하는 차원이 아니라 무엇이어야 하는지를 제안하고 설득하는 논의라는 점에서 이념 차원의 지표나 철학을 밝히는 일로부터 시작될 수밖에 없기 때문이다. 특정 문학 작품과 관련하여 꼭 가르쳐야 할 지식이 무엇인지를 찾아보겠다는

---

9) 지식이라는 개념이 논의되는 맥락을 살피는 것으로 논의를 시작하는 것은 '교육'의 개념을 탐색해 나가는 이홍우의 방식에서 취한 것이다.
10) 이홍우(앞의 책)는 이러한 물음을 전제한 정의를, 記述的 定義와 約定的 定義와 구별하여 綱領的 定義라고 하였다.

단순한 시도조차도 그 지식 도출의 기준이나 근거가 되는 목표나 능력에 대한 가정을 요구하기 때문이다. 문학교육에서의 지식론 역시 문학교육 목표론으로 시작할 수밖에 없는 까닭이 여기에 있다. 도달하고자 하는 목표가 무엇인지 정하고 그에 따라 문학능력을 구체화하고 그 실현 방법으로서의 지식을 추출하는 식으로 논의가 전개되어야 하는 것이다.

이념 차원의 지표나 목표와 연계되지 않는다면, '문학사적 지식'을 강조하는 것이나 '명제적 지식·방법적 지식·조건적 지식' 혹은 '텍스트 지식·콘텍스트 지식·메타 텍스트적 지식(류수열, 2006)'으로의 분류는 그야말로 단순히 분류를 위한 분류에 그칠 수밖에 없다. 문학지식에 대한 논의가 문학 교과에서 관행적으로 가르쳐왔던 것들을 분류하는 차원을 넘어서기 위해서는, 뚜렷한 목표가 설정되고 그 목표에 도달하기 위하여 요구되는 문학능력의 실체가 구체화되고 그러한 문학능력의 신장을 위하여 요구되는 지식이 무엇인지 논의되어야 하는 것이다. 즉, '개인의 성장'이나 '공동체의 발전', '문화유산의 계승과 발전', '성장 후의 실용', '문화 비판 능력의 신장' 중 어느 것을 목표로 내세울 것인지 선택하고[11) 그러한 선택의 철학적·현실적 근거는 무엇인지 성찰한 후에 문학능력의 여러 하위 능력들이나 요소들 중에서 목표 달성에 더욱 요구되는 것(들)이 무엇인지 탐색해야 하며, 그 과정에서 학습자가 학습하거나 경험해야 할 작품이나 문학 활동, 그리고 필요한 문학지식이 선정되어야 하는 것이다.

이런 점에서 우리 교육이 문학능력 혹은 문학지식 자체에 초점을 두었던 것은 아닌지 반성해볼 필요가 있다. 문학능력에 대한 정의가 하위

---

11) 이러한 선택의 과정은 공학적 관점을 넘어서 문학교육의 인문적, 사회적 의의를 확인하는 과정이라고 할 수 있다.

능력 내지 내용들을 열거하는 식으로 내려지고 있고 문학지식 역시 문학작품의 이해와 생산에 요구되는 지식들을 분류하는 차원에 머물고 있어, 현실을 견인해낼 수 있는 이론을 생산하지 못한 채 문학지식 논의가 지리멸렬한 것은 아니었나 싶다. 문학지식이 문학 활동의 기초로 작용하지 못함으로써 문학능력의 발달로 이어지지 못했고 문학을 이해하고 생산하는 안목으로도 작용하지 못했던 것은 아닌가 반성하게 된다.

사실 문학은 여러 요소들로 구성된 하나의 세계로 우리의 도덕적 삶을 변화시키고 우리가 우리 자신과 세계를 이해하고 구성하는 것을 돕고 우리가 세계와 소통하는 통로가 된다. 이러한 문학 본연의 기능에 주목하여, 문학교육의 목표를 사회 구성원으로서의 자각에 두었다면, 그것에 부합하는 역사적 장르종이나 문학 현상, 작품이 선택되고 그에 적절한 비평 도구로서의 지식이 선택되어야 하는 것이다. 그래야만 그 지식이 사회 구성원으로서의 자각이 필요한 단계의 학습자들에게 교육 내용으로 제공될 수 있고 교육적 효과 또한 발휘할 수 있을 것이다.

2) 생성론 : 지식 담론 형성에 대해 성찰하기

앞서 우리는 문학지식을 도출함에 있어 교육의 목표가 설정되어야 함을 주장하였다. 그리고 목표에 대한 인식의 미흡으로 말미암아 현재 문학지식의 교육이 학습자들의 내적 안목의 신장으로 이어지지 못했음을 지적하였다. 그러나 현재 제안되어 있는 문학지식을 성찰함으로써 그 이면에 전제되어 있는 문학교육의 한 목표를 재구해보는 것은 의미가 있다고 생각한다. 다양한 목표를 설정하고 그에 따라 문학능력을 구체화하고 문학지식을 도출하는 연역적 접근도 필요하지만, 현 시점에서는 그와 동시에 현재 가르쳐지고 있는 지식을 통해 은연중에 길러질 수 있는 능력이 무엇인지, 그리고 그 능력 이면에 전제되어 있는 교육의 목표는 무엇인지 재구해봄으로써, 특정 목표에 도달하기 위한 내용론으로서의 지식론을 시도해볼 수 있다. 이는 문학교육의 전통을 존중하고 그로부터 지식론의 실마리 내지 출발점을 찾으려는 시도[12]라고도 볼 수 있다.

이런 관점에서 다시 질문을 던져보기로 한다. 오늘날 문학교육의 지식은 어디에서 기원했으며 학습자에게 어떤 능력의 신장 혹은 어떤 변화를 가져왔는가. 이 물음과 관련하여 학술 담론이 교육 담론의 형성에 어떻게 개입하고 있는지를 살핀 논의(정재찬, 1996)는 시사하는 바 크다. 정재찬은 현대시를 대상으로 하여 특정한 이데올로기적 성격을 지닌 학술 담론이 문학교육의 지배적 담론으로 자리 잡으면서 정전의 목록과 읽기 방법론을 한정 짓고 있다고 비판한 바 있다.[13] 지식 생성 과정에 대한 이러한 탐구는 그 대상을 현대시뿐만 아니라 현대소설이나 고전문학으로 확장하여 진행될 필요가 있다. 어떤 학술 담론이 어떤 방식으로 문학교육의 지배적 담론으로 편입되는지, 그 과정에서 어떤 지식이 선택되고 또 어떤 지식이 배제되는지, 나아가 그렇게 선택된 지식에 바탕을 둔 교육을 통해 어떤 능력이 길러지는지 살필 필요가 있는 것이다.

---

12) 학습자들 역시 국어활동을 통해 끊임없이 새로운 지식을 만들어내는 생산자 및 향유자가 되어야 한다는 점에서 학습자의 지식 생성 문제도 중요한 과제라 할 수 있다. 그러나 문학지식의 생성에 대한 논의는 학습자의 지식 생성 문제와 구분하여 논의하는 것이 논의의 혼란을 피하고 구체적인 처방을 내릴 수 있어 생산적이다. 학습자의 지식 생성의 문제는 학습자에게 어떤 교육적 경험을 하게 할 것인가 하는 실천적-방법적 구도 속에서 논의되어야 하므로, 문학교육 실천론 내지 방법론의 차원에서 다루고, 여기서는 현재 국어과의 문학지식이 어디에서 기원했으며 어떻게 지배 담론으로 자리하게 되었는지, 그로 인해 어떤 일이 벌어지고 있는지, 나아가 앞으로 국어과의 문학지식을 어떤 방법으로 어떻게 도출할 것인가의 문제에 대해 생각해 보려 한다.
13) 정재찬(1996 : 159)은 나아가 교육의 내적 논리가 문학 지식을 선정하고 배열하는 기본 원칙이 되어야 함을 주장하였다.

고전문학을 예로 들어 어떤 지식이 선택되어 교육되고 있는지, 그러한 교육을 통해 길러질 수 있는 능력과 도달하고자 하는 목표가 무엇인지 생각해보기로 한다. 고전문학 지식의 대부분은 국문학사적 지식으로 국문학 연구의 결과를 반영한 것이다. 고시가 연구에 국한된 언급이기는 하지만, 필자는 오늘날 우리 연구 및 교육의 관점과 방법이, 김태준과 조윤제, 이병기에게서 벗어나지 못하고 있다는 지적, 즉 그들의 문학을 바라보고 연구하고 교육하는 시각에서 자유롭지 못하다는 지적(정병헌, 2005)에 동의한다.14) 작품의 발굴과 작가에 대한 의미부여, 작품의 생산 토대가 된 시대에 대한 이해, 그리고 작품 내지 장르간의 연관성에 대한 추구 등이 이들 모두에게서 나타나는 중요한 경향이고 문학교육의 장에 서도 이러한 내용들이 중요하게 가르쳐지고 있다는 점에서, 고전문학 교육의 지배적인 담론은 이들 초창기 국문학연구자의 관점과 방법에 다름 아니라고 볼 수 있다. 考證과 考據를 중시하는 역사주의적 방법15)이 지식 산출의 방법론이 되었고 그에 따라 산출된 국문학사적 지식이 교육 내용으로 자리하고 있다고 하겠다.

신동욱(1993 : 17~39)은 역사주의적 방법에서 자주 언급해 온 개념으로 다음의 네 가지를 들었다. 첫째, 작품을 평가하기 전에 필수의 과정으로 서 문헌의 연구와 그 객관적 확정을 시도하는 '원전의 확정'. 둘째, 작가 의 생애와 밀착되어 있고 그 시대의 역사와 문화, 사상과 미의식을 이해 하는 수단으로서의 '작품에 채용된 말'. 셋째, 작가의 전기적 사실을 연

---

14) 도남 조윤제의 국문학이 지닌 성격을 논의한 김종철(2005)의 연구는 국문학 및 국문학 교육의 기원을 따진 논문으로서의 의의를 지닌다.
15) 한국고전문학교육학회에서 발간한 학술지에 실린 논문을 대상으로 역사주의적 방법이 지닌 의의와 한계에 대해 밝힌 다음 논문을 참고할 수 있다. 염은열, 「고시가 연구 및 교육연구 담론에 대한 비판적 고찰」, 한국고전문학교육학회 20주년 기념 학술대회 발 표문, 2009.

구하는 '작가의 생애와 작품의 관계'. 넷째, 동질성이나 이질성을 같은 차원에서 놓고 보는 '평판과 영향의 측정'이 바로 그것이다. 이 네 가지 개념 모두가 고전문학 연구는 물론이고 교육의 장에서 중요하게 다뤄지고 있다는 점에서 우리 연구 및 교육에서 역사주의적 방법의 차지하는 위력을 확인할 수 있다.

이러한 역사주의적 방법은 심증적·당위적 차원의 민족주의 이념을 바탕으로 깔고 있으며 이러한 방법에 입각한 문학교육은 막연하나마 민족적·역사적 정체성의 형성을 목표로 삼고 있다. 그러나 이념 내지 목표가 심증적·당위적 차원에서 전제되고 말았을 뿐, 구체적인 내용론이나 방법론으로 이어지지 않음으로써 학습자들의 정체성 형성에 크게 기여하지는 못했다고 할 수 있다. 사실 역사주의적 방법은 과거 특정한 역사적 토대에서 나온 작품과 동시대 독자와의 거리감을 인정하는 바탕 위에서 나온 방법이고, 국문학사적 지식은 그러한 거리감을 극복한 연구자가 나름대로 발견한 결과에 해당한다. 그 결과로서의 지식을 교육 내용으로 제공할 때는 학습자 역시 연구자가 도달한 인식에 도달하기를 기대하는 관점이 자리하고 있다고 보아야 한다. 작가에 대한 정보나 시대적 맥락에 대한 정보를 최대한 동원하여 작품에 대한 이해를 깊게 하고 그 작품 내지 장르의 발생과 성장, 소멸에 대해서도 설명할 수 있는 능력을 길러주고자 한다고 볼 수 있는 것이다. 이러한 능력을 발달시킴으로써 어떤 학습자들은 고전문학을 통해 과거를 만나고 과거의 사람을 만나고 역사적 자아 혹은 정체성을 확인할 수도 있을 것이다.

그러나 대개의 학습자들은 지식에 압도되고 말 가능성이 높다. 그 결과 대부분의 학습자들은 국문학사적 지식을 배움으로써 문학능력을 기르고 문화유산으로서의 작품이나 장르의 실체에 대한 이해를 깊게 하지 못할 가능성 또한 높다. 연구자가 결과로서의 국문학사적 지식을 도출하기까지 경험하고 학습하고 성찰한 과정을 학습자가 재연할 수 없기 때문이다. 연구자가 아닌 학습자들은, 목표의식 내지 본말을 잊고 문학사의 재구 자체를 추구하거나 고전문학에 대한 지식을 암기하는 데 치중하게 될 가능성이 높은 것이다. 국문학사적 지식을 중심으로 고전문학을 배움으로써, 고전문학을 읽고 표현하는 능력을 신장하는 것도 어렵거니와 역사적·민족적 정체성을 경험한다거나 특별한 역사적 상황에 처한 인간에 대한 실존적 고민과 대응 양상에 대하여 깊게 이해하는 등의 의미 작용도 거의 일어나지 않게 되는 것이다. 이러한 현실은 역사적·민족적 정체성의 형성을 유도하기 위해서는 학습자들의 발달적 필요나 학습 발달 단계를 고려하여 국문학사적 지식을 재구조화하거나 새로운 지식을 도출하여 제공해야 한다는 결론에 도달하게 한다. 그리고 문학교육의 목표에 부합하도록 지식을 재구조화하거나 새로운 지식을 도출하려는 논의가 뒤따라야 함을 자각케 한다.

이를 위해서는 '문학'보다는 '교육'이라는 목적을 앞세울 필요가 있다. '문학사적 의미'라는 문학 연구에서 흔히 볼 수 있는 구절이 상징적으로 보여주는 것처럼 문학 연구나 그에 따른 교육은 문학연구의 전통 속에서 아직 밝혀지지 않은 것을 찾으려고 하며 문학사의 기술 자체에 관심을 둔다. 그러나 인간의 변화나 성장을 꾀하는 '교육'에 방점을 두게 되면 문학 연구의 학문적 전통 안에서만 의미를 지니는 지엽적인 사실이나 지식이 문학 지식으로 선택될 수는 없을 것이다. '교육'이라는 목적을 앞세우면 자연스럽게 '문학'이 아닌 '문학 활동'이나 '문학현상', 나아가 교육적으로 가치가 있는 인간 활동이자 언어 활동이나 언어 현상에 주목하게 된다. 국문학 연구가 전문화·세분화되면서 소홀히 다뤄지고 만, 어떤 본질이나 현상을 교육적 안목으로 다시 포착하거나 재개념화할 수 있게 되는 것이다.

교육이라는 안목과 국어활동 및 국어현상으로의 확장을 주장하는 이러한 입장은, 국어교과학의 정체성을 명확히 하려는 논의를 통해 더욱 구체화되고 명료화되었다. 김대행16)은 '서술적 이론'과 '수행적 이론', '표상적 이론'으로 이론의 유형을 구분한 논의에 기초하여 국어교과학이 수행적 이론을 지향하는 학문임을 주장한 바 있다. 수행적 이론은 기획적 이론과 처방적 이론으로 다시 나뉘며, 기획적 이론은 국어교육이 지향하는 적극적 가치의 실현을 위한 절차와 방법을 기술하는 반면에 처방적 이론은 가치의 실현에 장애가 되는 문제적 사태를 앞에 두고 이를 개선하고 회복하기 위한 이론이라고 하였다. 이러한 연구를 통해 도출되는 것이 바로 수행 이론이고 수행 지식이라고 하였으며, 문학(현상)이 문학 수행 지식의 산출에는 물론이고 국어수행 지식의 산출에도 유용한 자료가 될 수 있다고 하였다. 이러한 기획적 이론과 처방적 이론의 개념은 새로 산출해야 하는 문학지식의 지향과 성격 및 산출 내지 생성의 방법에 대해 우리에게 시사하는 바 있다.

3) 실천론 : 학습자 당사자의 지식으로 바꾸기

문학교육에서 양적으로 과하리 만큼 많은 지식이 다루어지고 있음에

---

16) 국문학이 실증 또는 분석과 해석을 중시하는 설명적 이론이거나 진단적 이론 중 하나를 지향하며, 따라서 'ㅇㅇ은 □□이다.' 형식을 취하거나 'ㅇㅇ은 □□한 의미를 갖는다.'는 형식으로 구체화되고, 논문 제목도 'ㅇㅇ에 관한 연구'의 모습을 띤다고 하면서, 국어교과학은 이러한 서술적 이론이 아닌 수행적 이론을 지향해야 한다고 하였다. 김대행(2005), 41~59면 참고.

도 불구하고 그러한 지식이 학습자의 유의미한 경험을 구성하는 데 기여하지 못하고 있다는 지적(김미혜, 2006 : 179)은 국어교육 내용으로서의 지식론의 문제가 교육적 실천의 문제와 결부되어 있음을 지적한 것으로 볼 수 있다. 무엇을 가르칠 것인가의 문제는 자연스럽게 어떻게 가르칠 것인가, 혹은 어떤 교육적 경험을 하게 할 것인가의 문제로 이어질 수밖에 없는데, 문학교육의 성패는 교육 내용으로 제시된 지식을 학생들 스스로 구성하여 자기화하고 직접 쓸 수(用 / 書) 있는(정재찬, 2000) 단계에까지 도달했는지의 여부로 판단될 수 있다.

이와 관련하여 폴라니[17]의 논의를 참고할 수 있는데, 폴라니는 라일이 방법적 지식이라는 개념을 내세워 경험의 중요성을 강조했다는 점은 인정했지만, 방법적 지식과 명제적 지식은 하나의 구조를 이루며 실재하는 것이라는 점을 들어 라일의 구분에 대해 비판하였다. 나아가 명제적 지식이나 방법적 지식이 따로 있을 수 없으며, 모든 지식은 '명제화된' 지식으로 제시되는데, 여기서 중요한 것은 이 명제화된 지식에 결부되어 있는 묵시적 차원(tacit dim ension)이라고 하였다. 묵시적 차원의 지식, 즉 암묵적 지식은 구체적인 실천의 맥락에서 반성과 연습을 통해 '체득'[18] 되며 언어화가 불가능한 차원에 자리하고 있는 지식을 말하며, 명제화된 지식에 붙박혀 있는 암묵적 차원까지 이해했을 때 그 지식이 기능 혹은

---

17) Polany, M., Knowing and Being, edited by Marjori Grene, The Uni. of Chicago Press, 1969, 222면. 신소림, 「폴라니 知識論의 교육적 함의」, 서울대학교 석사학위논문, 1992, 15~20면.

18) 'com-prehension'이라는 합성된 단어를 사용하여 폴라니가 나타내려고 했던 개념을 번역한 것이다. 'com-prehension'은 의식의 수준에서 실재의 총체적인 의미를 파악하는 것을 의미하며, '서로 분리되어 있는 있던 무의미한 것들이 갑자기 어떤 하나의 맥락 속에서 우리의 주목의 대상이 되면서 새로운 의미를 갖게 된다'는 것이다. 장상호는 이를 '회득(會得)'으로 번역한 바로 있다. 장상호, Polanyi 『人格的 知識의 擴張』, 교육과학사, 1994.

능력으로 활용될 수 있다고 하였다.

이러한 암묵적 지식이라는 개념은 실제적 지식(practical knowledge)[19]이라는 개념과도 연결된다. 실제적 지식이란 오직 사용할 때만 존재하는 지식으로 활동을 하는 동안 생기는 여러 흥미나 호기심, 지적 열정 및 사고방식 등을 포함하는 것으로 규정된다. 여기서 눈여겨 볼 것은 암묵적 지식이나 실제적 지식이 명제화된 지식과 결부되어 존재한다는 점과 암묵적 지식이나 실제적 지식이 사용할 때 작동하고 부단한 연습과 반성의 시간을 거쳐 체득된다는 점이다.[20]

필자는 이들 지식이 사용 맥락으로서의 사회 규범이나 제도와도 무관하지 않다고 생각한다. 따라서 창조적 재구성이라는 것이 지극이 개인적인 일도 아니고 개인이 창조적 재구성의 방법을 배웠다고 해서 창조적 재구성을 할 수 있는 것도 아니라고 생각한다. 방법적 지식 역시 지식일 뿐 실제적인 행위가 아니기 때문에 방법을 안다고 해서 행위의 성공이 보장되는 것은 아닌 것이다.[21]

이러한 사실은 학습자들이 외부에서 주어지는 지식을 자신의 내부로 받아들이는 과정, 즉 자신의 지식으로 구성하는 과정에 대해 시사하는

---

19) 오오크쇼트(Oakeshoutt)에 대해서는 다음 글을 참조할 수 있다. 권선태, 「教科의 正當化 概念으로서의 傳統의 意味」, 서울대학교 석사학위논문, 1993. 김인, 「블름과 오오크쇼트 의 教育內容 範疇化 方式 比較」, 서울대학교 석사학위논문, 1993.
20) 부단한 연습과 반성이 중요하다고 해서 국어교육이 도제식 교육(徒弟式 敎育)으로 진행될 수는 없는 일이다. 현실적으로 그것이 불가능할 뿐 아니라, '언어적' 사고로서의 측면을 고려해야 하기 때문이다. 자전거 타기 등의 기능을 학습할 때나 장인 정신이 요구되는 그런 기능들을 습득할 때는 부단한 연습의 과정을 통해 언어화할 수 없는 감(感)을 체득하는 것이 중요하지만, 문학능력을 신장하는 것은 기능의 습득과는 다른 경험의 깊이와 질이 관여하는 문제이다. 따라서 경험의 질료로서의 문학작품이나 문학현상과, 경험 주체로서의 학습자가 더욱 부각된다.
21) 김대행(2008 : 69~88면)국어능력과의 관계와 경험 및 수행, 태도와의 관계를 고려하면서 국어교육에서 지식의 성격에 대해 심도 있게 논의하고 있다.

바 있다. 인격적 지식으로 체득되어 실제적 지식으로 작동하지 않는다면 그 어떤 지식의 학습도 문학능력의 발달로 이어질 수 없다는 당연한 사실을 확인하게 해주기 때문이다. 이 사실을 확인하게 되면 지식 구성 주체로서의 학습자의 존재를 새롭게 발견하게 된다. 지식이란 단순히 외부 현실에 관한 것이 아니라 비판적 이해와 해방을 지향하는 보다 중요한 자기 지식이어야 하며, 배움이란 개별적인 배움의 주체가 그가 가진 현존의 지식 체계를 부정하고 그보다 한 단계 더 높은 지식 체계를 획득하기 위해 분투하는 과정(정재찬, 1996 : 168)이기 때문이다. 이런 점에서 볼 때 문학교육이란 결국 학습자가 자신의 지식 체계를 부정하고 한 단계 더 높은 지식 체계를 획득하기 위해 분투하는 것을 조력하는 행위로 볼 수 있다. 인식 및 지식 구성 주체로서의 학습자가 개별적인 작품에 조회하면서 지식을 구성해 가는 과정과, 이러한 구성의 결과를 해석공동체에 조회하고 조정하는 과정, 그리고 그 과정을 통해 새롭게 발견하거나 구성하는 과정을 조력하는 것이 문학교육이 되어야 한다고 하겠다. 그 어떤 경우에도 학습의 주체, 경험의 주체는 학습자일 수밖에 없으며, 학습자는 학술담론을 구성하는 문학 연구자들과 마찬가지로 지식 생산의 과정을 경험할 수 있어야 한다(김미혜, 2006). 그렇다면 외부의 자극으로서의 지식을 학습자 자기 내부의 지식으로 만드는 문제, 즉 학습자의 당사자적 지식으로 전환하는 문제가 우리 앞에 놓여 있게 된다.

이와 관련하여 국문학사적 지식이나 기존의 문학지식을 재구조화하여 제시하는 방법을 우선적으로 생각해 볼 수 있다. 양적으로 많은 지식을 고립된 정보로 제시하는 것보다는 어떤 방식으로든 구조화하여 제시했을 때 학습자의 지식 구성이 용이하리라는 가정을 할 수 있다. 지식이 단순히 구성요소의 가산적 총화가 아니라 조직적 체계성을 띨 때 비로소 지식이라고 할 수 있고(김정우, 1999 : 331) 전체를 알지 못하는 파편, 혹은 그 의미의 맥락 잃어버린 정보는 지식의 범주에서 벗어난다(장상호, 1999)는 점에서, 구조화된 지식[22]이 당사자적 지식으로 전환될 가능성이 높다고 할 수 있다. 파편이나 의미의 맥락을 잃어버린 정보에 맥락을 부여하고 연결망을 만들어주려는 노력이 있어야 하는 것이다.

이와 관련하여 필자는 핵심 개념을 중심으로 여러 하위 정보나 지식 등을 관계망으로 구조화하는 방식과, 서로 다른 문학사적 평가(혹은 평가의 표지)가 큰 우산이 되어 그 평가를 내리는데 동원한 여러 맥락과 관련된 지식들이 그 안에 포함되는, 그와 같은 구조화의 방안을 제안한 바 있다.[23] 구체화·일반화하는 과제가 남아 있기는 하지만 문학 수행에

---

22) 김대행(1995)은 "원리적 성격을 띰으로써 그 원리의 터득이 삶의 여러 국면에서 두로 활용될 수 있"고 동시에 "구조로서의 면모를 지녀야" 하는 원리적 지식을 제안한 바 있다. 이는 학문의 구조를 학습자의 내부로 옮겨 놓으려는 부르너의 관점으로, 개념이나 원리 및 기본 아이이어를 여러 현상으로부터 일반화한 것이기 때문에 부르너의 '지식의 구조'는 지식의 '이해'와 '적용', 그리고 '기억'을 용이하게 해주는 이점이 있다. 따라서 지식의 구조를 추출하는 것은 매우 중요한 연구 주제가 된다. 그러나 지식의 구조는 원리적 성격을 지니는 까닭에 문학경험의 특수성과 개별성 등을 간과하게 할 우려가 있어, 여기서는 지식의 구조라는 개념과는 다소 구별되는 구조화의 방식에 대해 생각해 보려 한다.

23) <한림별곡>에서 관계망이라는 개념으로 이러한 생각의 단초를 제시한 바 있으며, 그 생각을 발전시켜 <정읍사> 해석의 두 경로에 대해 탐색해 보았다. <정읍사>에서 '백제의 노래'라는 표지와 '고려의 노래'라는 표지를 선택하여 두 표지를 따라가면서 각각 활용할 수 있는 문헌 기록과 연행 관련 코드 등을 선택하여 두 가지 경로의 해석을 시도함으로써, <정읍사>가 '백제의 노래'로 접근했을 때는 망부의 민요가 되고 정읍이라는 지역 정체성의 형성에 기여한 노래로 해석되는 반면, '고려의 노래'라는 표지로 접근하면 궁중 연악의 가사가 되고 조선초 음사라고 규정되기까지 한 남녀상열지사로 해석될 수 있다는 결론에 도달했다. 이 두 개의 표지 외에 다른 표지가 있을 수 있고 각각의 표지에 따라 다른 해석의 경로가 설정될 수 있으며, 종국에는 이러한 다양한 해석들이 <정읍사>에 대한 종합적인 이해로 수렴되어야 한다고 결론지었다. 두 개의 구조화된 지식을 산출한 셈인데 이로써 해석의 두 경로 내지 가능성을 교육 내용의 수준에서 시도해볼 수 있었다. 염은열(2007), 『고전문학의 교육적 발견』, 도서출판 역락, 173~174면, 180~182면 참고. 염은열, 「교육의 관점에서 본 고전시가 해석의 다양성」, 『한국시가연구』 제24집, 한국고시가학회, 2008.

도움이 되는 보다 구조화된 교육 내용을 구성해보려는 시도 자체는 의미가 있다고 생각한다.24) 그러나 여러 지식들을 관계망으로 묶거나 문학사적 표지에 따라 하위 지식들을 배치하는 식으로 구조화하면 단편적인 지식으로 제공하는 것보다 당사자적 지식으로 전환될 가능성이 높아지기는 하겠지만, 학습자가 흥미를 가지고 몰입하지 않는다면 그러한 가능성은 가능성에 머물 뿐 현실이 되지 않는다는 문제가 여전히 남게 된다.

학습자의 흥미를 유도하고 책임과 권리를 이끌어낼 수 있는, 보다 적극적인 지식 학습의 방법이 모색되어야 한다. 이와 관련하여 필자는 학습의 주체이자 경험의 주체인 학습자들의 권리와 책임이 강조되어야 한다는 원론적인 생각에서 실행 연구(action research)의 방법론에서 시사점을 얻을 수 있지 않을까 한다. 교육이 미래를 꿈꾸는 낭만적 기획이기도 하다는 점에 힘을 얻어, 실행 연구의 방법론을 참고하여 문학교실의 민주주의를 실현할 수 있는 방향으로 일부 문학 학습 경험을 설계하면 어떨까 한다.

실행 연구는 참여적 세계관에 기초하여 인간에게 가치 있는 목적을 추구하는 데 필요한 실천적 지식을 획득해가는 참여적이고 민주적인 방

---

24) 지식의 구조화 문제와 아울러 생각해볼 것이 문학교육의 내용으로 '지식' 이외 어떤 범주가 설정될 수 있으며 그 범주와 지식 범주와의 관계를 어떻게 설정할 것인가의 문제이다. 국어과 교육과정에서는 이미 '기능'과 '맥락', '실제'를 내용으로 제안한 바 있고 '지식'와 '경험', '수행', '태도'를 교육 내용으로 제안한 연구(김대행, 2002)도 있다. 국어과 교육과정에서의 하위 범주 설정은 여러 가지 문제가 있어 보인다. 맥락이 기능이나 실제와 분리되어 교육 내용으로 설정될 수 있는지도 의문이고 박종훈(2005)의 말처럼 기능은 도달할 능력의 성격을 지니는바 국어교육의 내용은 지식 중심일 될 수밖에 없다. 지식에 초점을 맞춰 논의를 펴고 있는 이 글에서 짚고 넘어갈 사항은 김대행 (2002)이 지적한 것처럼 문학교육의 내용으로 경험이나 태도 등도 중요한 범주라는 점과 문학 작품의 수용 및 창작의 경험이 지식을 기반으로 수행되고 경험되며 결과적으로 경험 주체의 문학 자체나 경험 및 지식 등에 대한 주체적 태도 형성으로 귀결될 수밖에 없다는 사실이다.

법이다.[25] 가령, 지역 사회의 문제를 해소하는 것이 목적이라면, 문제의 실체를 따지는 가운데 어떤 액션을 취할 것인지 결정하고 액션을 취하고 그에 대해 성찰함으로써 최초의 액션을 수정하여 다음 액션을 취하고 다시 성찰하는 과정을 여러 번 거치면서 문제를 해결해가는 방법이다. 실행 연구의 여러 양상 중에서, 어떤 뚜렷한 변화를 목적으로 (외부) 전문가와 변화를 원하는 당사자가 모여 민주적인 협의의 과정을 통해 당사자의 문제를 더욱 분명하게 드러내고 공유함으로써 액션을 취하고 성찰하고 다시 액션을 취하는 식의 방법을, 교실 상황에서 재연해보는 것은 어떨까 싶다. 교사는 외부 전문가에, 학생은 당사자에 해당하는바, 둘 다 동등한 권리와 책임을 공유하는 참여자가 되어 교육 목표에 따라 경험해야 할 혹은 경험하고 싶은 것을 함께 찾고 경험의 방법을 정하는 것이다. 그 과정에서 교육 내용으로 제시된 기존의 문학지식을 활용하여 수용 및 생산 활동을 하게 되고 그 활동에 대해 성찰하고 다시 활동을 하는 과정을 거듭하는 동안 학습자 외부에 있던 문학지식이 학습자 내부의 지식으로, 즉 당사자적 지식으로 전환할 수 있을 것으로 기대된다. 즉, 학습자의 외부에서 주어진 문학지식이 실행의 과정을 통해 학습자의 문학능력으로 전환될 수 있을 것으로 기대된다.

이러한 실행 연구의 혜택은 학생들에게만 돌아가는 것이 아니라 교사에게도 똑같이 돌아간다는 점도 실행 연구의 방법을 활용했을 때 얻을 수 있는 이점이다. 교사 역시 참여자라는 점에서 인식의 확장과 교수 능력 발달을 경험하게 될 가능성이 높다. 교육과정에 제시된 문학지식을

---

25) 문학 지식을 학습하거나 구성하는 수업에서도 실행 연구의 방법을 활용할 수 있을 것으로 보이는바, 실행안을 마련하여 실행 연구를 실시해보고 그 결과를 보고할 생각이다. 실행 연구의 다양한 방법들과 실행 연구의 사례 및 참고문헌 등은 다음 사이트를 참고할 수 있다. http://www.cjedu.org/

적용하고 활용하는 문제와 관련된 국소적 지식(local knowledge)을 발견하거나 구성할 수 있을 것이기 때문이다. 교육과정에 제시된 내용이나 지식이 작동하는 구체적이고도 특수한 상황에 대한 지식을 발견하거나 구성하게 됨으로써, 교사 역시 교육과정이 실현되는 국면에 대한 이해를 더 깊게 할 수 있고, 가르치는 일과 관련된 실제적 지식 또한 획득할 수 있게 되는 것이다.

4. 문학능력의 발달을 위하여

2007년 개정 국어과 교육과정에서는 국어과의 성격을 규정하면서 지식 학습의 중요성을 주장하고 '지식'을 내용 범주로 설정하였다. 필자는 이러한 '지식'의 부각을, 국어교육 지식론, 특히 문학교육 지식론의 현재를 보여주는 사건으로 보고 국어과 교육과정을 면밀히 살핌으로써 문학교육 지식론의 과제와 과제 해결의 실마리를 찾아보고자 하였다.

우선 개정 국어과 교육과정이 지식의 중요성을 표방하기는 하였지만 그에 부합하는 교육 내용을 제시하지는 못했고 오히려 지식에 대한 협소한 인식을 보여주고 있음을 확인하였다. 국어과 교육과정에 나타난 이러한 문제점이 도달할 목표에 대한 인식의 부족과 지식 논의의 층위를 혼동함으로써 생겨난 것이라고 보고, 목표론과 생성론, 실천론으로 범주를 나눠 문학교육 지식론의 과제를 제시하고 해결의 실마리 내지 출발점을 탐색해 보았다.

그 결과 문학교육의 목표에 대한 탐색이 먼저 있고 그 목표에 도달하기 위한 문학능력이 구체화된 후, 구체화된 문학능력의 발달과 긴밀하게 관련 있는 문학 경험과 문학지식이 선정되어야 한다는 상식적인 결론을 도달하였다. 또한 교육이라는 목표에 따라 국문학사적 지식이 아닌 새로운 문학 수행 지식이 도출되어야 함을 주장하였고, 문학지식을 학습자의 당사자적 지식으로 바꾸는 방법, 나아가 학습자의 문학능력으로 발전시키는 방안을 제안하였다.

하나의 목표를 설정하여 문학능력을 구체화하고 문학경험과 문학지식을 선정하는 예를 보였더라면 문학지식과 문학능력의 관계나 문학지식의 정체가 보다 명확하게 드러났을 텐데 하는 아쉬움이 남는다. 그러나 후속 논문을 기약하고 여기서는 문학교육 지식론의 과제를 도출하고 과제 해결의 실마리를 모색해본 것에 의의를 두고자 한다. 문학은 경험의 대상이며, 우리의 도덕적 삶을 변화시키고 나와 타인에 대한 이해를 증진시키며 다른 사람들과의 소통을 가능하게 하고 문화적 정체성을 공유하고 문화를 창안하는 힘이 된다. 문학지식은 학습자가 이러한 문학의 효용을 경험하고 누리는 것을 도와주어야 하는바, 이 연구가 그러한 문학지식의 도출 내지 구조화에 기여할 수 있기를 희망한다.

참고문헌

고영화, 「문학사 교육에서의 장르 지식의 성격에 대하여-조선 초 국문 시가를 중심으로」, 『선청어문』, Vol.28, 서울대학교 국어교육과, 2000.
교육과학기술부, 『중학교 교육과정 해설(국어과)』, 교육과학기술부, 2007.
김대행, 『국어교과학의 지평』, 서울대학교 출판부, 1995.
김대행, 「내용론을 위하여」, 『국어교육연구』 제10집, 서울대학교 국어교육연구소, 2002.
김대행, 「수행적 이론의 연구를 위하여」, 『국어교육학연구』 제22집, 국어교육학회, 2005.
김대행, 『통일 이후의 문학교육』, 서울대학교 출판부, 2008.
권선태, 「教科의 正當化 槪念으로서의 傳統의 意味」, 서울대학교 석사학위논문, 1993.
김미혜, 「문학교육에서 지식의 재개념화를 위한 연구」, 『문학교육학』 Vol.19, 한국문학교육학회, 2006.
김봉순, 「읽기 교육 내용으로서의 지식」, 『국어교육학연구』 Vol.25, 국어교육학회, 2006.
김 인, 「블름과 오오크쇼트의 教育內容 範疇化 方式 比較」, 서울대학교 석사학위논문, 1993.
김정우, 「문학사교육에서의 지식의 문제-국어 지식 교육의 영역 및 활동과 관련하여」, 『국어교육연구』 Vol.6, 서울대학교 국어교육연구소, 1999.
김종철, 「도남 국문학의 성격」, 『고전문학연구』 27집, 한국고전문학회, 2005.
김흥규, 「古典文學 교육과 歷史的 理解의 원근법」, 『현대비평과 이론』 3호, 한신문화사, 1992.
류수열, 「문학 지식의 교육적 구도」, 『국어교육학연구』 Vol.25, 국어교육학회, 2006.
민병곤, 「말하기·듣기 교육 내용으로서의 "지식"에 대한 고찰」, 『국어교육학연구』 Vol.25, 국어교육학회, 2006.
민혁식 외, 『미래를 여는 국어교육사 1』, 서울대학교 출판부, 2007.
박영민, 「쓰기 교육에서 지식의 범주와 교육 내용의 구조」, 『국어교육학연구』 Vol.25, 국어교육학회, 2006.
박종훈, 「지식 중심의 국어교육 내용 범주 설정 시론」, 『국어교육』 Vol.117, 한국어교육학회(구-한국국어교육연구학회), 2005.

신동욱, 「歷史主義的 方法」, 『文藝批評論』(한국문학비평가협회 편), 백문사, 1993.

신소림, 「폴라니 知識論의 교육적 함의」, 서울대학교 석사학위논문, 1992.

염은열, 「표현교육에서 지식의 성격에 대한 고찰−표현 지식의 구조화 방향과 관련하여」, 『문학교육학』 Vol.3, 한국문학교육학회, 1999.

염은열, 「광고교육을 위한 문학 지식의 변용 가능성」, 『국어교육학연구』 Vol.15, 국어교육학회, 2002.

염은열, 『고전문학의 교육적 발견』, 도서출판 역락, 2007.

염은열, 「교육의 관점에서 본 고전시가 해석의 다양성」, 『한국시가연구』 제24집, 한국고시가학회, 2008.

우한용 외, 『문학교육과정론』, 삼지원, 1997.

이홍우, 『교육의 개념』, 문음사, 1991.

장상호, 『Polanyi 人格的 知識의 擴張』, 교육과학사, 1994.

장윤희, 「국어사 지식과 고전문학 교육의 상관성」, 『국어교육』 Vol.108, 한국어교육학회(구−한국국어교육연구학회), 2002.

정병헌, 「고시가 연구의 시각과 전망」, 『고시가연구』 19집, 한국고시가학회, 2005.

정재찬, 「21C 문학교육의 전망」, 『문학교육학』 제6호, 한국문학교육학회, 2000.

최인자, 「국어과 교사의 실천적 지식 성찰을 위한 방법론적 탐색−"성찰적 내러티브 탐구" 방법을 중심으로」, 『문학교육학』 Vol.21, 한국문학교육학회, 2006.

Ryle, R., *The Concept of mind*, Hutchison & Co, 1949.

Jones, B. F. & Palincsar, A. S. & Ogle D. S. & Carr, E. G., *Strategic Teaching and Learning*, ASCD, 1987.

Polany, M., *Knowing and Being*, edited by Marjori Grene, The Uni. of Chicago Press, 1969.

제 3 장

작품 읽기와 비평 이론

― 〈고향〉에 대한 재평가와 관련하여 ―

김 성 진

대구대학교 국어교육과

1. 문제 제기

리얼리즘에 대한 관심이 상대적으로 쇠퇴하면서 이기영의 <고향>에 대한 논의 역시 과거에 비해 대폭 줄어들었다. 문학사적으로 중요하게 취급되는 다른 작품들이 다양한 방식의 읽기를 통해 재조명되고 있음에 비해 이제 <고향>은 문학사에서나 언급되는 '유물'과 같은 인상을 준다고 해도 과언이 아니다. 그러나 문학사는 그 자체로만 의미 있는 것이 아니라 현재의 문학적 맥락과 연결되어 계속해서 재평가될 때 살아 있는 원리가 된다. <고향>이 진정 문학사적으로 가치 있는 작품이라면 이론의 부침과는 독립적으로 당대의 맥락 속에서 다시 읽히는 가운데 재조명될 필요가 있는 것이다.

현대소설론 강의 과정에서 이기영의 <고향>을 학생들에게 읽힐 때 나타나는 흥미로운 현상 하나는 이와 연결하여 검토해 봄직하다. 그것은 발표를 준비하기 위해 연구사와 여타 참고문헌을 읽은 학생과 작품만을 읽은 뒤 토론에 참여하는 학생이 작품에서 주목하는 부분이 다르다는 점이다. <고향>이라고 하면 한국 근대문학사에서 리얼리즘을 대표하는 작품이라는 사실 정도는 학생들 모두가 알고 있기 마련이고, 발표를 준비하는 학생도 리얼리즘의 구도 안에서 작품을 해석하고 평가하는 것이 상례이다. 비록 리얼리즘으로서의 완성도에 대한 평가는 조금씩 다르지만 문제적 인물이나 전형성 같은 개념이 발표자들에게는 작품 읽기의 중요한 준거점으로 활용된다. 그런데 소문으로만 듣던 <고향>을 처음으로 읽은 학생들 중에는, 이 작품이 리얼리즘의 걸작인지는 잘 모르겠지만 다른 카프 소설과는 다르게 통속성이 강한 작품인 것 같다는 반응을 보이는 경우가 종종 있다. 토론의 과정에서는 그 동안의 연구사와 리얼리즘에 대한 이론적 지식을 참조하는 등의 '공'을 많이 들인 발표자들이 이 소설의 문학사적 의의를 '설득'하는 것으로 논의가 정리된다. 어쨌든 리얼리즘의 구도로 이 소설을 읽어야 한다는 것이다. 일반론적인 차원에서 이런 판단이 잘못된 것은 아니다. 다시 말해 작품을 읽고 감상하거나 작품 비평에 임할 때 관련 이론을 효과적으로 활용함으로써 작품을 더 풍요롭게 읽을 수 있다는 전제는 타당하다.

그러나 특정 이론의 매개를 거친 해석이 작품의 내실에 더 가까이 다가가게 된다고 일반화하기에는 분명 껄끄러운 면이 있다. 무엇보다도 문학의 존재 근거가 전문가의 연구가 아니라, '아마추어의 즐거움'이라는 점을 외면하는 것은 아닌가 하는 부담이 들기 때문이다. 문학 전공 대학원생 이상의 전문가가 아니라면 평범한 독자가 시나 소설을 읽을 때 가장 행복한 순간은 작품을 읽으며 '무언가 살아 있는 느낌'을 받을 때이다. 그것은 시·공간적으로 분리된 작품의 세계와 독자가 현재 속한 세계 사이에서 희미하게나마 교감과 소통의 선을 발견하는 순간의 느낌이라 할 수 있다. 사실 이것이야말로 한편의 작품을 읽는 근원적인 이유 중의 하나이다.

그런 점에서 이 글은 해석의 이론 의존성에 대한 주장을 인정하면서도 이론의 '적용'을 강조할 경우 작품을 읽는 '아마추어의 즐거움'을 빼앗을 수도 있다는 문제의식에서 출발한다. 이를 바탕으로 중등학교 문학교육을 배경으로 하는 소설 읽기에서는 '작품에 대한 실감'의 차원이 출발점이자 도착점으로 설정되어야 함 역시 강조하려고 한다. 이 글이 주로 리얼리즘 이론에 입각하여 연구된 <고향>이라고 하는 한 작품에 대한 재평가를 시도하되 다른 이론을 각별히 내세우려 하지 않는 이유도 연구와 비평을 포함한 모든 작품 읽기에서 가장 중요한 차원은 작품 자체의 읽기라는 주장을 구체적으로 보여주려 하기 때문이다. 이는 '작품 자체로'라는 조금은 진부한 말로 요약할 수 있다.

2. 전형성 중심의 〈고향〉 읽기에 대한 비판적 검토

주지하다시피 〈고향〉의 창작 과정과 작품 평가에서 1930년대 창작 방법 논쟁은 밀접한 연관을 맺고 있다. 이는 카프의 소설이 항상 문학운동의 한 부분으로 자리매김되는 것을 고려하는 가운데 창작되었기 때문이다. 초기 창작 방법 논의에서는 당의 노선과 철학을 학습하는 것이 창작에 결정적인 역할을 한다는 식으로 '유물 변증법적 창작 방법'이 이해되면서 오히려 창작을 제약하는 역효과를 낳았다. 이후 킬포친의 '진실을 그려라'라는 명제가 리얼리즘의 이름으로 수용되면서 좀 더 자유로운 분위기에서 창작에 임할 수 있는 길을 열어주게 된다.[1]

창작 방법을 둘러싼 많은 논의 가운데에서도 〈고향〉처럼 비평 담론의 전개와 밀접한 관련을 맺고 있는 작품도 많지 않다. 〈고향〉의 평가에서 중요한 이론적 틀을 형성하는 전형에 대한 논의는 임화에 의해 본격적으로 제시되었다. 임화는 「문학에 있어서의 형상의 성질 문제」(『조선일보』, 1933. 11. 25~12. 2)와 「집단과 개성의 문제—다시 형상의 성질에 관하여」(『조선중앙일보』, 1934. 3. 13.~3. 20) 등의 글에서 프로 문학에서도

---

1) 창작 방법 논쟁의 전반적인 흐름에 대해서는 유문선(1988), 「1930년대 창작방법 연구」, 서울대학교 석사학위논문을 참조할 수 있다.

형상이 중요하며, 그것은 특히 전형의 문제임을 주장하고 있다.

> 프로문학은 개인적 존재의 일절의 복잡성 가운데에서 개인의 특성을
> 완전히 살리는 가운데에서 집단, 엄밀히 말하자면 계급을 그리고 계급
> 관계를 형상으로서 표현하는 것이다.[2]

널리 알려진 대로 이 글에서 임화는 엥겔스의 전형론을 참조하고 있
다. 비록 원론 차원의 언급이지만 임화의 논의는 함대훈 등이 내세웠던
'집단 묘사론'을 비판하면서 '보편과 개별, 개인적인 것과 사회적인 것
의 통일로서의 형상'인 전형이 리얼리즘 소설의 중요한 형식임을 본격적
으로 주장했다는 점에서 의미가 있다. 여기서 두드러진 것은, '세부의 진
실성'이나 '전형적 환경'에 대한 언급을 생략하고 시대의 일반성을 보여
주고 있으면서도 한 인물의 고유한 개성을 유지하고 있는가를 묻는 '전
형적 인물'에 초점을 맞추고 있다는 점이다. 그리고 임화가 리얼리즘의
'구체적 현실의 기초'를 탐색하기 위해 검토할 것을 요청하는 작품이 바
로 <고향>이다.[3]

그러나 임화는 <고향>에 대한 본격적인 분석을 남기지 않았다. 그의
요청을 실제로 수행한 것은 김남천인데, <고향> 발표 직후 「지식계급
전형의 창조와 <고향> 주인공에 대한 감상」이라는 평문을 내놓은 바
있다. 여기서 김남천은 농민회에 매달리고 있던 김희준이 고민과 애욕에
휩싸이는 '달밤' 5회 부분에 주목하고 있다. 이전의 카프 소설에서 '일

---

2) 임화, 「문학에 있어서의 형상의 성질 문제」, 『조선일보』, 1933. 12. 2.
3) "제군 앞엔 새 창작이론의 일체의 해결을 줄 푸로문학 십년이 낳은 풍부한 창작적 경험
과, 신문학 조선에서 갖는 바 푸로문학의 크다란 가치를 기록한 예술적 피라미드 민촌
(民村)의 『고향』이 솟아 있지 않은가?" 임화, 「역사적 반성에의 요망」, 『조선중앙일보』,
1935. 7. 13.

꾼' 혹은 '투사'로 등장하는 인간들이 하나같이 '나무로 깎아 놓은 목탁'
과 같이 아무런 '개별적 성격과 특징'이 없었던 것에 비해, 주인공 김희
준은 작가의 '의지적인 육체적인 열정'에 의해 전형으로 그려졌고 이것
이 작품 전체의 성과를 낳게 된다는 것이다.

> 실로 작자는 주인공과 함께 자기 자신까지를 연소하고 벌거숭이를 만
> 들고자 한 것, 현실생활과 격투시켜 보겠다는 청년다운 정열에 불타고
> 있는 것이다. 김희준이가 울을 때 자기가 웃고 김희준이가 추태를 연출
> 할 때에 그것을 자기 자신의 추태로 반성하고 김희준이가 가슴을 잡아
> 뜨리며 땅을 치고 울 때에 자기가 웃고 김희준이가 가슴을 잡아뜨리며
> 땅을 치고 울 때에 작자 자신도 같이 울자는 의지적인 육체적인 열정을
> 우리는 찾을 수있다. 김희준에 대하여 가진 작가의 이 의지적인 열정이
> 안승학과 같은 가장 저열하고 증오에 당하는 인물을 창조케 하였고 원
> 칠이 부부와 같은 가장 선량하고 건실한 농민의 전형, 그리고 소작농의,
> 자작농의, 중농의, 상인의 여러 가지 타입을 만들게 하였다고 나는 생각
> 한다.[4]

이처럼 인물 한명 한명의 전형성을 살피는 방식의 분석은 80년대 이
후 <고향> 연구의 큰 흐름으로 자리잡게 된다. 김남천의 비평이 <고
향> 연구의 방향을 설정했다고 보아도 과언이 아니다. 그런데 그가 하
필 김희준 같은 지식인에 주로 초점을 맞추고 있다는 점에 주목할 필요
가 있다. 김남천은 '소시민의 계급적 속성인 우유부단성과 지식인으로서
상승하려는 의지 사이의 모순이나 갈등을 은폐 없이 드러내 보이는 자
기 격파의 정열', 즉 자신의 소시민성을 무자비하게 고발하는 정신을 창

---

4) 김남천, 「지식계급 전형의 창조와 <고향> 주인공에 대한 감상」, 『조선중앙일보』, 1935.
   6. 29.

작 방법론의 차원으로 끌어올리고 있다. 이것이야말로 소시민성을 극복하는 리얼리즘의 중요한 원칙이라는 것이다.5) 여기에는 카프 해산 이후 '전향'의 물결이라는 역사적 맥락이 개입하고 있다. 문제는 이로 인해 <고향>이 농민을 대상으로 농민의 삶을 다룬 농민 소설이라는 점이 상대적으로 약화된다는 것이다. 다시 말해 김남천의 <고향> 비평은 자신도 모르는 사이에 지식인 문학론의 면모를 갖추게 된다.

이처럼 <고향>이 당대 리얼리즘을 대표하는 작품으로 공인되고 특히 주인공 김희준이 '당대 지식 계급의 전형'으로 평가된 이후 이 소설은 전형성의 틀로 평가하는 것이 정석적 접근으로 인식되어 왔다. <고향>이 본격적으로 다시 연구되기 시작한 1980년대 이후의 평가에서도 이는 크게 달라지지 않는다. 김희준을 문제적 개인으로 파악하면서 그의 형상에 주목하거나6) 리얼리즘 이론을 깊이 있게 탐색하여 작품을 평가하는 이후의 논의가 그러하다.7) 최근의 연구로는 유물론적 후기식민론과 같은 새로운 방법론으로 <고향>을 평가하고자 하는 시도가 있다. 이 역시 작품에 대한 평가나 평가의 방법 차원에서는 리얼리즘론의 그것과 크게 구별되지 않는다. 흥미로운 것은 평가의 중심이 김희준에서 안승학으로 옮

---

5) 지식인 전형에 대한 관심은 <고향>에 등장하는 또 다른 지식인 안갑숙의 형상화를 놓고 내린 다음과 같은 평에서도 발견된다. "그가 집을 나와서 출가하여 공장으로 들어가 혁혁한 일꾼이 되어 자기의 애정과 전 몸을 희생하여서까지 빈한한 농민과 직공을 위하여 일하겠다는 장면을 볼 때에 우리는 고무풍선을 타고 상승하는 마술단의 천사를 생각해 본다." 김남천, 앞의 글, 『조선중앙일보』, 1935. 7. 2.
6) 김윤식(1990), 「이기영론」, 『한국 현대 현실주의 소설 연구』, 문학과지성사와 정호웅(1988), 「이기영론」, 『한국 근대 리얼리즘 작가 연구』, 문학과지성사 등이 대표적이라 할 수 있다.
7) 김성수(1991), 「이기영 소설 연구」, 성균관대학교 박사학위논문 및 이상경(1992), 「이기영 소설의 변모 과정 연구」, 서울대학교 박사학위논문 등에서 본격적으로 전망이나 전형성과 같은 리얼리즘 이론의 주요 개념을 본격적으로 원용하여 <고향>을 비롯한 이기영의 소설을 분석하였다. 이외에도 <고향>을 다룬 많은 연구가 있으나 지면 관계로 일일이 언급하지 못했다.

겨가며 그를 식민지자본주의가 탄생시킨 도구적 합리성에 의해 움직이는 근대적−자본주의적 인간형으로 본다는 점이다.[8]

지금까지 살펴본 것처럼 <고향>을 비롯한 카프의 리얼리즘 작품에 대한 연구와 비평에서 리얼리즘 이론은 특권적인 지위를 갖는다. 여기에는 물론 카프의 작품이 '문예운동'을 배경으로 했을 때 특수한 의미가 더 잘 드러난다거나, 창작 방법 논쟁 같은 메타비평이 작품 창작에 직접 영향을 끼쳤다는 점을 고려해야 한다. 그러나 비평 특히 이론 비평의 논리와 실제 작품의 세계는 상호 독립적인 영역이라는 점도 부인할 수 없다. 이기영 자신은 창작 방법 논쟁을 회고하는 글에서 다음과 같은 발언을 남기고 있는 것도 이러한 맥락에서 눈여겨봄직하다.

> 정직히 고백하면 창작방법에 있어 목적의식을 운운할 때부터 나의 창작 실천은 그것을 소화하지 못하였다고 말하고 싶다. 물론 그것은 나의 의식이 그때그때의 전환단계에 있어 그의 슬로건을 구체적으로 파악하지 못하고 그의 창작 이론을 잘 소화하지 못한 때문이라 하겠지만 하여간 나의 작품에 그것을 구상화하지 못한 것만은 사실이다. (…중략…) 지금 생각하면 나는 그만 이 슬로건들에게 가위를 눌리고 말았던 것 같다.[9]

추상도가 높은 이론의 성과를 곧장 작품 해석 및 평가의 기준으로 삼을 경우 작품의 실상을 왜곡하거나 풍부한 논의를 가로막는 역효과를 낳을 수도 있다. 주지하다시피 2000년대 이후 리얼리즘 이론이나 사회주의 문학 이론의 급격한 몰락과 함께 카프 관련 작품에 대한 연구도 빠

---

8) 하정일, 『탈식민의 미학』, 소명, 2008, 232~237면.
9) 이기영, 「사회적 경험과 수완−창작의 태도와 실제」, 『조선일보』, 1934. 1. 25.

른 속도로 줄어든다.[10] 시대의 변화에 따라 주된 관심의 대상이 되는 작품이 변하는 것은 당연하지만 이 급격한 부침을 예사롭게 볼 수 없는 이유이기도 하다. 이론과 작품의 상호독립성을 고려하지 않고 이론에 경도된 가운데 작품을 이론의 틀 내에서 해석하려 한다면 해당 이론의 약화는 곧장 작품에 대한 관심의 쇠퇴로 이어지게 된다. 이론을 바탕으로 한 당대 비평 논의의 내적 완결성은 나름대로 인정하면서 동시에 작품의 실상에 근거한 작품 논의가 필요한 까닭이다.[11]

임화나 김남천이 제시한 문제 설정의 틀을 벗어나 생각해 보면 <고향>은 의외로 김기진이 내놓은 대중소설론/통속소설론의 구도에 더 가까이 있는 작품이다. 이기영은 이른바 카프의 '비전향축'에 해당하는 강경파였으며, 김기진은 여러 차례 카프 소장파의 격렬한 비판을 받았고 그 결과 30년대에 들어서 적어도 카프 비평 내에서는 그다지 큰 영향력을 행사하지 못했다. 그로 인해 <고향>과 김기진의 관계는 '대필이나 가필' 차원의 외적이고 부수적인 것으로 취급받아 왔다. 그러나 당대 전형 논의에 대한 배경 지식을 괄호 치고 <고향>을 읽을 경우 작품에 흐르는 통속성을 쉽게 발견할 수 있다. <고향>의 성취는 이를 효과적으로 활용한 것에서 찾을 수 있다는 것이 본고가 강조하고 싶은 점이다.

---

10) 물론 이러한 변화에는 다양한 문학 내·외적 원인이 있을 것이다. 여기서는 그 중에서 문제를 좁혀 '이론'의 문제에 집중하려 한다.

11) 프로 문학 연구에서 당대 비평의 동향이 작품 평가의 기준처럼 작용하는 경우가 일반적이었으며 전형성, 전망, 문제점 인물과 같은 분석틀이 작품을 외삽적으로 재단함으로써 더 이상의 풍부한 논의를 어렵게 만들지는 않았는가를 반성하자는 주장은 그런 점에서 주목할 만하다. 이에 대해서는 박상준, 「프로문학연구의 새로운 방향과 의의」, 『한국어문학회/우리말글 학회 2008년 연합학술 대회 자료집』, 2008, 470면.

3. 〈고향〉의 서사 구성에서 통속성의 역할

1) 이기영의 대중소설론 수용 문제

앞서 살펴본 것처럼 이기영은 당대의 창작 방법 논쟁이 자신의 작품 창작에 실질적인 도움을 주지 못했음을 고백하였다. 그러나 적어도 '진실을 그려라'라는 구호를 도식성으로부터의 탈출구로 받아들였다는 점도 틀림이 없다. 그가 "종래의 프로문학은 너무나 이데올로기에 치우친 감이 있다."라든가 "문학은 어디까지 문학이어야 한다."는 발언을 킬포친의 명제를 언급하면서 동시에 남기고 있다는 점이 이를 말해준다.12) 그렇다면 문제는 과연 무엇이 '진실'이며 '진실'에 접근하기 위해서 어떤 경로를 택할 것인가이다.

이기영은 창작 방법 논쟁의 당사자들에게 기피 인물에 가까웠던 김기진에 대해서 상세한 언급을 남기고 있다. 특히 김기진의 지론인 '대중소설론'이나 '통속소설론'에 대해 여러 차례 호의적인 평을 남겼다. 이기영만큼 대중화론의 문제의식을 긍정적으로 평가한 사람도 드물다.13) 김기진은 일찌감치 자신의 대중소설론에서 신문예 운동이 탄생시킨 '예술소설'이 소수 문학청년만을 포괄하는 상아탑의 문학이었음을 반성하며, 프롤레타리아 작가는 통속소설을 쓰는 한이 있더라도 농민과 노동자 대중에게 읽힐 수 있는 소설을 써야 한다는 주장을 내세운 바 있다. 그는 당시로서는 파격적인 '처방'을 내리는 것도 주저하지 않는데,14) 이 주장

---

12) 이기영, 「창작 방법 문제에 관하여」, 『동아일보』, 1934. 5. 31.
13) 이에 대해서는 김동환, 「<고향>론」, 『민족문학사연구』 1호, 218면, 1991.
14) ① 제재를 노동자와 농민의 일상 견문의 범위 내에서 취할 일, ② 물질 생활의 불공평과 제도의 불합리로 말미암아 생기는 비극을 주요소로 하고서 원인을 명백히 인식하게 할 일, ③ 미신과 노예적 정신, 숙명론적 사상을 가진 까닭으로 현실에서 참패하는 비

은 카프 소장파들에 의해 격렬한 비판을 받은 바 있다.15) 반면 이기영은 시간이 흐른 뒤이기는 해도 팔봉의 비평에 대해 "작품 비평에 있어서 남다른 재분을 가지고 이 방면의 경지를 개척"하였다고 호평하며, 특히 "작품평에 대한 일종 창작적 천분과 그에 따르는 정당한 관찰력을 수반하는 독특한 창작적 평가"를 하고 있음을 긍정적으로 언급한다.16) 그가 <고향>을 완성하기 전 구속되었을 때 작품의 완성을 김기진에게 맡긴 것도 이유가 있는 것이다. 아래 인용에서 <고향> 연재를 전후로 이기영이 김기진의 문제의식에 얼마나 공감하고 있는지를 확인할 수 있다.

> 현재에 있어서 문학적 역할을 담당하고 있는 작가들은 대개 소시민적 인텔리들 출신이므로, 그들의 제작하는 작품이 필연적으로 인텔리적 취미를 띨 것은 물론이다. 그러나 그것이 부르문학이 아니고, 프롤레타리아 문학이 되는 이상, 모름지기 대중성을 가져야 할 것이 아닌가? 더구나 문화의 정도가 얕고 전 인구의 문맹이 다대수를 차지한 이 땅에서는 그럴수록 통속적이고 대중적이어야 할 것 아닌가?17)

문학의 통속성이나 대중성에 대한 이기영의 관심이 1930년대에 들어

극을 보이는 동시에 새로운 희망과 용기에 빛나는 씩씩한 인생의 기대를 보여줄 일, ④ 남녀, 고부, 부자 간의 신구 도덕과 내지 인생관의 충돌로 일어나는 가정적 풍파는 좋은 제목이로되 반드시 신사상의 승리로 만들 일, ⑤ 빈과 부의 갈등으로 말미암아 일어나는 사회적 사건도 좋은 제목이로되 정의로서 최후에 문제를 해결할 일, ⑥ 남녀 간의 연애 관계도 물론 좋은 제목이나, 그러나 정사 장면의 빈번한 묘사는 피할 것이고 될 수 있는 대로 그 연애관계는 배경이 되는지, 혹은 중심 골자가 되든지 하고서, 다른 사건을 보다 더 많이 취급하도록 만들어야 한다. 김기진, 「대중소설론」, 『동아일보』, 1929. 4. 19.

15) 예술 대중화론에 대해서는 유보선(1987), 「1920~30년대 예술대중화론 연구」, 서울대학교 석사학위논문을 참조할 것.

16) 이기영, 「문예평론가와 창작비평가」, 『조선일보』, 1934. 2. 4.

17) 이기영, 「창작 방법 문제에 관하여」, 『동아일보』, 1934. 6. 5.

갑자기 생겨난 것은 아니다. 습작 시절부터 이 문제가 그의 주된 관심사였음을 회고 글에서 확인할 수 있기 때문이다. 먼저 이기영이 즐겨 읽었던 책의 목록에 주목하자. 그의 회고에 따르면, 10여 세부터 고대소설에 빠졌으며 이후 <추월색>, <목단화>, <치악산>, <두견성>에 감동을 받았으며 춘원의 <무정>을 통해 신문학에 접한 20세 전후로 신문학에 대한 동경이 절정에 달했다고 한다. 그리고 자신이 작가가 된 계기도 여기에서 찾을 수 있다고까지 하였다.[18] 고대소설은 작품명이 언급되지 않아 알 수 없지만, 적어도 언급된 신소설이나 <무정>은 모두 애정 갈등을 중심으로 한 통속성을 서사의 중심 원리로 삼고 있는 작품이다.[19] 둘째, 그의 첫 번째 작품에서도 통속성에 대한 관심이 드러난다. 공식 데뷔작이라 할 수 있는 <오빠의 비밀 편지> 이전에 그는 中西伊之助가 쓴 <赤土に芽ぐろもの>(붉은 땅에 싹트는 것)의 영향을 받아 첫 번째 장편 <死의 影에 飛하는 白鷺群>을 집필하였다. 이 작품의 내용은 설희라는 여주인공을 내세워 동경 유학생과의 연애갈등을 취급하면서 신구 사상의 충돌과 동경 및 관동 대지진의 경험을 부가하는 것이다. 그는 이 작품을 쓴 뒤 동네 사랑에서 마실꾼을 앞에 놓고 밤을 새워 낭독했다는 회상을 남기고 있는데,[20] 이를 통해 이 작품의 성격을 짐작할 수 있다. 이외에도 이기영은 초기 작품 세계에서부터 여러 차례 조혼으로 인한 갈등이나 치정 사건 같은 애정 갈등의 모티프를 자주 사용했다. 공식적인 데뷔작 <오빠의 비밀편지> 역시 주인공 마리아가 여동생의 친구 둘을

---

18) 이기영, 「문학을 하게 된 동기」, 『문장』 13호, 1940년 2월.
19) 이들 작품군의 공통적인 특징으로 통속성을 언급하고 있는 논의로는 조동일(1973), 『신소설의 문학사적 성격』, 서울대학교 출판부와 최원식(1986), 『민족문학의 논리』, 창작과비평사 등이 있다.
20) 이기영, 「실패한 처녀장편」, 『조광』 50호, 1939년 12월.

농락하려는 남존여비 사상의 신봉자인 오빠를 망신시키는 내용이다. 이기영의 다른 대표작 <서화> 역시 돌쇠와 이쁜이의 불륜을 사건의 중심에 놓고 피폐해가는 당대 농촌 현실을 그리는 수단으로 활용하고 있다.

이처럼 작가 수업 시대에서부터 이기영은 언제나 애정 갈등을 활용하고 있다는 점에서 소설의 통속성에 깊은 관심을 보였다는 결론에 도달할 수 있다. 적어도 조직론이나 비평 담론이 아닌 소설의 세계에 있어서는 임화나 김남천보다는 김기진에 더 가까이 있었다는 판단도 가능한 것이다.

2) 〈고향〉에서 삼각관계와 출생의 비밀의 역할

총 38장으로 이루어진 <고향>은 원터 마을을 배경으로 소작인, 마름, 귀향한 지식인, 노동자들의 관계를 총체적으로 형상화하고 있다. 지주와 소작인의 갈등을 중심축으로 하되 그것이 단선적으로 그려지지 않았다는 점이 <고향>의 장점이다. 귀향한 김희준의 농민 운동, 식민지 자본주의의 전개에 따라 갈수록 궁핍해지는 원터 마을 농민들의 삶, 전보와 우체국을 활용하여 마름의 자리에 오른 안승학의 모습까지, 다양한 계급과 계층의 인물이 얽혀 벌이는 다양한 사건이 있기에 분명 <고향>은 다른 카프 소설과 구별되는 질적 우수성을 가질 수 있었다. 여러 에피소드가 소작 쟁의와 파업이라는 절정을 향해 달려가는 중심 줄거리와 이어져 갈등을 하나하나 쌓아가는 역할을 한다는 점 역시 중요하다.

그러나 소설 분석은 사회과학적 분석과는 다르다. 다양한 계급과 계층을 배치하여 그들의 모습을 하나하나 형상화하는 것으로는 리얼리즘 소설로서의 완성도를 갖출 수 없다. 무엇보다도 그들 개개인의 삶과 고민을 묶어줄 수 있는 중심 줄거리가 필요한데, 이는 농민과 마름의 대결 구도 설정과는 다른 차원의 문제이다. 전형론을 통해 이러한 중심 줄거리의 문제를 검토한 논의는 <고향>에 등장하는 인물의 계급 대립 구도를 분석하면서 그들의 살아 있는 개성을 평가하고 있다. 그러나 이러한 방식은 작품을 이미 제시되어 있는 사회과학적 '진실'의 예증을 위한 텍스트로 환원시킬 수 있다. 이 경우 <고향>의 우수함이란 인물의 살아 있는 개성이나 에피소드의 풍부함, 다시 말해 '생생함'에 국한될 뿐이다. 앙상한 도식성에 갇힌 여타 카프 소설에 비해 더 살아 있는 도식을 제시한 것이 <고향>이라는 식이다. 그렇다면 볼셰비키론 시기에 등장한 조야한 농민 소설과 <고향>의 거리는 생각보다 멀지 않다. 이는 어쩌면 헤겔의 구도에서 나온 전형론의 내적 한계일지도 모른다. 항상 개별성과 보편성의 통일을 이야기하고 있으나, 헤겔이 말한 '이 사람'은 어디까지나 '유적 존재'로 '지양'되기 위한 계기이다. 다시 말해 개별자의 특성은 언제나 일반자와의 관계 속에서만 의미를 갖는 것이라면, '여기에 있는 나'가 약화되고 '우리'가 보다 강조되는 것은 편향이라기보다는 필연적인 귀결에 가깝다.[21] 계급에 따른 인물 배치는 중심 줄거리를 만들어내기 위한 재료이지, 서사 자체는 아니다. 서사는 삶의 우여곡절 속에서, 다시 말해 인물들의 여러 가지 행위와 역경이 얽히고설키는 과정 속에서 인간의 운명을 그려내는 과정에서 탄생한다.[22] <고향>에서 그러한 서사의 창출에 결정적인 역할을 하는 것이 바로 삼각관계에 따른 애정

---

21) 헤겔이 '동일자의 논리학'이라 비판 받는 것에 비추어 전형론의 문제점도 다시 검토할 필요가 있다. 이에 대해서는 Althusser, For Marx, NLB, 1977, 90~94면과 가라타니 고진(2005, 송태욱 옮김), 『트랜스크리틱』, 한길사, 282~292면을 참조할 것.

22) Lukács, Narrate or Describe, *Writer & Critic and other Essays*, The Merlin Press, 1971, 128면.

갈등과 경호의 출생에 얽힌 비밀이다.

지금까지 <고향>의 통속성은 김기진의 가필에 의한 외적 첨가의 문제 다시 말해 작품의 부수적인 부분으로 취급받아 왔다.[23] 그러나 고향의 통속성은 김기진의 문제의식을 이기영이 적극적으로 받아들인 결과로 나타난 작품의 본질적 부분이라고 보아야 한다. <고향>의 실상은 현실 반영과 전형의 형상화라는 리얼리즘의 축과 더불어 예술대중화론의 성공적 구현이라는 점에서 접근할 때 잘 드러날 수 있다. 실제로 <고향>의 중심 줄거리에서 김기진이 제시한 대중소설론의 문제의식을 찾는 것은 어렵지 않다.[24]

무엇보다도 <고향>의 줄거리에서 삼각관계는 전체 서사를 이끌어가는 동력이라는 표현을 써도 좋을 정도로 큰 비중을 차지한다. 특히 희준과 갑숙 그리고 경호 사이에 벌어지는 애정 갈등은 작품의 주제의식을 형상화함에 있어 결정적이다. 조혼으로 인해 갈등을 겪고 있는 희준의 심리는 김남천의 지적처럼 희준의 개별성을 형상화하기 위한 수단으로서의 의미만을 갖는 것이 아니다. 전체 줄거리 차원에서 더 중요한 것은 희준을 어릴 적부터 알고 지낸 갑숙이 어느 순간부터 미묘한 감정을 느끼게 되는 순간이다.

> 갑숙이가 희준이를 보기 전까지는 경호를 그렇게 생각하지 않았다. 자기보다 뛰어난 인물을 보지 못한 여자는 자기를 미인이라고 생각할 수 있는 것처럼 지금까지 접촉한 미혼 남자 중에서는 경호만한 사람도 별로 없다고 보았을 때 그는 은연중 경호를 사모하는 마음이 있었으나

---

23) 특히 김기진의 가필에 의한 통속적인 서술 방식이나 어휘 선택에서의 변화에 초점을 맞추어 김성수(1991)와 이상경(1992)의 논문에서 자세히 분석된 바 있다.
24) 김동환은 <고향>의 통속성과 대중성에 대해서 언급했으나 그런 측면에서의 본격적인 분석은 진행하지 않았다. 김동환(1991), 앞의 논문을 참조할 것.

> 그러나 한번 희준이를 만나본 뒤로부터는 차차 경호에게 부족을 느끼기
> 시작했다.[25]

갑숙의 희준에 대한 감정은 이처럼 사상적인 것과 결합되어 있다. 이 야말로 팔봉이 이야기한 연애 문제를 소재로 하되 단순히 흥미위주로 빠지지 않게 할 것이라는 '지침'과 일치한다.

김기진과 더불어 삼각관계를 중심으로 한 <고향>의 서사 구조에 영향을 준 것으로 콜론타이의 사회주의 연애론을 중심으로 한 당시의 '붉은 연애' 담론을 빼놓을 수 없다. 『별건곤』, 『삼천리』, 『신여성』 등의 잡지 목차를 보면 1931년을 전후하여 사회주의 연애론에 관한 논설이 부쩍 늘어나는 것을 확인할 수 있다. 그 중에서도 대중의 관심을 끌었던 것은 마르크스주의 여성 해방론자인 콜론타이의 연애론이었다. 콜론타이는 부르주아 계급의 성도덕이 위선적이며 여성의 진정한 해방을 위해서는 연애 감정에 얽매일 필요 없이 여성의 성적 본능을 만족시킬 필요가 있다는 주장을 폈다. 이는 1930년대 초반 여러 차례 전술한 잡지나 신문 등에 소개되면서 뜨거운 논쟁의 대상이 되었다.[26] 그녀의 사상을 담은 소설 <붉은 연애>와 <삼대의 사랑>은 기존의 자유 연애론보다 한층 급진적인 '프리 섹스론'으로 수용되었고 당연히 대중의 호기심을 자극했다. 또한 지식인 사이에서도 콜론타이의 견해를 둘러싸고 사회주의적 연애의 본질에 관한 논쟁이 벌어지는데, 남성 사회주의 진영 지식인들은 부인 해방 및 성욕의 해결을 강조한 콜론타이의 주장을 레닌의

---

25) 이기영, 『고향』, 풀빛, 1989, 192면. 이하에서는 작품 인용의 경우 면수만을 기록하기로 한다.
26) 자세한 사항은 서지영, 「계약과 실험, 충돌과 모순」, 『여성문학연구』 19호, 2008, 156~159면을 참조할 것.

권위에 기대어 '소부르주아 연애론'으로 비판했다.

> 一言으로 말하면 性愛問題의 정당한 해결를 위하야서는 몬저 물질적
> 조건의 철저한 해결을 先立條件으로 한다. 그것이 업시는 부인의 해방도
> 연애의 해결도 업는다는 것을 말함이라. 푸로레타리아는 원래부터 금욕
> 주의자가 아니며 연애를 부정하는 것은 결코 아니다. 그러나 無産階級에
> 는 특히 의식을 가지고 계급투쟁에 참가한 者는 중대한 계급적 사명이
> 잇스며 계급적 규율이 잇다. 이 계급 규율만이 오직 無産階級의 도덕이
> 된다.[27]

사회주의적 연애란 개인성에 바탕을 둔 남녀 간의 연애와 성을 동지
에 대한 사랑 및 계급적 연대로 연결시키는 것이라는 식으로 논의는 정
리된다.

> 다음에 푸로레타리아에는 계급적으로 눈뜨게 된 극소수 분자의 연애
> 생활이 잇다. 저들은 동지적 의식에 의한 同志戀愛라는 特種的 연애생
> 활이 실현되고 잇는 것이다. 이것은 비개인주의적 의식인 것이다. 동지
> 적 결합인 그 점에서 彼等은 계급적으로 공통된 의식을 갓고 잇는 것
> 이오 동일한 방향에로 생활을 위한 모−든 싸홈에 가티 걸어나아가는
> 것이다.[28]

<고향>의 결말부에 등장하여 경호−갑숙−희준의 삼각관계로 인한
갈등을 간단히 해소하는 '육체적 결합을 초월한 동지적 사랑'이라는 해
결책은 바로 이러한 맥락에서 나온 것이라 할 수 있다. 이광수가 <혁명

---

27) 陳尙珠, 「푸로레타리아 戀愛의 高調, 戀愛에 對한 階級性」, 『삼천리』, 1931년 7월호,
   75면.
28) 尹亨植, 「푸로레타리아 戀愛論」, 『삼천리 제4권』 5호, 1932년 5월호.

가의 아내>로 당대의 콜론타이즘을 조롱했을 때, 이기영이 1933년 「혁명가의 아내와 이광수」 및 「변절자의 안해」로 응수할 수 있었던 것도 사회주의 연애론을 둘러싼 논쟁의 추이를 잘 알고 있었기 때문이다.

물론 콜론타이의 붉은 연애론을 둘러싼 논쟁에 쏠린 관심은 그것의 사상적 내용에서만 촉박되었다고 보기는 어렵다.[29] 다시 말해 사회주의적 연애는 신여성의 삶을 대표하는 유행에 가까운 것이었고 이는 당연히 대중의 호기심을 유발할 소재이기도 했다.

> 그의 말은 정열에 타고 힘있고 조리 있게 듣는 이의 가슴을 콕콕 찔렀다. 그는 누구보다도 정당한 이론을 가진 것 같다. 그는 다만 이론을 하기 위한 이론이 아니라 용감한 실천을 통하려는 이론 같았다. 갑숙이는 그에게서 투사의 면목이 약동하는 기상을 엿보고 은근히 놀라기를 마지 않았다. (…중략…) 두 사내의 얼굴이 필름같이 돌아간다. 경호의 얼굴과 희준의 얼굴이. 그는 그만 울고 싶다. 지금 어둔 밤을 터벅터벅 걸어가는 것과 같이 자기의 앞길은 암흑에 둘러싸인 것 같다. (111)

위에 묘사된 바와 같은 갑숙의 고민은 대중의 흥미를 끌면서 동시에 새로운 연애관을 담고 있다는 점에서 사회주의적 연애를 형상화하기에 적합한 소재이다. 이러한 측면에서 보았을 때 그 동안의 연구에서 <고향>의 한계로 지적되었던 갑숙의 인물 형상에 대해서도 다른 평가가 가능하다. 전형의 측면에서 검토하자면 갑숙의 급작스러운 의식 변화와 공장 행은 분명 설득력이 떨어진다. 그러나 서사의 초점을 삼각관계로 옮

---

29) 임화와 이귀례, 안막과 최승희 등 당대 사회주의자 커플의 연애와 결혼 생활을 다룬 기사가 '연애결혼 비화'라는 제목으로 『신여성』 1933년 1월호에 실려 있는 것을 통해 알 수 있다. 이에 대해서는 이태숙, 「붉은 연애와 새로운 여성」, 『현대소설연구』 29호, 2006, 159~181면을 참조할 수 있다.

기고 이들의 변화를 당대의 '붉은 사랑'론을 배경으로 검토하면 갑숙의 존재 이전은 내적 근거를 갖는 것이기도 하다. 갑숙이 경호와 결혼하기로 마음먹은 것은 동지애에 기반한 것이며, 희준의 갑숙에 대한 감정도 '육체적 결합을 초월한 동지적 사랑'으로 전환되어야 하는 것이다. 이처럼 삼각관계의 연애 서사를 중심으로 작품을 볼 경우 갑숙의 역할은 서사의 중심축이라고 할 정도로 비중이 커진다. 공장에서 재회한 경호가 사랑을 고백할 때 보이는 갑숙의 태도나 소작 쟁의의 해결을 위해 자신과 경호의 관계를 이용할 것을 제안하는 갑숙에게서 '동지적 사랑'을 느끼는 희준의 모습을 통해 통속성과 주제의식을 결합시키려는 대중소설론의 시도가 효과적으로 구현될 수 있기 때문이다.

한편 경호—갑숙—희준의 삼각관계에 비해 서사 구조에서 차지하는 비중은 크지 않지만 방개와 인동 그리고 음전의 삼각관계 역시 작품 속에서 나름의 몫을 가지고 있다는 점도 <고향>의 통속성을 설명하는 한 요소이다. 전자가 당대 지식인들의 애정 문제에 초점을 맞추고 있음에 비해 후자는 농민의 애정 문제를 서사의 또 다른 한 축으로 구현하여 작품의 균형을 잡아주는 역할을 맡고 있다. 서로 다른 환경에서 자란 남녀 사이에 벌어지는 갈등과 갈등의 해소 과정을 활용하는 것은 <서화>에서부터 지속된 것이다. 이들의 갈등 역시 방개가 파업을 돕는 자금을 내놓는 방식으로 해소되는데, 이 역시 앞서 말한 사회주의적 연애론의 반향으로 보아야 할 것이다.

<고향>의 통속성을 이야기할 때 또 하나 빼놓을 수 없는 것이 출생의 비밀 모티프이다. 흡사 탐정 소설을 연상시키는 방식으로 경호의 실제 부친이 누구인가를 서서히 밝혀냄으로써 독자의 흥미를 자극하고 있다. 작품 중간에 신문 기사 형태로 경호의 일화를 드러내는 부분은 이

모티프가 독자를 끌어들이기 위한 계산에 의해 배치된 것임을 잘 알려 준다.

십만장자의 귀한 독자가 실상인즉 머슴의 아들!
——이십 년 만에 부자가 처음 상면하는 극적 광경!
——기구한 전반생을 타고난 곽소년의 실화!
○○○도 ○○군 읍내 ○○번지에 거주하는 십만장자 권○○이라는 사람은 형세가 유여하나 사십이 넘도록 슬하에 일점 혈육이 없음을 슬퍼하던 차에 지금으로부터 이십일 년 전에 동군 일심사에 백일치성을 드리고 나서 일개 옥동자를 탄생하였다고 그때, 성대한 잔치까지 배설하고 일반이 신기하게 여기던 것은 지금도 오히려 기억에 새롭거니와 오늘날 이십 년 뒤에 천만 뜻밖에도 그 아들이 친아들 아닌 것이 판명되었다 한다.
현재 ○○제사공장 사무원으로 있는 권○호는 지금까지 철석같이 친부모로 믿고 살던 권씨의 부부가 실상인즉 수양부모에 불과한 사실을 알았다는데 그렇게 된 내막을 들어 보면 누구나 한 줄기 눈물을 뿌리지 않을 수 없으리라 한다.(434)

물론 경호의 생부 찾기는 단순히 흥미를 끌어들이기 위한 부수적 삽입물은 아니다. 작품 초반부터 친구들 사이에서 농담처럼 제시된 경호의 출생 내력은 곽첨지가 들려주는 이야기와 맞물리며 그것이 복선이었음을 알려 준다.

곽첨지는 담뱃불을 뻐끔뻐끔 붙이고 나서,
"저, 한번은 밥 얻어먹으러 다니는 여인네가 왔겠지요. 젊은 여자인데 아주 똑똑하단 말야."
"헤—헤—"
"그래 참 지금같이 동네 사람들이 다리고 살락 하길래 몇 달 다리고

살었지라우. 한데 보소. 저 일심사 중 하나가 하루는 와서 제 계집이락고
그마 다리고 간단 말다. 헤—헤—헤— 내사 그마 기가 딱 차서…… 그
뒤로는 다시……."
　　곽첨지는 한 손을 펴서 얼굴 앞으로 들고 쌀래쌀래 내젓는다.
　　"하하하! 그 동안 애도 안 뱄나?"
　　"뱄는지 안 뱄는지 내사 모르지, 그 후로는 상구 못 만났구마."
　　"그게 몇 해 전 일인데?"
　　"한 이십 년도 아마 더 됐을 게라오."(131)

　　출생의 비밀은 경호의 부친에게서 사업 자금을 뜯어내려는 안승학의
협박과 음모로 발전하고 역으로 안승학이 갑숙과 경호의 관계에 발목이
잡혀 농민들의 요구를 들어주는 결말로 이어진다는 점에서 작품의 줄거
리 형성에서 중요한 비중을 차지한다고 볼 수 있다. 이기영은 과거 유진
오의 '위자료 삼천원야'에 대해서 다음과 같이 혹평한 바 있는데, 사실
이는 그의 작품 <고향>에 대해서도 그대로 적용될 수 있다.

　　　노동자가 공장주와 더불어 결정적인 ××을 파는 마당에 그 탐욕한 공
　　장주의 딸이 경관으로 가장을 하고 그 부친을 위협하여 기계에 부상한
　　노동자에게 위자료(치료비를 합하여) 삼천원을 주고 해고한 것을, 즉 삼
　　천원을 받아 주었다는 것이 이 작품의 내용이 아닌가? 이것은 일견 노동
　　자측이 승리한 것 같지마는 사실에 있어서는 일종의 노자협조(勞資協助)
　　를 강조하는—계급××을 하지 않고서도 그들의 살 길이 있다는 환상을
　　갖게 한 작품이다.30)

　　작품 결말부의 문제점은 이미 당대의 카프 비평가들로부터 여러 차례
제기된 바 있다. 경호와 딸 갑숙의 관계가 드러날 것을 두려워한 안승학

30) 이기영, 「현민 유진오론」, 『조선일보』, 1933. 7. 9.

이 김희준에게 소문을 퍼뜨리지 않는다는 조건으로 소작인의 요구를 들어주는 결말은 타협책으로 볼 수 있다. 2차 방향전환론 시기처럼 소작 쟁의를 통해 노농 연대를 확고히 하는 것으로 작품의 결말을 이끌어 갈 수도 없고, 그렇다고 소작 쟁의의 실패로 작품을 마무리하기도 곤란한 상황에서 택한 차선책인 것이다. 미래에 대한 낙관적 전망을 현실에서 찾을 수 없지만 최소의 희망을 보존하기 위해서는 개인적 기지에 의한 협박을 통해 문제를 해결하는 길 이외에는 다른 방법이 없다. 이처럼 출생의 비밀과 그것을 활용하여 소작 쟁의에서 승리하는 결말을 택한 것에서도 <고향>의 통속성을 확인할 수 있는 것이다.

4. 이론과 읽기의 선순환을 위하여

지금까지 본고는 이기영의 <고향>에 나타난 삼각관계와 그 해결책으로서의 '붉은 연애' 그리고 출생의 비밀 서사에 초점을 맞추어 작품의 통속성이 차지하는 비중을 살펴보았다. 이는 리얼리즘 소설론 특히 전형성을 중심으로 <고향>을 읽었을 때 시야에 들어오지 않거나 들어온다고 해도 부정적인 평가를 받기 쉬운 작품의 다른 면이라 할 수 있다.

그러나 <고향>의 통속성을 말한다고 해서 이 소설의 가치를 폄하하는 것으로 받아들여야만 하는 것은 아니다. 소설, 특히 장편소설에서 통속성이란 장르의 부차적 특징이 아니라 내적 본질의 하나라고도 볼 수 있기 때문이다. 1930년대 중·후반 이 문제에 천착했던 임화의 논법을 따르면 '성격과 환경의 조화'를 특성으로 하는 본격 소설과 '통속적 방법으로 양자의 조화를 꾀하는' 통속 소설은 구별된다. 그러나 통속 소설에 대한 임화의 정의가 일종의 순환론적 논법에 의존하고 있다는 점에서도 드러나듯이 이 둘의 구별점은 생각처럼 선명하지 않다. 임화가 '예술소설의 비극이 실상은 통속소설 대두와 발전의 현실적인 가능성을 만들어 낸 것'[31]이라고 부언했던 이유 역시 이 둘이 연속성을 가지며 결국 비교를 통해서만 차별화가 가능한 상호 의존적 개념임을 인정하고 있기 때문일 것이다.[32] 그렇다면 여타의 카프 소설과 구별되는 <고향>의 성취 역시 본격소설과 통속소설의 경계에 아슬아슬하게 서 있음으로써 가능했다고 볼 수 있지 않을까?

이 글이 삼각관계나 출생의 비밀에 주목한 이유는 종래의 리얼리즘 이론에 입각해 작품을 읽고 평가했을 때 포착하기 어려운 <고향>의 다른 측면을 볼 수 있기 때문이다.[33] <고향>을 리얼리즘 이론의 틀로만 설명하려는 태도에는, 프로 문학연구는 프로문학 고유의 방법론과 철학을 바탕으로 해서만 이루어져야 한다는 것이 암묵적으로 전제되어 있다. 여기에 혹 일종의 '이론 강박증'이 개재되어 있는 것이 아닌지를 돌아볼 필요가 있는 것이다. 물론 새로운 이론 혹은 방법론을 도입함으로써 이를 해결할 수는 없다. 작품 읽기에서 좀 더 근본적인 것은 이론의 매개 이전의 작품 자체에 대한 '실감' 차원이기 때문이다. 이 글 역시 모든 읽기에 내재하는 자생적 이론의 역할을 부정하는 것은 아니다. 필자의

---

31) 임화, 『문학의 논리』, 학예사, 1940, 392면.
32) 이 시기 임화 소설론의 변모 과정에 대해서는 조현일, 『한국 문학의 근대성과 리얼리즘』, 월인, 2004, 74~95면을 참조할 것.
33) 한편 2000년대 들어 일상적인 독자의 소설 읽기에 대한 감각이 이전에 비해 '흥미'를 중시하는 쪽으로 기울었다는 점도 <고향>에 대한 이러한 평가와도 연결될 수 있다. 물론 통속성은 근대 소설의 기원 자체에 내재한 특징이기도 한데, 통속적 즐거움을 교양이나 인간 탐구와 더불어 소설 읽기의 중요한 이유 중의 하나로 공공연하게 내세울 수 있게 된 문화 지형의 변화에 대해서는 별도의 논문이 필요해 보인다.

<고향> 해석에도 소설 장르의 본질과 당대 문학 및 문화사에 대한 지식이 개입하고 있기 때문이다. 작품을 읽고 그것을 해석하고 평가하는 작업에는, 명시적인 차원은 아니라 해도 해석 주체의 문학관이 항상 결합되어 있다. 그리고 그것이 명제적인 차원으로 진술될 수 있도록 체계화된 것이 '이론'이다. 리얼리즘이건 신비평이건 아니면 탈식민주의건 간에 이들 비평 이론은 문학과 문학을 낳은 사회적이고 역사적인 맥락에 대한 모종의 신념을 전제로 한다. 서론에서 언급한 학생들 역시 소박하기는 하지만 이론을 바탕으로 작품을 읽고 있다고 해도 과장은 아니다. 모든 읽기에는 넓은 의미의 이론이 전제되어 있다는 발언이 가능한 이유이다.[34] 그런 점에서 작품을 제대로 읽기 위해서 '이론'에 의존해야 하며 그것 없이는 자신도 모르는 가운데 작품을 읽으며 이러저러한 편견의 재생산에 일조하게 된다는 소위 '해체주의'의 견해는 분명 일리가 있다.

그러나 사람들이 손쉽게 책에 접할 수 있지만 모든 사람이 그 책을 정말로 '읽을' 수 있는 것은 아니라는 식이라면, 또는 모든 사람이 소설을 자유롭게 읽을 수 있지만 '해석'은 '이론'으로 중무장한 비평에 의해서나 가능하다는 식이라면 문학은 다시 소수 엘리트에게 귀속될 수 있다. 시민이라면 '고전'적 예술을 비교적 쉽게 접할 수 있게 된 지금, 역설적으로 '이론'이 '고전'과 '작품'을 다시 시민의 손이 닿기 어려운 저 높은 곳으로 데려가게 되는 셈이다. 작품 읽기가 이론의 적용으로 설명되기 어려운 독자적인 차원을 갖는다는 점을 강조하고 이를 중등학교 문학교육에서 특히 강조해야 하는 이유는 이 때문이다.[35]

---

34) 자세한 사항은 정재찬, 『문학교육의 사회학을 위하여』, 도서출판 역락, 2003, 176~182면을 참조할 것.

그런 점에서 개정 교육 과정은 해석과 평가 및 비평의 항목에서 '실감'의 차원을 과거에 비해 오히려 소홀히 취급한다. 8학년 문학의 '(2) 다양한 시각과 방법으로 문학 작품을 해석하고 평가한다.'나 9학년 문학의 '(3) 문학 작품에 대한 다양한 해석을 비교한다.'와 '(4) 문학 작품 해석의 근거에 유의하여 비평문을 읽는다.'는 모두 해석의 '비교'에 초점을 맞추고 있다. 이는 세부 내용을 살펴보면 더 명확해지는데, 8학년의 경우 초점은 '해석의 근거'와 해석이 달라질 수 있다'는 점이며, 9학년 역시 해석 간의 비교 및 해석의 근거와 타당성을 강조하고 있다. 물론 해석의 근거로서의 경험 혹은 가치관을 강조한다거나 해석에 관여하는 요소를 자각하게 하는 것은 학습자가 작품을 직접 자신의 눈으로 읽는 체험과 관련을 맺는다. 그러나 '작품을 읽으며 떠오르는 생각과 느낌을 살려 작품을 읽는다.'는 항목이 별도의 목표로 진술될 때 해석의 근거 묻기나 다른 해석과의 비교와 균형을 맞출 수 있다.

'해석의 근거' 역시 세부 내용에서 여러 차례 반복되고 있을 뿐인데, 이를 좀 더 구체적으로 나누어 진술할 필요가 있다. 해석의 근거는 여러 층위에서 접근할 수 있기 때문이다. 크게 '작품 내적 근거'와 이론이나 문학사 혹은 작가론 차원의 지식과 같은 '작품 외적 근거'로 나누어 진술할 수 있다.[36] 이를 통해 학습자의 작품에 대한 실제 읽기와 읽는 과정 및 결과에서 자신의 느낌을 강조할 수 있다.[37]

---

35) 커트 스펠마이어, 정연회 옮김, 『인문학의 즐거움』, Human&Books, 2008, 282~284면에서도 이러한 문제의식을 확인할 수 있다.

36) 이에 대해서는 김성진, 「소설교육에서 해석의 다양성 문제 재론」, 『우리말글』 42호, 2008, 163~170면을 참조할 수 있다.

37) 현재 '실감'에 대한 강조는 10학년의 '(4) 문학 작품에 대한 비평적 안목을 갖춘다.'의 세부 내용에서 비평이 작품에 대한 '주체적인 판단'임을 밝히는 진술에서 나타날 뿐이다. 그리고 이 역시 '비평' 항목의 일부에 배치됨으로써 작품을 읽는 출발점에서 '실감'

영역이나 대상의 확장 그리고 정치한 교수 학습 방법에 대한 고민이 문학교육 연구에서 나름의 성과를 낳았기 때문에 작품 읽기의 기본에 대한 강조가 필요한 시점이다. 중등학교 문학교육에서 일차적으로 강조되어야 할 것은 배경 지식이나 이론의 적용이 아닌 작품의 다층적인 차원에 대한 꼼꼼한 읽기를 통해 문학을 읽는 방식을 배우는 것이다. 작품을 실감 차원에서 충실히 읽는 일은 문학교육의 설계와 실천에서 지금보다 한층 더 중시되어야 한다. 특히 중등학교 문학교육의 설계와 실천에서 과도한 이론에의 지향은 연구에서 종종 나타나곤 하는 이론에 의한 작품의 재단보다 더 심각한 폐해를 낳을 수 있기 때문이다

의 중요성을 제대로 담아내지 못할 가능성이 크다.

참고문헌

김동환, 「<고향>론」, 『민족문학사연구』 1호, 1991.

김성수, 「이기영 소설 연구」, 성균관대학교 박사학위논문, 1991.

김성진, 「소설교육에서 해석의 다양성 문제 재론」, 『우리말글』 42호, 2008.

김윤식, 「이기영론」, 『한국 현대 현실주의 소설 연구』, 문학과지성사, 1990.

박상준, 「프로문학연구의 새로운 방향과 의의」, 『한국어문학회 / 우리말글 학회 2008년 연합학술 대회 자료집』, 2008.

서지영, 「계약과 실험, 충돌과 모순」, 『여성문학연구』 19호, 2008.

유문선, 「1930년대 창작방법 연구」, 서울대학교 석사학위논문, 1988.

유보선, 「1920~30년대 예술대중화론 연구」, 서울대학교 석사학위논문, 1987.

이상경, 「이기영 소설의 변모 과정 연구」, 서울대학교 박사학위논문, 1992.

이태숙, 「붉은 연애와 새로운 여성」, 『현대소설연구』 29호, 2006.

정재찬, 『문학교육의 사회학을 위하여』, 도서출판 역락, 2003.

정호웅, 「이기영론」, 『한국 근대 리얼리즘 작가 연구』, 문학과지성사, 1988.

조동일, 『신소설의 문학사적 성격』, 서울대학교 출판부, 1973.

조현일, 『한국문학의 근대성과 리얼리즘』, 월인, 2004.

최원식, 『민족문학의 논리』, 창작과비평사, 1986.

하정일, 『탈식민의 미학』, 소명, 2008.

가라타니 고진, 송태욱 옮김, 『트랜스크리틱』, 한길사, 2005.

Althusser, *For Marx*, NLB, 1977.

Lukács, *Writer & Critic and other Essays*, The Merlin Press, 1971.

Spellmeyer, 정연희 옮김, 『인문학의 즐거움』, Human&Books, 2008.

제 4 장

고전 비평과 문학능력

김 성 룡

호서대학교 한국어문화학부

1. 머리말

어떤 일을 할 수 있는 힘, 또는 그 힘의 소유를 일컬어 능력이라고 한다면, 문학능력이란 문학을 할 수 있는 힘, 문학하는 힘의 소유 상태라고 말할 수 있을 것이다. 문학한다는 말은 철학한다, 역사한다는 말처럼 어색한 말이다. 문학을 한다는 말이 조금 자연스럽지만 이 말도 모호하기는 마찬가지이다. '문학'을 동사로 보든, 행위의 대상으로 보든 문학이 어떤 행동 단위들을 내포하고 있는지를 먼저 알아보아야 문학능력이라는 말의 의미를 알 수 있을 것 같다.

문학을 둘러싼 행동의 단위들을 여러 가지로 나눌 수 있겠지만, 생산, 유통, 소비의 과정으로 나누는 것은 지금까지 비교적 통용되어오지 않았는가 한다. 그러면, 문학을 할 수 있는 힘이라는 의미의 문학능력은, 문학 생산의 능력, 문학 유통의 능력, 문학 소비의 능력으로 쪼개어 이해할 수 있을 것 같다. 한 주체의 능력이라는 국면으로 한정하면, 문학능력이란 어떤 개인이 문학 작품을 창작할 수 있는 능력, 문학의 출판이나 기획을 할 수 있는 능력, 문학 작품을 감상할 수 있는 능력으로 분절된다고 할 수 있다.

말하자면 이 세 가지 분절적 행동 단위에 비평이 여하한 관련이 있는지, 특히 고전 비평이 무슨 관련을 맺고 있는지를 살피는 것이 이 글의 목적인 것이다. 관련 여부나 관련 양상의 양태를 검토하기에 앞서 고전 비평이란 어떤 범위의 것인지에 대해 미리 언급해야 할 필요를 느낀다.

먼저 비평(批評)은 사물의 옳고 그름이나 아름답고 추함을 분석하고 가치를 논하는 일이라고 풀이하고자 한다. 더 검약적(儉約的)인 풀이를 제출하기 어려울 것 같아 이것을 우리가 사용하고 있는 비평이라는 용어의 용례와 그 역사를 이해하는 도구로 삼는다. 고전 비평은 첫째, 고전 문학 작품에 대한 비평적 성찰이라는 의미와 둘째, 고전 시대 주로 중세 시대의 비평적 성찰이라는 의미로 사용되고 있다. 이 글에서 대상으로 삼는 것은 후자이다.

대체로 13세기 전후의 고려 중엽, 이인로(李仁老)의 『파한집(破閑集)』, 이규보(李奎報)의 논설(論說), 최자(崔滋)의 『보한집(補閑集)』, 그리고 임춘(林椿)의 서간(書簡) 등에 비평적 성찰이 등장하기 시작했다는 데에는 별 이견이 없다. 세월이 흘러 이 양식 외에 서발(序跋), 잡기(雜記) 등이 더 덧붙여져 크게 발달했다. 이를 통해서도 알 수 있겠지만 고전 비평은 별도의 양식이 정해져 있었다거나 특별한 발표 매체가 따로 있었던 것은 아니고 문학에 대한 논평을 가하는 행위에 대한 포괄적인 명칭이다. 고전 비평은 비평이라는 양식적 특성과 전문적 행위로써 그 스스로를 구별 짓는 어떤 특수한 것이라기보다는 문학에 대한 논평 내지 견해의 표명이라는 비교적 느슨한 외연을 가진 개념이라는 것이다.

이것은 그 양식만으로도 다른 문학적 행위들과 뚜렷이 구별되는 저널리즘의 하나인 것처럼 여기는 근대 비평과는 다른 점이다. 우리나라의 경우 20세기 벽두에 신문(新聞), 동인지(同人誌), 월간지(月刊紙) 등 새로운 저널리즘 매체가 등장하고 또 전문 논평가 그룹이 등장하면서 매체나 양식도 고정되어 다른 것과 구별되는 '비평'이 만들어지면서 고전 비평은 자취를 감춘다.[1] 고전 비평의 느슨한 형식이 특화와 전문화를 요구

---

1) 이광수, 「문학이란 하오」, "근대에 新成한 一體가 有하니, 즉 所謂 批評文 又는 評論文이다. 人이 文學的作品, 즉 論文이나 小說, 詩, 劇 등에 表現된 主旨를 自家의 頭腦中에 一

하는 근대에는 어울리지 않았던 까닭이다.

그렇다면 중세 시대에 비평적 행위는 문학적 주체의 문학능력과 여하한 관련을 맺고 있는가? 고전 비평이 느슨한 외연을 갖고 있다고 하지만 그 범위가 어디까지인지 분명히 해둘 필요가 있다. 그리고 한 주체의 문학능력과 이러한 행동 단위가 맺는 관련의 양상을 살필 것이다.

2. 고전 비평의 범위

1) 자료의 검토

예술(藝術), 문학(文學), 문화(文化) 등의 용어와 마찬가지로 비평(批評)도 근대에 들어 서유럽의 문화를 번역하는 과정에서 만들어진 용어는 아닌가 하는 것부터[2] 시작해서 그것은 언제 출현했는가, 그리고 그것은 고대나 중세의 비평과 어떠한 관련을 갖고 있는가, 근대적 비평도 근대 문학과 마찬가지로 '이식문학론'의 논란으로부터 벗어나지는 못하고 있는가 하는 등등의 의문에 답하면 고전 비평의 범위도 어느 정도는 밝혀진다. 하지만 이 자리에서 이들 난제에 답할 수는 없다. 몇 가지 기왕의 자

且 溶入하였다가 更히 自家의 論文으로 發表함을 爲함이니, 現代 文學界의 一半을 占하니라." 『이광수전집』, 삼중당, 1962, 513~515면.

2) 예를 들어, 후쿠나가 미쓰지는 "藝術이라는 용어는 art, Kunst의 번역어로서 明治 이후 사용되기 시작했다⋯⋯"고 한다. 福永光司(1971), 『藝術論集』, 東京 : 朝日新聞社. 1면 해설. 藝術이 art 또는 Kunst의 번역어로서 『後漢書』, 「安帝紀」, 『晉書』, 「藝術傳」에 등장한 '藝術'이라는 용어를 서유럽의 근대 예술을 지칭하기 위한 용어로써 차용했다는 말이다. 그러면 文學은 Literature를 批評은 Criticism을 지칭하기 위한 용어로써 차용했다는 생각이 없으리라는 법이 없다. 실제로 이광수는 자신의 '文學'이 'Literature'의 역어라고 주장하기도 했다.

료들을 검토해 앞으로 다룰 문제의 범위를 예각화하여 논의가 방만하게 전개되지 않게 하고자 한다.

　이광수는 근대에 들어 비평, 평론이 등장했다고 주장했는데, 여러 글을 통해 이광수가 의도적으로 전통 문학 관념을 폐기하고자 했던 일을 감안하면 이렇게 말한 것도 전통 문학으로부터의 결별을 위함이라고 생각되기도 한다. 이광수의 주장을 양보하여 받아들여, 근대에 들어 부흥한 비평, 즉 근대적 비평은 어떻게 출현하게 되는 것일까 하는 물음을 제기할 수 있다. 그러한 물음에 우선 참고가 되는 자료가 Rene Wellek의 『*A History of Modern Criticism* 1750~1950』이다.

　이 책은 1750년부터 1950년까지를 여섯 시대로 구분하여 서술했다. 세분된 시대 구분의 근거를 따로 제시하지는 않았다. 근대 비평의 전유럽사를 서술한 여섯 권 중에서 제1권이 그 출발을 다루고 있어 중요하다. 웰렉은, '지금 우리가 문학에 대하여 하고 있는 비평의 행위가 언제 시작되었는가?' 하는 물음을 제기하고 그 답을 18세기 영국, 신고전주의의 유럽, 프랑스 사람 볼테르에서 구하고 있다. 18세기 유럽, 특히 영국에서는 패트런으로부터 독립한 작가들이 등장했고, 독서 시장이 형성되었으며, 자유 언론이 확보되면서 급증한 독서물에 대하여 믿을만한 소개와 평가가 필요하게 되었다는 것은 잘 알려진 일이다. 근대적 비평 행위는 바로 이러한 사회적 현상의 하나로 등장한 것이라는 것이다.

　그런데 지금 우리가 문학에 대하여 행하고 있는 행위의 양상이 무엇인가 하는 것은 석연하지 않다. 근대적 비평의 정체를 분명하게 하지 않고 그의 전유럽사적 전개도를 그리는 것은 무엇인가가 결여되었다는 느낌을 갖게 만든다. 웰렉은, 비평은 그 자체의 관심사, 규준, 사회적 가치에 근거하므로 문학의 역사가 비평의 역사와 일치하는 것은 아니라고 말한다. 비평이 독립된 지위를 얻게 된 것은 퍽 후대의 일이라는 말을 하기 위해 미리 이렇게 전제한 것일 텐데 비평가의 지위가 독립되었다는 것과 비평이 독립되었다는 것은 다른 문제이다. 웰렉이 말한 근대적 비평이란 독립된 비평 행위의 역사를 말한 것이지, 그 전사(前史)를 포함한 비평의 역사에서 근대적 비평의 특징을 서술하는 데에는 부족하다.

중국의 비평이 단순히 중국의 비평으로 그치지 않는 것은, 중국의 문화가 동아시아의 문화에 끼친 영향 때문이다. 우리 문학 비평의 역사도 중국의 문학 비평의 역사와 절대적인 관련을 맺고 있다. 곽소우(郭紹虞)의 『중국문학비평사(中國文學批評史)』는 왕조사에 따른 시대 구분을 택했고, 근대의 비평이 어떻게 다른가 하는 문제에 대해서는 특별하게 주의하지 않았다. 말하자면 중국의 비평사를 통시적으로 개관한 것이다. 곽소우는 문학이 등장한 후 문학의 공효에 대해 관심을 갖게 된 중국의 지식인들의 견해의 역사를 살피고 있다. '문학(文學)'이라는 용어로부터 출발했다. 문학(文學)은 종합적 교양이라는 뜻의 박학(博學)이라는 뜻으로부터 출발해서 점차 오늘날의 우리가 사용하는 연문학(軟文學), 순문학(純文學)의 의미로 변질되었다고 한다. 그렇지만 비평(批評)이란 무엇인가 하는 문제와 비평의 출발에 대해서는 뚜렷하게 구분하지 않았다.

곽소우가 중요시한 것은 문학에 대한 견해의 역사였다. 곽소우가 기술했던 내용을 따라 보면, 문학이란 무엇인가 하는 문학 본질론에 관한 견해, 문학이란 어떤 영향과 효과를 미치는가 하는 문학 효용론에 관한 견해, 그리고 어떠한 문학 양식이 발생하고 소멸했는가 하는 문학 양식론에 관한 견해로 요약할 수 있다. 이것은 문학 사상, 문학 이론과 문학 비평이 얼마나 구분될 수 있을 것인가 하는 의문을 낳는다. 문학을 대상으로 하는 견해들을 지칭하는 용어로는, 어떤 특정인이나 집단의 문학관

또는 문학 사상, 시론, 문론을 포함한 문학론, 심지어 시학(詩學)까지 아주 다양하게 쓰이고 있다. 이들이 모두 문학에 대한 견해라고 한다면 이러한 것들과 비평이 특별하게 구분되는 것 같지는 않은 것이다.3)

이 두 저작을 검토하면서, 두 가지 교훈을 얻게 된다. 오늘날 우리가 행하는 비평의 조상은 무엇인가 하는 웰렉의 문제의식은 오늘날 우리가 '비평'이라고 부르고 있는 것은 언제 등장했는가 하는 문제로 돌아가야 하지 않을까 하는 것. 나아가 문학에 대한 견해의 역사라는 것으로 두루 뭉술하게 묶을 수 없어 특별히 어떤 용어로써 묶어야 할 때, 그 용어로써 '비평'이라는 것은 과연 무엇인가 하는 것에서 문제를 출발해야 하지 않을까 하는 것이 그것이다. 우선 '비평'이라는 용어에 주목하고자 한다.

17세기 조선 문인 유몽인(柳夢寅)의 문집인 『어우집(於于集)』에 "어우당 문집에 대한 제현들의 비평(於于堂文集諸賢批評)"이라는 제목으로 실린 글이다.4) 앞에서 언급했던 '비평'에 대한 검약적인 정의에 합당하고 현재 우리가 상용하는 비평에 대한 이해의 범위 내에도 있는 비평이라는 용어의 예를 보여준다.

---

3) 단적인 예로, 우리나라에도 번역 소개된 敏澤의 『中國文學理論批評史』(서울 : 성신여자대학교 출판부, 2008의 육조시대편은 그의 『中國美學思想史』(濟南 : 齊魯書社, 198 9)의 육조 시대와 장, 절은 물론 그 내용도 거의 일치한다. 제목의 이동이 흥미롭다. 우리 고전 비평 연구사도 사정이 비슷하다. 강민구(2003)이 회고한 한문비평연구사에는, 시론, 문론, 문학관, 문학 사상이 모두 한문 비평이라는 범주 속에 들어 있다. 강민구, 「한국한문학비평 연구의 회고와 전망」, 『대동한문학』, 대동한문학회, 2003, 19면.

4) 柳夢寅, 『於于集』「於于堂文集諸賢批評」, 「批評」, <於于堂文集諸賢批評>. "盧蘐齋曰 文章甚高 東國百年來 未有之奇文 / 柳西厓曰 文氣高勁 有洪波砥柱之勢 / 尹月汀曰 新進中 柳某高文章 當今無可頡頏者 / 具八谷曰 文章已成大家 擧世無匹 / 權習齋曰 柳某之文 獨崔岦可與爲比 然崔之文 模倣古人 非自家造化 柳之文 皆出自家胸中造化 此最難處 崔殆不及 ……"(『한국문집총간』 69. 이하 특별한 서지 표시가 없는 한, 『한국고전번역원』의 전자검색서비스를 이용했다).

어우당의 문집을 읽은 여러분들의 비평

노소재가 말하기를, 우리나라 백년 이래 이런 기이한 문장은 없었다.

유서애가 말하기를, 문장의 기세가 높고 굳세어 물살에도 우뚝한 바위와 같은 기세이다.

윤월정이 말하기를, 신진 중에 유 아무개라는 이는 문장이 높아 당대에는 이에 길항하는 이는 없다.

구팔곡이 말하기를, 문장이 이미 대가를 이루었으므로 세상을 통틀어 짝할 이가 없다.

권습재가 말하기를, 유 아무개의 문장은 단지 최립만이 그와 비견할 수 있을 터이나, 최립의 문장은 知人을 모방하고 스스로 造化한 것이 아니다. 유(몽인)의 문장은 자기의 가슴 속에서 造化하여 나온 것이므로 가장 어려운 대목은 최립이 미칠 수 없다.

이 비평은 작품의 가치를 냉정히 평가하고 판단했다는 생각보다는 시문집 출간을 격려하고 포장(褒獎)하려는 의도가 더 크다는 생각이 든다. 요즘도 작품집을 출간할 때 평자의 글을 앞 위에 실어 작품집의 의의를 내외에 알리는 일에 폄하(貶下)보다는 포장(褒獎)을 하는 것이 목적에 맞다. 항용 이런 투의 비평을 두고 '주례사 비평'이라 기롱하지만 이런 서, 발문 형식의 비평문으로서는 피할 수 없는 일일 것이다.

중세의 문학 비평이 통칭 인상 비평이라고 한다. 틀린 말은 아니다. 말이 비평이지 감상 후 작품에 대한 총괄적 인상을 간단한 어구로 메모한 것과 그다지 구별되지 않는다. 그런 점에서 오늘날 우리가 지향하는 비평의 특징이 다시 드러난다. 우리는 비평이란 예술에 대한 주관적 평가이며 상대적인 의의만을 가질 뿐이라는 그 한계를 극복하고자 한다. 그리고 주관적 평가의 보편적 기준과 합리적 근거를 제시함으로써 주관적 평가의 보편성, 일반 원칙을 제출하고자 한다. 그렇게 보면 개별 작품을 대상으로 한 미추선악에 대한 취미 판단이 그 주관적 상대적 한계를 극복하고 보편적 일반적 의의를 획득하려는 노력이 근대적 비평의 특징이라 생각할 수 있을 것이다. 그런데 이런 행위의 저류에 흐르고 있는 어떤 행위는 비평이라는 용어로써만 그것을 지목할 수 있다. 용어의 역사를 살펴 그 행위의 양상을 살펴야 한다.

2) 비(批)와 평(評)

(1) 비(批)

사물의 옳고 그름이나 아름답고 추함을 분석하고 가치를 논하는 일을 지칭하기 위하여 사용한 비평(批評)이라는 용어는 비(批)와 평(評)으로 이뤄진 것으로서 본디 단일어가 아니다. 관습이 역사를 만들 듯, 본디 복합적인 문화적 현상이 일련의 진행, 하나의 과정처럼 여겨지면서 단일한 문화적 행위로 굳어진 것이다.

비평에 대한 사전적 풀이 중에는 거기에 내재한 역사의 흔적을 짐작할 수 있게 한다. 우선『중문대사전(中文大辭典)』에 "비점(批點)과 평주(評注)로 구성된 행위"라는 풀이를 주목하고 싶다.『한어대사전(漢語大詞典)』에도 "서적이나 문장에 대하여 비점평주(批點評注)를 가하는 행위"라고 풀이한다. '비점평주'는 '비점(批點)'과 '평주(評注)'를 말한다. 비점이란 문학 작품에 대하여 간단히 평가[批]하고 잘된 부분에 점을 찍는 일[點]이고, 평주란 문학 작품에 대한 평가[評]와 함께 보충적 내용을 추가[注]함으로써 작품에 대한 이해와 판단을 돕는 일이다. 이로부터 비평이란 비점과 평주라는 복합적 행위라는 것을 짐작할 수 있다.

이를 모아보면, 작품을 평가하는 행위, 그것을 도드라지게 표시하는 행위, 작품 이해에 도움을 주는 행위 등의 셋으로 요약할 수 있다. 이 중에서 첫 번째의 것이 중심적 활동이라면, 두 번째 것은 부수적 활동, 세 번째의 것은 보충적 활동이다. 이 중심적 활동이 되는 평가의 영역이 비(批)와 평(評)이라는 용어로써 표현되고 있다는 점을 주목해야 한다.

비(批)의 본의는 손을 들어 치는 것, 공격한다는 의미를 담고 있다. 평(評)이란 무엇에 대하여 가치를 판단하는 것이라는 의미를 갖는다. 또 비(批)는 비대로, 평(評)은 또 평대로 각각 특정한 문체를 지칭하기도 하다. 말하자면 비와 평은 둘이 결합해 하나의 개념으로 굳어지기 전에 서로 다른 개념이었을 것임은 충분히 추측할 수 있다.

비(批)는 예술 작품의 평어로써 일찍부터 등장했다. 『한어대사전』에 비(批)의 예로 든 북송대의 화가 미불(米芾)이 지은 『서사(書史)』가 그것이다. 현존하는 『사고전서본(四庫全書本)』, 『서사』에는 이렇게 적혀 있다.

> 王獻之의 『日寒帖』에는 唐氏雜跡이 있다. 이를 찍고 뒤에 두 행으로 사안의 批를 실었는데 이른바 批한 뒤 답한 것이다.[5]

비답(批答)은 문체 격식으로서 당대(唐代)부터 황제가 신하의 주의상소(奏議上疏)에 대해 손수 답한 것을 일컫는 것이었다.[6] 말하자면 일종의 정치적 행위인 것인데 이것이 송대에 이르러서 문화적 행위로 바뀐 것이다. 이런 제한을 염두에 두고 검토할 것이 비점(批點)의 출발이라고 하는

---

5) 米芾, 『書史』 "王獻之日寒帖 有唐氏雜跡 印後有兩行 謝安批 所謂批後爲答也"(『四庫全書』, 「子部」, 藝術類, 『文淵閣四庫全書電子版』, 香港 : 中文大學出版社, 1999. 이하 사고전서본은 이것을 이용한다.)
6) 徐師曾, 『文體明辨』.

사방득(謝榜得)의 『문장궤범(文章軌範)』이다.

근대서지학의 대가로 알려진 엽덕휘(葉德輝)에 따르면 비점을 판각본으로 처음 출간하게 된 것은 송나라 사람 사방득(謝榜得)의 『문장궤범(文章軌範)』으로부터라고 한다.7) 『문장궤범』은 한(漢), 진(晉), 당(唐), 송(宋) 문장가 15인의 고문(古文) 69편을 선집하여 일곱 권으로 만들고8) "王侯將相有種乎"라는 도발적인 구절의 한 자씩을 따 일곱 권 각각의 권목(卷目)으로 삼았다.9) 사방득은 이 69편의 작품에 대하여 비주(批注)를 더하고 권점(圈點)을 부여했다. 비주는 대체로 작품 전체에 대한 설명, 특히 유념해야 할 표현, 어구나 표현의 유래 등에 대한 설명이다. 권점은 널리 알려진 바와 같이 아름다운 어구, 표현에 대한 특기 방식이다.

 (A) 비주와 권점이 모두 있는 것, (B) 비주는 없고 권점만 있는 것, 그리고 (C) 비주도 권점도 없는 것 등 세 가지 형식으로 이를 표현했다. 69편 중에서 (C)에 해당되는 것이 2편, (B)에 해당되는 것이 7편, (A)에 해당되는 것이 60편이다. 비주와 권점이 작품의 미적 근거에 대한 풀이 내지 적시라는 기능을 갖고 있는 만큼 비주와 권점의 유무, 심지어 횟수 따위는 미적 평가의 고하와 깊은 관련을 가질 것으로 생각한다. 그래서 아예 없는 것보다는 권점이나마 찍혀 있는 것이, 권점만 있는 것보다는 작품의 미적 가치가 특서되어 있는 것이 미적으로 더 낫다고 생각한다.

---

7) 葉德輝, 『書林淸話』 2, <刻書有圈點之始> 沈陽 : 遼寧敎育出版社, 1998, 27~28면.
8) 韓愈, 柳宗元, 歐陽脩, 蘇洵, 蘇軾, 諸葛亮, 陶潛, 杜牧, 范仲淹, 王安石, 李覯, 李格非, 辛棄疾, 胡銓, 元結 등 열다섯 사람이다.
9) 뒤에 좀 더 공손하고 문인적 취향에 맞게 두보의 시구에서 뽑아, "九重春色醉仙桃"로 권목 명칭을 바꾸어 달았다가 사고전서에 편집될 때에는 다시 원래의 권목인 "王侯將相有種乎"를 회복했다. 사방득이 각 권의 이름을 이 일곱 자에서 취한 것은 무모할 정도로 도발적인 것은 왕후장상도 본래 씨가 정해진 것이 아니니 누구든 공부하고 노력하여 과거 시험을 잘 보면 높은 관리가 될 수 있다는 생각을 표현한 것이다.

그러므로 작품에 대한 비점이 복잡한 순서 (A), (B), (C)는 그대로 평가 순위와 일치하는 것 같다.

만약 이것이 평가의 순위라고 한다면 이 평가를 다른 사람들도 공감한다고 보기는 어렵다. 당장 그의 문인(門人)인 왕연제(王淵濟)부터가 (C)에 해당되는 제갈량(諸葛亮)의 <출사표(出師表)>와 도잠(陶潛)의 <귀거래사(歸去來辭)>에 비주가 없는 것은 무슨 속뜻이 있을 것이라고 했다. 왕연제가 이렇게 말한 속뜻이야말로 스승 사방득의 평가가 선뜻 이해하기 어렵다는 것으로 보인다.

그럼에도 불구하고 『문장궤범』이 중시된 이유는 다른 데 있다. 그 단서는 이 책에 붙인 왕수인(王守仁)의 서문에서 찾을 수 있다. 왕수인은 사방득이 한(漢)부터 송(宋)에 이르기까지 69편의 고문을 선발해, 각각의 편(篇), 장(章), 구(句), 자(字)의 법칙을 낱낱이 분석하고 이를 적시한 것이 이 저작의 가치라고 평가하고, 이렇게 고문 작법을 낱낱이 파헤쳐 제출함으로써 이를 학습하여 과거시험 공부에 도움이 되게 했다고 지적했다.[10]

송(宋)은 여러모로 당(唐)과 달랐는데, 그 중 가장 큰 차이는 당대(唐代)까지 지속되어 온 귀족들이 사라지고 그 대신 사대부들이 등장했다는 것을 꼽을 수 있다. 사대부들은 가격(家格)보다는 자신의 실력으로 과거시험에 입격하여 발신(發身)한 교양 계급이다. 과거에 합격하기 위해서는 고문 창작 능력은 반드시 갖추어야 했다. 당연히 고문 창작 능력을 배양하기 위한 다양한 방법이 모색되었는데, 지금도 마찬가지이지만 글쓰기

---

10) 王守仁, 「原序」, 謝枋得, 『文章軌範』, "蓋古文之奧 不止於是 是獨爲擧業者設耳 夫自百家之言興 而後有六經 自擧業之習起 而後有所謂古文…… 然 中世以是取士 士雖有聖賢之學 堯舜其君之志 不以是進 終不大行於天下 蓋士之始相見也 必以贄 故擧業者 士君子求見於君之羔雉耳 羔雉之弗飾 是謂無禮 無禮無所庸扵交際矣 故夫求工於擧業 而不事扵古作 弗可工也 弗工扵擧業 而求於倖進 是僞飾羔雉 以網其君也"(『四庫全書』, 「集部」, 總集類).

는 모범적인 작품을 선발하여 그의 기법을 차분히 학습함으로써 이를 습득해 가는 것이 효율적이다. 그러므로 과거 지망생들은 힘써 학습해야 할 고문의 명편을 선발하고, 여기에 그치지 않고 그 작품들이 갖고 있는 주목할 만한 미적 성취를 분석하고, 이를 알기 쉽게 제시함으로써 학습하기에 편리한 학습서가 절실히 필요했다.

『문장궤범』은 이러한 시대적 요청에 의해 등장한 것이다. 『문장궤범』은 명편을 선집해 비주와 권점을 붙여 학습의 자료로 삼기를 목적으로 했다. 『문장궤범』이 도입하여 사용한 권점(圈點)은, 관주(貫珠)와 마찬가지로 모두 대상 작품에서 중요한 부분을 도드라지게 나타내기 위한 장치인데, 이는 중요한 부분에 밑줄을 쳐 가며 외우는 일반적인 학습 습관에 부응했다. 기법을 익히고 아름다운 어구나 구절을 적절히 인용하여 글을 쓸 정도로 공부한 결과 과거에 합격하여 발신하게 되면, 왕후장상이 무슨 별종이겠는가 하는 인생 구가는 저절로 나올 것이다. 그러니 사방득이 『문장궤범』 일곱 권 권목을 왕후장상이 무슨 별종이겠는가 하는 글귀의 한 글자씩 따 붙인 것도 송 대 사대부의 자신감이 표현된 것으로 보이는 것이다.

송 대는 출판술이 발달하고 독자층이 두터워지면서 특히 개성적인 앤솔로지가 많아지는 시대이다. 학습용 비점본은 비교적 보편적으로 통용되는 미적 판단에 근거해야 했지만 달리 순전히 감상의 목적에 이바지하기 위해 만들어진 이른바 감상용 비점본의 경우도 설령 그것이 개성적인 미적 판단에 근거해 만들어졌다고 하더라도 학습용 비점본과 마찬가지로 그의 미적 판단이 개인적인 변덕이나 일시적인 기분에 좌우되지 않아야 했다. 미적 판단의 보편성과 일반성에 대한 추구가 어느 때보다 중요했다.

(2) 평(評)

평(評)이란 등급을 헤아려 논하는 것이다. 인간의 일상이 평가에 따른 선택으로 점철되어 있으므로 평도 일상 활동의 하나이라고 해도 과언은 아니다. 그런데 비(批)와 마찬가지로 평도 일상으로부터 벗어나 독립된 문화적 행위가 되었다. 유협(劉勰)의 말에서 그에 대한 시사를 받을 수 있다. 유협(劉勰)은, "변사(辨史)는 찬평(贊評)이 함께 한다.……찬이란 뜻을 밝히는 일[明意]이고, 평이란 이치를 고르게 하는 것[平理]이다."[11]라고 했다. 진작부터 평이 역사적 판단이라는 의미로써 사용되기 시작했다는 것을 알게 된다. 이에 대해서 당(唐) 유지기(劉知幾)가 좀 더 자세하게 적었다.

> 『春秋左氏傳』은 논의를 세울 때 군자를 빌려 칭하였는데, 公羊子와 穀梁子가 이들이고, 『史記』에는 太史公이라고 했다. 班固는 贊이라고 했고, 荀悅은 論이라고 했으며, 『東觀』에는 序라고 했고, 謝承은 詮이라고 했고, 陳壽는 評이라고 했다. ……"[12]

역사는 과거의 이야기가 아니라 과거에 대한 현재의 이야기라고 할 수 있다. 그러니 역사에는 과거사에 대한 현재적 평가가 빠질 수 없다. 이 과정도 크게 셋으로 나누어 볼 수 있다. 첫째는, 『춘추』나 『사기』에 논자의 입을 빌려 평을 하는 형식이다. 공양자(公羊子) 또는 곡량자(穀梁子), 태사공(太史公) 등이 바로 이들이다. 둘째는, 이보다 뒤에 나타난 것

---

11) 劉勰, 『文心雕龍』, 4. 「論說」, 18. "辨史則與贊評齊行 … 贊者明意 評者平理"(『四庫全書』, 「集部」, 詩文評類.)

12) 劉知幾, 『史通』, 4. 「內篇」 <論贊> 9. "春秋左氏傳 每有發論 假君子以稱之 二傳雲 公羊子 穀梁子 史記雲 太史公 旣而班固曰讚 荀悅曰論 東觀曰序 謝承曰詮 陳壽曰評 王隱曰議 何法盛曰述 揚雄曰譔 劉昞曰奏"(『四庫全書』, 「史部」, 史評類.)

으로, 평가를 아예 독립시켜 사건이나 인물의 뒤에 붙인 형식이다. 반고
는 『한서』에서 찬(贊)으로, 범엽은 『동한서』에서 논(論)으로, 그리고 진수
는 『삼국지』에서 평(評)이라는 명목으로 된 독립 항목을 세워 평가를 했
다. 셋째는, 이보다 뒤에 국가에서 사관을 두어 역사를 편찬하면서 '사신
(史臣)'의 사론으로 굳어진다.13)

그 명목이나 형식은 다양하지만 평(評)이 일상의 맥락으로부터 독립되
어 별개의 문화적 행위로서 성립할 수 있었던 것은 역사 서술로부터였
다고 할 수 있다. 역사는 인물이나 사건에 대한 감계(鑑戒)와 상찬(賞讚)을
목적으로 한다. 그러므로 역사적 평이란 정치적 역량이나 위업, 인물의
됨됨이에 대한 평가인 것이어서 미학적이고 심미적인 평가와는 거리가
멀다. 이제 이 평(評)을 하나의 별개 양식이라고 보면, 이 양식에 정치적
내용으로부터 미학적 내용으로의 전환은 언제 이루어졌는가 하는 것이
궁금하게 된다.

곽소우는 『중국문학비평사』에서 제(齊), 량(梁) 시대에는 정치 풍속 비
평이 많았고 문학 비평은 보이지 않았다고 지적했다. 그러니까 제, 량
시대를 전후로 해서는 정치적 평, 역사적 평으로부터 미학적 평, 문학적
평이 등장하게 되었다는 것을 알 수 있다. 이렇게 정치 역사적 평이 문
예 미학적 평으로 전환하게 된 계기가 된 제, 량 시대의 사정을 알아두
어야 할 필요가 있다. 우선 정치 역사와 문예 미학의 연결 고리는 인간
이라는 점을 염두에 두어야겠다. 왜냐하면 후한 말부터 삼국 시대까지

---

13) 앞의 책, 같은 곳. 뒤에 이어서, "袁宏, 裴子野는 성명을 드러냈고, 皇甫謐, 葛洪은 호를
　　나열했다. 사관이 지은 것은 史臣이라고 통칭했다. 그 이름이 만 갈래로 다르지만 그
　　뜻은 하나이니 시용에 편하게 하려면 모두 논으로 귀일하게 해야 한다. 논이란 의혹을
　　변론하고 막힌 것을 푸는 것이다(袁宏 裴子野 自顯姓名 皇甫謐 葛洪 列其所號 史官所
　　撰 通稱史臣 其名萬殊 其義一揆 必取便於時 則總歸論焉 夫論者所以辯疑惑釋疑滯"라고
　　했다).

인물평을 하는 풍조가 만연하였는데 이러한 풍조가 제, 량 시대의 문예 미학적 평으로의 전환에 어떤 역할을 한 것으로 보이기 때문이다.

이 시기의 인물평으로는 특히 허소(許邵)의 월단평(月旦評)이 유명했다. 조조(曹操)조차 일부러 허소의 인물평을 듣고자 했다. 조조가, "치세(治世)의 능신(能臣), 난세(亂世)의 간웅(奸雄)"이라는 말을 듣고 좋아했던 것은 이 인물평이 갖고 있는 문화적 파급력 때문이었다. 변방 북위(北魏)의 무장 출신인 조조는 허소의 평을 통해 후한의 귀족 사회에 자신을 공인받고 야망을 기정 사실화할 수 있었던 것이다. 월단평이 여남(汝南) 땅의 풍조가 되었다고 한 것은 인물 평가가 하나의 문화적 풍조가 되고 있을 뿐만 아니라, 권위 있는 사회적 평가로 제출되어 그 내용이 귀족 사회에 공유되었음을 말한다.

월단평의 풍조는 여남(汝南)에만 그치지 않고 상류 귀족 사회의 문화적 풍조가 되어 위진 시대까지 지속되었다.[14) 위진 시대는 기존의 제도가 파괴되고 전란이 격화되면서 숱한 인재가 기존의 틀에서 풀려나 각처에 떠돌이처럼 나타났다. 족망(族望)이나 향망(鄕望)처럼 수대에 걸쳐 축적 된 관찰 결과로서 평가하기 어려운 때가 되었다면 무엇으로 첫 만남을 평가하고 판단할 것인가는 당대의 문제가 아닐 수 없다. 중정(中正)과 같은 인물천거를 맡은 직임들은 이러한 인재들을 한눈에 척 알아보고 천거해야 했으므로 대상 인물의 걸음걸이, 말씨, 체격이나 의젓한 행동, 얼굴 표정 그리고 심지어는 눈동자까지도 인물을 평하고 등급화할 전형의 자

---

14) 이재권, 「위진 현학에 있어서의 언의지변 연구」, 충남대학교 박사학위논문, 1990. 김원중, 「육조 인물품평과 문학비평의 관련양상」, 『중국문학연구』 14, 한국중문학회, 1996. 김철운, 「유소 인물지에 나타난 인물 품평」, 『양명학』 11, 한국양명학회, 2004. 宮崎市定, 임대희 외 역, 『구품관인법의 연구』, 서울 : 조합공동체 소나무 2002. 등의 논저에서 폭넓게 다뤘다.

료로 삼았다.15)

이 시기를 대표하는 저작으로서 유의경(劉義慶)의 『세설신어(世說新語)』
와 유의(劉毅)의 『인물지(人物志)』를 들 수 있다. 유의경은, 당시의 다양한
인물 군상들을 생동감 넘치는 필치로 묘사하고 평가했다. 그런데 평가보
다는 묘사에 힘써 『세설신어』는 지인소설(知人小說)이라고 일컬어질 정도
로 다기한 개성 있는 인물을 형상화하는 데 주력했다. 그에 반하여 유의
는 인물의 등급을 매기는 데 주력했다. 유의는, 인물의 전인격적 됨됨이
를 평가하는 구체적 통로로서 신(神), 정(情), 근(筋), 골(骨), 기(氣), 색(色),
의(義), 용(容), 언(言)을 제시했다. 이 아홉을 징(徵)이라고 했다. 구징(九徵)
의 모양에 따라 등급을 정함으로써, 총체적으로 인물을 평할 수 있는데,
인물은 다섯 등급으로 나눌 수 있다고 했다.

조비(曹丕)의 『전론(典論)』은 평(評)의 미학적 전환에서 중요한 의의를
갖는다. 조비는, "문장은 경국의 대업이고 불후의 성사"라고 하고, 인생
의 부귀영화가 제 한 몸에만 국한하여 목숨이 다 하면 덧없이 사라지지
만 문장은 그렇지 않다고 했다.16) 한(漢) 이후 문학은 유학이나 통치술과
달리 일종의 여사(餘事)나 말기(末技) 쯤으로 여겨지고 있었다. 그런 분위
기 속에서 조비는 문장을 덕업과 마찬가지로 국가 경영의 한 축으로 높
인 것이다. 조비는 문기론(文氣論)을 제창하면서, 문학에 나타난 기(氣)는
곧 그가 천부로 받은 기라고 주장했다. 그러므로 문학을 보면 곧 그의
기를 알 수 있게 된다. 문학의 평가는 인물의 평가로 이어질 논리적 연
결의 고리는 이렇게 마련된 것이다.

---

15) 이른바 眸子論이라는 것이 이것이다. 이재권(1990 : 26)에 자세히 설명되어 있다.

16) 曹丕, 「典論」, <論文>, 『文選註』, 52. "蓋文章經國之大業 不朽之盛事 年壽有時 而盡榮
樂止乎其身 二者必至之常期 未若文章之無窮 是以古之作者 寄身於翰墨 見意於篇籍 不假
良史之辭 不託飛馳之勢 而聲名自傳於後"(『四庫全書』, 「集部」, 總集類).

『문선(文選)』과 『문심조룡(文心雕龍)』은 위진 시대로부터 제량 시대에 걸친 비평 의식의 성장을 잘 보여주지만, 앞의 것은 선발해 모아둔 앤솔로지이고 뒤의 것은 문학의 원론을 다루었으므로 비(批)나 평(評)의 의의에 꼭 맞지는 않는다. 그보다는 같은 시기의 저작인 종영(鍾嶸)의 『시품(詩品)』이 평(評)의 전환에 큰 기여를 한 저작이라고 생각한다.17) 『남사(南史)』, <종영(鍾嶸)>전에서는 종영이, "고금의 시를 등급을 매기고[品] 그 평을 가하여[評] 우열을 말했다."고 적었다.18) 『수서(隋書)』「경적지(經籍志)」는 이 책을 『시평(詩評)』이라고 소개하고 있어19) 이 시기에는 품과 평이 같은 의미로 받아들여지고 있던 것을 알 수 있다.

『시품(詩品)』은 작품과 작가에 대하여 평(評)하고 아홉 등급으로 나누어 배당했다. 평의 내용이나 품등에 대해 공정성이 시비가 되고 있지만 작품을 평가하고 등급을 매기는 비평 형식이 시작되었다는 점, 그리고 '평'이라는 글쓰기가 미학적 판단에 스며들었다는 점이 중요하다. 선포악폄(善褒惡貶)이라는 가치 판단에 따라 작품에 대하여 평을 가하고 우열을 말

---

17) 수, 당 이후 문학 비평은 『문심조룡』의 유형보다는 『시품』의 유형을 계승하게 되는데, 이는 비평의 전문화, 창작과 비평의 미분화, 비평의 통속화 등으로 그 원인을 지적할 수 있다. 蔡鎭楚, 정영지 역, 「시화학과 고대문론 연구」, 『중국어문학』 22, 1993, 378~380면.

18) 『南史』, 72. 「列傳」, <鍾嶸>(『四庫全書』, 「史部」, 正史類). 종영은 이전의 여러 비평적 저작들에 우열 포폄을 가하지 않은 것이 불만이라고 지적했다는데 이 우열 포폄의 의식이 비평의 전환이라는 중요한 의의가 있다. 이에 대해서는 종영 자신도 문제 의식으로 제출했다. 鍾嶸, 『詩品』, 2. "陸機文賦 通而無貶 李充翰林 疎而不切 王微鴻寶 密而無裁 顔延論文 精而難曉 摯虞文志 詳而博贍 頗日知言 觀斯數家 皆就談文體 而不顯優劣 至於謝客集詩 逢詩輒取 張隲文士 逢文卽書 諸英志錄 並義在文 曾無品第"(『四庫全書』, 「集部」, 詩文評類). 이 저작에 대한 가치에 대해서는 새삼스럽게 거론할 필요가 없을 것 같다. 이철이(1991)는 근대 서구 이론이 들어오기 이전까지 『문심조룡(文心雕龍)』과 함께 가장 이론 체계가 잡힌 저작이라고까지 평가했다(「종영 시품 연구 2」, 『중국인문과학』 10. 중국인문학회, 324면).

19) 『隋書』 35. "詩評 三卷 鍾嶸撰 或曰詩品"(『四庫全書』, 「史部」, 正史類).

한 것인데 그 내용으로서의 '품장(品狀)'이 곧 '비평(批評)'인 셈이다. 이미 그런 분위기가 형성되어 있었는지 아니면 종영이 당대의 문화에 가한 충격 때문에 만들어진 풍토였는지는 알 수 없지만 대상에 대해 평가하여[評] 우열을 나누는 일[品]은 일련의 연속된 과정으로 받아들여지고 있었던 것이다.

종영이 품등을 아홉으로 나눈 것은 북위 정권 때의 구품론인법(九品論人法)을 연상케 한다. 종영도 이를 염두에 두고 이전의 구품론인과 달리 시의 기량을 비교하여 명실이 상부한 품등 방법을 개척하였노라고 주장했다. 상, 중, 하를 거듭해서 아홉 등급으로 나눈 것은 인간에 내재한 가치구분의 방법으로 기인한다고 생각한다. 사람은 누구나 자기를 중심으로 다른 사람을 자기보다 잘 난 사람, 못한 사람으로 나누기 마련이어서 자기와 같은 보통 사람과 함께 자연스럽게 상, 중, 하의 3등 품제가 만들어지기 때문이다. 이분법이 나와 남을 구분하는 아주 감각적인 일차적 능력이 발전한 인식론의 형식이라면, 삼분법은 나를 기준으로 하여 고하(高下)를 가리는 아주 직접적인 평정 능력이 발전한 가치론의 틀인 것이다.

품평의 등급보다 더 중요한 것은 앞서 허소의 인물평, 진수 사평이라는 정치적 현상으로서의 '평(評)'이 문화적, 예술적, 미학적 현상으로 전환하였다는 사실이다. 특히 품평의 어투가 아주 중요하다. 인물평은 관직 제수를 목적으로 한다. 그런데 이 품평의 내용은 그 대상 인물의 현재 상태에 대한 평가가 아니라, 그 인물의 잠재력이 발휘되었을 때의 양상, 즉 그의 전(全) 능력에 대한 평가인 것이다. 이미 한 대(漢代)의 향거이선제(鄕擧里選制)에서부터 향리에서의 인물 품평은 향리에서 두각을 나타내기 시작하는 연소기예한 인재의 미래상을 말하는 것이므로 현재의 처지보다는 미래의 완성된 가치를 설명하는 것이 보통이었다.20)

이렇게 인물을 대상으로 한 품평은 예언적 성격을 띠고 다소 신비롭게 표현되지 않을 수 없다. 허소가 조조를 평가할 때에 그의 운명에 대한 일종의 예언적 성격의 것이었던 데에서 잘 나타난다. 이런 예언적 성격의 평은 상징성이 풍부할수록 적합성이 커지고, 구체적일수록 적중률이 떨어지는 법이다. 혹 이런 얄팍한 생각에 평이 모호하고 애매하게 기술된 것처럼 생각할 수도 있겠지만 그보다는 한 인물에 대한 종합적 평가는 이런 상징적 평가가 더 잘 어울리는 것이라 생각된다.

이러한 사정으로부터 평(評)에 담긴 두 가지 특징을 찾아볼 수 있다. 첫째, 비평의 내용이 그의 문학적 경향뿐만 아니라 인격적 특성, 나아가 운명적 모습까지 압축적으로 간직하고 있다. 고전 비평은 이러한 문학적 품평 내지 비평이 한 인물의 전인격, 전능력의 집약을 통해 그의 미래적 가치를 예언하는 것으로부터 출발했다는 태생적 특수성을 감안해야 한다. 비평을 문학의 생산과 소비 시스템에서 매개와 유통을 맡은 것으로 생각하는 것 역시 서유럽 근대 문예 비평의 특수한 사정에 기인한 편협한 시각이다.

그리고 둘째로, 비평의 평어가 그 자체로 시구와 같은 아름다운 구절로 이뤄져 있다는 것이다. 취미 판단은 직관적이다. 이것은 준과학적(準科學的, pseudo science)인 문학 연구와 다르다. 직관적 판단에 따른 심미적 결과물을 표현하는 문제는 저마다 다를 수 있다. 그것이 상징적이고 비유적인 표현을 채택한 것이 모호하고 애매한 취미 판단으로부터 기인한 것은 아니다. 문학 연구처럼 비평도 준과학적이어야 한다는 오해는 불식할 때가 되었다.

---

20) 宮崎市定(2002 : 108~109).

3. 문학능력과 비평

　지금까지 본 것처럼, 비(批)는 비선(批選)의 이유이고, 평(評)은 품평의 근거가 된다. 그런데 별도의 문체인 '비', '평'이 '비평'으로 단순 결합했다고 볼 근거는 없다. 우리가 비평이라고 하는 것, 그러니까 개별 작가나 작품을 대상으로 예술적 규준에 근거한 취미 판단에 따라 호오의 의견을 제출하고 그의 선호 순위를 매기는 일은 연쇄된 하나의 과정으로 보인다. 비와 평을 서로 다르게 보존해온 문화적 흐름 속에서 이 둘은 예술에 대한 취미 판단 일반에 대한 보편적인 의미로 혼합되어 사용되기 시작했을 것이다.

　비, 평은 각각 독립적으로나 또는 '비평'이라는 합성어로서나 우리가 비평이라고 부를 수밖에 없는 어떤 문화적 행위로 현상하게 되었다는 것은 분명하다. 문화사에서 제반 여건이나 상황은 어떤 문화적 현상이 출현하기 위한 필요한 조건이 될 수는 있어도 그것으로 충분한 것은 아니므로, 이 합성어의 등장 시점과 동인을 규명하는 것은 난망한 일일 것 같다.

　이 장에서는 우리나라 중세 비평의 양상을 기술함으로써 중세인이 문학능력의 증진을 위하여 비평에 건 기대의 범위를 살펴보고자 한다.

1) 평가

　시문 비평은 문인 관료로서의 선발과 직결되어 있어 더욱 중요하다. 그런데, 과문의 탓으로 당대의 과거 시험 답안에 대한 평가가 어떻게 이뤄졌는지를 알 수 있는 자료는 아는 것이 별로 없다. 다만 과거 제도에

대한 당대인의 불만을 통해서 과거 답안의 평가에 협잡과 비리가 있었을 것임을 알 수 있을 뿐이다. 정약용(丁若鏞)이 한탄한 바로는 당시의 과거에서는 거벽(巨擘)의 글을 빌리고 사수(寫手)의 글씨를 빌려서 시권을 바쳤을 뿐만 아니라, 심지어는 사람을 사서 대신 들여보내어 짓고 썼다[21]고 한다. 이 정도로 부패했다면 답안 평가에서도 공정함을 기대하기는 어려웠을 것이다.

박지원(朴趾源)은 『열하일기(熱河日記)』에서 중국의 시원(試院)을 보고 크게 감동을 받은 나머지 우리에게도 그런 격식이 필요하다고 역설했다.[22] 시원에 대한 박지원의 경험은 그대로 정약용의 『경세유표(經世遺表)』에도 실리어 조선의 제도 혁신의 자(藉)로서 인용되었다.

[그림 1] 19세기 청대 과거 답안지

정약용은 문예는 덕행과 함께 관리를 선발하는 기준으로서 폐기되어서는 안 되는 성헌(成憲)이라고 여겼다. 다만 이 아름다운 법을 어떻게 더 정밀하게 하고 공정하게 하느냐 하는 것이 중요하다고 생각했다. 정약용은 문예를 시험하고 평가하기 위해 하루에 여러 문체를 시험함으로써

---

21) 丁若鏞, 『經世遺表』 15, 「春官修制」, <科擧之規>.
22) 朴趾源, 『熱河日記』, 「謁聖退述」, <試院>.

차술(借述)할 겨를을 주지 말아 협잡을 없애고, 시관(試官)으로 하여금 정밀하게 채점할 수 있도록 규식을 세워야 하며, 급제 낙방을 가리지 않고 파방 시에는 평가된 답지를 공개해야 한다고 주장했다. 정약용은 향시(鄕試)와 회시(會試)의 고시 방법에 대해서 간략히 거론했다.

> 무릇 考試에 圈點하는 데는, 主考官은 朱色 붓, 副考官은 靑色 붓, 參考官은 紫色 붓을 사용하여 詩卷 끝에다 批評을 적으며(비평은 墨書로 함), 각자 이름을 적어서, "아무 벼슬 臣 아무는 삼가 비평한다."라 하고 이에 상·중·하등을 각각 적으며 혹은 外자를 쓰기도 한다. ○榜을 낸 다음 시권을 여러 儒生에게 널리 보여서 公議를 들으며, 비록 물리침을 당한 시권이라도 모두 널리 보여준다. …… 考官은 中大夫 1명, 下大夫 2명, 上士 2명인데, 時原任 提學·副提學·大司成·校理·修撰으로서 중한 명망이 있는 자는 列書하여 長望을 만들어 입계해서 낙점을 받는다(6경이 회의해서 추천함). ○고관이 5명이면 圈點하는 데에 셋째 고관은 淡紅色 붓을, 넷째 고관은 靑色 붓을, 다섯째 고관은 綠色 붓을 쓰며, 상·부 고관은 앞 예와 같다. ○고관이 5명에 상 세 고관은 상중하의 등차[等]를 매기고, 하 두 고관은 다만 권점을 매기고 끝에다 批評을 적을 뿐이며 등은 매기지 않는다.23)

이것은 박지원이 목격한 청나라의 제도와 비슷해 보인다. 당시 조선의 선거 제도(選擧制度)도 허술하기는 해도 이와 동떨어진 것은 아니었고, 박지원과 정약용도 제대로 된 선거 제도를 갖추자는 것이지 새삼스럽게

---

23) 丁若鏞, 『經世遺表』 15. 「春官修制」, ＜選科擧之規＞, 凡考試圈點 主考官 用朱色筆 副考官 用靑色筆 參考官 用紫色筆 書批評于末 批評則墨書 各書其名曰 某官臣某謹批 乃各書 上中下之等 或書外字 ○旣榜以試卷 布示諸生 以聽公議 雖見黜之卷 亦皆布示 … 考官中 大夫一人 下大夫二人 上士二人 提學, 副提學, 大司成, 校理, 修撰, 時原任負重望者 列書爲長望 入啓受點 六卿會試以薦之 ○考官五人 則其圈點參考官 用淡紅筆 四考官用靑色筆 五考官用綠色筆 上副考 官同前 ○考官五人 則上三官書等 上中下 下二官 但得批圈批點 書評于末不書等.

새로운 선거 제도를 도입하자는 것은 아니었다. 조선의 실상을 반영했든, 당대 지식인들의 바람에만 그친 것이든, 이를 통해서 문예 평가는 고시관들의 권점(圈點)을 정량적으로 평정하고 또 이들이 제출한 비평(批評)을 정성적으로 감안하여 이뤄지는 것으로 추론할 수 있다. 특히 박지원과 정약용이 주장하는 것은 낙방한 사람들에 대한 배려인데, 다음의 시험을 위해서도 왜 낙방했는지를 알아야 하겠지만, 시험 평가가 공정히 이뤄졌는지를 알기 위해서도 그 이유를 알려줄 의무가 있다고 생각한 것이다.

작품 평가에 대한 구체적 실례는 『청장관전서』에서도 찾아 볼 수 있다.

> 초9일, 본원에 출근하였다. …… 이때에 이르러 상이 <文字策>을 내어 對策을 명하고 大臣·文任을 시켜 각기 靑色·黃色·綠色·黑色으로 비평하여 올리게 하고, 상이 이에다 朱墨으로 批點을 쳤으니 참으로 성대한 일이었다. 공의 시권은 原任提學 蔡濟恭이 靑花로 비점을 찍고 평하기를, "기필코 새로운 설을 주장하기를 힘써서 심지어는 秦 나라가 망한 것은 그 원인이 胡亥에 있지 않고 字體를 변혁한 데 있다는 立論을 하기에까지 이르렀으니 그 궁벽한 일을 캐는 것이·매우 혐오감을 느끼게 한다. 지금같이 文을 높이어 세상을 권면하는 시대에 이같은 의론은 깊이 배척하는 것이 마땅하다." 했다. …… 왕이 평하기를, "策을 짓는 솜씨가 詩만 못하니 어째서인가?" 하고 御筆로 등수를 썼는데 草三下였다. 종이 1권을 하사받았다.24)

규장각(奎章閣)에서 『규장전운(奎章全韻)』 편찬이 완료되자 정조(正祖)는 규장각의 문신들과 함께 시회를 열고 비평하여 등위에 따라 상급을 베

---

24) 李德懋, 『青莊館全書』 71. 「附錄」, 下. <先考積城縣監府君年譜>.

풀었다. 이른바 문신정시(文臣庭試)쯤 되는 현장일 텐데, 고관(考官)들은 각기 청, 황, 녹, 흑색의 글씨로 먼저 비점을 찍고 평을 가하여 왕에게 제출했다. 왕이 끝으로 붉은 글씨로 평을 적고 등위에 따라 상급(賞給)을 내렸다. 여기서 '비(批)'는 비점을 찍어 잘 된 부분을 표시한 것이고 '평(評)'은 작품에 대하여 고하의 평정을 가한 것이다.

이것은 조정 문신들의 성사라고 할 만하지만 고관들의 색색의 비평이 다 동원된 것은 앞의 정약용이 제시했던 향시 및 회시의 문예 시험의 이상적인 모델과 다르지 않다. 과거(科擧)의 고선(考選)이 엄밀하고 공정했더라면, 아니면 이 문신정시처럼 차라리 큰 이득이 없는 문인의 한사였더라면, 협잡이나 부패 없이 채점이 비교적 객관성을 띠었을 수도 있었다. 그럴 때 채점은 대체로 위와 같은 형태가 되었을 것이다. 여하튼, 이를 통해 과거 시험의 평정은 '비'와 '평'으로 이루어진 비평이었다는 것, 곧 비평은 문인의 출처를 결정하는 공적인 문화 제도로서 기능했던 문화 권력의 한 형태였다는 것은 알 수 있다.

2) 학습

사방득의 『문장궤범』 이래 문학교육의 자료로서 비선본(批選本)이 등장한 것이 과거의 소용에 닿기 위함임은 이미 언급한 바 있다. 과거 시험의 수험서를 아예 조정에서 편찬하고자 한 예도 있다. 세종 대에 『삼장문선(三場文選)』, 『원류지론(源流至論)』과 같은 모범적인 과문(科文)을 편찬하는 것

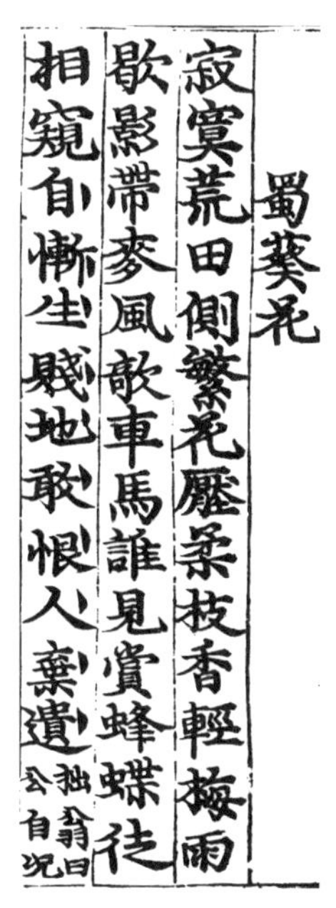

[그림 2] 三韓詩龜鑑

이 어설픈 초집(抄輯)보다 낫다고 하여 군신 간에 논의가 벌어진 것이 그 예이다.[25]

우리 문학사에서 비교적 이른 시기의 비점본 선집으로는 『삼한시귀감 (三韓詩龜鑑)』을 꼽는다. 이 책은 "崔瀣 批點 趙云仡 精選"이라고 표제에 적혀 있다. 최해가 비점을 찍었으며 조운흘이 가려서 뽑았다는 말이다. 최해는 1287에 나서 1340년에 사망했고 조운흘은 1332년에 나서 1404 년에 사망했으므로 생몰년으로 보거나 활동연대를 추측하더라도 최해가 사뭇 앞선다. 최해가 비점을 찍어두었던 많은 시 중에서 조운흘이 다시 선발하여 엮은 것이 『삼한시귀감』이라는 것을 알 수 있다.

최해는 우리나라 저작을 모아 선집을 내면서 『동인지문(東人之文)』이라 는 표제를 달았다. 그 중 『동인지문오칠(東人之文五七)』의 잔결 권은 간단 하지만 작가에 대한 유용한 소전(小傳)을 싣고 있고, 비점과 표점까지 찍 혀 있다. 최해는 시심(詩心)으로서의 일심(一心)의 오묘함은 우리나 중국 사람이나 다를 바 없지만, 우리는 중국 사람과 말과 글이 달라서 열 배 나 백 배나 더한 공력을 기울여야 중국과 같은 수준의 글을 쓸 수 있다 고 했다. 같은 수준의 시문이라면, 이를 이루기 위한 각고의 노력이라는 인간적 성실성에서 우리가 중국 사람보다 앞선다고 생각했다.[26]

비점본 선집의 목적은 우리 문학의 수준을 자랑하고 싶다는 것도 있

---

25) 김성룡, 「정도전을 통해 본 문학교육 불가론」, 『고전산문교육의 이론』, 집문당, 2000, 49~69면에서 문학 학습서와 과거 제도에 관하여 논의했다.

26) 이에 대해서는 김성룡, 「최해의 민족문학론」, 『여말선초의 문학사상』, 한길사, 1995, 317~321면에서 다뤘다. 최해의 『동인지문』 연작집의 편찬 중 『동인지문오칠』의 양상 에 대해서는 신승운, 「여각본 「동인지문오칠」 잔본(권7~권9)에 대하여」, 『한국문헌정보 학회지』 20, 한국문헌정보학회, 1991, 485면 ; 박한남, 「최해의 『동인지문오칠』 편찬과 사료적 가치」, 『사학연구』 67, 한국사학회, 2002, 75~81면의 논의에 힘입었다. 『삼한시 귀감』은 김갑기 역주본 『삼한시귀감』(이화문화출판사, 1998)을 이용했다.

겠지만, 이보다 우리 문학의 아름다움의 그 장처를 깨우치고 표점까지 찍어 해독을 분명히 하려는 노력을 주목해야 한다. 이것은 아름다운 선집본의 유통과 아름다운 구절에 대한 소개라는 교육적 목적을 드러낸 것으로 보이기 때문이다.

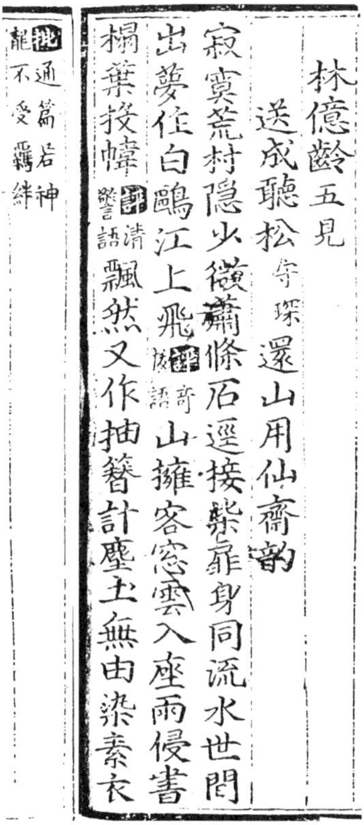
林億齡 五見
送成聽松 守琛 還山用仙齋韵
寂寞荒村隱少微 蕭條石逕接柴扉 身同流水世間出 夢任白鷗江上飛 批 奇語 山擁客窓雲入座 雨侵書榻葉接幃 批 清語 警語 飄然又作抽簪計 塵土無由染素衣
批 通篇若神龍不受覊絆

[그림 3] 國朝詩刪

선집본을 내는 전통은 관찬(官撰)의 대사업인 『동문선(東文選)』이나 사찬(私撰)의 『청구풍아(靑丘風雅)』, 『동문수(東文粹)』, 『국조시산(國朝詩刪)』 등으로 이어졌다. 『동문선』은 남용익(南龍翼)이 박이부정(博而不精)이라고 평한 것처럼 많은 시문들을 장르별로 그러모으는 데 힘을 기울인 나머지 정선한다는 관념은 희박했던 듯하다. 작가에 대한 소개, 편집한 이유, 정채 나는 편장구자의 지적 등이 없이 그야말로 작품만 체계별로 열거하고 있다. 『동문선』이 문인들에게 교육적 효용성이 크게 떨어지는 것은 바로 이 때문이다.

그러므로 교육적 효용성, 다시 말하면 학습에 이바지 할 수 있는 선집본에 대한 요구는 절실했다. 정선하되, 정선의 사유, 즉 작품의 장처, 아름다운 편장구자의 법도 등을 적시함으로써 학습에 이바지 할 수 있는 그런 선집본이 필요했다. 김종직(金宗直)의 『청구풍아』, 『동문수』, 허균(許筠)의 『국조시산』 등은 꼭 과거 시험을 위한 것은 아니지만, 문학 학습을 위한 이러한 기대에 부응하는 앤솔로지였던 것이다.

『청구풍아』는 비와 평, 주에 대한 구분 없이 작품을 이해하는 데 필요한 정보는 작은 글씨로 보입(補入)하였다. '按', '言' 등의 말을 사용해 시구나 작품에 대한 개괄적인 평가를 시도한다는 점에서 이는 비점만 없다 뿐이지 비점주해본 선집과 그다지 다를 바 없다. 성현(成俔)은 『용재총화(慵齋叢話)』에서 김종직의 메마른 감식안을 비웃기는 했지만 김종직의 『동문수』와 『청구풍아』는 그의 개인적 평가에 따른 이는 비평적 감식안이라는 것과 함께 이러한 감식안에 근거한 선집본을 수용할 준비가 된 이들의 존재를 말해주고 있다.

조선 중기에 이르러서는 선집본 중의 으뜸이라고 일컬어지는 허균의 『국조시산』이 등장했다. 국조시산에는 작가에 대한 간단한 소개의 글과 함께 '비', '평'이 구분되어 실려 있다. 또 후대에 이를 펴낸 박태순(朴泰淳)이 보입해 넣은 『견한잡록(遣閑雜錄)』, 『지봉유설(芝峯類說)』, 『제호시화(霽湖詩話)』, 『오산설림(五山說林)』 등의 시화도 들어 있어 정보가 더욱 풍성해졌다.

여기서 '비'는 이미 앞에서 거론한대로 작품 선발의 의의를 적고 있다. '평'은 작품의 편, 장, 구, 자의 법식이나 의의에 대한 가치를 단언하고 있다. 좋은 작품을 선발하는 것이 더 교육적이므로 작품 선발의 취지는 자연스럽게 포장(襃獎)으로 흐를 수밖에 없다. 간혹 작가의 삶과 작품이 제작된 내력을 언급할 수도 있으나 기본적으로는 이 작품을 왜 선발했는가 하는 물음에 대한 답이다. 『국조시산』의 평은 대체로 작품의 어구나 자구에 대한 가치 판단이나 설명으로 이루어져 있는데, 좋은 작품을 선발한 것이므로 좋은 구절에 대한 평이 중심이 될 수밖에 없는 것은 당연한 일이다.

비와 평의 쓰임새가 이와 같으므로 각각 놓이는 위치도 달라질 수밖에 없다. 그래서 '비'는 작품 선발의 의의를 총괄적으로 보이는 말미나, 작품을 미리 알리는 서두에 놓인다. 반면에 평은 자구에 따르거나 편장에 따르므로 경우에 따라서는 글자 한 자 뒤에 놓일 수도 있고 어구의 뒤에 놓이기도 한다. 일례로 율시의 경우, 두 구가 묶여 하나의 의미 구를 형성하므로 평은 짝수 구 뒤에 놓이는 것이 대체적인 추세이지만 홀수 구에 놓이기도 할 뿐만 아니라 글자 뒤에 놓일 수도 있는 것이다.

이런 차이는 비는 선발의 이유이고 평은 가치의 단안이라는 목적이 다르기 때문이다. 그 비와 평을 예로 들면 다음과 같다.[27]

(1) 기발한 말이다.
(2) 맑고 놀랄 만한 말이다.
(3) 전편은 마치 신비한 용이 매이지 않는 것과 같다.

(1), (2)는 어구에 대한 평이고 (3)은 시편 전편에 대한 평인데 (1), (2)는 평(評)이라 구분하고 (3)은 비(批)라 구분했다. 구법과 편장에 대한 평가와 작품이 선발된 가치에 대한 단안은 그 근거나 기술 내용은 흡사하지만 출발의 동기가 다르기 때문에 구별된다.

3) 창작

『방산시화(舫山詩話)』는 방산(舫山) 윤정기(尹廷琦)의 저서로서 원래 시화

---

27) 許筠, 『國朝詩刪』, 「七言律詩」, <林億齡>의 이미지에 실린 비, 평이다. 『성수시화』에도 실려 있다. 임억령의 시는 『해동역사』에 중국에 전해진 우리나라의 시로서도 언급된 명작이다.

로 저술한 것은 아닌데 시화라는 표제를 붙였다. 이 『방산시화』는 주(注), 비(批), 평(評)을 나란히 실은 비점선집본(批點選集本), 즉 비선본(批選本)의 체제여서 시에 관한 이야기를 적는 시화와는 체제가 다른 데에다가 비평자가 원작의 어구를 수정하는 등 비평의 양상을 볼 수 있어 다루어 볼 필요가 있는 자료이다.

첫 장에는 표제어 밑에, "塞琴 尹廷琦著 燕山 批評 會稽人 朱棠 燕京 雙管齋 批評 號少白."이라는 어구가 있다. 윤정기의 시인데 소백이라는 호를 가진 주당이라는 이가 비평을 했다는 뜻이다. 이 시화의 제16화는 함경도의 옛 자취를 돌아보고 회고하는 심경을 그린 작품을 싣고 있다. 여기에는 비와 평, 그리고 주해가 모두 실려 있어 조선 후기에 이 기능에 대해서 알 수 있게 한다. 이 시화를 본문과 세주(細註)의 형태를 본떠 우리말로 옮기면 다음과 같다.[28]

> 장정 칠십리에 맑은 물 흐르듯 하고
> 발해 남경1)지금 함흥 북청 지역이다에는 나무마다 가을 빛일세.
> 오국성 터에는2)지금 회령부 오국성이다 누른 풀 잠기고
> 쌍성3)쌍성은 영흥의 옛 이름이다. 영흥의 흑석은 우리 태조 강헌대왕께서 탄강하신 곳이다. 소백이 권점을 쳤다.
> 의 낡은 돌더미에는 아직도 瑞虹이 남았구나.
> 금 채찍4)소백이 고쳤다. 기병대는 아침에 나뉘어 가고
> 붉은 촛불 검은 머리카락 밤놀이에 취하는구나.5)소백이 권점을 쳤다.
> 숙신6)지금 북청에는 숙신의 왕성이 있다.과 옥저7)지금 육진 및 철령 이북이다.에는 옛 자취 많아
> 번공이 돌아가는 날 이 주를 그리고 싶네.8)소백이 평하기를 정경이 아로새기는 것 같다.

『방산시화』의 처음 몇 기사는 주(注), 비(批), 평(評)이 나란히 실려 있다.

---

28) 『舫山詩話』, 제16화. 원문의 이미지를 직접 보는 것이 더 이해하기 편하다. 조종업 편, 『한국시화총편』 제13권, 388면.

위 기사의 1), 2), 3), 6), 7)은 주(注)이다. 한문학의 전범으로서 누구나 다 알만한 고사라면 굳이 붙이지 않았지만 그렇지 않은 우리 고사라면 관련된 어구에 붙였다. 3), 5)는 비권(批圈)을 쳤다는 것인데 잘 된 부분에 동그라미를 쳐 표시했다는 뜻이니 비점(批點)과 같다. 그리고 작품의 말미에 8)은 작품에 대한 평(評)이다. 이 작품에 대한 평은 '새긴다[刻]'이다. '아로새긴다[刻畵]'라는 평도 다른 기사에서 보인다. '시란 저절로 흘러나오는 듯해야 하는데 솜씨를 발휘하려고 한 흔적이 보인다.'는 감상평으로 썩 좋은 평가는 아니었던 듯하다. 비폄(批貶)이라는 말도 종종 쓰이는 것을 볼 수 있는데 본디 다른 연원을 갖던 비와 평도 시문에 대한 판단과 평가, 선포악폄(善褒惡貶)이라는 일반적인 의미로 전환되었던 흔적이 이렇게 남았던 것이리라. 4)는 소백(少白) 곧 주당(朱棠)이 시어를 고쳤다는 말이다. 이 저서에는 소백뿐만 아니라 두릉(斗陵), 이신규(李身逵), 권돈인(權敦仁), 윤치영(尹致英) 등의 이름을 찾을 수 있다.[29] 윤정기는 이들에게 자신이 지은 작품을 보내어 평을 받았는데 이는 어구 수정을 포함한 비평이었다고 생각한다.

원저자의 작품을 수정하는 일은 작품의 원본성을 강조하는 입장에서 보면 이해하기 어려울 것 같다. 하지만 작품을 아직 완성하지 않은 단계에서라면 친우나 대가에게 보이고 그 의견을 들어 작품을 고치는 일은 오히려 자연스럽다. 그러니까 『방산시화』는 미정고(未定稿)의 작품을 대가(大家) 및 친지들에게 보이고 그에 대한 포폄(褒貶)과 평단(評斷)은 물론 수정까지 요청한 것이다. 이러한 풍조는 『방산시화』에 한하는 것은 아니었다. 많은 문인들은 다른 문인들에게 자신의 원고를 보이고 평단과 수

---

29) 조종업, 『한국시화연구』, 태학사, 1991, 466~468면.

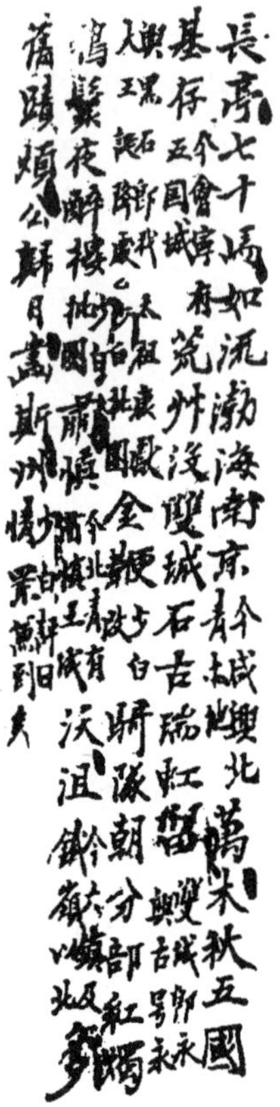

[그림 4] 舫山詩話

정을 구했다.

물론 비평가의 평이나 수정도 어디까지나 주관적 판단에 근거했으므로 그것이 보편적으로 받아들여지기는 어려웠을 것이다. 『방산시화』만 해도 소백의 수정을 두릉이 동의하지 않기도 하고, 새로운 평자가 다시 수정을 제안하는 등 복잡한 예가 산견된다.30) 여러 상충되는 의견 중에서 역시 최종 판단은 원작자에게 돌아갈 것이고 아무리 복잡하게 수정된 작품도 제작과 비평의 위계상 그것이 원작자의 것으로 귀속되는 데에 이의를 삽할 사람은 없었을 것으로 생각한다.

이 비평은 제작자, 생산에 경도된 비평이어서 작품 생산 과정의 한 부분으로 해석되는 비평이다. 이것은 완성된 작품에 의거한 평가, 생산된 재화에 대한 소비자들의 판단 또는 소비자의 소비를 위한 시장 내 비평가들의 품평이라는 의미에서의 비평, 즉 소비 과정의 한 부분으로서의 비평과는 거리가 멀다.

---

30) 『방산시화』 제20화. "病懷遲滯同雲脚"에 대하여 "(1) 처음에는 遲滯라는 말 대신에 寂懶[고요히 게으름부리다]고 되어 있었으나 소백이 遲滯[시간을 끌다]라고 고쳤다. (2) 두릉이 평하기를 遲滯라는 두 글자도 편안하지 않다. (3) 내 생각에는 懶散[게으름부리며 흩어지다]라고 고치는 것이 무방할 것 같다."라는 세 의견이 제출되어 있다.

4. 맺음말

시험은 그 시험의 목적을 위해 방법이 합리적으로 조정되어야 한다. 평가 분야나 항목이 합리적으로 채택되어야 할 뿐만 아니라, '외적 잡음'을 차단함으로써 그 결과를 신뢰할 수 있도록 해야 한다.

동아시아 중세의 과거 제도는 국가를 통치할 고급 관료를 선발할 목적으로 문학 작품의 생산 능력과 유학 경전에 대한 이해 능력을 측정하는 선발 시험이라고 요약할 수 있다. 이것은 향망(鄕望), 여망(輿望)이나 족망(族望)을 받아 천거로써 선발되는 향거이선법(鄕擧里選法)이나 구품관인법(九品官人法)이 평가 분야가 모호하고 사견과 협잡이 끼어들 여지가 있던 한계를 극복하였으며, 극위(棘圍)를 설치하고, 사자관(寫字官)을 도입하며, 봉미법(封彌法)을 시행하는 등 모리배(謀利輩)들의 작간(作奸)에 의한 '외적 소음'도 최소화한 것으로 평가할 만하다.

과거로써 발신(發身)하기 위해서는 문학 생산 능력을 갖추는 일이 제일차적인 것이었다. 중세의 문인들의 성장사를 일별하면 그 내용을 짐작할 수 있다. 전범을 모아 놓은 선집본과 거기 적시되어 있는 비점평주들을 암송하는 일로 주된 공부를 삼았다. 이렇게 해서 문학적 능력을 갖추어 과거에 응시할 즈음이 되면 과거의 시제를 모의하여 미리 연습도 하면서 과거에 입격할 만한 실력이 되는지를 가늠해보기도 했다. 일가붙이 중 신은(新恩)이 향당에라도 들르게 되면 그 동안 저술한 시권(詩卷)을 바쳐 가르침을 받기도 했다. 문장의 대가나 거벽이 방백이나 도백으로 부임하거나 낙향, 심지어 유배라도 되어 오면 그에게 나아가 문장을 질정하는 것도 한 풍속이었는데31) 이것은 중국도 사정이 비슷했던 것 같다.32) 이런 사적인 문학 학습뿐만 아니라 각 지방 단위마다 시원(試院)과 같은 형식으로 모의 시험하는 백일장(白日場)을 열어 시학을 계발하기도 했다.

이렇게 보면, 동아시아에서 비평은 지식인 사회를 지배하던 문화 제도 이자 가장 효과적인 문학교육의 수단이었음을 알 수 있다. 그에 반하여 비평이 유럽에서 문화적 제도로서 형상화된 것은 조금 사정이 달랐던 것으로 보인다. 그 시점은 대략 18세기 무렵이었던 것으로 보인다.

이 무렵 유럽 사회에서는 문학의 법칙, 규칙, 기준, 문학 작품의 구조, 독자의 반응 등을 발견하려는 노력이 나타나며 이는 신고전주의의 이념 으로 요약할 수 있다. 이렇게 문학의 principle을 찾으려는 신고전주의의 이상은 문학에 대한 교양 있는 반응을 요청하게 된다. 이것은 선과 악을 구별하고 교양과 문화를 갖춘 사람이라는 신고전주의의 인간형으로 나 타나며 이것이 바로 자기 자신을 의식하는 근대인이다. 취향(taste)과 감 수성(aesthetic)의 문제가 된다. 개인의 감수성의 영역으로부터 벗어나 있 던 영원한 이념으로서의 보편적인 아름다움의 관념은 폐기되고 이제 개 인적 기준이 미적 판단의 기준이 된 것이다.33)

또한 유럽은 패트런이라는 제도로부터 문인이 벗어나 여기저기로 떠 돌아다니면서 문필로써 생활을 하는 자유지식인이 급증했었다. 말하자

---

31) 이것은 奇大升의 <自警說>(『고봉선생문집 속집』 2. 「雜著」)을 토대로 하여, 金誠一의 <年譜>(『학봉집』, 「부록」 1.), 趙翼의 <年譜>(『포저집』, 「포저 연보」), 李宜顯의 <紀年錄>(『陶谷集』 33)를 참조로 해서 대강의 구도를 그려 보았다. 연보와 행장을 모으면 문인들의 문학교육의 대체로운 양상을 그려 볼 수 있을 터인데 이 자리에서 언급한 내용에서 그다지 벗어나지는 않을 것이다. 奇大升의 <自警說>은 수험생으로서 자신의 공부 과정을 돌이켜 본 글로서 문학 학습의 과정이 상세하다.

32) 李廷龜가 중국에 입조하러 갔을 때 館副使의 아들이 평소 지은 科文을 보내어 비평을 구했던 적이 있었다. 李廷龜, 『月沙先生集』 8. 「庚申朝天錄」, 下. <館副使之子李振翰娟秀可愛 送所製科文 要余批評 又送扇求詩 書贈一絶>『총간』 69, 300면 상좌.

33) R. Wellek, *A History of Modern Criticism 1750~1950 : Vol 1 The Later Eighteenth Century*, Cambridge, Cambridge Univ. Press. 1981, 12~27면.

면 자유지식인은 패트런의 성(城)을 벗어나서는 자유로운 지식 거래의 시
장으로 편입된 것이다. 이 자유지식인이 쏟아놓은 문학 작품과 정견이나
신학적 견해에 대한 수필과 같은 글은 상업적 출간을 하는 출판사나 저
널에 의해 대중들에게 그야말로 뿌려졌다. 당연한 결과로 이들이 쏟아놓
은 작품이나 견해에 대한 토론도 활발해졌다. 신문과 저널은 이런 필요
에 부응했고, 사교클럽이나 독서모임도 이런 목적에 이바지했다.[34]

영국으로 망명한 볼테르는 영국의 발랄한 정치 논의, 신학 논의에 깊
은 감명을 받고 그것이 자유 시장의 형성과 관련이 있을 것이라고 추론
했다.[35] 볼테르는 영국에서 전형적으로 등장한 시장 활동을 통한 부의
추구를 정치적으로 정당화함으로써 부르주아 윤리 의식을 정론화하면서
시장이 보이지 않는 손처럼 작용하는 것처럼, 공론(公論)도 보이지 않는
힘으로서 기능함을 알아차렸다. 그 이유를 볼테르는, "세계를 지배하는
것이 여왕이라면, 여왕을 지배하는 것은 철학자(philosophes)이기 때문"이
라고 했다. 이때의 철학자들이라는 것이 바로 18세기에 급증한 자유지
식인인 intellectual이다. 대중은 여왕의 은총으로 부를 증대시킬 수 있다
는 믿음과 함께 여왕의 자비로움으로 정의가 실현한다는 믿음을 폐기하
고, 왕권에 직접 호소하기보다는 견문이 넓은 대중들에 기반을 둔 공론
에 호소하는 것이 더 낫다고 생각하게 된 것이다.[36] 그리고 볼테르야말
로 이와 같은 자유지식인의 하나였던 것이다. 웰렉이 볼테르를 근대적
비평의 출발로 삼은 데에는 그럴만한 이유가 있다.

---

34) A. 하우저, 염무웅, 반성완 역, 『문학과 예술의 사회사—근세편 하』, 창작과 비평사,
　　1981, 63~65면. 영국에 한정해서 좀 더 역동적인 면모는 A. 스윈지우드, 정혜선 역,
　　『문학의 사회학』, 한길사, 1988, 134~148면에 걸쳐 자세히 묘사되어 있다.
35) J. Z. Muller, *The Mind and the Market*, N.Y., Anchor Book, 2002, 21~23면.
36) J. Z. Muller(2002), 위의 책 같은 곳.

이제 지금까지의 논의를 종합해보자. 동아시아의 중세 비평은 문인의 문학능력의 일부로서의 비평적 능력, 교육적 의미로서의 비평적 능력이며, 이는 문학으로써 과거 제도를 통해 발신하여 사회적 지배계급으로 성장해야 했던 문인의 사회적 헤게모니 장악 시스템과 밀접한 관련이 있다. 서유럽의 근대 비평은 사회적 품평 기능을 떠맡은 계몽적 지식인의 공론 형성 능력이며, 이는 사회적 재화로서의 문학의 유통에서 소비자와 생산자를 매개하는 문화적 제도의 형성이라는 과정과 밀접한 관련이 있다. 그러므로 동아시아의 중세 비평을 서유럽의 근대 비평과 대비할 때에는 문명권(동아시아와 서유럽)과 함께 시대 구분(중세와 근대)을 동시에 고려해야 한다.37)

하지만 나는 근본적으로 비평은 문명권의 가름, 시대의 구분에 따라 달라지는 부분보다는 그 동질적 측면을 더 중시하고 싶다. 비평은 개인적으로는 취미의 선택이지만, 공적으로는 문화의 등급화라는 기능을 갖는다. 이러한 기능에 부합하는 비평은 각 문명권마다 그의 필요에 의해 자연발생적으로 등장하여 발달한 것이다. 그것은 외적 자극에 의해 영향을 받거나 심지어 이식된 것으로 보이지 않는다.

이런 때에 비평은 문학능력과 무슨 관련이 있을까? 나는 그 시사를 동아시아 중세의 비평으로부터 발견할 수 있다고 생각한다. 이를 말하기

---

37) 그런 점에서 정하영(「고전비평용어에 대한 이해와 근대의 문제」, 『중국어문논총』 20, 2001, 377~378면)이 고전비평용어의 문제를 논하면서 동아시아적 비평의 가치를 근대를 비껴감으로 설정한 것은 받아들일 수 없다. 근대이냐 유럽이냐, 시장이냐 시스템이냐 하는 등등의 문제를 하나씩 대조해 가닥을 잡아야 한다. 또 서구의 이론 소개에 힘쓰고 결국은 18세기 유럽 비평이 그랬던 매개업을 우리 비평이 제대로 해야 한다는 식의 결론(이도흠, 「서구 문예비평 이론 수용의 공과 과」, 『한국시가연구』 4, 한국시가학회, 1998, 69면)은 오히려 서유럽 근대의 비평사를 이해하지 못한 논의라는 평가를 면할 수 없다.

에 앞서 중세에는 문자로써 문학 작품을 생산할 수 있는 문인의 수가 워낙 적다보니 문인이 거의 동족 집단(同族集團)과 같았다는 점을 미리 언급해두고 싶다. 하지만 이런 조건의 한계를 벗어나면 동아시아 중세의 비평은 문학의 생산에 간여하는 비평이어서 서유럽 근대의 비평에서 오는 유통과 소비 중심의 비평과 성격이 다르다는 것, 그리고 분업적인 전문 영역이 아니라 문학 생산 과정의 일부라는 것은 현대 문학능력 교육에 시사하는 바 크다고 생각한다.

참고문헌

許筠, 『國朝詩刪』, 아세아문화사, 1980.

崔瀣, 趙云仡, 김갑기 역주, 『三韓詩龜鑑』, 이화문화출판사, 1998.

尹廷琦, 『舫山詩話』, 조종업 편, 『한국시화총편』, 태학사, 1996.

이광수, 『이광수전집』, 삼중당, 1962.

金誠一, 『鶴峯集』(『한국문집총간』. 이하 특별한 서지 표시가 없는 한, 『한국고전번역원』의 전자검색서비스를 이용하였다.)

奇大升, 『高峰先生文集 續集』.

朴趾源, 『熱河日記』.

柳夢寅, 『於于集』.

李德懋, 『靑莊館全書』.

李宜顯, 『陶谷集』.

李廷龜, 『月沙先生集』.

丁若鏞, 『經世遺表』.

趙翼, 『浦渚集』.

『南史』(『四庫全書』, 「史部」, 正史類. 『文淵閣四庫全書電子版』, 香港 : 中文大學出版社, 1999. 이하 사고전서본은 이것을 이용한다.)

『隋書』(『四庫全書』, 「史部」, 正史類.)

米芾, 『書史』(『四庫全書』, 「子部」, 藝術類.)

劉知幾, 『史通』(『四庫全書』, 「史部」, 史評類.)

劉勰, 『文心雕龍』(『四庫全書』, 「集部」, 詩文評類.)

謝枋得, 『文章軌範』(『四庫全書』, 「集部」, 總集類.)

曹丕, 「典論」, <論文>, 『文選註』(『四庫全書』, 「集部」, 總集類.)

鍾嶸, 『詩品』(『四庫全書』, 「集部」, 詩文評類.)

강민구, 「한국한문학비평 연구의 회고와 전망」, 『대동한문학』 19, 대동한문학회.

김성룡, 「정도전을 통해 본 문학교육 불가론」, 『고전산문교육의 이론』, 집문당, 2000.

김성룡, 「최해의 민족문학론」, 『여말선초의 문학사상』, 한길사, 1995.

김원중, 「육조 인물품평과 문학비평의 관련양상」, 『중국문학연구』 14, 한국중문학회, 1996.

김철운, 「유소 인물지에 나타난 인물 품평」, 『양명학』, 11, 한국양명학회, 2004.

박한남, 「최해의 『동인지문오칠』 편찬과 사료적 가치」, 『사학연구』 67, 한국사학회, 2002.

신승운, 「여각본 「동인지문오칠」 잔본(권7~권9)에 대하여」, 『한국문헌정보학회지』 20, 한국문헌정보학회, 1991.

이도흠, 「서구 문예비평 이론 수용의 공과 과」, 『한국시가연구』 4, 한국시가학회, 1998.

이재권, 「위진 현학에 있어서의 언의지변 연구」, 충남대학교 박사학위논문, 1990.

이철이, 「종영 시품 연구 2」, 『중국인문과학』 10, 중국인문학회, 1991.

정하영, 「고전비평용어에 대한 이해와 근대의 문제」, 『중국어문논총』 20, 2001.

蔡鎭楚, 정영지 역, 「시화학과 고대문론 연구」, 『중국어문학』 22, 1993.

조종업, 『한국시화연구』, 서울 : 태학사, 1991.

A. 하우저, 염무웅·반성완 역, 『문학과 예술의 사회사-근세편 하』, 창작과 비평사, 1981.

J. Z. Muller, *The Mind and the Market*, N.Y., Anchor Book, 2002.

A. 스윈지우드, 정혜선 역, 『문학의 사회학』, 한길사, 1988.

R. Wellek, *A History of Modern Criticism 1750~1950 : Vol 1 The Later Eighteenth Century*, Cambridge, Cambridge Univ. Press, 1981.

郭紹虞, 『中國文學批評史』, 上海 : 上海古籍出版社, 1979.

葉德輝, 『書林淸話』, 沈陽 : 遼寧教育出版社, 1998.

敏澤, 『中國美學思想史』, 濟南 : 齊魯書社, 1989.

敏澤, 유병례 외 역, 『중국문학이론비평사』, 서울 : 성신여자대학교 출판부, 2008.

宮崎市定, 임대희 외 역, 『구품관인법의 연구』, 서울 : 조합공동체 소나무, 2002.

福永光司, 『藝術論集』, 東京 : 朝日新聞社, 1971.

제 5 장

기호·소통·문화로 본 매체언어와 문학어, 문학능력

박 윤 우
서경대학교 국어국문학과

1. 머리말—매체 교육과 매체언어 교육

7차 교육과정에서 국어과의 여러 과목에 걸쳐 문화적 소양의 교육에 대한 요구가 전면적으로 반영되면서 이제 중고등학생이라면 누구나 교실에서 동영상 수업이나, 수행평가를 위해 매체를 활용한 창작물을 만들어 보는 체험을 한번쯤은 해보게 되었다. '현실문화 따라잡기'라는 의미에서라도 이러한 교육내용과 형식의 변화는 기존의 국어교육 내지 문학교육의 관점 이동에 중요한 계기가 된다. 그것은 가장 포괄적인 의미에서 일반적인 시민교양교육으로서 미디어 문화콘텐츠 교육을 교실 안으로 끌고 들어옴으로써 '미디어에 관한 교육'뿐만 아니라 '미디어를 통한 교육'까지를 교육내용으로 삼게 된 점,[1] 특히 디지털 매체의 특성을 활용하게 되면서 참여와 실천을 바탕으로 한 보다 적극적인 매체 교육이 가능하게 되었으며, 그로 인해 창의적 인간 형성과 문화 창달이라는 교육 목적의 구현에 중요하게 기여할 수 있게 되었다는 점으로 초점화 된다.

그러므로 학교교육이라는 맥락에서 매체 교육이 미디어 텍스트의 의미작용을 언어의 문제 및 그 재현과 표상의 의미, 생산자와 수용자 간의 소통관계와 같은 관점을 중심에 놓고 개념적, 비판적으로 분석하는데 목표를 두는 한편, 범교과적인 영역에서 실행할 수 있는 과제로서의 위상을 지니게 된 것은 '언어'야말로 우리들 삶과 현실을 이해하는 근원임을 가장 실감나고 즐겁게 체험할 수 있는 길을 열어주었다고 할 수 있다.

---

1) 김영순, 『미디어와 문화교육』, 한국문화사, 2005, 233면.

　그러나 우리가 한 가지 생각해야 할 점은 '매체 교육'과 '매체언어 교육'을 과연 동일한 것으로 받아들일 수 있는가 하는 문제이다. 본래 매체 교육은 올바른 수용 교육을 목표로 하여 수용자에게 매체의 본질을 이해하도록 하는 것을 이념으로 삼는다. 그런데 대중 매체 및 디지털 매체가 보편화된 오늘날의 현실에서 매체 교육은 보다 구체화되고 현실적 효용성을 추구하게 되었고, 그 결과 매체의 본질, 즉 그 언어 및 구조에 대한 이해, 매체에 대한 비판과 비평 교육, 그리고 감상과 수용 및 창조적 활용 교육, 매체에 대한 적응과 제작 교육까지를 포괄하게 된 것이다.[2]

　7차 교육과정이 마련되기 전부터 매체 교육의 현실적 필요성은 상당한 정도로 제기되었던 바, 기존의 매체 교육에 대한 관념은 대체로 신문 방송 등 언론 분야나 대중문화 및 예술 분야와 관련된 것으로서 인식되어 왔다. 예컨대 매체 교육을 초·중등학교 교과과정에 편입해야 한다고 할 때, 가능한 과목으로 거론되었던 것은 '사회', '국어' 및 '예능' 과목들이었다. 그런데 이러한 입장이 근본적으로 견지하고 있는 관점은 다양한 매체 양식 자체에 대한 이해에 집중되었다는 점에서, 구체적인 매체 언어에 대한 인식은 아무래도 빈약할 수밖에 없었다. 이러한 사정은 7차 교육과정기 전체를 돌아보더라도 크게 달라지지 않은 느낌이다. '사회' 과목은 대체로 신문을 활용한 NIE 교육으로 국한되었고, '예능' 과목에서는 여전히 전통적인 교육 방식을 고수한 관계로 결코 대중예술에 대한 교육이 틈입할 여지가 없었던 것이다.

　이에 비해 국어 교과에서는 비교적 다양하고 활발하게 (대중)매체에

---

2)　김기태, 「미디어 교육과 미디어 운동」, 강상현 외 엮음, 『대중 매체의 이해와 활용, 한나래, 2002, 428~429면.

접근할 수 있는 교육내용들이 반영되었다. '국어' 과목의 경우 중학교 때부터 다양한 매체에 접근하는 방법을 익히고 파악한 내용에 대해 말하며, 광고, 연극, 영화, 드라마 등을 보고 감상에 대해 이야기할 수 있도록 하는 동시에, 매체를 활용하여 글쓰기를 해보도록 유도하는 한편, 신문이나 잡지 등 인쇄 매체에 실린 글을 읽고 평가해보는 활동들을 할 수 있도록 제시한 것이다.[3] 한편, 고등학교 심화과정의 경우 '독서' 과목에서 다양한 매체 자료를 효과적으로 읽는 방법을 교육하도록 했으며, '국어생활'의 경우 매체를 통해 나타나는 언어 현상의 현실적 작용이나, 그 의사소통 방식의 특성을 이해하고 언어사용의 실태를 비판하며 효과적인 국어생활을 위한 태도를 기르도록 유도하고 있다.[4]

특히 '문학' 과목은 매체 이해, 매체 활용, 매체 비판의 요소들을 '문학문화'의 개념과 맥락에 수용함으로써 매체언어 자체에 대한 교육만이 아니라, 그 의미에 대한 탐구를 목표하여 매체 교육과 매체언어 교육이 어떻게 변별될 수 있는가에 대한 중요한 시사를 던져주었다는 점에서 매우 중요한 역할을 했다.[5] 또한 이러한 기획이 가능했던 것은 앞서 '중

---

3) 교육과정상에서도 '다양한 매체에서 내용을 선정하여 글을 쓴다.'(7-쓰-2), '다양한 매체에서 내용을 선정하여 말한다.'(7-말-2), '글의 내용을 이해하기 위하여 다양한 매체를 찾아 활용하는 습관을 가진다.'(9-읽-6)과 같이, 비록 기능적 접근의 관점에서이기는 하지만 국어교육의 내용항목으로서 전면화해놓고 있다.

4) '국어생활'의 경우 교과과정 내용항목에서 '(2) 국어생활의 실천—(나)문화 속의 국어생활—국어와 매체 환경'의 항목을 별도로 설정하여 "① 현대인의 언어 생활에 영향을 끼치는 여러 가지 매체의 작용을 이해한다. ② 지식 정보 사회에서 멀티미디어를 이용한 의사소통의 특성을 이해한다. ③ 여러 가지 매체 속에 나타나는 다양한 텍스트를 이해하고 감상한다. ④ 대중 매체로 표현된 국어 사용 현상을 비판적으로 평가한다. ⑤ 여러 가지 매체를 이용하여 효과적인 국어 생활을 한다."와 같은 구체적인 성취 목표들을 제시함으로써 언어 사용 능력을 문화적 관점으로 확장시키는 결정적인 토대를 마련한다 (교육부 고시 제 1997-15호 [별책 5]).

5) 7차 '문학' 교육과정에서는 '(3) 문학과 문화 영역—(라) 문학의 인접 영역'에서 역시 "① 문학은 인접 예술을 비롯한 사회문화적 현상과 밀접하게 관계됨을 이해한다. ② 문학이

학 국어' 및 '생활국어'에서 모든 종류의 대중매체 양식들을 조사, 확인
하고 분석, 평가하도록 함으로써, 학생들이 항상 접하고 있는 현실문화
를 교실 안으로 가지고 들어와 체험을 구체화할 수 있도록 한 활동중심
교육관의 실천에 힘입은 바 크다.

하지만 이러한 '전방위' 매체 교육의 성과가 과연 얼마나 효율적으로
나타났는가에 대해서는 그리 긍정적이지 못한 것도 사실이다. 그 이유로
는 대체로 매체 교육을 주로 정보 획득의 수단으로 바라본 점과, 학습활
동이 대부분 주어진 자료의 이해에 집중되어 있다는 점을 들기도 한다.6)
그런 의미에서 이번에 공표된 '개정 국어 교과과정'에서 그 동안 여러
과목에 걸쳐 분산되고 다변화되었던 매체(언어) 교육을 '매체언어'라는
과목을 설정, 통합하여 교육할 수 있도록 한 것은 말 그대로 '새로운' 의
미를 갖는다 하겠다.

이 글에서는 기왕에 국어교육과 문학교육의 장에서 정립한 매체언어
교육의 이론적 토대를 정리하여 검토해보고, 특히 문학교육의 맥락에서
과연 매체언어 교육이 어떤 역할과 의미를 가질 수 있는지 탐색하는 한
편, 새 교과과정상의 '매체언어' 과목의 교육내용을 살펴보면서 매체언
어와 문학(어), 그리고 대중매체와 대중문화, 문학(문화)의 삼각관계가 만
들어낼 수 있는 바람직한 문학능력의 교육은 어떻게 구상할 수 있는지
에 대해 논의해 보고자 한다.

현재 사회의 다양한 매체와 결합하여 수행되는 양상을 이해한다."와 같은 성취 목표를
제시한 바, "문학이 소통되는 다양한 매체 이해하기, 문학 작품을 다른 매체로 전환하기,
새로운 매체를 활용하여 문학적 소통하기, 전자 매체와 대중 매체를 활용한 문학 소통의
특성 이해하기, 매체를 활용한 문학에 비판적으로 접근하기" 등의 세부 활동으로 구성할
것을 유도함으로써 매체 이해—활용—비판의 체계적인 매체언어 교육의 가능성을 구현
하고자 했다(교육부, 국어과 교육과정 해설 4—7, 17면).
6) 김영순, 앞의 책, 242면.

2. 매체언어 교육의 이론적 토대

1) 기호론적 관점

매체(언어)교육에서 기호학적 방법론은 미디어 읽기의 방향에서 텍스트 분석을 중심으로 이미 효율적으로 사용되고 있다. 특히 대중매체의 절대적 영향력 아래 생활하는 현대인들에게 정보와 지식을 수용하는 근본적 도구로서 언어 양식은 문자언어에만 의존하던 기존의 방식과는 판이하게 다른 모습과 구조로 존재한다. 즉 텔레비전 방송에서 아나운서나 출연자들이 구사하는 언어는 목소리로 전달되는 음성언어, 그들의 몸짓과 표정을 통한 '비언어적 표현'을 통한 전달, 자막으로 처리되는 문자언어 등의 다양한 양식들이 한꺼번에 작용하는 '복합 양식'의 언어인 것이다.[7]

이렇게 언어를 복합적인 양식으로 대하는 관점은 문자언어나 음성언어뿐만 아니라 영상, 음향 등의 다양한 양식들이 모두 일정한 기호학적 원리들에 의해 작용한다는 점을 강조한다. 이러한 관점은 언어의 사회적 기능과 실현에 초점을 두는 기능주의 문법에 바탕을 둔 것으로, 언어는 대상이나 사건을 기호를 통해 표상할 수 있는 기능, 소통 주체 간의 상호작용을 가능케 하는 기능, 텍스트를 조직하는 기능의 세 가지 요건에 의해 성립된다는 이론에 바탕을 둔다.[8]

여기서 매체의 이해와 표현방식은 의미를 드러내고 전달하며 나아가 이에 대한 해석을 필요로 한다는 점에서 언어적 접근을 필요로 하는 바,

---

7) 정현선, 「기호와 소통으로서의 언어관에 따른 매체언어교육의 목표에 관한 고찰」, 『국어교육연구』 19, 2007. 6, 101면.
8) 윤여탁 외, 「매체언어 교육의 본질에 대한 연구」, 『국어교육연구』 19, 2007. 6, 52면.

신문·잡지·영화·텔레비전·인터넷 등과 같은 현대사회의 대중매체에서의 의사소통은 말이나 글만에 의해 이루어지는 것이 아니라, 말과 글이 그림이나 사진, 동영상 등 다양한 시각적 기호 및 영상언어와 결합되어 의미를 형성하는 경우가 대부분이므로 이러한 의미작용에 관여하는 매체언어는 보다 넓은 의미에서 기호의 차원으로 확대되는 통합적 언어의 형태로서 이해해야 할 필요가 있다는 것이다.

그러므로 기호론의 관점에서 매체언어 교육을 접근하는 방식은 언어와 기호의 확대된 의미작용에 대한 이해를 기본 전제로 한 텍스트의 생산과 해석에 목표를 두지 않을 수 없다. 매체언어가 의미를 만들어내는 과정에 대한 접근은 앞서 언급된 바, 대체로 '매체 변환'의 학습 방법을 통해 접근할 수 있다. 예를 들어 소설의 내용을 영화로 만들어보는 활동은 동일한 내용을 다른 매체를 통해 이해할 때의 차이에 대한 인식, 매체의 언어 표현 방식의 차이에 대한 비교 관점 정립과 같은 교육 내용을 담음으로써, 매체언어가 지닌 고유한 언어 양식적 특징을 체득하도록 유도한다.

말하자면 매체언어 교육은 매체에 의해 생산된 정보를 단순히 읽고 쓰는 능력 이상을 요구한다는 점에서 국어교육의 장에서 효용성과 타당한 논리적 자장을 가진다는 것이다. 그런 의미에서 이러한 기호론의 관점은 매체에 의해 표상된 정보의 심층적인 의미를 어떻게 인식하고 수용할 것인가의 문제와 무관하지 않으며, 매체를 수용하는 입장이 결코 매체 자체의 이해에만 한정되는 것이 아니라, 능동적 주체로서 그 정보를 분석적으로 이해하는 과정에서기존에 생산된 미디어 텍스트의 의미를 비판적으로 해석할 수 있는 능력을 갖추는 데까지 나아감을 의미한다.9)

　　이러한 매체언어에 대한 비판적 시각은 특히 신문, 방송, 인터넷 등의 보도기사, 뉴스, 칼럼, 광고, 드라마, 각종 게시물 등이 정보 자료가 될 경우 중요한 척도가 되는데, 그것은 이들 텍스트를 수용하는 경우 매체 나름의 특정한 언어 표현 방식 및 기제, 문법적 구조의 선택이 수용자들의 인식에 미치는 영향력의 문제야말로 텍스트의 이면에 담긴 담론의 이데올로기적인 측면, 혹은 메시지 전달자의 의도와 같은 측면들을 정확히 읽어내는 일과 밀접하게 관련되기 때문이다.10) 개정 국어과 교육과정에서 광고에 담긴 설득의 전략 이해(7학년 듣기)나 패러디물의 효과에 대한 비판적 이해(8학년 읽기), 시사프로그램의 심층보도 이해(9학년 듣기), 신문 면담기사의 질문 의도 평가(10학년 읽기) 등의 다양한 활동과 성취기준을 제시하고 있는 것도 결국 '다양한 매체언어의 특성을 이해한다.'는 교육목표가 텍스트에 대한 비판적 분석의 과정을 그 본질로 삼을 때 구현될 수 있음을 암시해준다.

2) 소통론적 관점

　　근대에 이르면서 인쇄술의 발달과 이에 따른 대량복제시대의 기술적 소통방식으로의 변화는 특히 지식과 정보 교환과 관련하여 인간의 소통

---

9) 따라서 매체언어를 이해한다는 것은 곧 표현 자체보다는 그 표현이 의미하는 바에 대한 성찰을 의미하는 바, 이에 대해 정현선은 '미디어 리터러시(media literacy)'의 개념을 '복합소통양식 의미 패턴에 의해 생산된 미디어 텍스트의 생산, 수용, 유통을 소통의 사회적 맥락 속에 위치 지워 보는 비판적 사고력, 즉 메타언어 능력'으로 확대, 규정할 것을 제안하고 있다(정현선, 「디지털 리터러시의 국어교육적 고찰」, 『국어교육학연구』 21집, 2004. 12, 26면 이하 참조).
10) 이러한 '비판적 언어인식'에 대해서는 김은성, 「비판적 언어인식에 대한 연구」, 『국어교육연구』 15집, 2005. 6, 323~355면 참조.

방식에 커다란 영향을 미쳤다. 이러한 사회적 변화는 문화의 관점에서 볼 때 소수의 지식인에 의해 생산, 향유되던 문화적 산물들을 일반 대중들의 일상생활에까지 확대, 유통되도록 하는 결과를 낳는 한편, 생산자(전달자)와 수용자(수신자) 사이에 분배자의 몫을 첨가함으로써 소통 상황의 근본적 변화를 초래했다는 점에서 의미가 크다.11)

소통의 측면에서 매체(언어)교육은, 현대사회에서 일반인들이 접하게 되는 대중문화의 지대한 영향력을 감안할 때, 무엇보다 대중매체에 대한 주체적 인식 및 수용의 문제와 직결된다. 특히 오늘날 대중매체와 일상생활 간의 관계는 단순히 '생활양식에 영향을 주는 매체'로서가 아니라 '매체에 의해서 결정되는 생활양식'으로 규정될 만큼12) 절대적이다. 그러므로 그 매체들이 생산되는 원리를 이해하고, 그 과정에서 나타나는 의도와 전략은 무엇인가를 파악하며, 이를 극대화하기 위해 보여주는 구성 방법은 어떠한지를 읽어내는 일이 필요하게 된다.

그렇다면 이러한 의사소통의 전 과정은 어떻게 구체화되는가? 물론 이것은 다양한 각각의 매체언어가 만들어내는 정보 및 그 정보를 전달하는 방식에 따라 다르게 나타난다. 그것은 소통의 목적이 무엇인가에 따라 그 나름의 원리가 결정되기 때문이다. 신문이나 광고와 같은 매체의 경우 전달하고자 하는 정보를 어떻게 설득력 있게 수용자들에게 보여주는가가 관건이 되지만, 대중예술 장르로 분류되는 영화나 드라마, 대중가요, 만화 및 애니메이션 등은 수용자가 얼마나 감동을 받을 수 있

11) 대중문화 생산물의 경우 상품의 생산에서 소비에까지 이르는 과정에 개입하는 유통업체들의 '판촉활동'과 동일한 맥락의 수용과정을 거친다는 점에서 매체언어의 교육은 그 사회문화적 맥락에 대한 이해와 동시에 사회문화적 실천이라는 문화적 의미를 고려해야 한다(윤여탁 외, 「매체언어 교육의 본질에 대한 연구」, 『국어교육연구』 19집, 2007. 6, 54면 참조).
12) 김영순, 앞의 책, 242면.

는가가 중요한 요인이 된다. 한편, 인터넷 매체와 같은 경우는 온라인 대화에서 카페나 블로그의 글쓰기들에 이르기까지 생산자와 수용자 사이의 상호소통을 중요하게 여긴다. 말하자면 다양한 소통 주체 간의 상호적 의미 전달과 공유를 목적으로 한다는 것이다.[13]

이렇게 보면 결국 소통론적 관점에서 매체언어의 양상들은 그 유형에 따라 접근의 방식을 달리할 필요가 있다. 특히 위에서 언급한 두 번째 유형의 문학예술과 관련된 매체언어 양식이나 세 번째 유형의 양식들을 고려하면 소통의 원리란 그저 원리에 의해 작용하는 것이 아니라, 끊임없이 새롭게 파생되어 나타나는 소통의 매체들이 수용자들과 교감하는 방식에 의해 규정된다는 점을 감안하지 않을 수 없다. 말하자면 현실적으로 소통의 기제들이 확대되어 생산되면서 이제는 더욱더 사회·문화적 맥락을 고려하지 않으면 안 되게 된 것이다.

그러므로 소통론의 관점에서 매체언어 교육은 사회문화적 실천을 염두에 둔 심미적 미디어 텍스트의 수용과 향유, 생산의 적극적인 활동을 목표로 하지 않을 수 없다. 특히 개정 국어과 교육과정에서는 영화 속 인물의 가치관에 대한 비판적 이해나 경험 및 사회상황과의 관련과 같은 활동(7학년 읽기, 9학년 듣기)을 통한 심미적 향유나, 이야기의 영상언어로의 재구성(9학년 쓰기), 베스트셀러의 비판적 평가(10학년 읽기), 예술비평문 쓰기(10학년 쓰기)와 같은 창조적 생산 활동을 통해 자연스럽게 현실문화에 대한 이해의 지평을 넓혀갈 수 있도록 유도하고 있는 바,

---

13) 정현선, 「미디어소통의 관점에서 본 인터넷 공론장의 언어문화」, 『국어교육학연구』 119호, 2006. 2, 159면.

3) 문화론적 관점

기호론적 관점이 대체로 매체(언어)를 이해하기 위한 이론적 토대로 작용한다면, 소통론적 관점은 다분히 그 메시지 자체를 대상으로 하여 메시지 전신자가 수신자에게 어떻게 전달하는지를 밝히는데 초점을 둔다. 그러기에 소통론은 보다 정확한 의미에서 의사소통의 원리를 제시하는 이론으로서 의미가 있다. 이에 비해 문화론적 관점은 사실상 모든 이들이 접하게 되는 매체가 현실에서 그들에게 어떤 의미로 다가가는지를 밝히기 위한 목적을 가진다.

'문화'란 결코 추상적으로 정의할 수 없는 것이다. 사회문화 변동이 미미했던 시대에는 대부분의 사람들이 안정된 사회 속에서 삶을 영위할 수 있었다. 그러나 적어도 우리가 처한 사회는 이제 더 이상 전통이며 역사란 것이 지속적으로 잊히며 훼손되고 있다. 그러므로 특히 대중매체들이 현실문화를 이끌어가고 있는 지금, '문화'는 그 사회에서 그 문화를 호흡하는 모든 이들이 체험하고 스스로 의미화하며 그것을 실천하는 현실태이자 구체적인 움직임으로 이해해야 한다.

이와 관련하여 박인기는 매체언어 교육이야말로 문화적 문식성을 국어교육의 맥락에서 재개념화함으로써 현실적 효용성과 교과학적 타당성을 동시에 획득할 수 있음을 강조한 바 있다.[14] 그에 의하면 문화적 문식성은 문화의 내용과 현상을 언어적 소통의 맥락에서 의미화하는 과정을 거침으로써 재개념화할 수 있으며, 이때 문화적 문식성이 국어교육의 코드와 맞물리는 국면은 내용 범주로서 문화의 존재 양태, 작용 효과로서 문화 인지, 문식성의 활용 차원으로 범주화할 수 있다는 것이다. 이

---

14) 박인기 외, 『국어교육과 미디어 텍스트』(2판), 삼지원, 2003, 18~41면.

러한 입장은 무엇보다 문화를 내용 지식 혹은 유산 내지 지적 교양의 대상 형식으로 여겨왔던 과거의 정태적이고 보수적인 관념을 넘어섬으로써 오히려 끊임없이 유동하는 대중사회 속의 현실문화에 능동적으로 대처하면서 실천적인 참여와 비판적인 의미화 작업의 갈등을 효과적으로 해결할 수 있는 관점을 제공한다.

오늘날 대중문화의 가장 중요한 소비자는 청소년들이다. 자본주의가 심화된 현실에서 매체들은 제각각 잉여 창출을 위해 부심한다. 흔히들 이제 문화의 개념을 동적 실체로 이해해야 한다고 말들 하지만, 과연 현실에서 그들은 주체적으로 문화를 수용하고 있는가는 의문부호를 단다. 말하자면 풍요 속의 빈곤, 다양성 속의 획일화가 심화되고 있다는 점을 간과할 때 문화론은 공허한 이론으로 그치게 된다. 그런 의미에서 매체교육은 대중들이 사회와 문화 현실, 그리고 그 맥락에 대해 알고 비판적인 관점을 확보하도록 역할을 해야 한다. 즉, 문화론적 관점은 현실적 삶의 주체들로 하여금 자신이 처해 있는 문화 현실의 진정한 의미에 대해 자신의 관점을 세울 수 있도록 기능할 필요가 있다는 데 그 의의가 있는 것이다. 결국 매체교육에 관한 한 이러한 현실문화론적 관점은 그 문화의 향유자들이 문화의 주체로서 자신의 취향과 선택에 대해 스스로 객관화할 수 있는 능력을 기를 수 있도록 해준다고 할 수 있다.[15]

---

15) 김창남, 『대중문화와 문학』(전면개정판), 한울, 2003, 355면.

3. 개정 교육과정에서 매체언어 교육의 지평

앞에서 제시되었듯이, 개정 국어과 교육과정에서는 학교급별의 구분을 막론하고 국민공통기본교육과정의 모든 영역에 걸쳐 양적, 질적 측면에서 기존의 매체 혹은 매체언어에 대한 일정한 관점, 즉 도구적이고 교육 자료로서의 대상적 존재로 바라보고자 하는 경계적 관점을 해체하면서 넘어서고 있음을 볼 수 있다. 다시 말하면, 인쇄매체로서 문자언어라는 제한된 언어관으로부터 해방됨으로써 교육대상으로서 다양한 언어자료의 일환으로서 매체언어에 대한 적극적인 인식과 이를 활용한 문화적 실천으로서 현실적 언어 능력의 구현을 지향한다는 점에서 매체언어 교육의 새로운 과제와 당위성을 확보하고 있다는 것이다.

개정 교육과정의 학년별 각 영역에 나타난 매체언어 관련 성취기준을 총괄적으로 검토해볼 때, 두 가지 시사점을 확인할 수 있다. 첫째는 성취기준의 측면에서 매체언어 교육과 관련된 내용은 말하기, 듣기, 읽기, 쓰기 등의 언어 기능 습득의 영역에 주로 집중되어 있다는 점이다. 이것은 곧 언어 자료로서 매체언어가 기존의 인쇄문자언어와 함께 자연스럽게 경쟁하는 대상으로 위치하도록 하며, 언어 기능 자체의 규정에 있어서도 새로운 복합적 관점을 요구하도록 한다. 예컨대 '듣기'는 단순히 의미화된 문자언어의 수용에 머무는 것이 아니라, 영상언어와 결합되어 나타나는 복합적 언어현상을 '보는' 능력을 포괄하는 동시에, 반언어적, 비언어적 표현들을 아울러 수용하는 확대된 개념으로 재정의되고 있음을 의미하며, '말하기' 역시 단순한 구어에 의한 면대면 의사소통에 국한하는 것이 아니라, 매체를 통한 의사전달의 방법적 기능성을 요구하고 있는 것이다.[16]

그러므로 이러한 통합되고 확대된 관점에서의 매체언어 교육은 근본적으로 언어 사용 기능을 사회문화적 맥락에 의거한 생산적 의사소통 능력으로 재개념화한다. 특히 '쓰기' 영역에 있어서 이러한 관점은 매우 극대화되어 나타나 있는 바, 신문기사 작성, 독자 투고문 작성, 인터넷 글쓰기, 홍보문 작성 등 소위 실용적 글쓰기 활동과 관련된 성취기준들은 사회적 소통과 문화적 실천의 요구들을 수렴할 수 있는 매우 현실적인 과제들로 제시되어 있다.

또 한 가지 확인할 수 있는 점은 매체의 특성에 대한 이해를 단순히 지식의 차원, 즉 매체 교육의 문제로 접근하는 대신, 매체언어가 창출해 내는 의미의 문제, 즉 매체 미학의 차원에서 다루고자 하고 있다는 것이다. 영화나 드라마, 만화와 같은 장르의 측면에서뿐만 아니라, 패러디물의 창작이나 영상화를 통한 서사의 재구성과 같은 활동은 함축된 의미의 발견, 인물에 대한 비판적 이해, 시대 상황과의 관련, 예술적 감상 등

---

16) 아래 표에서 볼 수 있듯이, 7학년에서 10학년에 걸쳐 말하기 및 듣기 영역의 성취기준을 보면 방송 광고, 텔레비전 뉴스, 라디오 방송과 같은 매체의 '듣기'나, 인터넷 게시판이나 블로그, 프레젠테이션 등을 활용한 '말하기' 기능을 주된 활동으로 요구하고 있다.

학년	성취 기준	
	말 하 기	듣 기
7	(3) 인터넷 게시판의 내용을 비판적으로 분석하고 인터넷 토론에 주체적으로 참여한다.	(2) 광고를 보거나 듣고 설득의 전략을 파악한다.
8	(2) 공식적인 상황에서 매체를 활용하여 효율적으로 발표한다.	(4) 라디오 프로그램을 듣고 진행자의 말하기 특성과 효과를 평가한다.
9		(1) 시사 문제에 대한 심층 보도를 비판적으로 이해한다.
10	(1) 인터넷 매체를 활용하여 효과적으로 자신을 소개한다. (4) 생활 주변에서 발생하는 문제를 취재하여 보도한다.	

의 심미적 수용을 요구한다.[17)

이런 의미에서 볼 때, 개정 교육과정에서 매체언어 교육의 문제는 사실상 언어 능력 전반에 걸친 전격적인 재개념화를 지향하며 실천하도록 요구하고 있는 셈이다. 따라서 국민공통교육과정을 넘어선 심화과정에서 매체언어 교육은 독립된 교과로 설정되면서부터 이미 언어 능력의 심화로서의 여타 과목이나 문학능력의 심화과정으로서의 '문학' 과목과도 분절되어 존재하리라는 것도 부인할 수 없다. 그러므로 심화과정으로서 '매체언어' 과목이 지향하는 바의 내용에 대한 점검을 통해 그 독자적 의미 혹은 상호관련성 내지 문학교육적 활용도를 가늠해볼 필요가 있다.

개정 교육과정에서 고등학교 심화과목으로 채택된 '매체언어' 과목은 이전까지 학교교육에서 이루어진 매체 교육의 내용과 관점을 획기적으로 전환할 수 있는 공간을 만들어주고 있다는 점에서 주목할 필요가 있다. 그 가장 중요한 핵심은 아마도 기존의 국(언)어교육적 접근과 문학교육적 접근 사이에 혼재 혹은 괴리되었던 교육내용과 초점들을 과감하게 지양함으로써 새로운 가능성을 제시하고 있다는 점이라고 할 수 있다.

그것은 우선 {1.성격} 부분에 제시된 것처럼 '매체언어'의 개념을 확립하는 과정에서 '언어'의 함의를 포괄적이자 총체적인 것으로 격상시켰다는 점에서 확인된다.[18) 아울러 이 과목의 교육적 의의를 지금까지 국

---

17) "7-읽-(5) 영화에 등장하는 인물의 가치관이나 사고방식을 비판적으로 이해한다. 9-듣-(4) 영화나 연극을 보고 자신의 경험이나 시대적 상황과 관련짓는다. 9-읽-(5) 만화의 매체 특성을 고려하여 함축된 의미를 해석한다. 10-듣-(4) 공연 예술의 소통 방식과 표현 특성을 이해한다." 등의 성취기준이 이와 관련되며, 나아가 "8-말-(4) 드라마의 인물이 되어 반언어적·비언어적 표현을 효과적으로 사용한다. 9-쓰-(5) 영상 언어의 특성을 살려 영상으로 이야기를 구성한다."와 같은 성취기준도 궁극적으로 감상과 비평 활동, 창작 활동의 맥락에서 문학교육적 역할을 수행한다.

어과 교육이 치중했던 국어 능력(보다 정확히는 기능적 차원)의 향상에만 국한하지 않고, 현실적 언어생활 적응적이면서도, 다양한 매체 생산물을 사회적 의사소통 현상이자, 문학예술 양식으로서의 존재성, 그리고 언어문화의 실제로 인식해야 함을 강조했다는 점이 특히 중요하게 부각된다. 이러한 관점은 단순히 앞서 검토한 바 기호론과 소통론, 문화론적 접근을 중층적으로 가시화했다는 의미를 넘어선다. 즉, {1.성격}과 {2.목표}를 감안할 때 여기서 제시된 내용은 다음과 같은 구조의 인식을 바탕으로 한다는 점에서 이 시대의 국어교육에 대한 새로운 화두를 던진다고 할 수 있다는 것이다.[19]

$$\text{사회문화적 맥락 (이해)} \rightarrow \left[\begin{array}{l} \text{비판적 수용} \\ \text{창의적 생산} \end{array} \right] \rightarrow \left[\begin{array}{l} \text{사회적 소통} \\ \text{문화 창조} \end{array} \right]$$

아래의 [표 1]에서 볼 수 있는 바 전체적인 내용 체계에 비추어볼 때, 이와 같은 목표의식은 다분히 '매체언어' 교과교육이 구체적으로 실천할 수 있고 실천하고자 하는 활동 지표가 '매체언어의 성격' 부분에 맞닿아 있음을 알 수 있게 해준다. 물론 '자료 유형'의 측면에서 매체 텍스트에 대한 언어적 접근과 문학적 접근, 그리고 문화적 접근을 다중적으로 교육하고자 하는 취지를 보여주기는 하지만, 그 구체적인 활동의 실체와 중심은 매체 자료에 대한 비판적 인식과 심미적 수용, 창의적 상상력을

---

18) "매체언어 역시 의미 해석이 필요하다는 점에서 광의의 언어로 볼 수 있는데, 이러한 매체언어는 기존의 언어 운용 방식과는 일정한 차이를 지닌다."(교육인적자원부, 『국어과 교육과정』, 2008, 118면)

19) "[2.목표] 다. 매체 자료를 비판적으로 수용하고 창의적으로 생산하며, 사회적 소통과 문화 창조에 참여할 수 있는 능력을 기른다."(위의 책, 118면)

동원한 재생산(재구성), 그리고 그 결과 학습자 스스로 대상에 대한 의미화를 이루어냄으로써 실천의 태도와 행동을 유발시키는 데 중점을 두고 있다는 것이다.

[표 1] '매체언어' 교과의 내용체계

매체언어의 성격 • 매체언어의 개념과 특성 • 매체언어의 역할 • 매체자료의 유형	자료 유형 • 정보 전달과 설득 : 뉴스, 칼럼, 광고와 사진, 기획물(다큐멘터리, 특집) 등 • 심미적 정서 표현 : 영상물, 대중가요, 사이버 문학, 만화, 오락물 등 • 사회적 상호 작용 : 온라인 대화 등
매체언어와 사회·문화 • 매체언어와 정보 사회 • 매체언어와 대중 문화 • 매체언어와 인간 관계	
매체언어의 수용과 생산 • 매체자료의 비판적 수용과 심미적 향유 • 매체자료의 창의적 변용과 생산 • 매체언어를 통한 사회적 소통과 문화 참여	

그러므로 여기서 특히 주목되는 것은 '매체언어의 수용과 생산' 영역이다. 세부 내용을 참조할 때,[20] 이 부분은 7차 교육과정의 '문학' 과목에서 제기한 '작품의 수용과 창작' 영역 과 '문학문화' 영역의 교육 원리 및 방향과 상당 부분 닮아 있다. 그것은 곧 매체언어 텍스트를

---

20) [3. 내용] 나. 세부 내용 (3) 매체언어의 수용과 생산
　(가) 매체 자료의 비판적 수용과 심미적 향유
　　① 매체 자료의 의미를 비판적으로 분석하고 평가한다.
　　② 다양한 관점과 가치를 고려하여 매체 자료를 수용한다.
　　③ 매체 자료의 창의적인 표현 방식과 심미적 가치를 이해하고 향유한다.
　(나) 매체 자료의 창의적 변용과 생산
　　① 기존 매체 자료를 창의적으로 변용하여 생산한다.
　　② 매체언어의 특성을 고려하여 동일 내용을 다른 매체로 표현한다.
　　③ 목적, 수용자, 매체의 특성 등을 고려하여 다양한 매체 자료를 생산한다.

심미적 감상의 대상으로 이해하고자 함을 뜻하는 동시에, 문학적 글쓰기로서 창작의 본질을 매체의 활용에 적용할 수 있음을 확고히 함을 의미한다.

그러나 물론 이 양자가 당연스레 이동 / 전이되는 것만은 아니다. 우선 7차 '문학' 과목의 경우 '수용과 창작'(혹은 창의성 활동)은 대체로 존재하는 문학 텍스트를 어떻게 '재구성 / 변용'하는가에 중점을 둠으로써 (이해와 감상 / 해석과 비판을 포괄하는 의미에서의) 문학적 수용의 연장선상에서 그 의미를 구현하고자 하면서 문학능력을 문자언어의 테두리에 머물게 한 반면, '매체언어'에서 '창작'의 의미는 '생산'의 개념으로 확대됨으로써 보다 적극적인 의미에서 실제 매체언어를 구사할 수 있는 능력을 요구하여 문학능력의 개념을 확대시킬 수 있는 토대를 제공했다는 점을 눈여겨 볼 필요가 있다.21) 이 과정에서 '심미적 정서 표현'이라는 교육적 목표점은 대중매체가 지닌 언어예술로서의 가치를 재인식하게 해주며, 동시에 창의적 상상력의 발현을 가능케 함으로써 매체언어가 지닌 문학적 의미에 대한 탐구와 적용의 공간을 창출할 수 있다.

한편, '매체언어를 통한 사회적 소통과 문화 참여' 부분의 세부 내용을 보면 단순히 소통적 관점과 문화적 관점의 이론적 지향을 구현하기 위한 목적에서가 아닌, 매체언어에 대한 이해가 문학적 글쓰기의 위상을 사회적 의사소통으로서의 현실적 의미를 지닌 문화적 실천의 구체화로서 격상(?)시키고 있음을 볼 수 있다.22) 이때 '격상된' 매체언어의 문학

---

21) '창작'에서 '생산'으로의 용어 이동은 새 '문학' 교과과정에서도 그대로 반영되어 있는 바, 교과과정상 '문학 활동'이라는 영역을 전면으로 부각시키면서 문학의 수용과 생산, 소통의 구도를 자연스럽게 연계하고 있음을 볼 수 있다(같은 책, 112면).

22) [3. 내용] 나. 세부 내용 (3) 매체언어의 수용과 생산
    (다) 매체언어를 통한 사회적 소통과 문화 참여
        ① 사적인 언어생활에서 적절한 매체언어로 소통한다.

적 의미는 궁극적으로 앞서 문제화했던 국어교육과 문학교육의 대립적 시각을 통합하는 동시에, 매체언어 교육이 학습자로 하여금 단순히 현재의 사회적 삶에 대한 자기인식을 강화시킨다는 차원을 넘어서 미래의 소통과 문화의 주체로서 미래의 문학교육의 영역과 역할이 어떻게 확장되어야 하며, 어떤 인식적 기반을 제공·구축할 수 있는가에 대한 중요한 시사점으로 작용될 수 있음을 암시해준다.[23]

이렇게 볼 때, '매체언어' 과목이 목표로 삼는 문화적 문식성의 실현은 무엇보다 매체 자료에 대한 균형 잡힌 안목과 자료의 언어적 의미에 대한 근본적 이해, 그리고 그 언어 형태들의 특정한 범주성과 장르적 본질에 대한 변별적 인식을 요구한다. 위의 교육과정 내용 체계표에서 보듯, '매체언어' 과목에서 제시하는 자료의 유형은 세 가지로 범주화되어 있다. 뉴스, 칼럼, 광고와 사진, 기획물(다큐멘터리, 특집) 등의 자료는 정보 전달과 설득의 유형으로, 영상물, 대중가요, 사이버 문학, 만화, 오락물 등은 심미적 정서 표현의 유형, 그리고 온라인 대화 등은 사회적 상호작용의 유형으로 구분되어 있는 것이다.

그런데, 매체를 통한 언어 경험과 활동은 이미 사회문화적 맥락에서 이루어지는 문화적 실천이자 그에 따른 수용과 생산의 과정 역시 일정한 작용태로서의 문화적 산물임을 감안할 때, 그 매체 기호들의 소통에는 의당히 여러 측면에서의 사회문화적 코드가 개입되게 마련이다. 그것은 대체로 3차원의 중첩된 의미망을 형성하는 바, 그것은 1차적으로는 매체 현상(혹은 매체를 통한 언어사용 모델)의 현존성을 대변해주는 정보와

---

② 공적인 언어생활에서 적절한 매체언어로 소통한다.
③ 매체를 통하여 사회적 의사소통에 적극적으로 참여한다.
④ 창의적인 언어문화 창조에 적극적으로 참여한다.
23) 박인기 외, 『디지털시대, 문학의 길』, 푸른사상, 2007, 31면.

장르의 코드이며, 2차적으로 이것이 수용자에서 소통되는 과정에서 작용하는 변화의 측면으로서 소비, 계몽, 욕망 등의 코드이다. 이것은 궁극적으로 일정한 사회문화적 작용이라는 이념적 측면의 결과를 낳게 되는데 이를 대중성 혹은 문화화의 코드라 할 수 있다.[24] 1차적 코드는 매체언어의 기호성과 소통의 원리에 바탕을 둔 현상의 인식 내지 의미 이해의 차원에 작용하는 것이며, 2차적 코드는 수용자의 인식과 정서에 반응하여 일정한 변화를 초래하는 것이다. 그리고 3차적 코드는 이러한 코드의 작용이 창출해내는 현실문화에서의 특정한 의미들에 해당한다.

그런 의미에서 '매체언어' 과목은 학습자들로 하여금 그들에게 노출되는 복잡다기한 언어 자료들을 각각의 코드에 맞추어 처리할 수 있는 방법론을 제공해주는 데 그 고유한 역할이 있다고도 할 수 있다. 즉, 매체언어 교육은 매체를 통한 언어능력 신장의 사회문화적 적응도를 강화시키는 데서 출발하여, 그 수용과정에서 일정한 (문학적) 의미를 창출하는 비판적 수용 능력을 함양함으로써, 결과적으로 '문학'과 변별되면서 '문학'을 포용하는 통합된 교육의 방향성을 견지할 수 있는 것이다. 따라서 매체언어 교육은 언어와 문학, 문화의 상호 중첩되고, 그 의미가 상호 교류되는 현대사회의 생활 환경을 터전으로 하여 존립하고 목표를 구축하며, 그 교육적 성취를 기할 수 있도록 해야 한다. '문학교육'보다

---

24) 박인기 외, 『국어교육과 미디어 텍스트』(2판), 삼지원, 2003, 60~62면 참조. 논자는 여기서 텔레비전의 경우를 예로 들어, 아래와 같이 그 사회문화적 작용 코드를 도표화하여 제시하고 있다.

1차적 코드(현존성)	2차적 코드(변화성)	3차적 코드(이념성)
• 정보의 코드 • 장르의 코드	• 소비의 코드 • 계몽의 코드 • 욕망의 코드	• 대중성의 코드 • 문화화의 코드

언어사용 모델의 코드

'문학을 통한 교육'이 지닌 보편적 교육력을 강조하는 것[25]도 이러한 매체교육의 교육적 지평에 대한 의식과 관련된다.

4. 매체언어의 문학적 수용과 문학능력

그럼에도 불구하고 '매체언어'가 기존의 '국어생활'이나 '문학'과 변별되는 그 나름의 국어교육적 위상과 본연의 역할을 해내기 위해서는, 또는 기왕에 국어과의 각 과목을 통해 이루어진 매체언어 교육을 심화, 연계, 통합한다는 나름의 존재성을 확보하기 위해서는 '매체언어 능력'의 실체를 가늠해볼 수 있는 타당한 준거들을 제시해야 한다. 즉 문화적 문식성이라는 외적, 목표지향적 울타리는 단지 학습자의 언어사용이 형성하는 사회적·이념적 가치 형성의 측면이나 현실적·문화적 실천 활동만을 담보하는 데 만족하는 것이 아니라, 그 사용주체들이 만들어내는 직·간접적인 담론들의 성격과 처리방식, 그에 대한 자기인식들을 추동하는 근본적 동인으로서 작용해야 하는 과제를 안고 있는 것이다.

이런 의미에서 매체언어와 문학어의 접점이란 곧 텍스트로서 매체언어와 그 양식성을 수용자가 나름대로 의미화하는 과정에서 형성되어야 한다고 할 수 있다. 이때 '의미'란 문학 언어로 대표되는 삶과 현실의 일정한 국면에 대한 주체의 인식과 그에 대한 자기사고의 표현으로서의 언어적 표출 행위를 가리킨다. 영화나 드라마 텍스트의 영상언어가 지닌 고유한 서사성의 의미라든지, 대중가요의 음악적 양식성이 수용자에게

---

25) 앞의 책, 39면.

전하는 음악언어적 심미성에 대한 감응력, 그리고 만화나 애니메이션의 회화적 기법이나 이미지 형상을 통해 재구성할 수 있는 선조적이고 서술적인 의미의 감각화 혹은 공간적 의미화 등은 모두 매체언어를 문학어의 차원으로 전이시키는 과정과 활동을 통해서 구현할 수 있는 문학능력의 발현이 될 수 있다.

또한 이와 함께 분명히 고려해야 할 점이 문학언어의 재개념화의 문제이다. 이미 디지털문화 시대의 한복판에 들어선 대중적 문화 현실을 감안한다면 '문학의 위기론'과 같은 고정관념은 문학능력의 신장에뿐만 아니라, 문학 자체의 현실적 / 미래적 가능성마저 훼손시키고 소멸시킬 따름이다. '문학언어'는 이제 '문학의 언어'로서가 아니라 '문학 활동을 통해 구현되는 언어적 생산물'로서의 역동적 실체성을 확보해야 한다. 이런 관점에 설 때 매체언어 교육에서 문식성의 개념은 미디어 리터러시로 활용됨으로써 궁극적으로 문화적 문식성의 차원으로까지 확대될 수 있다.26)

즉 미디어 리터러시는 일종의 미디어 미학적 접근과 통하는 것이자, 매체언어와 문학언어의 상호관련에 대한 새로운 개념 규정을 통해 구현될 수 있는 제3의 언어 능력이어야 하는 것이다. 그 단적인 예로 영화의 경우를 들 수 있다. 우리는 흔히 '영상언어' 내지 '영화문법'이라는 표현으로 두 예술 간의 서사 텍스트로서의 친족성을 강조해 온 바, 영화 매체의 고유한 장르 미학을 '문학적'으로 수용한다는 것은 어떤 의미를 가지는가에 대한 분명한 관점이 필요한 것이다.

---

26) 이는 '매체언어' 교육과정에서 확인할 수 있는 바, 3. 교수·학습 방법의 나, 교수·학습 운용의 항목에서 "(8) 매체언어 능력을 지속적으로 신장시킬 수 있도록 태도 교육을 강화하도록 한다."는 점을 강조하고 있는 것도 이러한 맥락에서 이해할 필요가 있다.

　20세기 자본주의의 기술화된 사회 속에서 영화의 영향 아래 소위 모더니즘 작가들에 의해 몽타주 미학, 동시적 기술, 공감각, 다층시점, 의식의 흐름, 시공간의 유희 등 일련의 '영화적 글쓰기'에 해당하는 문학적 기법들이 추구되었고, 또 '문학적 영화'라는 이름으로 문학작품을 영화화함으로써 비평적 대상으로서, 혹은 대중적 관심의 대상으로서 문학성의 외연을 확장시키기도 했지만, 이 범주적으로 다른 두 양식의 관련은 은유적 결합이자, 동시에 그렇게 존재할 수 없는 하나의 혼합형식일 뿐이다. 대체로 소설을 성공적으로 영화화하기 위해서는 하나의 예술형식을 다른 예술형식을 통해 변경하거나 변형시키려 하기보다는, 오히려 두 형식 사이의 긴장감을 유도할 때보다 용이하게 처리된다는 점을 감안하면, 제3의 언어 능력을 목표로 하는 매체언어 교육에서 장르미학에 대한 이해는 매체 자체에 대한 이해보다는 '상호매체성(inter-medialität)'27)의 측면에서 접근해야 할 필요가 있다.

　그러므로 매체 자료의 '수용'을 강조하고, 그 과정에서 의미 생산 방식의 이해, 비판적 수용, 심미적 향유 등에 대한 지도에 중점을 둔 교육과정상의 관점도 단순히 기존에 요구되는 문학능력의 정교한 미학적, 비평적 세련화의 방향이 아니라, 매체의 언어적 가능성에 대한 탐색과 그 결과로서의 의미에 대한 문화적, 평가적 관점의 '향유'의 방향에서 이해해야 할 것이다. 아울러 디지털 시대에서 미디어 문식성은 단순한 도구

---

27) 이 개념은 1980년대 이래 독일 미학에서 이론화된 것으로, 문학, 음악, 회화, 그래픽, 사진, 문학과 영화, 영화왐 누학이 매개변수를 반복적으로 구성하며, 이를 이용하여 예술들의 상호 확장적 결합이 가능하게 된다는 것이다. 이 관점에서 영상언어와 문학언어의 상관성을 바라본다면, 영상언어는 문학언어와 다른 것으로, 영상이 텍스트의 구조를 바꿀 뿐만 아니라, 영상이 발전해가는 동안에 문자에 의해 변화, 보완, 확장을 경험한다고 설명할 수 있다(랄프 슈넬, 강호진 외 옮김, 『미디어미학』, 이론과실천, 2005, 249~256면 참조).

적 리터러시에 함몰되는 것이 아니라, 학습자의 체험적 실천과정에서 표상적 기능과 의미를 획득할 것을 지향하는 바, 교육과정에서 제시한 "학생의 실질적인 매체 자료 수용 및 생산 능력과 언어문화에 대한 창의적이고 주체적인 태도를 향상시키도록 계획한다."는 평가의 관점 역시 매체언어 교육이 문화적 문식성을 확대하는 방향으로 구체화되어야 함을 말해준다.

말하자면 학생들 스스로 자신의 기호적 선택과정에 개재되는 사회적 담론과 문화적 과정에 대해 비판적으로 성찰하면서 다양한 정보를 수용하고 소통하며 미적 체험을 즐기고 스스로 '소비생산자'로서의 창조적 문화생산의 주체가 될 수 있는 가능성을 지향해야 한다는 것이다.28) 인터넷 매체의 다양한 표현 공간은 바로 이러한 가능성을 사회적 소통과 문화적 창조의 이름으로 웅변해준다.

결국, 매체언어 교육이 희망하는 바 언어문화 향유 능력의 신장은 문학능력의 '실전 배치'를 통해 구체화될 수 있다. 이때 문학능력은 비로소 지식과 기능의 차원을 넘어서 진정한 텍스트 비평적 능력과 인문학적 정신과 사회적 실용성의 화해로운 만남을 지향하는 진정한 현실문학 문화의 창달이라는 목적을 달성할 수 있으며, 동시에 변화하는 사회에

---

28) '미디어 리터러시'는 도구 리터러시와 변별되는 표상 리터러시에 속하며, 또한 같은 표상 리터러시로서 정보 리터러시나 비주얼 리터러시가 단지 텍스트의 이해 / 해독과 관련되는 '언어' 능력인 데 비해, 미디어 리터러시는 사회문화적 소통에 의해 이루어지는 의미작용과 관련된 일종의 '메타언어' 능력이라는 점에서 고유성을 지닌다. 인터넷 매체의 경우가 그 단적인 예로서, 자유롭게 정보를 생산, 복제, 수정할 수 있도록 허용하는 디지털 미디어의 특성을 고려할 때, 다양한 기호의 복합적 기입을 통해 생성된 텍스트가 인터넷이라는 매체의 기술적 속성에 힘입어 사회문화적 소통의 구조 속에 위치됨으로써 발생할 수 있는 의미작용이라는 면에서 이에 대한 비판적이고도 창의적인 개입을 가능하게 하는 언어 교육 및 메타언어 교육이 필요하다는 정현선의 지적은 의미심장하다(정현선, 「디지털 리터러시의 국어교육적 고찰」, 『국어교육학연구』 21, 2004. 12, 21~26면 참조).

능동적으로 대처하고 문제해결을 위한 창의적인 발상과 의미들을 창출
해내는 문화 실천의 장을 생산하는 새로운 언어 능력의 구현이라는 지
평을 열어나갈 수 있을 것이다.

5. 맺음말

  국어교육에서 '매체언어' 과목의 새로운 존재성은 국어 능력의 신장
이라는 기존의 국어교육의 목표의식이 당위적이고 배타적인 입장으로부
터 보다 현실적응적이며 포괄적인 관점으로 그 외연과 내적 요구를 확
장해나가는 과정의 소산으로서 그 의미를 갖는다. 이는 근본적으로 관계
와 소통에 기반한 정보와 지식의 수용 및 생산을 통해 국어 능력이 곧
국어사용 능력이며, 국어생활의 실천 능력이자, 국어문화의 형성 능력임
을 재확인함으로써 변화하는 사회에 효과적으로 적응할 수 있는 언어사
용 주체들을 길러내고자 하는 교육적 가치의 맥락에서 이해할 수 있다.
  이 글에서의 논의는 이러한 국어교육의 현실적 과제라는 측면에서 매
체언어 교육의 가능성을 제고하기 위한 몇 가지 관점들을 확인하고, 새
로운 국어교육과정에서 제시된 '매체언어'의 교육과정 내용 체계를 통해
그 방향을 가늠해보는 한편, 매체언어 교육을 통한 새로운 국어 능력 신
장의 목표와 과제를 미디어 리터러시, 문화적 문식성, 문학능력의 측면
과 관계지움으로써 '매체언어 능력'의 구체적 실현태에 대한 논의의 틀
을 만들어보고자 하는 취지에서 쓰인 바, 그 대강은 아래와 같이 요약할
수 있다.
  첫째, 현대사회에서 다양한 매체의 등장에 따라 언어 양식의 현실은

소위 '복합 언어 양식'을 통한 정보와 지식의 수용과 소통을 야기한 바, 이러한 변화를 감안할 때 매체언어에 대한 접근은 일정한 기호학적 원리에 대한 이해, 소통주체간의 상호작용을 가능케 하는 사회문화적 맥락의 고려, 그리고 그러한 수용과 생산의 결과가 지니는 문화적 의미에 대한 성찰과 평가의 관점을 견지해야 한다.

둘째, '매체언어' 교과의 교육과정과 관련해 볼 때, 매체언어 교육의 내용은 매체 혹은 매체언어 자체에 대한 이해보다는 매체언어의 비판적 수용, 심미적 향유, 창의적 생산에 중점을 두어야 하며, 그런 의미에서 매체언어 교육에서 텍스트 자료는 정보 전달과 설득, 심미적 정서 표현, 사회적 상호 작용이라는 세 가지 유형적 범주에 대한 균형 잡힌 인식을 바탕으로 접근, 활용해야 한다.

셋째, 매체언어 교육은 궁극적으로 학습자의 실질적인 매체 자료 수용 및 생산 능력과 언어문화에 대한 창의적이고 주체적인 태도를 향상시키는 데 그 목적이 있다는 점을 인식하고, 그것을 가능하게 하는 '매체언어 능력'의 실체를 탐구하고 생산해내는 데 교육의 주안점을 두어야 하는 바, 이를 위해 기존의 문학능력에 대한 재개념화가 필요하다.

참고문헌

강상현 외, 『대중매체의 이해와 활용』, 한나래.

김대행 외, 『방송의 언어문화와 미디어 교육』, 서울대학교 출판부.

김영순, 『미디어와 문화교육』, 한국문화사.

김창남, 『대중문화와 문학(전면개정판)』, 한울, 2003.

박인기 외, 『국어교육과 미디어 텍스트』, 삼지원.

박인기 외, 『디지털시대, 문학의 길』, 푸른사상, 2007.

우한용, 『문학교육과 문화론』, 서울대학교 출판부, 2001.

원용진, 『대중문화의 패러다임』, 한나래, 1996.

이재인, 『매체문학과 시각』, 태학사, 1999.

정재찬, 『문학교육의 사회학을 위하여』, 도서출판 역락, 2003.

최문규 외, 『기억과 망각』, 책세상, 2003.

랄프 슈넬, 강호진 외 옮김, 『미디어미학』, 이론과실천, 2005.

크리스 젠크스, 김윤용 옮김, 『문화란 무엇인가』, 현대미학사, 1996.

김기태, 「미디어 교육과 미디어 운동」, 강상현 외 엮음, 『대중 매체의 이해와 활용, 한나래, 2002.

신명선, 「광고 텍스트의 문화적 의미와 국어교육」, 『국어교육』 103, 2000. 10.

윤여탁 외, 「매체언어 교육의 본질에 대한 연구」, 『국어교육연구』 19, 2007. 6.

이재기, 「문식성 교육 지배 담론의 주체 형성 효과」, 『국어교육학연구』 21, 2004. 12.

이채연, 「인터넷의 매체언어성과 국어 교재화 탐색」, 『국어교육』 104, 2001. 2.

정민주, 「미디어 문식성을 위한 텍스트 수용에 관한 고찰」, 『국어교육연구』 15, 2005. 6.

정현선, 「디지털 리터러시의 국어교육적 고찰」, 『국어교육학연구』 21, 2004. 12.

정현선, 「미디어소통의 관점에서 본 인터넷 공론장의 언어문화」, 『국어교육』 119, 2006. 2.

정현선, 「기호와 소통으로서의 언어관에 따른 매체언어교육의 목표에 관한 고찰」, 『국어교육연구』 19, 2007. 6.

최미숙, 「디지털 시대, 시 향유 방식과 시 교육의 방향」, 『국어교육연구』 19, 2007. 6.

최인자, 「다문화간 소통으로서의 매체교육」, 『국어교육』 104, 2001. 2.

제 6 장

다매체 문화 환경과 문학능력

김 신 정
인천대학교 국어국문학과

1. 서론

2000년대 문학의 특징과 '문학하기'의 조건 변화는 대체로 다음과 같은 내용으로 요약된다. 우선, 신자유주의 질서의 강화와 자본주의 문화 변동 속에서 문학의 연구·비평·창작과 관련된 문화 환경이 급격히 재편되고 있다는 점이다. 소위 '문학의 위기', '인문학의 위기' 담론은 이 같은 상황 속에서 대두되었다. 둘째, 인터넷 보급과 디지털 소통 방식의 확산에 따른 뉴미디어 시대의 본격적 개막이라고 할 수 있다. 컴퓨터, 휴대폰, MP3, DMB, PMP, PSP 등 다양한 하이테크 미디어 기기의 영향력 확대로 인한 소소한 일상의 변화는 문학의 생산, 수용, 유통 방식에 적지 않은 변화를 가져왔다. 마지막으로, 문학창작의 특징으로서, 대중문화·타 예술 장르와의 접변 확대, 하위문화[1]적 상상력의 수용, '혼종성(hibridity)'[2]의 강화를 들 수 있다. 2000년대 문학의 구체적인 형질 변

---

1) 하위문화(Subculture)의 역사적 기원은 1950년대 후반 노동 계급 문화 주체를 대변했던 '모드족'에서부터 70년대의 '펑크족'에 이르는 영국의 청년문화에서 찾을 수 있다. 이 기간 동안에 영국 사회는 기존의 지배문화와는 다른 새로운 청년문화족들의 출현을 경험했고, 이들은 '모드', '테디보이', '록커', '펑크'와 같은 다양한 이름으로 불리워졌다. 영국의 '역사적 하위문화'는 이후 영국 내부에서도 새로운 형태(히피-여피-이피-뉴웨이브-네오펑크)로 이행되었고 한편으로 60년대 이후 미국의 반문화 청년운동과 이후의 소수문화적 형태들(흑인 할렘문화-퀴어문화-힙합 문화)과 연결되면서 청년문화의 출발점으로 인식되곤 한다. 일반적으로 새롭게 생성되는 청년문화를 하위문화적 범주로 인식할 때 주목하는 것은 하위문화의 "문화적 하위성"에 관한 것이다. 즉 주류문화로부터 주변부화된 것, 지배적인 가치와 윤리로부터 배격당한 것, 동시대의 지배적인 문화적 형태와는 다른 새롭고 이질적인 문화적 특성에서 '하위문화 일반'의 능동성과 생성의 정치착을 읽을 수 있다(딕 헵디지, 1998 : 7~8).
2) 혼종성(hibridity)은 탈식민주의 이론에서 식민 주체의 통일성을 불가능하게 하는 식민 주체의 분열을 설명하고, 식민 지배의 기반이 되는 인종적 문화적 순수성을 공격하는 개념

화라고 할 수 있는 이 같은 특징들은 문학이 스스로의 정체성에 균열을 내거나 문학의 영역을 확대해나가는 증거라고 할 수 있다. 본고에서는 최근 매체 환경과 문화 변동 과정에서 창작된 구체적인 문학 작품의 특징과 '문학하기'의 조건 변화를 살펴보고 이에 대한 문학교육의 대응 방안을, 특히 문학능력을 중심으로 논의하고자 한다.

2. 문학 창작의 변화

1) 매체 경험의 형상화와 문학창작의 변화

'자본'과 '매체'로 집중되는 문화 환경의 전반적인 지각 변동 과정에서 나타난 문학창작의 변화로서, 우선 다양한 매체 경험이 문학작품의 주요한 소재와 주제로 부각되거나 중심 서사를 구성하는 현상이 나타나고 있다. 이들 작품에서 다루는 인터넷, 컴퓨터 게임 등의 디지털 매체와 TV, 라디오 등의 고전적인 매체는 갖가지 전자 기기로 둘러싸인 채 거대한 전자 시스템의 일부로 존재하는 인간의 삶의 조건을 환기시킨다.

시인 이원은 2001년, 『야후!의 강물에 천 개의 달이 뜬다』라는 제목의 시집을 통해 디지털 세대 시인의 대표 주자로 등장했다. 이 시집에서 이원은, 근대 철학의 중심 명제를 패러디한 "나는 클릭한다 고로 나는 존

이다. 동일성의 이데올로기에 저항하는 준거점으로 활용되는 이 개념은, 최근 2000년대 한국 문단에 등장한 새로운 세대의 경험과 미학적 특징을 설명하는 데 자주 활용되고 있다. 이때 '혼종성의 미학', 혹은 '혼종적 글쓰기'란 "자기 세대의 고유한 역사적 경험의 동일성을 구성하지 않는 세대"의 자기 발언으로서, 언어, 장르, 매체, 국적, 성별을 "마구 섞어 쓰는" 글쓰기 방식을 특징으로 한다(호미 바바, 2002 : 이광호, 2005 : 이장욱, 2005 : 160~180).

재한다"라는 도발적인 선언을 통해, 디지털 문화를 일상 속에 수용해야
만 하는 전자 매체 시대 인간의 존재 조건을 성찰한다.

> 잉크 냄새가 밴 조간신문을 펼치는 대신 새벽에 / 무향의 인터넷을 가
> 볍게 따락 클릭한다 / 신문 지면을 인쇄한 모습 그대로 / 보여주는 PDF
> 서비스를 클릭한다 / 코스닥 이젠 날개가 없다 / 단기 외채 총 500억 달
> 러 / 클릭을 할 때마다 신문이 한 면씩 넘어간다 / 나는 세계를 연속 클
> 릭한다 / 클릭 한 번에 한 세계가 무너지고 / 한 세계가 일어선다 / 해가
> 떠오른다 해에도 칩이 내장되어 있다 / 미세 전극이 흐르는 유리관을 팔
> 의 신경 조직에 이식 / 몸에서 나오는 무선 신호를 컴퓨터가 받는다는 /
> 12면 기사를 들여다보다 / 인류 최초의 로봇 인간을 꿈꾼다는 케빈 워윅
> 의 / 웹 사이트를 클릭한다 나는 28412번째 방문객이다 / 나도 삽입하고
> 싶은 유전자가 있다 / 마우스를 둥글게 감싼 오른손의 검지로 메일을 /
> 클릭한다 지난밤에도 메일은 도착해 있다 / 캐나다 토론토의 k가 보낸
> 첨부 파일을 클릭한다 (…중략…) / 오른손으로 미끄러운 마우스를 감싸
> 쥐고 나는 / 문학을 클릭한다 잡지를 클릭한다 / (…중략…) / 붉은 장미
> 들이 이슬을 꽃잎에 대롱대롱 매달고 / 흰 울타리 안에서 피어난다 / k가
> 보낸 꽃은 시들지 않았다 / (…중략…) / 프린터 아래의 내 무릎 위로 /
> 쿠폰이 동백 꽃잎처럼 뚝 떨어진다 나는 / 동백 꽃잎을 단 나를 클릭한
> 다 / 검색어 나에 대한 검색 결과로 / 0개의 카테고리와 / 177개의 사이
> 트가 나타난다 / 나는 그러나 어디에 있는가 / 나는 나를 찾아 차례대로
> 클릭한다 / 광기 영화 인도 그리고 나……나누고 / ……나오는…나홀로
> 소송…또나(주) / 나누고 싶은 이야기……지구와나 / 따닥 따닥 쌍봉낙타
> 의 발굽 소리가 들린다 / 오아시스가 가까이 있다 / 계속해서 나는 클릭
> 한다 고로 나는 존재한다

> —이원, 「나는 클릭한다 고로 나는 존재한다」 부분

포털 사이트에서 인터넷 신문, 그리고 하이퍼링크를 통해 다른 웹 사

이트로, 잠시 이메일을 확인한 뒤 다시 인터넷 전화와 서점으로 '클릭'해 나가는 과정은 컴퓨터가 놓인 공간이라면 어디서나 매일, 수시로 반복되는 일상의 풍경이라고 할 수 있다. 디지털 매체 경험을 직접적으로 문학 형상화의 대상으로 삼고 있는 이 시는 인터넷이 제공하는 시공간의 확대와 초월, 또한 가상과 현실을 넘나들고 원본과 복제물을 혼동하는 사이버 주체의 일상적 체험을 포착한다. 주목할 부분은, 위의 인용시 마지막 부분에서 "나" 역시 인터넷 "검색"의 대상으로 삼아 끝없이 "클릭"해나가는 광경이다. "나를 찾아" 수많은 '나'를 검색해나가는 '나'는 '클릭'하는 행위와 그 순간 속에서 스스로의 존재 의미를 확인하고 있다. 이 시에서 '나'는 검색의 주체이면서 인터넷 검색 결과 중의 일부이기도 하다.

이원 시의 강점은 전자 문명의 발달과 그 과정에서 일어나는 인간의 삶의 변화를 시적 이미지로 표현하면서, 한편으로 인간의 육체적 현실, 즉 "여전히 땀냄새가 나"는 "내 몸이 닿아있는 세계"에 대한 시선을 놓치지 않고 있다는 점이다. 이원의 시에서 실제 현실 속의 '나'는 가상 공간의 '나'와 갈등을 겪으면서 동시에 가상 공간 속의 자아에 대한 성찰을 보여준다. 이원 이외에도 이승원의 시는 미디어 경험이 최근의 문학 작품에 미치는 영향과 그로 인한 문학 작품의 변화를 특징적으로 보여주는 작품들이다. 「가상 자아의 세계적 유형」(『어둠과 설탕』, 문학과 지성사, 2006)에서 이승원은 인터넷 게임의 가상 공간에 몰입한 '나'의 혼종적 경험을 형상화한다. 육체적 현실 속에서 게임을 하는 '나', 그리고 게임이라는 가상 공간의 또 다른 '나'의 관계 방식과 혼종성을 탐구하는 시인은, 복제가 원본의 지위를 위협하는 기술복제시대의 일상 체험을 다름 아닌, 디지털 매체의 서사 방식을 통해 '복제'한다. 이원의 시와 비교한다면, 이원의 시가 전자 매체의 특성을 포착하면서도 매체에 대한 거리감과 회의적 시선을 유지하고 있는 반면, 이승원의 시는 매체를 모방함으로써 매체의 특성을 형상화하는 전략을 취한다. 이원 시에 비해 상대적으로 매체에 밀착된 양상을 보여준다.

2) 대중문화, 하위문화, 혼종성

2000년대 문학 창작의 변화와 관련한 또 다른 특징으로는 대중문화와의 접변 확대, 하위문화적 상상력과 혼종성의 미학으로 요약된다. 새로운 전자 매체 경험이 문학 작품에 미친 변화와 비교할 때, 대중문화·하위문화적 상상력과 혼종성의 대두는 좀 더 과격하고 근본적인 문학의 변화를 발생시킨다. 한국 근대문학의 엄숙성과 엘리트주의는 2000년대 문학의 도발성과 '잡종성(혼종성)', 일탈과 비행의 저항성 앞에서 무너져 내리고 있다. 가령, 랩, 무협지, 록(Rock), B급 영화, 우화, 기담 등 하위문화 장르의 직접적인 영향, 그리고 '비행' 청소년과 도시 빈민, 노숙자, 동성애자 등 주류 문화에서 소외된 하위문화 주체들의 고유한 공간과 경험은 2000년대 '젊은' 문학의 주요한 질료가 되고 있다. 가령, 황병승의 다음과 같은 시에 등장하는

미스터 정키 어떤 계절은 남녀를 가리지 않을 정도로 뜨겁고 또 어떤 계절은 순식간에 싸늘해져서 남자도 여자도 그 어느 누구도 사랑할 수 없을 정도로 뿌리부터 차가워지지

힙합 소년j 친구들은 늘 우정이 어쩌구 선후배가 어쩌구 떠들어대지만 스윗숍(sweet shop) 앞을 지날 때면 부모 형제도 몰라봅니다 친구들은 커서 달콤한 가게의 핌프(pimp)가 되겠죠

나는 다릅니다 나는 생각이 있어요 붓질을 잘하면 도배사 하지만 글을
배워서 서기(書記)가 되지는 않을 거예요

이소령 청년 차력사인 아버지의 쉴새없는 잔소리에 머리가 늘 깨즐듯
이 아팠다 쌍절곤 휘두를 힘도 없다 가끔 정키씨를 불러 리밍을 시켰다

— 황병승, 〈에로틱파괴어린빌리지의 겨울〉 부분

'미스터 정키',3) '힙합 소년j', '이소령 청년' 등은 사회적·성적 일탈
과 비행의 주체들이다. 욕설과 폭력, 절도와 성행위, 마약과 시위를 일삼
는 도시 하위문화 주체들이 시의 주인공으로 등장하고 있다. 시(詩) 장르
에 관한 기존의 관념을 파괴하는 낯선 주체와 언어들은 황병승 시의 독
자들을 마치 B급 영화의 한 장면 같은 기이한 시적 풍경 속으로 이끌어
간다. 그의 시에서 직접 육성을 들려주는 시적 주체들의 범위는 시 독자
들의 예상을 넘어선다.

나는 단지 가족들과 함께 식사하는 것을 싫어했을 뿐인데. / 요즘은 침
대 밑에서 먹어요 / 메어리는 안쓰럽다는 듯이 내게 말을 건네죠 / 리타,
이리 나와요 거긴 너무 어둡고…… / 샐러드가 코로 들어가겠어요 / 그
럼 난 이렇게 대꾸하죠 / 걱정 마세요 수간호사님, 이건 그저 연기일 뿐
이니까요

— 황병승, 〈리타의 습관〉 부분

지난밤 우리는 나쁜 마음 못생긴 얼굴로 엑스를 했지 / 파아악 냄새를
풍겼어 아줌마 아저씨들 인사를 기다리는 눈치였지만 / 우리는 아침부터
오를 죽이고 더럽게 아름다워졌어 아름다워지기 시작했지

— 황병승, 〈세븐틴〉 부분

---

3) 정키(junky)는 허섭스레기, 폐물이라는 뜻의 단어이다.

이제 연주는 끝났습니다 / 나는 선언의 천재 / 사계절을 저지르며 거듭 태어난 포 스타 / 침묵과 비명의 일인자인 철문이여 / 얼음으로 만들어진 찬 변기여 / 그리고 너 속 검은 의자여 / 연주는 이미 끝났습니다 / 이 겨울의 철문을 나서며 날두부를 먹으리라 / 그러나 덜컥 나는 다시 태어날 것입니다 다섯 번째 계절 / 더 큰 죄를 짓기 위해……

— 〈사성장군협주곡(四星將軍協奏曲)〉 부분

황병승 시에서는, 각기 정신병자, 비행청소년, 전과자, 그 외에도 여장 남자, 동성애자, 룸펜 등 지금까지 한국 시의 주인공으로 자주 등장하지 않았던 '비정상적인' 인물들이 자신들의 목소리를 들려준다. '정상'의 시선으로는 결코 거두어지지 않는 이들은 주류문화, 지배문화에 억압된 소수자적 인물, 행태, 공간, 언어들을 포착한다. 그렇다고 해서 지배층에 가려진 사회적 소수자의 존재와 목소리를 단지 작품 속에 복원하는 일이 황병승 시의 최종 목적지라고 보기는 어렵다. 황병승의 시세계는 '혼종성(hybridity)'이라는 개념으로 집약될 수 있다. 혼종성은 그의 시의 복수적 주체들과 이질적인 질서들, 다양한 상징기호, 그리고 이런 것들이 섞여 있는 시집 전체의 구성 원리를 아우르는 개념이다. 황병승 시의 잡다한 인물들이 펼치는 기이한 행태들, 이단(異端)의 목소리들은 그 각각의 불협화음과 균열과 충돌을 내장한 채, 일종의 단편 조각들의 무질서한 모임(bricolage)[4]를 만들어낸다. 뿐만 아니라, 수많은 인물들의 이야기

---

4) 원래 '손에 닿는 아무 것이나 사용해서 만든 물건'이라는 뜻의 브리콜라지(bricolage)는 하위문화적 스타일이 어떻게 구성되는지를 설명하는 데 자주 이용된다. 가령, 레비 스트로스는 원시민족이 사용하는 마술적 양식들이 어떻게 일관된 연관체계들로 간주될 수 있는지를 설명하면서, 그 체계들의 기본요소들이 다양한 즉흥적인 조합들을 통해 그 내부에서 새로운 의미들을 발생시키는 데 사용될 수 있기 때문에 무한한 확장능력을 갖고 있다고 말한다. 또한 클라크(J. Clarke)는 하위문화적인 브리콜러(brocoleur 브리콜라지를 사용하는 사람)에 의해 채택되고 전복되며 확장되는 방식을 강조하며, 브리콜라주에 의

를 들려주지만 결코 기승전결의 플롯을 따르지 않는 서사적 구성, 그리고 자아와 세계의 동일화라는 서정시의 기본 원리를 일탈하는 시적 창조의 방법들은 일반화된 장르의 관습을 파기하면서, 새로운 일탈적 장르의 창조를 시도한다. 이 역시 편집과 섞어쓰기, 이질적인 것들의 혼종으로서 하위문화, 혹은 하이브리드 문화의 특징이라고 할 수 있다.

황병승을 비롯해 이승원, 김민정, 김행숙, 강정, 박상수 등 2000년대 시단에서 활발한 활동을 펼치는 시인들의 시는 대중문화와의 접변을 크게 확대하거나 직접적으로 하위문화 장르의 세례를 받은 작품들이다. 이들은 2000년대 시 비평계의 '서정시 논쟁' 과정에서 주요한 검토 대상으로 부각되어, 서정시 중심의 시단에 대한 저항과 비판을 시도하였다. 한국 시단의 서정시 주류의 현상이 서정시의 문법을 일정하게 관습화하고 고착시키는 경향을 낳았다면, 2000년대의 젊은 시인들은 일반화된 장르의 관습을 파기하고 주류 문단에 도전하며 새로운 일탈적 장르의 창조를 실험한다. 학교라는 교육 제도, 정전이라는 문학 제도의 완고한 틀 '바깥'에서 생성된 이들의 시는 한국 문학의 주류에 도전하는 과감한 실험과 발랄한 상상력으로 한국 시단의 새로운 무리를 형성하고 있다.

3) 사이버 문학의 출현과 장르문학의 생성

문학 창작의 변화라는 제목 아래 마지막으로 살펴볼 내용은 새로운 문학 양식의 생성으로 집약된다. 다양한 종류의 새로운 문학 양식이 지속적으로 생성되는 현상은 인터넷을 중심으로 한 향유 매체의 변화와

해 새로운 담론이 구성되고 다른 메시지가 전달될 수 있다고 보고 있다(딕 헵디지, 199 8 : 141~145 참조).

밀접한 관련을 갖는다. 주로 동호인들을 중심으로 PC 통신과 인터넷 카페에 글을 올리면서 시작된 통신 문학, 인터넷 소설 등은 주요 문예지와 일간 신문 신춘문예 등 기존 등단 절차를 생략한 채 유통된다는 점에서 동일하게 비제도권 문학이라고 평가할 수 있다.

인터넷 상의 문학은 대체로 SF, 추리, 무협, 판타지 등과 같은 주변부 장르나 통속 장르가 주종을 이루지만, 완전히 새로운 문학 장르가 창조되기도 한다. 이를테면, 팬픽, 야오이문학, 릴레이 소설, 게임 소설, 멀티 픽션, 인터액티브 픽션 등을 들 수 있다. 팬픽은 대중문화 스타를 주인공으로 내세워 가상의 상황을 설정해놓고 이야기를 전개해나가는 형태의 소설이며, 야오이 문학이란 남자 동성애를 주제로 하는 만화, 소설, 영화 등의 다양한 서사 텍스트를 말한다(이용욱, 2001). 팬픽이 "스타 시스템의 왜곡된 문화적 산물"이라면 야오이 문학은 "일본 대중문화가 독특하게 변질된 형태"(이용욱, 위의 글)이다. 두 개의 장르 모두 대중문화적 상상력에 바탕을 두고 창조된 새로운 문학 양식이라고 할 수 있다.

릴레이 문학 역시 인터넷 환경을 조건으로 생성된 문학 창작의 방법이자 새로운 장르로서, 여러 작가가 릴레이 형식으로 돌아가며 글을 올려 하나의 작품을 완성하는 공동 창작물을 가리킨다. 지난 2000년 <언어의 새벽, http://eos.met.go.kr> 웹 사이트에서 이제하, 박형준, 김상미, 김정란 등 100여 명의 전문 문학인들과 일반인들이 김수영의 <풀>을 기본텍스트로 삼아 하이퍼텍스트 시를 구성한 경우가 이에 해당된다. 게임 소설 역시 기본적으로 릴레이 문학의 한 창작 형태라고 할 수 있다.

멀티 픽션과 인터액티브 픽션은 인터넷 기술 환경을 바탕으로 창조된 문학 양식 가운데 가장 발전된 형태를 보여준다. 멀티 픽션은 컴퓨터 화면 상의 문자뿐만 아니라 동영상, 음향, 사진 등 다양한 매체와 개별적인 이미지들을 서로 연결(링크)하여, 인터넷 상의 멀티텍스트를 창조한 형태를 말한다. 인터액티브 픽션(interactive fiction)이란 다양한 컴퓨터 기술을 도입함으로써, 지금까지 문학, 음악, 회화 등으로 구분해온 예술의 장르들을 통합하는 문학 형태이다. 컴퓨터 화면 위에 동영상, 컴퓨터그래픽, 음향, 사진, 미술, 문학 등 다양한 기술을 활용하여, 최신 매체와 기존의 예술 장르를 서로 통합시킨다. 이 경우 창작자는 고도의 컴퓨터 조작 기술뿐만 아니라 각 장르에 적합한 예술 창조 능력을 동시에 갖추어야 한다. 이른바 디지털 시대의 멀티플레이어라고 할 수 있는 이들 창작자들은 작가라기보다는 디렉터에 가까운 총체적이고 종합적인 역할을 부여받는다.

최근 한국 문학의 경향과 관련해 흥미로운 지점은 주변부 문학, 주변부 장르로 시작되었던 인터넷 문학의 특징이 문단과 문화의 중심으로 틈입해오고 있다는 점이다. 구체적으로, 추리, 스릴러, 판타지, 공포, 로맨스 등 지금까지 비주류 문학으로 소외되었던 문학이 제도권으로 편입되면서 '장르문학'으로 통칭되고 있다. 장르문학이 지닌 대중성과 순발력, 엔터테인먼트 양식으로서의 특징들은 '위기'에 처한 한국문학이 결여하고 '상품'에 목마른 문화 자본이 필요로 하는 요소들을 갖추고 있기 때문이다. 최근 조선일보 주최 1억 원 고료 제1회 대한민국 뉴웨이브문학상, 5000만 원 고료 제1회 창비장편소설상, 계간지 '문학의 문학' 주최 제1회 장편소설 공모(5000만 원 고료), 그리고 1억 원 고료 제 4회 세계문학상 등에 당선된 수상작들은 한결같이 새로운 대중문화 장르로서의 형태를 띠고 있다. 조선일보 '대한민국 뉴웨이브 문학상'의 경우, 사고(社告)를 통해 이미 "본격문학과 대중문학의 경계를 넘나드는 새로운 중간소설(middlebrow fiction)"5) 공모(公募)를 명시하고 있다. 이때 '새로운 중간소설'의 하위 장르로 들고 있는 문학 양식들은 "역사적 사실과 허구를 뒤섞은 팩션(faction), 현대 여성의 꿈을 그린 칙릿(Chick-lit)",[6] "정통 추리소설, 판타지, 과학소설(SF), 스릴러, 로맨스 소설 등 문학성과 대중성을 겸비한 작품들"을 지칭한다.[7] 이들 문학상의 적지 않은 고료(稿料)와 전폭적인 출판 지원 방식은, 인터넷 매체를 기반으로 이루어졌던 문학 행위와 그 창작적 경향이 더 이상 주변부 문화로 머물지 않음을 확인시킨다. 평가의 관점에 따라, 본격문학과 대중문학이 서로 사회적 지위와 역할을 교체했다고도, 혹은 영역을 확대해 서로의 경계를 넘나든다고도 볼 수 있는 이 같은 경향은 문학창작 자체의 변화뿐만 아니라 '문학하기'를 둘러싼 제반 조건의 변화와도 맞물려 있는 문제일 것이다. 다음 절에서는 이에 대해 구체적으로 살펴보기로 한다.

3. '문학하기'의 조건과 변화

1) 문학과 대중문화의 접변 확대

2000년대 문학작품의 변화와 관련된 '문학하기'의 조건 변화는 일단 문학과 대중문화의 관계 변화를 통해 고찰해볼 수 있다. 자유경쟁적 자본주의 논리의 강화와 그에 따른 문화 환경의 변화 속에서 문학(인)은 다른 상품들과 마찬가지로 시장 논리의 메커니즘 속에서 작동하는 운명에

---

5) 『조선일보』, 2007. 3. 13.
6) '칙릿(Chick-lit)'은 젊은 도시 여성들의 일과 연애, 취향 등을 다룬 감각적이고 트렌디한 소설로서, 영화 <브리짓 존스의 일기>의 원작 소설, <악마는 프라다를 입는다> 등이 이에 해당된다.
7) 『조선일보』, 2007. 3. 13.

놓인다. 이러한 상황에서, 시장의 덕목인 상품성과 대중성을 갖추는 일
은 시장에서 '살아남기' 위한 문학의 새로운 전략이라고 볼 수 있다. 최
근 문학이 다양한 방식으로 대중문화와의 접변을 넓혀나가는 현상 역시
이 같은 '문학하기'의 조건 변화 속에서 해석할 수 있다. 대중의 감성 및
취향의 변화, 또한 문학만의 고유한 역할과 특성이 점차 다른 영역에 의
해 대체되는 상황, 그리고 상품 논리의 메커니즘 속에서 대중문화와의
접변 확대는 문학 편에서 보자면, 문학의 상품성과 대중성을 강화하는
효과적이고 실제적인 방안이라고 할 수 있기 때문이다. 달리 말해, 문학
이 아닌 혹은 문학을 넘어선 소통방식을 통해 대중과 소통하고 상품으
로 유통되기 위한 전략이라고 볼 수 있다.

그러나 이 같은 내용은 문학과 대중문화의 관계 변화를 설명할 수 있
는 다각적인 층위 가운데 하나의 측면에 불과하다. 다른 측면에서 보자
면, 두 영역의 관계 변화는 매체의 발달과 매체 환경의 변화로 인해, 창
작자와 독자 모두 다양한 매체 경험이 보편화되는 현상에서 기인한다.
독자(대중)뿐만 아니라 창작자의 감수성과 취향, 상상력 역시 매체 경험
의 확대 속에서 변화하고 있다는 점이다. 소설집 『펭귄뉴스』(창작과 비평
사, 2006)를 출간한 소설가 김중혁은 「작가의 말」에서 "나라는 것은 무수
히 많은 조각들로 이뤄진 덩어리일 뿐이다"라고 말하면서, "나"를 이루
는 "레고 블록들"로 다음과 같은 항목들을 열거하고 있다. "더 킹크스",
"더 비틀즈", "엘비스 코스텔로" 등의 영국 밴드와 가수, 첼리스트 "자
클린느 뒤 프레", 화가 "바스키아", 그리고 "휴렛패커드 레이저젯", "아
이비엠 X40", "아이팟" 등의 전자 기기, 또한 "구글", "전자신문" 등의
인터넷 검색 엔진과 유통 매체 등이 작가 김중혁의 독특한 상상력을 낳
은 영향 요인으로 제시되어 있다. 라디오, 타자기, 텔레비전 등 과거에

'최신'의 매체로 등장했지만 이제는 낡아가는 기기들, 그리고 컴퓨터 해킹과 '바나나 현상'[8]의 형상화를 통해 전자 매체와 인간, 환경과 문명의 관계를 다루는 그의 소설들은 다양한 예술과 매체를 넘나드는 총체적 지각 경험과 복합적인 상상력으로부터 창작의 기본 동력을 얻고 있다.

또 다른 면에서, 문학과 대중문화의 관계 변화는 문학인들의 지위와 조건 변화와 관련지어 해석할 수 있다. 특히 시인들에게 집중적으로 나타나는 이 같은 변화는 문학창작자가 문학 이외의 다양한 문화 부문으로 활동 영역을 확대하는 현상을 가리킨다. 주로 출판직, 교육직 등을 겸업하며 생계를 유지했던 예전 시인들과 달리, 최근에는 록그룹 밴드의 연주자나 보컬리스트, 작곡가이자 DJ, 극작가, 단편영화 제작자, 사진가, 여행가, 카피라이터 등으로 시인들의 직업이 매우 다양화되고 있다. 문화계 '팔방미인'들이라고 할 이들의 다양한 활동은 '시인'을 직업으로 내세울 수 없는 현대 시인들의 자본주의 생존 전략이자, 다매체·다문화로 요약되는 2000년대 문화환경의 변화에 적극적이고 생산적으로 참여하고 있다는 증거로도 해석할 수 있다. 매체를 다루는 일을 직업으로 삼고 있는 2000년대의 젊은 시인들은 새로운 매체에 대한 경험과 상상력을 확대하면서 일종의 '문화게릴라'로서의 역할을 담당하고 있다.

2) 매체 환경의 변화

'문학하기'의 조건을 변화시킨 또 하나의 중요한 항목은 매체 환경의

---

8) '바나나(Build Absolutely Nothing Anywhere Near Anybody) 현상'은 환경 오염 시설을 자신의 집 앞에 설치하지 못하게 하는 지역 이기주의를 지칭한다. 작가 김중혁은 「바나나 주식회사」라는 단편소설에서 "모든 사람들이 '바나나'를 외친다면 그건 지역 이기주의가 아닌 전지구적인 혁명이 될 것"이라고 본다.

변화이다. 문자 매체 시대 인간의 지각 경험이 시각성을 중심으로 하는 반면, 전자 매체는 시각과 청각, 촉각 등 복합적이고 총체적이며 동시적인 지각 경험의 변화를 가져온다.9) 매체 환경의 변화로 인한 인간의 변화는 인간의 미디어 기기 사용에서 즉각적이고 직접적으로 발생하기도 하며, 나아가 미디어 사용의 일상화로 인한 인간의 의식, 행동, 삶의 양태 변화로 귀결되기도 한다. 이원의 시에서 묘사한 것처럼, 2000년대의 많은 사람들은 인터넷 화면을 통해 신문을 '본다'. 그들은 신문을 보고 음악을 들으면서 동시에 전화를 받으며 이메일을 쓴다. 이처럼 동시다발적인 지각 경험은 때로 시공을 초월해 다른 지역, 국가, 다른 시간대로 확장되기도 한다. 인간의 감각 지각 및 시공간 경험의 변화가 다양한 전자 매체의 접촉에 따른 즉각적인 변화라고 한다면, 매체 사용의 일상화는 인간과 매체가 일체화되는 "미디어의 신체화" 현상을 낳는다. 이것은 미디어의 변용이 미디어를 특정 장소와의 연결에서 해방시켜 어디라도 이동할 수 있고 모든 공간에 편재된 것으로 바꾸어놓는 현상을 가리킨다(요시미 순야, 2006 : 176). 여기서 부각되는 것은 테크놀로지를 갖추고 경계를 넘어서 이동할 수 있는 개별 신체이다. 즉, 인간은 MP3를 끼고 노트북, 휴대전화를 들고 지구상의 어느 곳이든 '간다'.10)

최근 문학에 나타나는 복잡하고 총체적이며 다매체적인 지각 경험과 경계를 초월하는11) 상상력은 이처럼 "어디라도 이동가능하고 모든 장소

---

9) 다매체 문화환경에서 일어나는 지각 경험과 2000년대 한국시의 양상에 대해서는 김신정 (2007) 참조.

10) 요시미 순야는 미디어가 인간에게 제공한 자유와 통제를 동시에 통찰한다. 그에 따르면, 자본주의는 디지털 매체를 휴대하고 자유롭게 떠돌아다니는 인간의 몸을, "지구를 온통 뒤덮고 있는" 전자망으로 포착하고 있다(요시미 순야, 2006 : 176~178).

11) 장르, 시간, 공간, 젠더의 경계를 초월한다는 점에서 전반적인 '트랜스' 문학의 특징을 보여준다.

에 편재되어 있는" 미디어 환경에서 구체적인 자양분을 얻는다. 창작자와 독자 모두에게 보편화된 매체 경험이 문학 작품의 특성을 변화시키고 새로운 문학 양식을 탄생시킬 뿐만 아니라, 문학작품의 향유와 유통 방식에도 일정한 변화를 가져온다.

문학 매체의 다양화 현상은 문학작품의 창작과 수용, 유통방식의 변화를 가져오는 직접적인 요인이라고 할 수 있다. 인터넷 공간에서 이루어지는 글쓰기 행위는 일반인[12]과 전문 문학인들에게 일상적인 수준에서 점차 확대되고 있다. 이메일 문학 편지, 문학 웹진, 인터넷 카페와 문학 동호회, 멀티미디어 낭송시 등 인터넷을 매개로 한 문학 행위와 양식이 매우 다양하게 변이되고 있을 뿐만 아니라, 휴대폰 소설의 창작, 미국 인터넷 서점 '아마존'의 전자책 리더 '킨들(kindle)' 개발 등과 같은 새로운 문학 양식과 전자 기기의 탄생이 지속되고 있다.

디지털 기술의 발달을 기반으로, 인터넷 상의 글쓰기 행위와 새로운 문학 양식, 문학 매체의 변화는 더욱 가속화될 전망이다. 이 같은 상황에서 문학, 문학 창작, 또는 문학 작품의 개념과 의미 또한 변화하고 있다. 문학은 이제 고정된 실체가 아니라, 매체 환경의 변화 속에서 끊임없이 생성, 변화하고 소멸하며 운동하는 존재라고 할 수 있다. 문학은 여전히 고전적인 정의대로 현실의 모방이고 반영물이지만, 그 모방 대상의 범위는 정의하기 어려울 만큼 다양하고 광범위하다. 최근의 문학은 진지하고 엄숙한 것의 범위를 넘어서 기괴하고 잔인하고 폭력적인 것으로 모방의 대상을 무한 확대하고 있으며, 따라서 그러한 문학에 대해,

---

12) 최근의 통계 조사에 따르면, 인터넷에서 이제 일반인들은 더 이상 '손님'이 아니라 '주인'의 입장에서 글을 쓰고 출판하는 현상이 가속화되고 있음을 보여준다(정현선, 2008 : 40).

컴퓨터 게임, 영화, 드라마, 대중음악, UCC 등과 크게 다를 바 없는 '오락물'의 하나라고도 정의할 수 있는 상황이다(서영인, 2007 : 102). 혹은 본격문학이 아닌 대중문화계의 입장에서 보자면, 매체 환경의 변화에 따른 최근 문학의 특징은 문학의 '새로운' 존재 방식이라기보다는 "여태까지 이른바 문학의 영역으로 치부하지 않았던 영역의 문학들을" '이제야' 발견하고 있는 것이라고도 진단할 수 있다(이영미, 2007 : 33). 최근 문학을 둘러싼 변화는 문학 자체 혹은 관점과 해석의 측면뿐만이 아니라 문학 창작자의 측면에서도 찾아볼 수 있다. 구체적으로, 전자 매체 시대의 작가는 한 시대의 모럴과 미학의 창조자라기보다는 매체 제작자, 디렉터의 성격이 강하며, 독자와 마찬가지로 일상화된 글쓰기 행위의 주체로 존재하고 있다. 문학 창작과 향유 매체의 변화는 이처럼 문학의 개념과 의미, 특성과 조건의 총체적인 변화를 전제로 할 때, 좀 더 구체적인 논의가 이루어질 수 있을 것이다. 이 글의 관심사인, 문화 환경 및 문학 창작의 변화에 따른 문학교육의 대응 문제 역시 기본적으로 '문학'의 개념과 의미, 그 소통의 방식과 내용이 변화되어가는 상황을 고려하여 구체적으로 논의할 필요가 있다.

4. 문학교육의 대응―문학능력을 중심으로

최근, 문학을 둘러싼 제반 영역의 거대한 지각 변동은 문학교육의 방향과 내용에도 적지 않은 영향을 미치고 있다. 지금까지 문단의 주류와 학교교육에서 거의 주목되지 않았던 장르문학과 하위문학·하위문화 주체의 부상, 또한 인터넷 공간에서 점차 탈교과서적인 문장이 늘어나고 글쓰기의 윤리가 실종되는 상황들은 정전, 문학사, 신비평 중심으로 진행되어 온 학교교육에서 선뜻 포괄하기 어려운 면모를 지니고 있다. 그러나 문학 현장과 청소년 문화의 실제 변화에 대응하면서, "문학능력의 향상을 통하여 인간다움을 성취하는 교육활동"(김대행 외, 2000 : 5)이라는 문학교육의 정의에 부합하기 위해서는 문학교육의 영역과 내용에도 일정한 변화가 요구된다. 특히 본고의 과제와 관련해서, 문학능력의 범주와 목표를 어떻게 설정할 것인가, 최근 문화의 급속한 변동에 대응하기 위해서는 주로 '어떤' 문학능력의 향상이 필요한가, 나아가 문학능력의 향상을 통하여 궁극적으로 성취하고자 하는 '인간다움'의 정의는 무엇인가. 기본적으로 이와 같은 문제의식 속에서, 문학능력의 함양을 중심으로 한 문학교육의 대응 방안이 논의되어야 할 것이다. 또한 아울러 고려되어야 하는 중요한 지점은, 앞서 살펴보았듯이, 문학이 '문학'의 정의와 범주를 넘어서서 존재하는 현상, 또는 문학이 문화 전반과 활발히 교섭함으로써 '문학'이라는 물리적 실체가 변화되어 나가는 현상에 있다. 본고에서 문학능력에 대해 논의한다면, 그러한 논의 역시 문학 자체 및 문학을 둘러싼 제반 문화 변동에 대한 대응 차원에서, 문학 창작의 변화와 문화 전반의 변화를 동시에 고려하는 관점을 통해 이루어져야 할 것이다.

1) (상호)문화적 능력과 매체 문식성(media literacy)

문학은 더 이상 '문학'이라는 제한된 정의 아래 포괄되지 않고 기존의 틀을 넘어서서 다양한 형태로 존재하고 있다. 이제 문학이 여타의 다른 예술 장르나 문화 형식들과 구별되는 특권적인 지위를 주장할 수 있는 시대가 아닌 것은 분명한 일처럼 보인다. 문학은 과거 활자 문학 시대에 차지했던 독점적 지위를 상실하고 수많은 매체 가운데 하나의 매체로서 자신을 주장하면서 다른 매체와의 공생을 모색하지 않을 수 없게 되었다(이광복, 2002 : 54). 최근 문학의 현상 가운데, 문학 작품 속에서 형상화되는 매체 경험의 양상과 변화, 또는 일상의 다양한 매체 경험과 장르 체험이 문학 작품의 특성 자체를 변화시키는 과정, 그리고 지금까지 찾아보기 어려운 새로운 문학 양식이 생성되는 현상 등은 인터넷 등의 새로운 전자 매체와 대중문화, 타 예술 장르가 활발하게 교섭하는 가운데서 나타난 새로운 양상이라고 할 수 있다.

그렇다면 이처럼 문학 자체와 문화 환경이 급격히 변화하는 상황에서 문학교육은 어떤 목표와 내용을 추구해야 할 것인가? 최근 문학의 현상과 문화 환경의 변화에 적극적으로 대응하기 위해서는 (상호)문화적 능력과 미디어 문식성의 함양이 문학교육의 주된 목표로서 강조되어야 한다. (상호)문화적 능력은 기본적으로 탈장르, 탈경계, 탈국가의 상상력을 기초로 한다. 문화적 능력이란 문학을 비롯한 다양한 예술 장르, 문화 형식과 소통하며 창의적 관계를 맺어나가는 능력을 말하며, 그에 비해 상호문화적 능력이란 "다른 문화권의 텍스트와 접촉하면서 인지, 사유, 가치평가 및 행위의 특수한 정향체계를 이해하고 그것을 자기 문화의 정향체계에 통합시키며, 적용시키는 능력"(이광복, 2002 : 64)을 뜻한다. 문학이 다양한 문화 형식 중의 하나이면서 다른 문화 형식들과 다양한 방식으로 상호작용하는 시대, 그리고 그러한 상호작용이 장르와 매체, 국경을 넘어 이루어지는 시대에는 여러 문화 형식과 문화권 사이의 복잡한 관계성을 읽어내고 이를 창의적으로 적용하거나 새롭게 창조할 수 있는 능력이 중요하게 부각된다. 매체 문식성(media literacy)의 중요성이 강조되는 배경 또한 마찬가지 상황에서 기인한다. 다양한 매체의 특성을 이해하고 창조적으로 활용하는 능력은 문학 창작 및 문화 전반의 발달을 이루기 위한 핵심적인 바탕이라고 할 수 있다.

2) 이미지 수용과 해석, 표현 능력

매체 환경의 변화를 중심으로 한 최근의 문화 변동 과정에서 두드러지는 특징 가운데 하나는 시각 현상과 이미지의 폭증이라고 할 수 있다. TV, 비디오, DVD, 컴퓨터와 그밖의 최신 전자 기기를 포함해, 영화, 광고, 사진, 만화, 그림 등의 예술 장르뿐만 아니라 동영상, 뮤직 비디오, UCC 등의 비주얼 콘텐츠, 그리고 시각화된 육체로서의 '몸' 담론에 이르기까지 다양한 시각현상과 매체, 장르가 문화의 주요 부문이자 특성으로서 부각되고 있다.

문학의 경우에도 시, 소설 등의 순문학 등에서 주로 표현되었던 언어적 이미지 외에 그래픽, 영상 이미지 등의 다양한 이미지 표현 방식이 활용되고 있으며 이 같은 경향은 새로운 장르문학의 출현에도 영향을 미치고 있다. 판타지, SF, 팬픽 등의 장르문학의 경우, 인터넷 게임과 미국 드라마, 영화 등의 영상 매체 등으로부터 직접적으로 영향받은 측면이 크다고 할 수 있다. 장르문학과 사이버 문학의 경우뿐만 아니라 순문학 장르와 여타의 다른 시각 예술 장르, 매체 등이 상호매개적으로 교섭하는 과정을 고려할 때, 이미지 수용과 해석 능력은 문학과 문화 전반을 이해하는 핵심적인 요소로 그 중요성이 제기된다. 다매체 시대의 문학은 글로 '써서' 작품으로 완결지을 뿐만 아니라 '만들어 보여주는' 능력을 필요로 한다. 언어적일 뿐만 아니라 시각적인 묘사, 이미지 표현을 활용한 매체 제작 능력이 주요 창작 능력의 하나로 요구되는 것이다.

문자 언어의 수용과 해석 능력을 향상시키기 위해서도 일정한 시간과 훈련을 필요로 하듯이, 이미지를 통해 의미의 전달과 의사소통, 문화의 공유가 이루어지기 위해서는 기본적인 독법의 습득과 수용 능력의 향상이 필요하다. 시지각, 시청각, 신체 지각 등의 공감각적이고 다감각적인 인지 방식과 전달 방식이 문화 전반에서 대두되는 시점에서 이미지 수용과 창조 능력은 문자 매체 시대의 언어 능력에 견줄 만한, 핵심적인 문학능력의 하나로 예상할 수 있다.

3) 창의력과 상상력을 바탕으로 한 서사 구성 능력

최근의 매체 환경과 문화 변동 속에서 두드러지게 나타나는 변화 중의 하나는 문학의 텍스트적 성격보다는 일종의 문화콘텐츠로서의 성격이 부각되고 있다는 점이다. 가령, 사이버 공간에서 네티즌의 호응을 얻은 인터넷 소설이 종이책으로 출간되고 다시 영화나 드라마로 만들어져 흥행에 성공하는 경우, 또는 장르문학과 본격문학 소설이 영화의 시나리오로 각색되는 경우가 이에 해당된다.[13] 주로 10대 주인공들이 등장하는 멜로, 코미디, 로맨스 장르 영화인 <엽기적인 그녀>, <동갑내기 과외하기>, <옥탑방 고양이>, <그 놈은 멋있었다>, <내 사랑 싸가지> 등이 대표적인 예가 되며, 해외의 경우 영국 판타지 소설 <해리 포터> 시리즈가 영화로 제작되어 세계적 흥행에 성공한 예를 들 수 있다. 최근에는 <모털 컴뱃>, <스트리트 파이터>, <던 전 앤 드래건스(Dungeons

---

13) 인터넷 소설의 영화화 현상에 대해서는 이상용(2004) 참조.

and Dragons)> 등의 컴퓨터 게임이 영화로 만들어졌다. 전자 매체 시대의 문학, 특히 서사 장르는 이처럼 하나의 콘텐츠가 영화, 드라마, 만화, 컴퓨터 게임 등의 다양한 매체로 변이되는 OsMU(One-Source Multi-Use)방식으로 유통되고 있다.

이처럼 하나의 서사물이 일종의 문화상품으로서 가지는 경제적 가치가 극대화될 수 있는 상황에서 질 높은 콘텐츠를 개발하여 문화 전반의 활성화를 유도하는 일이 요구된다. 인터넷 공간에서 유통되는 비슷한 부류의 10대 서사물을 재생산하거나 컴퓨터 게임, 장르서사물의 기본 플롯을 모방과 짜깁기를 통해 재배열하는 일이 반복될 경우, 문화 인프라의 구축은 요원한 일이 되며 문화계의 질적인 타락을 가져오게 될 것이다. 문학이 디지털 스토리텔링 산업의 중요한 원천을 제공하는 상황에서, 고도의 상상력과 창조력을 바탕으로 한 서사 구성 능력은 문학성의 의미를 제고시키고 문화 활성화를 유도하기 위한 주요한 능력의 하나로 부각된다.

4) 비판적 사고 능력과 윤리 의식

전자 매체의 발달로 대량의 다양한 정보가 유통되고 정보의 접근성이 향상됨으로써 나타나게 된 문제점은 정보의 복제와 재생산이 기술적으로 손쉽게 가능해졌다는 점이다. 인터넷의 바탕을 이루는 디지털과 네트워크 기술은 저자에 의해 생산된 텍스트의 이동과 수정을 가능하게 하며, 독자들은 디지털 언어로 저장되고 배열되어 있는 저자의 목소리를 수정할 수 있다(정현선, 2008 : 46). 이 같은 상황에서 디지털 매체를 통해 이루어지는 문학 창작물의 유통, 또는 다양한 장르와 매체 간의 상호작용이 활발하게 지속되기 위해서는 무엇보다 저작자와 독자 모두의 확고한 윤리 의식이 요구된다. 글쓰기의 윤리 의식은 '인간다움'을 목표로 하는 문학교육의 근본 물음을 재고할 때 특히 강조되어야 할 내용이다. 저작자의 재산권을 보호하고 존중한다는 기본 취지에 충실하면서 인류 공동체의 발전을 위한 정보의 공유와 공정 이용을 추구할 때(정현선, 위의 글, 52~53), 다매체 시대에 대응하는 문학교육의 목표와 내용은 또 하나의 구체적인 항목을 추가할 수 있을 것이다.

마지막으로 현단계 문학교육 분야에서 강조해야 할 내용으로는 종합적이고 비판적인 사고 능력을 들 수 있다. 사회적으로 통용되는 매체가 다양화되고 그에 따라 정보의 대량생산화, 다양화 현상이 나타나며, 동시에 생산되는 의미와 가치가 다양한 방식으로 출현하면서 매체, 장르, 창작물들 사이의 복잡한 양상을 파악할 수 있는 종합적인 사고 능력이 요구된다. 아울러 주지해야 할 점은, 갖가지 미디어가 가능하게 한 '자유로운' 창작 환경과 그 속에서 생산되는 창작물 역시 하나의 문화적 제도 안에서 이루어지는 의미 작용 안에 포괄된다는 것이다. 이를테면, 한편의 문학 텍스트가 영화, 드라마, 게임 등의 콘텐츠를 구성하며 매체 전환되는 과정에서 발생하는 것은 단순히 경제적 가치의 창출이나 대중성의 제고라는 측면에 그치지 않는다. 그것은 또 다른 성격의 문화 제도 안에서 새로운 역학 관계와 의미 작용이 생성되는 과정이라고 할 수 있다. 이에 대한 통찰력과 비판적 사고 능력은 다매체 시대의 문학교육이 포함해야 할 또 하나의 중요한 내용이 될 것이다.

5. 결론

본고는 2000년대 문화 환경과 문학이 급격하고 다양하게 변화하고 있다는 판단 하에 그 변화의 내용이 구체적으로 무엇인가를 고찰하였다. 그 결과 문학의 개념, 지위, 내용, 장르의 형식, 사회적 존재 방식 등의 면에서 적지 않은 변화가 나타나고 있음을 확인할 수 있었다. 2000년대 문학은 고정된 실체로서 현상하기보다는 끊임없이 생성·변화하고 소멸하며 운동하는 여러 문화 형식 중의 하나로서 존재한다. 일상의 다양한 매체 경험의 형상화, 대중문화와의 접변 확대, 그리고 하위 문화적 상상력의 수용과 혼종성의 강화로 요약되는 일련의 특징들은 2000년대 문화 환경의 변화에 따른 문학 자체의 변화를 설명하는 구체적인 내용들이라고 할 수 있다.

물론 이 같은 특성들이 한국 문학의 특수한 현상이라고 볼 수는 없다. 전 세계적으로 진행되고 있는 신자유주의 질서의 강화와 자본주의 문화 변동의 큰 흐름 속에 한국 문화가 편입되어가는 현상이라고 해석하는 것이 좀 더 타당한 관점일 것이다. 본고의 의도는 2000년대 문화 환경의 급격한 재편과 문학의 새로운 현상을 폄하 혹은 배제하거나 고평(高評)하는 데 있지 않으며, 문학과 문학을 둘러싼 문화환경의 뚜렷한 변화를 주목하고 해석하며 개념화하는 일이 곧 학문의 고유한 영역이라는 관점에 기초한다. 본고는 그러한 작업의 일단에 해당된다. 이러한 시각에서 본다면, 한국문학은 현재 전 세계적인 질서의 재편과 일반적인 문화의 변동 속에서 한 흐름을 형성하고 있다고 말할 수 있을 것이다. 그 '흐름'을 특히 시 장르에 국한하여 요약한다면, 변화와 지속이라는 측면에서 설명 가능하다. 2000년대 한국 문학의 '안'과 '바깥'에서 다양한 변화가 일어났지만, 문학 자체의 변화를 요약한다면 '말하기 방식'의 변화로 집약할 수 있을 것이다. 시어, 어조 수준의 변화뿐만 아니라 '진지하지 않은' 방식으로 말하는 화법 차원의 변화가 광범위하게 일어나고 있다. 낯설고 간혹 '기괴'한 방식으로 나타나는 2000년대 젊은 시인들의 전복적 상상력은 시에 대한 일반화된 관념을 깨뜨리는 도전적인 양상을 보여주지만, 그 낯선 발화 방식의 이면에는 인간의 소외, 외로움 등과 같은 근원적인 의식과 이미지가 자리하고 있다. 2000년대의 문학은 문학의 근원적인 발생 지점을 한편에서는 지속시키고 한편으로는 변형하고 그에 대한 과격한 도전을 감행하면서, 새로운 문학의 창조를 실험하고 있는 것이다.

본고의 문제의식 가운데 다른 하나의 줄기는, 이처럼 문화환경과 문학 창작, 그리고 문학 자체의 특성이 급격히 변화하고 있는 상황에서 이에 대한 문학교육의 대응이 어떤 방식으로 이루어져야 하는가를 문학능력을 중심으로 고찰하는 것이었다. 이에 대해 본고에서는, 문학을 비롯한 다양한 예술장르 및 문화 형식과 소통하며 창의적 관계를 맺어나가는 문화적 능력, 그 가운데서도 다른 문화권과 다른 장르, 매체와의 소통능력을 기초로 하는 상호문화적 능력을 현단계 문화환경에 대처하기 위해 필요한 능력으로 제시하였다. 그밖에도 매체 환경의 변화로 인한 지각 경험 방식의 변화 속에서 공감각적이고 다감각적인 인지 방식의 중요성이 부각되는 상황을 고려한다면, 이미지 수용과 해석, 표현 능력의 필요성을 제기할 수 있을 것이다. 또한 창의력과 상상력을 바탕으로 한 서사 구성 능력, 마지막으로 비판적 사고 능력과 윤리 의식 또한 다매체, 다문화 시대의 문학교육이 포함해야 할 중요한 내용이 될 것이다. 2000년대 문화환경과 문학 창작에 대한 탐구를 통해 본고에서 현단계 문학교육의 목표이자 내용으로서 제시한 문학능력의 항목들이 후속 연구를 통해 좀 더 정련화되어, 전문창작자뿐만 아니라 학교 교육 현장과 일상에서 실제적으로 적용될 수 있기를 기대한다.

참고문헌

김대행 외, 『문학교육원론』, 서울대학교 출판부, 2000.

이용욱, 『사이버문학의 도전』, 토마토, 1996.

정현선, 『다매체 시대의 국어교육과 문화교육』, 도서출판 역락, 2004.

딕 헵디지, 『하위문화-스타일의 의미』, 이동연 역, 현실문화연구, 1998.

요시미 순야, 『미디어 문화론』, 안미라 역, 커뮤니케이션 북스, 2006.

호미 바바, 『문화의 위치』, 나병철 역, 소명출판, 2002.

김성곤, 「왜 지금 판타지인가」, 『계간 북페뎀』 5호, 한국출판마케팅연구소, 2004.

김신정, 「감각과 소통, 자본의 네트워크」, 『문학수첩』 20호, 2007.

김정우, 「교육의 관점에서 본 시의 대중성-시적 리터러시의 교육을 향하여」, 『한국시학연구』 18호, 2007.

류현주, 「내러티브냐 인터랙티브냐」, 『계간 북페뎀』 5호, 한국출판마케팅연구소, 2004.

박 진, 「우리는 왜 팩션에 열광하는가?」, 『문학과 사회』 2005 겨울호, 2005.

배식한, 「블로그 : 하이퍼텍스트의 꿈에 좀더 다가가기」, 『문학 판』 2003 겨울호, 2005.

서영인, 「한국문학의 현주소에 관한 다소 과장된 사례 보고」, 『문학수첩』 20호, 2007.

이광복, 「상호문화적·미디어적 능력」, 『독어교육』 24집, 2002.

이광호, 「혼종적 글쓰기 혹은 무중력 공간의 탄생-2000년대 문학의 다른 이름들」, 『문학과 사회』 70호, 2005.

이상용, 「영화는 왜 인터넷 소설에 주목하는가」, 『계간 북페뎀』 5호, 한국출판마케팅연구소, 2004.

이영미, 「문학의 새로운 존재방식, 변화인가 발견인가?」, 『문학수첩』 20호, 2007.

이용욱, 「인터넷과 문학-그 현황과 흐름」, 『현대문학』 560호, 2001.

이장욱, 「체셔 고양이의 붉은 웃음과 함께 하는 무한전쟁 연대기」, 『나의 우울한 모던 보이』, 창작과 비평사, 2005.

정현선, 「인터넷 공간에 대한 저자의 인식과 글쓰기 윤리」, 『한국작문학회 제 12회 연구발표회 자료집』, 한국작문학회, 2008.

최미숙, 「매체언어 교육을 위한 교육과정 개발 방향」, 『국어교육학 연구』 제28집,

2007.

최미숙, 「미디어 시대의 시 텍스트 변화 양상과 시 교육」, 『문학교육학』 24호, 2007,

최병우, 「전자매체 시대의 독자」, 『독서연구』 제16호, 2006.

최지현, 「매체언어교육을 위한 교수·학습 방법 탐구」, 『국어교육학 연구』 제 28집,
2007.

제 7 장

문학능력과 교육과정, 그리고 매체

－ 교육과정 목표를 통해 본 문학능력관과 매체의 수용 －

김 창 원

경인교육대학교 국어교육과

1. 머리말

1) 논의의 필요성과 방향

문학교육의 목적에 대해서는 여러 논의가 있을 수 있다. 예를 들어 개인의 삶의 질 향상, 공동체 형성과 유지, 문화 계승과 발전 등이 모두 문학교육의 목적으로 거론된다. 그러나 이들은 문학교육 고유의 논의라기보다 학교교육 전반에 관한 논의라고 봐야 한다. 그에 따라 언어 생활의 질 향상, 심미적 사고와 상상력 신장, 문학적 문화의 고양 등을 거론하기도 하고, 바람직한 문학 주체 형성, 문학 소통 능력 신장, 문학 리터러시 함양 등의 구체적 목표로 논의 방향을 돌리기도 한다. 어느 경우든, 문학교육이 문학이라는 독특한 텍스트를 자료 혹은 매개로 하여 학습자의 문학적인 사고와 소통 능력을 기름으로써 문학과 관련된 문화를 발전시키는 기획이라는 점은 동일하다. 여기서 보듯이 대개의 교육 목적론은 'A를 길러서 / 함양하여 B를 추구한다.'의 형태를 띠는데, 문학교육에서 그 A는 '문학에 관한 모든 능력'이 된다.

단순하게 문학능력이라고 말했지만, 그 개념의 폭은 상당이 넓다. 연구자마다 이 용어를 서로 다른 개념으로 사용하여, 어느 경우에는 '문학을 문학으로 인식하고 문학 활동을 할 수 있는 능력'의 뜻으로 사용하기도 하고, 어느 경우에는 '문학에 관한 지식과 경험의 총체'라는 의미로 사용하기도 한다. 구체적으로 '문학 텍스트를 감상·비평하고 창작하는 능력'으로 한정하는 경우도 있다. 문학능력이 문학교육의 핵심 개념이라는 데에는 대체로 동의하지만, 그 실체가 무엇인지에 관해서는 뚜렷한 합의를 이끌어내기 어렵다.

문학교육의 제도적 정화라 할 교육과정도 사정은 마찬가지다. 제4차 교육과정에서 문학교육 과정이 별도로 구성된 이후[1] 2007년 교육과정에 이르기까지 다섯 차례의 국가교육과정이 공포되었는데, 그때마다 문학능력을 바라보는 관점은 조금씩 달라졌다. 예컨대 4차 교육과정이 문학 텍스트에 관한 능력을 중시했다면 5차 교육과정은 문학적 활동 능력을 중시하고, 6차와 7차 교육과정은 문학 문화에 관한 내용을 추가하는 식이다. 문학교육 과정이 상정한 문학능력의 개념을 살펴본다면 문학교육의 실질과 지향을 모두 알아낼 수 있다.

본고는 이와 관련하여 4차 이후 문학교육 과정이 상정한 문학능력의 개념을 살펴보고, 2007년 교육과정의 문학능력관을 분석하여 그 지향을 탐색하고자 한다. 특히 2007년 교육과정에서 처음 생긴 '매체언어' 과목과 대조하며 매체 기반의 문학능력은 어떻게 개념화할 수 있는지를 살펴보는 데 초점을 둔다. 이를 통해 한쪽으로 문학교육 목표이자 내용으로서 문학능력의 개념 논의를 심화하고, 다른 쪽으로 교과서 개발 및 교수론의 개선에 관해 실천적 문제 제기를 할 수 있을 것이다.

2) 문학능력 논의의 전제

문학능력에 관한 연구는 주로 문학교육의 목표 및 내용론의 일환으로 이루어졌다. 외국에서는 컬러의 논의가 대표적인데, 그는 구조주의 시학

---

[1] 여기서의 '문학교육과정'은 '국어' 과목의 문학 영역과 고등학교 '문학' 과목의 교육과정을 합쳐서 가리킨다.

의 흐름에 속하면서도 독자 중심의 관점을 취하여 문학능력(Literary Competence)을 '교양 있는 독자가 지닌 문학적 관습에 관한 지식'으로 규정하였다. 여기서의 'Competence'는 촘스키가 언어 능력(Linguistic Competence)을 언급할 때의 그것과는 조금 다른 개념으로, 촘스키의 언어 능력이 기저 능력에 해당한다면 컬러의 문학능력은 추구 능력이라는 차이를 보인다. 리파떼르도 비슷한 관점에서 문학능력을 언급하고 있으며, 또 다른 구조주의 시학자 스콜즈도 맥락은 다르지만 문학능력에 대한 관심을 표했다.

국내에서 문학능력에 대한 논의는 김대행, 우한용, 김중신, 김상욱, 정재찬, 최지현 등의 논의에서 두드러진다. 이들 논의는 크게 보아 기호—소통론적 능력과 이데올로기—담론 능력을 강조하는 편차를 보이는데, 대체로 문학의 내적 특성에 주목하는 논자들은 전자에, 문학의 사회적 역할을 중시하는 논자들은 후자에 착목한다. 한편으로 문학능력을 문화와 연관 지어 설명하는 관점도 일정한 지분을 차지한다.

이러한 논의들이 놓친 부분은 문학능력이 결국 교육적 용어 / 개념이라는 점이다. 용어 / 개념이 필요해진 이유부터 그것의 활용처까지, 문학능력은 교육과 분리해서 생각할 수 없다. 능력에 관해 논의하는 순간 그것을 어떻게 다룰까—구체적으로는 어떻게 발전시킬까를 고민하게 되기 때문이다. 문학능력은 문학교육의 목표이자 내용으로서2) 교육과정이나 교과서와 같은 구체적 실천을 고려해야 그 의미가 분명해지는데, 그동안

---

2) 교육론에서 목표와 내용은 자주 중첩된다. 국어교육에서 널리 용인되는 개념을 예로 들면, 국어교육의 내용은 '국어사용능력'이고 목표는 그것을 신장하는 것(=국어사용능력 신장)이라는 식이다. 이는 목표론과 내용론의 층위를 혼동한 전형적인 사례로서, '평가 목표—평가 내용'의 기술에서도 똑같이 발견된다. 목표—내용의 층위에 대해 이 논문에서는 일단 일반적인 용법을 따르지만, 언젠가는 교육철학 수준의 논의가 있어야 한다.

의 논의들은 문학 혹은 문학 활동의 측면에만 집중하여 이 점을 소홀히
했다.

교육적 안목에서 문학능력을 재개념화한다는 것은, 첫째는 개인의 희
망과 사회적 요구, 교육 가능성 등을 고려해서 문학능력을 개념화해야
한다는 뜻이고, 둘째는 문학능력의 가소성과 발달성, 추상적 능력과 구
체적 실천의 상호 회귀성을 적극적으로 인정해야 한다는 뜻이다. 문학능
력은 그것이 지식이든 소통의 기술이든, 혹은 경험이나 취향이든 간에
교실에서 가르치거나 배울 수 있고, 초급 단계에서 고급 단계로 발전이
가능하며, 분절적이고 위계적으로 나누어서 다룰 수 있어야 한다. 그렇
지 않다면 논의 자체가 원론에 그칠 공산이 크다.

2. 4~7차 교육과정 목표에 담긴 문학능력관

1) 교육과정의 목표와 문학능력의 구조

근대 교육의 성립 이후에 문학교육은 계속 이루어져 왔지만, 공식 문
서로서 문학교육 과정을 이야기할 수 있게 된 것은 제4차 교육과정 때
부터다. 그 전에는 교육과정 자체가 '말하기·듣기·읽기·쓰기(짓기)'
체제로 되어 있어, 문학 관련 내용을 체계적으로 제시하기에는 한계가
있었기 때문이다. 1981년 4차 교육과정에서 처음으로 '문학' 영역을 설
정하고 그 체제가 지금까지 이어지고 있으니, 제도로서의 문학교육 과정
에 대한 논의도 그 범위 안에서 이루어질 수밖에 없다.

각 교육과정기의 문학능력관은 '목표'와 '내용' 항목에 반영되어 있다.

교육과정 자체가 워낙 추상도가 높아서 명시적으로 기술하지는 않았으나, 세부 진술들을 따져 보면 당대의 교육과정이 상정한 문학능력관을 읽어 낼 수 있다. 여기서는 4~7차 교육과정 '국어'와 '문학' 과목의 교육과정 목표를 중심으로 살펴보기로 한다.

우선 4~6차부터 보자. 편의상 전문(前文)은 생략하였다.

제4차~6차 문학교육 과정 목표

	국 어	문 학
제4차 교육과정	6) 문학이 문화 유산임을 알고, 문학에 관한 체계적인 지식을 가지고 작품의 가치를 평가하며, 인간의 내면 세계를 이해하게 한다.	1) 문학 작품을 여러 각도에서 감상하고 예술적 가치를 평가하며, 인간의 보편적 갈등과 정서를 이해하게 한다. 3) 국문학에 대한 이해를 더욱 깊게 하고, 선인의 문학 세계를 바르게 파악하게 한다.
제5차 교육과정	6) 문학에 관한 일반적인 지식을 바탕으로 작품을 바르게 이해, 감상하여, 인간의 삶을 총체적으로 이해하게 한다.	1) 문학 일반과 한국 문학에 관한 체계적인 지식을 습득하게 한다. 2) 문학 작품을 즐겨 읽고 상상을 통한 창조적 체험을 함으로써 미적 감수성을 기르게 한다. 3) 한국 문학에 나타난 민족의 정서와 삶을 총체적으로 이해하고, 민족 문학의 발전에 이바지하게 한다.
제6차 교육과정	다. 문학에 관한 일반적인 지식을 바탕으로 작품을 바르게 이해, 감상하며, 인간의 삶을 총체적으로 이해하게 한다.	가. 문학 일반과 한국 문학에 관한 체계적인 지식을 습득하게 한다. 나. 문학 작품을 즐겨 읽고 감상하게 함으로써 미적 감수성과 문학적 상상력을 기르게 한다. 다. 한국 문학에 나타난 민족의 삶과 정서를 이해하며, 이를 토대로 세계 문학 속에서의 한국 문학의 바른 위상과 방향을 추구하는 데 이바지하는 태도를 가지게 한다.

이 목표들에서 중심 개념을 뽑아내면 당대의 문학교육 과정이 상정한 문학능력을 유추할 수 있다. 먼저 4차 교육과정의 경우, '국어' 과목은 세 개의 목표를 병렬 제시한 데 비해 '문학' 과목은 문학 일반에 관한 목표와 한국 문학에 관한 목표로 나누어 두 가지로 기술하였다. 그 내용은 다음과 같이 요약된다.[3]

4차 교육과정 목표의 내용 구조

> 국어 : 문화 유산으로서의 문학에 대한 인식 + (문학에 관한 체계적 지식 → 작품의 가치 평가) + 인간의 내면 세계 이해
> 문학 : (문학 작품의 감상과 평가 + 인간의 보편적 갈등과 정서 이해) + (국문학에 대한 이해 + 선인의 문학 세계 파악)

여기서 '국문학에 대한 이해'는 '문학에 관한 체계적 지식'에 포함되고, '선인의 문학 세계 파악'은 '문화 유산으로서의 문학에 대한 인식'과 통합할 수 있다. '작품의 가치 평가'와 '문학 작품의 감상과 평가'가, '인간의 내면 세계 이해'와 '인간의 보편적 갈등과 정서 이해'가 내용상 같다고 보면, 4차 교육과정이 상정한 문학능력은 다음과 같이 두 국면 세 영역으로 구조화된다.[4] 이것은 교육과정이 상정한 최초의 체계적인 문학능력 개념이다.

---

3) 여기서 '+' 기호는 병렬 관계를, '→' 기호는 수단-결과 관계를 의미한다. 한 항목이 복수의 내용을 포함할 경우에는 괄호로 묶었다.

4) 여기서 '인간에 대한 이해'를 문학능력의 범주에 포함할 수 있는지에 대해 이견이 있을 수 있다. 본고는 그것을 '문학적 관점에서 본', 혹은 '문학 활동을 통해 얻은'으로 해석하여 문학능력에 포함하였다.

4차 교육과정의 문학능력 구조

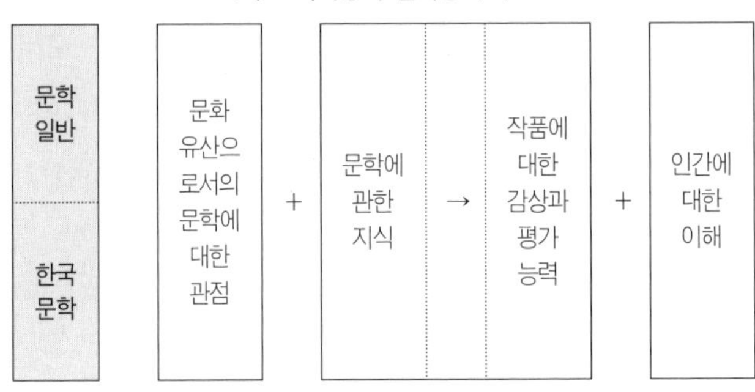

　　제5차 교육과정의 경우 '국어' 과목은 4차와 마찬가지로 세 개의 목표를 제시하되, 문화유산에 대한 언급을 삭제하고 '체계적 지식'을 '일반적 지식'으로, 작품의 '평가'를 '이해와 감상'으로, 그리고 인간에 대한 단순한 이해를 '총체적 이해'로 일부 수정하였다. 물론 이런 수정은 사소한 것이고, 그보다 중요하게 봐야 할 것은 세부 요소들 사이의 관계다. 4차 교육과정은 세부 요소들을 '~고, ~며'로 연결하여 그들 사이의 계기적 / 계층적 관계를 명시하지 않았지만, 5차 교육과정은 그것들을 '~을 바탕으로, ~여'로 연결하여 수단─결과의 관계를 분명하게 표시하였다. 곧, 지식이 작품 감상 능력의 기반이 되고, 그를 통하여 인간을 총체적으로 이해할 수 있음을 천명한 것이다. 같은 맥락에서 '문학' 과목의 목표 1), 2), 3)도 계기적 / 계층적인 관계로 파악된다.

5차 교육과정 목표의 내용 구조

> **국어** : 문학에 대한 일반적 지식 → 작품의 이해·감상 → 인간의 삶에 대한 총체적 이해
> **문학** : 문학 일반과 한국 문학에 관한 체계적인 지식 → (문학 작품의 향유 → 미적 감수성 함양) → (한국 문학에 나타난 민족 정서와 삶 이해 + 민족 문학 발전에 이바지)

여기서 '문학 작품의 향유'를 '작품의 이해·감상'의 심화로 본다면, 이들 내용은 다음과 같이 구조화된다. 이를 통해 보면 5차 교육과정이 바라본 문학능력은 4차와 기본 구조는 비슷하되, 더 역동적인 특성을 보임을 알 수 있다. 각 요소들이 수평적으로 나열되지 않고 상호 유기적인 관련을 맺으며 수직적으로 계층화되기 때문이다. 4차에 비해 삶, 민족 정서, 민족 문화 등의 이해가 강조된 점도 활동 지향성을 보여준다.

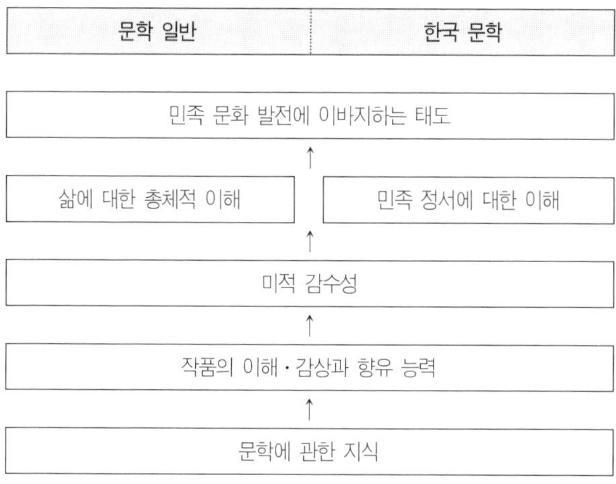

제6차 교육과정의 '국어' 과목을 보면 4·5차와 키워드 자체는 크게 차이가 나지 않는다. 다만 세부 항목들의 관계가 조금 달라져서, 작품을 바르게 '이해·감상하여' 삶을 총체적으로 이해하는 것이 아니라 '이해·감상하며' 삶을 이해하도록 되어 있다. 이는 작품 읽기 과정이 곧 삶의 이해 과정이라고 보는 관점을 보여준다. 그에 비해 '문학' 과목은 상상력과 세계 문학이라는 새로운 개념을 도입하였다. 특히 경직된 민족 문화 대신 세계 문학의 관점에서 한국 문학을 바라보게 한 점이 눈에 띈다.

6차 교육과정 목표의 내용 구조

> 국어 : 문학에 관한 일반적 지식→(작품의 이해·감상 + 삶의 총체적 이해)
> 문학 : 문학 일반과 한국 문학에 관한 체계적인 지식 + (문학 작품의 향유→미적 감수성
> 과 문학적 상상력 신장) + (한국 문학에 나타난 민족의 삶과 정서 이해→세계 문
> 학 속에서의 한국 문학의 위상 인식과 방향 추구)

이에 따라 6차 교육과정은 지식과 이해·감상 능력 위에 정서적·심미적 영역(=감수성과 상상력)과 인지적·이데올로기적 영역(=삶의 총체성 이해)을 수평 배치하는 문학능력관을 완성하게 되었다. 또한, '인간의 이해'나 '민족 문화 발전'과 같은 보편 능력의 요소를 줄이고 최종 도달점을 다시 문학으로 되돌림으로써 문학교육 고유의 가치를 선명하게 드러내었다.

6차 교육과정의 문학능력 구조

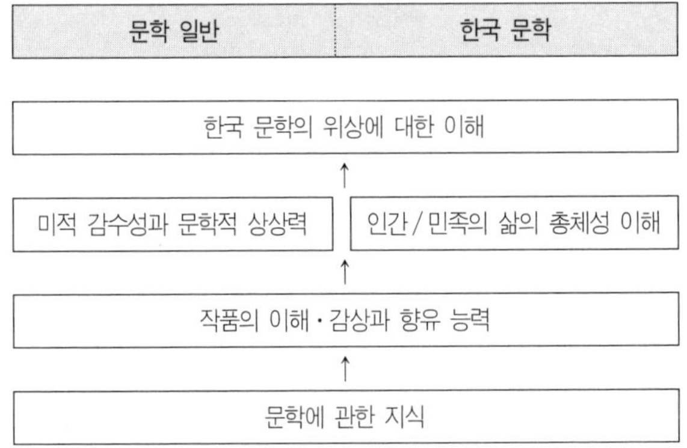

7차 교육과정은 어떤가. 우선 '국어' 과목과 '문학' 과목의 목표를 살펴보자.

제7차 문학교육 과정 목표

국 어	문 학
가. 언어 활동과 언어와 문학에 대한 기본적인 지식을 익혀, 이를 다양한 국어 사용 상황에 활용하는 능력을 기른다. 나. 정확하고 효과적인 국어 사용의 원리와 작용 양상을 익혀, 다양한 유형의 국어 자료를 비판적으로 이해하고 사상과 정서를 창의적으로 표현하는 능력을 기른다. 다. 국어 세계에 흥미를 가지고 언어 현상을 계속적으로 탐구하여, 국어의 발전과 국어 문화 창조에 이바지하려는 태도를 기른다.	가. 문학 활동의 기본 원리와 문학에 대한 체계적인 지식을 이해한다. 나. 작품의 수용과 창작 활동을 함으로써 문학적 감수성과 상상력을 기른다. 다. 문학을 통하여 자아를 실현하고 세계를 이해하며, 문학의 가치를 자신의 삶으로 통합하려는 태도를 지닌다. 라. 문학의 가치와 전통을 이해하고 문학 활동에 능동적으로 참여하여 문학 문화 발전에 기여하려는 태도를 지닌다.

제7차 교육과정은 그 이전의 교육과정에 비하여 조금 다른 양상을 보인다. 겉으로 보기에 가장 크게 드러난 차이는 '국어' 과목의 목표 기술 방식이다. 6차 교육과정까지는 '국어' 과목의 목표를 셋으로 나누어 ① 표현·이해(국어 활동) 영역, ② 언어(국어 지식) 영역, ③ 문학 영역에 각각 하나씩 안배하였다. 그러나 7차 교육과정에 오면 이런 방식을 버리고 언어(비문학)와 문학을 통합하여 ① 지식, ② 기술, ③ 태도로 체계화하였다. 이는 국어의 실체에 대한 관점이 달라졌기 때문으로,5) 문학교육 역시 그 영향을 받지 않을 수 없다. 결국 교육과정상으로는 문학 영역의 목표에 대한 기술이 따로 없고, '국어' 과목 목표로부터 유추하여 이끌어내야 한다. 그 결과는 문학 활동, 문학의 원리와 작용 양상, 문학에 대

---

5) 국어 활동과 현상의 강조, 국어 문화의 강조, 문학과 비문학의 경계 허물기, 매체 개념 도입 등을 이야기할 수 있지만, 본고에서는 그에 대해 언급하지 않기로 한다.

한 탐구 등 활동 요소의 강조로 나타난다.

'문학' 과목의 경우에는 네 개의 목표를 제시했는데, 앞의 두 개는 지식과 활동으로, 뒤의 두 개는 개인과 공동체의 가치 실현으로 체계화되어 있다. 이들의 관계는 '국어' 과목에서 '지식을 익혀 활동에 활용'하고 '탐구를 통해 문화 창조에 이바지'한다고 기술한 것에 비추어 볼 때 역시 계기적 / 계층적인 것으로 보인다. 또 하나 특기할 것은 이전 교육과정에서 강조했던 국문학 / 한국 문학 / 민족 문학에 관한 기술이 빠진 점이다. 이는 문학을 민족 고유의 자산이라기보다는 보편 예술 혹은 인문학으로 보고자 하는 관점을 은연중 드러내고, 그에 따라 문학능력도 문학 일반 대 한국 문학이라는 이원론을 벗어나게 된다.

7차 교육과정 목표의 내용 구조

> **국어** : (문학에 대한 기본적 지식→다양한 문학 활동에 활용) + (문학의 원리와 작용 양상 습득→다양한 텍스트의 수용과 창작) + (문학에 대한 탐구→문학 문화 창조에 이바지)
>
> **문학** : 문학 활동의 원리와 문학에 대한 지식 + (작품 수용과 창작→문학적 감수성과 상상력 신장) + (자아 실현 + 세계 이해 + 문학과 삶의 통합) + (문학의 가치와 전통 이해 + 문학 활동에의 참여→문학 문화 발전에 기여)

여기서 '문학의 원리와 작용 양상'을 넓은 의미의 지식에 포함하고 문학 활동이 작품의 수용과 창작, 그리고 탐구로 이루어진다는 점을 인정한다면, 7차 교육과정의 문학능력관은 다음과 같이 구조화된다. 이것은 겉으로 보이는 지식과 기술(또는 소통 능력), 그것의 바탕인 동시에 목표인 인지적 능력과 심미적 능력, 그리고 문학 문화에 관한 태도를 문학능력의 핵심 요소로 보았다는 뜻이다.

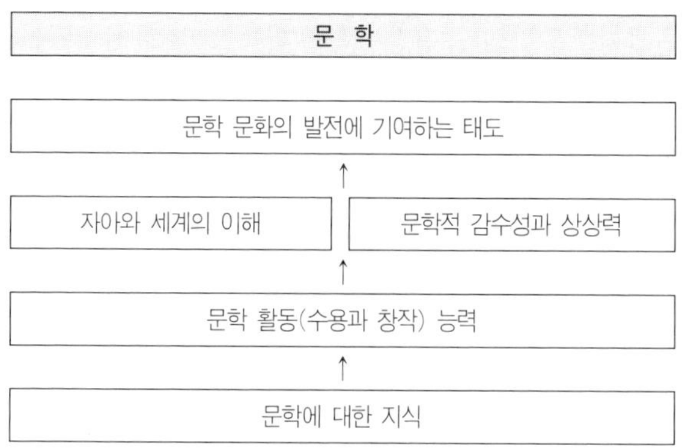

3) 교육과정에 따른 문학능력의 개념과 위상 변화

4~7차 교육과정이 상정한 문학능력의 구조를 비교해 보면 몇 가지 지속과 변화의 양상을 엿볼 수 있다. 우선 지속상(持續相)으로는 문학에 대한 지식과 실제 텍스트의 수용·생산 능력, 그를 통한 인간 및 세계의 이해를 문학능력의 핵심으로 보고 있다는 점과, 문학능력이 문학 공동체 (그것이 민족이든 그 이상 / 이하든)의 문화와 밀접하게 연관된다고 보는 점을 들 수 있다. 그에 비해 변화상(變化相)으로는 그 구조를 수평적 연합체로 보던 데서 계기적 / 계층적 구조로 파악하게 된 점과, 문학능력을 정서 적·심미적 능력 및 인지적·이데올로기적 능력의 통합체로 보게 된 점, 한국 문학에 한정되는 영역 능력이 아니라 문학에 관한 보편 능력으로 (이것도 넓게 보면 영역 능력이지만) 넓게 보게 된 점이 두드러진다.

사실, 7차 교육과정은 문학능력을 문학교육의 목표로 전면에 내세운 첫 교육과정이다. '1. 성격'에서는 그것을 "학습자가 문학 현상에 능동적으로 참여하여 문학 문화를 형성하는 데 필요한 능력"으로 설명하고, '2. 목표'의 전문에서 "문학의 수용과 창작 활동을 통하여 문학능력을 길러, 자아를 실현하고 문학 문화 발전에 능동적으로 참여하는 바람직한 인간을 기른다."고 하여 문학능력이 문학교육의 기본 목표임을 분명히 하였다. 그리고 교육과정 해설에서는 그것을 "문학 지식, 문학적 사고력, 문학 소통 능력, 문학에 대한 가치와 태도, 문학 경험 등의 총체"로 규정하고, 문학능력과 문학 문화를 문학교육 목표 및 내용의 양축으로 설정하였다. 하지만 그 구체적인 구인이나 지도 방법에 대해서는 모호한 태도를 취하는데, 그에 대한 답은 교과서에서 찾을 수밖에 없다.

3. 문학능력과 매체의 관점에서 본 2007년 교육과정

1) 새 교육과정의 문학능력관

문학능력에 대해서는 사람마다 조금씩 다르게 접근할 뿐 아니라, 그 개념도 시간이 흐름에 따라 변화한다. 교육철학의 변화, 문학 주체와 환경의 변화, 문학관의 변화 등이 그 주요 동인이거니와, 그 못지않게 중요한 것이 매체(media)의 변화다. 사실, 오늘날의 문학은 구술의 시대에서 읽기―쓰기의 시대를 거쳐 매체에 기반(基盤)하고 매체에 기반(羈絆)되는 시대에 접어든 양상이다.

매체의 문제를 짚어 보기 전에 먼저 새 교육과정이 상정한 문학능력관을 살펴보자.

2007년 문학교육 과정 목표

국 어	문 학
가. 국어 활동과 국어와 문학에 대한 기본적인 지식을 익혀, 이를 다양한 국어 사용 상황에 활용하면서 자신의 언어를 창조적으로 사용한다. 나. 담화와 글을 수용하고 생산하는 데 필요한 지식과 기능을 익혀, 다양한 유형의 담화와 글을 비판적이고 창의적으로 수용하고 생산한다. 다. 국어 세계에 흥미를 가지고 언어 현상을 계속적으로 탐구하여, 국어의 발전과 미래 지향의 국어 문화를 창조한다.	가. 문학에 대한 지식과 경험을 바탕으로 하여 능동적으로 문학 활동을 한다. 나. 문학 작품의 수용과 생산 활동을 통하여 언어에 대한 통찰력을 기르고, 창의적으로 사고하고 소통하는 능력을 함양한다. 다. 문학을 통하여 인간과 세계를 총체적으로 이해하고, 문학의 가치와 아름다움을 향유하며, 공동체의 문화 발전에 적극적으로 참여한다.

목표 기술의 틀은 7차 교육과정과 매우 비슷하다. 특히 '국어' 과목은 7차 교육과정의 문구 수정 정도로 만족한 듯한데, 이는 수시 개정이라는 교육과정 개정의 기본 방향에 따른 결과다. 그에 비해 '문학' 과목은 일부 변화를 주어, 경험 요소를 추가하면서 지식을 그 자체로서보다는 수행과 결합된 지식으로 강조하고, 감수성과 상상력이라는 부분을 언어에 대한 통찰력, 창의적 사고력, 소통 능력으로 대치하였다. 이는 '인지·이데올로기 : 정서·심미'의 틀을 '언어-사고-소통'의 틀로 대치했음을 의미한다. 7차와 마찬가지로 '국어'를 '문학'으로 유추 적용하면 문학교육 과정 목표는 다음과 같이 요약된다.

2007년 교육과정 목표의 내용 구조

> **국어 :** (문학과 문학 활동에 대한 기본적 지식→창조적 문학 활동) + (문학 활동에 필요한 지식과 기능→다양한 텍스트의 수용과 생산) + (문학에 대한 탐구→미래 지향의 문학 문화 창조)
>
> **문학 :** (문학에 대한 지식과 경험→능동적인 문학 활동) + (작품 수용과 생산→언어에 대한 통찰력 + 창의적 사고와 소통 능력) + (인간과 세계의 이해 + 문학의 가치와 아름다움 향유 + 공동체의 문화 발전에 참여)

새 교육과정의 이러한 변화는 6·7차 교육과정의 문학능력관과는 조금 다른 능력관을 보여준다. 곧, '지식 → 수행 → 인지·정서 발달 → 문화 발전'의 구조가 아닌, '지식 → 수행 → 언어·사고·소통 능력 발달'의 구조를 취하여 더 다면적인 능력을 강조하였다. 그리고 최상층에 비로소 문학과 관련한 '인지·정서·문화'를 배치하여 문학능력의 총체성을 추구하였다. 훨씬 복잡해졌고, 훨씬 체계화되었다.

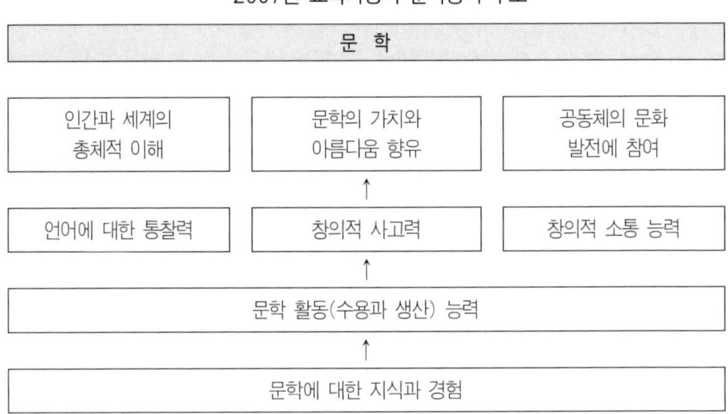

2007년 교육과정의 문학능력 구조

2) 매체의 확산과 매체 기반 문학능력관

매체에 대한 관심은 7차 교육과정 때부터 깊어지기 시작하여, 2007년 교육과정에서 '매체언어' 과목을 신설하면서 제도화되었다. 하지만 교육과정보다 먼저 교과서에서, 교과서보다 먼저 수업에서 매체를 다룬지는 오래되었다. 다만 매체 자체에 대한 이해와, 매체와 문학을 연결하여 접근하는 사고가 부족했을 뿐이다.

교육과정에서 문학능력을 매체와 연결하는 방식은 다분히 선언적이고 원론적이다. 예를 들어 새 교육과정 '문학' 과목의 '1. 성격'은 다음과 같이 시작한다.

> 문학은 인간의 체험과 상상력으로 이루어진 언어 예술이자 소통 행위이며, 개인과 공동체의 생활 경험 및 미의식을 담아내는 문화의 한 양식이다. 문학은 음성과 문자를 중심으로 한 다양한 매체로 구현되고, 사회·문화의 다른 영역과의 관련 속에서 존재한다.

여기서 문학은 하나의 소통 행위이자 문화로 정의되지만, 그 핵심이라 할 매체는 "음성과 문자를 중심으로 한 다양한 매체" 정도로 가볍게 언급될 뿐이다. 물론 문학교육 과정에 이 정도로 언급된 일조차 처음이기는 하지만, 미디어 시대의 문학이라는 화두에 비하면 매우 조심스러운 자세다.

이러한 조심스러움의 뒤편에는 7차와 2007년 교육과정 개정 작업에서 매체를 둘러싸고 벌어졌던 논란이 자리 잡고 있다.[6] 이 조심스러움은 '3. 내용'에서 나온 한 줄로 어느 정도 풀어진다.

> ① 문학과 언어 활동 및 매체의 관계를 이해한다.
> ('3. 내용-나. 세부 내용-(3) 문학의 위상'-(가) 문학과 문화)

문학과 매체의 관계를 이해한다는 이 항목은, 사실 한 줄로 기술하기에는 너무 많은 내용을 담고 있다. 거기에는 매체가 문학에 끼치는 영향,

---

6) 7차부터 계속된, '국어' 과목 안에 '매체' 영역을 설정하는 문제가 그 보기다.

매체에 상응하는 새로운 문학에 대한 요구, 매체 기반 문학의 본질과 양상 등에 관한 진술들이 줄줄이 매달려 있다. 교육과정 해설에서 그에 대한 언급이 있겠지만, 이 한 줄을 근거로 해서 새 '문학' 교과서는 매체를 다룰 근거를 얻게 된다. 더 구체적인 내용과 방법 항목들을 보자.

(나) 문학의 생산
　　① 내용과 형식, 맥락, 매체를 바꾸어 작품을 비판적·창조적으로 재구성한다.
　　② 다양한 시각과 방법으로 작품을 창작한다.
(다) 문학의 소통
　　① 작가·작품·독자 및 생산·유통·수용의 역할과 틀을 이해한다.
　　② 다양한 매체를 통한 문학 작품의 수용과 생산에 참여한다.
　　('3. 내용－나. 세부 내용－(2) 문학 활동')

---

(5) 작품의 수용 활동은 발표, 토의·토론, 협동 학습, 현장 학습, 감상문과 비평문 쓰기, 문학 갈래와 매체의 변환 등 다양한 방식을 활용하여 지도한다.
(7) 문학 활동이 듣기, 말하기, 읽기, 쓰기를 포함한 언어 활동, 매체 활동 및 다양한 반언어적·비언어적 표현과 통합될 수 있도록 지도한다.
　　('4. 교수·학습 방법－나. 교수·학습의 운용')

이처럼 새 교육과정은 내용과 방법 항목 틈틈이 매체라는 용어를 숨겨 두었다. 이를 통하여 문학적 / 교육적 소통에 매체를 끌어들일 근거를 제시하는 한편, 매체를 중심으로 여러 교과 / 과목을 통합한 여지를 마련해 둔 것이다. 그 기본 성격은 매체를 활용한 활동, 그리고 소통으로서의 문학이다.

문제는 '국어'와 '문학' 과목 교육과정이 매체를 일종의 소통 도구로만 인식하고 있다는 점이다. 매체와 문학이 만나는 지점이 과연 매체를 활용한 문학적 소통에 국한되는 것일까. 더 본질적인 접점은 없을까. 그에 대한 답은 '매체언어' 과목에서 찾을 수 있다.

‘매체언어’ 과목에서는 문학에 대하여 어떻게 기술하고 있는가. 새 교육과정의 ‘1. 성격’에서는 ‘매체언어’ 과목의 성격을 “매체를 통해 형성되는 사회적 의사소통에 주체적으로 참여하고, 문학과 예술을 향유하며, 언어 문화를 반성적으로 성찰함으로써 창조적인 국어 생활을 하는 데 기여하도록” 하는 과목으로 설명하였다. 여기서 ‘문학과 예술을 향유’한다는 부분이 문학교육과 직접 연관되는 부분일 터이며, 이를 통하여 매체언어를 기능적 관점이 아닌 문화적 관점으로 볼 근거를 얻게 된다. ‘3. 내용’에서도 ‘영상물, 대중 가요, 사이버 문학, 만화, 오락물 등’을 주요 자료 유형으로 제시하여 문학과 매체의 연결고리를 보여주고, 이 부분은 세부 내용에 가서 다음과 같이 구체화된다.

> (나) 심미적 정서 표현
> ① 심미적 정서 표현을 위한 매체 자료의 특성을 안다.
> ② 심미적 정서 표현을 위한 매체 자료를 수용하고 생산한다.
> (‘3. 내용-나. 세부 내용-(4) 자료 유형)

‘심미적 정서 표현을 위한 매체 자료’란 앞에서 언급한 ‘영상물, 대중 가요, 사이버 문학, 만화, 오락물 등’을 가리킬 것이다. 이들이 문학의 범주에 들어가는가 하는 질문은 이제 시대착오로 느껴질 정도로 진부한 터이다. 초점은 이러한 매체 기반 문학들의 미학적 원리와 소통 특징을 분석하여 교육적으로 재구성하는 데 있다.

이 맥락에서 ‘매체언어’ 과목의 목표와 문학능력을 하나로 묶을 필요성과 가능성이 나온다. 한번 ‘문학’과 ‘매체언어’ 과목의 목표를 나란히 배열해 보자.

2007년 매체-문학교육 과정 목표

문 학	매체언어
가. 문학에 대한 지식과 경험을 바탕으로 하여 능동적으로 문학 활동을 한다. 나. 문학 작품의 수용과 생산 활동을 통하여 언어에 대한 통찰력을 기르고, 창의적으로 사고하고 소통하는 능력을 함양한다. 다. 문학을 통하여 인간과 세계를 총체적으로 이해하고, 문학의 가치와 아름다움을 향유하며, 공동체의 문화 발전에 적극적으로 참여한다.	가. 매체언어의 개념과 특성, 역할 그리고 매체 자료의 유형을 이해한다. 나. 매체언어의 성격에 대한 이해를 바탕으로 하여 매체언어와 정보 사회, 대중 문화, 인간 관계를 파악한다. 다. 매체 자료를 비판적으로 수용하고 창의적으로 생산하며, 사회적 소통과 문화 창조에 참여할 수 있는 능력을 기른다.

　　교육과정 개정 작업에서 과목 간 협의는 거의 이루어지지 않았다. 그러다 보니 두 과목의 목표 기술 방식이 매우 다른데, 특히 '문학' 과목이 문학에서 출발하여 공동체 문화로 확장해 가는 것과 달리 '매체언어' 과목은 상대적으로 매체 자체의 이해에 치중하는 점이 눈에 띈다. 이는 신설 과목으로서 과목의 위상이 불안정한 상태에서 과목의 정체성을 분명히 하고자 하는 내면 의식이 작용한 결과로 보인다.

　　그럼에도 불구하고 두 과목 사이의 통로는 넓게 열려 있다. '매체언어' 교육과정에서 언급한 '매체 자료의 유형'이 문학과 매체 사이의 1차 연결고리가 되고, '매체 자료의 비판적 수용과 창의적 생산'은 2차 연결고리가 된다. 그리고 '사회적 소통과 문화 창조'는 3차 연결고리로 상정할 수 있다. 바꿔 말하면, 2007년 교육과정은 매체 기반 문학에 대해 ① 매체로 구현된 문학의 측면에서(← 매체 자료), ② 매체로 소통되는 문학의 측면에서(← 매체 자료의 비판적 수용과 창의적 생산), 그리고 ③ 매체를 기반으로 한 문화의 측면에서(← 사회적 소통과 문화 창조) 접근할 것을 요구한다. 이에 따라 문학능력도 읽기-쓰기 중심의 좁은 개념에서 매체를 포함하는 넓은 개념으로 확장되며, 매체에 탑재된 문학이 아닌, 본격적인 매체 기반 문학이 문학교육의 중심부로 들어오게 된다. '국어'와 '문학', '매체언어' 과목을 아우르는 문학능력의 개념을 잠정적으로 다음과 같이 구조화할 수 있다.

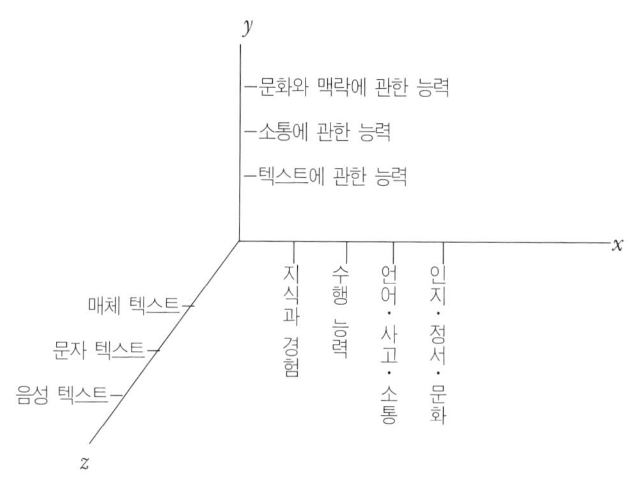

2007년 교육과정이 상정한 매체 기반 문학능력의 구조

여기서 x축은 앞에서 '국어'와 '문학'을 중심으로 본 문학능력의 중심 개념들을 나타낸다. y축은 '매체언어'와 '문학'을 연결하는 통로들이고, z축은 문학을 포함한 언어 환경 전체의 변화와 확장을 표상한다. 이들이 만나는 부분에서 매체 기반 문학능력의 구체상을 찾을 수 있을 것이다.

이 그림이 나타내는 바는 실상 그리 새로울 것도 없는 내용이다. 하지만 교육과정이 태생적으로 형식적·보수적 성격을 지닌다는 점을 감안하면, 그 '새롭지 않음'은 어쩌면 당연한 일이기도 하다. 문학교육 과정은 문학과 문학교육에 관한 문제 제기자인 동시에 논의의 최종 정리자

이기 때문이다. 이러한 기시감을 생동감 있는 활동 / 현상으로 바꾸어 교실에 공급하는 일은 교사와 교과서의 몫이다.

4. 매체의 확산과 문학교육의 대응, 그리고 문학능력의 재개념화

본고는 문학능력이라는 관점에서 교육과정 목표를 분석함으로써 문학교육의 목표와 내용을 분명히 하려고 시도하였다. 그동안 문학능력에 대해서는 문학 지식과 경험, 텍스트 소통 능력, 문학을 통한 인간 / 세계의 이해 및 문학 문화에 대한 태도 등의 측면에서 논의돼 왔다. 그 저변에는 문학능력이 문학교육의 목표이자 내용이라는 점, 학습자의 개인 능력인 동시에 문학 공동체의 기대 능력이라는 점, 그리고 하위 요소들로 분석할 수 있으며 교육을 통해 의도적으로 신장할 수 있다는 점 등이 전제로 깔려 있다. 그러나 문학능력 개념의 변화 양상이나 교과서 및 수업에서 문학능력을 다루는 방법 등에 대한 논의는 많이 이루어지지 않았다.

문학교육 과정을 본격적으로 논의할 수 있는 제4차 이후의 교육과정을 살펴보면, 교육과정이 상정한 문학능력관이 조금씩 복잡해져 왔음이 드러난다. 그것은 개념의 심화와 확장을 뜻하기도 하지만, 꼭 복잡하다고 해서 좋은 것만도 아니다. 그보다 중요한 것은 문학능력을 구성하는 요소들이 어떻게 상호 작용하는지, 그러한 작용상을 뒷받침하는 문학 활동의 실체는 무엇인지, 그리고 개인의 문학능력과 공동체의 문학 문화는 어떤 되먹임 작용을 하며 발전하는지에 대한 심층적 이해다. 2007년 교육과정은 매체의 문제를 전면에 내세움으로써 그러한 문제 의식을 종합하여 보여주고 있다. 특히 매체 기반의 문학능력은 앞으로 문학교육이 어디를 지향해야 하는지에 대해 간단치 않은 질문을 던져 준다.

문학교육은 매체의 확산에 어떻게 대응할 것인가? 7차 교과서는 만화, 영화, TV 드라마, 다큐멘터리 등의 다양한 매체 기반 문학을 선보이고 있다. 그 대부분이 서사(narrative)에 뿌리를 두고 있다는 점에서 일말의 편향이 엿보이기도 하지만,7) 그 정도는 매체의 속성을 고려할 때 용인할 수 있을 것이다. 하지만 인쇄물이라는 교과서의 속성상, 매체 기반 문학을 교과서 안에 본격적으로 구현하기는 쉽지 않다. 기획 단계에서 DVD 타이틀 혹은 온라인 서비스를 계획한 출판사들은 비용 문제와 운영상의 어려움으로 중도에 포기하고, 학교 수업에서도 매체를 본격적으로 다루는 수업은 시범 정도에 그치는 것이 현실이다. 새 교육과정에 의한 교과서는 이 한계를 어떻게든 뛰어넘어야 하는 과제를 안고 있다.

하지만 이런 과제는 문제의 기술적 측면만을 보여줄 뿐이다. 본고에서 주목하는 것은 문학교육의 출발점이자 도달점인 문학능력을 매체 기반 문학의 관점에서 재개념화하는 작업이다. 미디어 테크닉도 아니고 미디어 리터러시도 아닌, 매체 기반 문학의 본질에 충실한 문학능력 개념을 정립할 필요가 있다.

---

7) 인터넷으로 배달하는 시 낭송 프로그램이나 CD로 제작한 시집이 없는 것은 아니지만, 교과서에서 그런 사례를 찾기는 어렵다.

참고문헌

제4차~제7차 국어과 교육과정.

교육인적자원부, 국어과 교육과정, 교육인적자원부고시 제2007-79, 2006.

김동환, 「심화 과목으로서의 문학교육의 미래」, 문학교육학 20, 한국문학교육학회, 2005.

김상욱, 「새로운 문학교육과정의 구성 방향 연구 : 문학을 통한 국어교육의 재개념화」, 문학교육학 19, 한국문학교육학회, 2006.

김창원 외, 「문학 영역 및 과목의 교육과정 개선 방안 연구」, 교과교육공동연구지원사업 연구보고서 KRF-2003-030-A00009, 2006.

남민우, 「문학교육 목표 변천에 대한 비판적 고찰-고등학교 문학교육과정을 중심으로」, 문학교육학 22, 한국문학교육학회, 2007.

우한용, 「문학교육과정 개정의 방향 탐색-심화선택과목 <문학>의 경우를 중심으로」, 문학교육학 20, 한국문학교육학회, 2006.

이인제 외, 「국어과 교육과정 개선 방안 연구」, 연구보고 RRC2005-3, 한국교육과정평가원, 2005.

이재기 외, 「국어과 교육과정 개정 시안 수정·보완 연구」, 연구보고 CRC2006-6, 한국교육과정평가원, 2006.

임성규, 「개정 국어과 교육과정 문학 영역에 대한 비판적 검토-문학 영역의 위상과 변화 그리고 실천」, 국어교육 124, 한국어교육학회, 2007.

최지현, 「국어과 교육과정과 문학교육과정」, 문학교육학 20, 한국문학교육학회, 2005.

제8장

이야기의 문화적 가치 탐구를 중심으로 한 컴퓨터 게임 서사 교육에 관한 고찰

정 현 선

경인교육대학교 국어교육과

1. 논의의 출발

성장기에 있는 어린이와 청소년을 대상으로 한 문학교육은 문학의 역사나 특성 그 자체에 대한 교육에 앞서, 문학을 통한 인격적 성장과 문화적 가치 판단을 위한 안목 형성에 중점을 둘 필요가 있다. 더욱이 오늘날과 같은 미디어 시대에는 문학의 독자성을 강조하는 접근에 못지않게, 문학에 대한 이해를 통해 보다 광범위한 문화 현상에 대한 이해를 도모할 수 있는 교육도 필요하다는 관점에서 '문화교육'의 문제의식을 다시 떠올리게 된다. 이처럼 이 글은 문학의 실체를 중심으로 한 문학교육보다는 학습자가 지녀야 할 문화 능력의 일부로서 문학능력을 바라보는 학습자 중심의 문학교육, 그리고 문학의 독자성을 강조하는 문학교육보다는 보다 광범위한 문화에 대한 이해에 기여하는 문학교육에 대한 관점(정현선, 2004 : 121~124)을 바탕으로 한다.

미디어와 문학을 연관 짓는 논의에 있어 핵심은 텍스트들이 이야기를 구성하는 방식과, 이야기들이 독자나 수용자에게 내면화되면서 구성되는 의미와 가치에 대한 탐구라 할 수 있다. 문학교육과 관련하여 미디어 현상을 논의할 때 영화와 텔레비전 드라마가 가장 먼저 주목을 받은 이유 또한 이들 미디어가 지닌 서사성 때문이라 할 수 있다. 이야기가 문자 언어로 표현되든 영상 언어로 표현되든, 그리고 그 언어가 책의 지면 위에 펼쳐지든 화면 위에 펼쳐지든, 시간의 흐름 속에 이야기가 전개되는 방식과 그것이 인간의 삶에 대해 주목하게 하는 방식에 있어서는 공통점이 있는 것으로 여겨졌던 것이다.

　한편, 문학교육을 통해 도달하고자 하는 목표인 문학적 문화의 고양, 상상력의 발달, 삶의 총체적 이해, 심미적 정서의 함양, 민족정서의 이해와 습득 등은(최현섭 외, 2005 : 439~442) 사실 문자로 적힌 이야기뿐 아니라 영상 언어로 존재하는 이야기를 통해서도 실현될 수 있는 항목들이다. 문학에도 상대적으로 예술적 성취가 높은 작품과 그렇지 못한 작품이 있는 것처럼, 심미적 정서를 불러일으키는 미디어 텍스트 역시 마찬가지이다. 이렇게 보면 문자 이외의 다른 언어와 매체로 실현되는 이야기에 대해 가르치는 것은 단지 그것들이 문학교육의 연장선상에 있기 때문인 것이 아니라, 오히려 문학교육의 근거를 이루는 이야기 문화와 심미적 체험에 영화와 텔레비전 드라마 등의 미디어 역시 정당하게 기여하고 있기 때문이라 할 수 있을 것이다.

　그렇다면 이 글에서 다루고자 하는 컴퓨터 게임은 어떠할까? 오늘날 어린이와 청소년의 미디어 환경과 경험에 있어 간과할 수 없는 것이 바로 컴퓨터 게임이다. 2007년 3월 〈한국게임산업진흥원〉에서 실시한 '2007 게임인식 및 소비자 의식 실태조사'에 따르면, 우리나라 어린이들과 청소년들의 게임 이용 경험이나 여가 시간에 즐겨하는 활동에서 게임이 차지하는 비중은 상당히 높은 것으로 나타났다.[1] 컴퓨터 게임과 관련하여 이루어진 그간의 학문적 논의에서 컴퓨터 게임을 이야기 문화의 일부로 바라보는 시각이 중요하게 제기되어온 것은 이러한 변화 속에서 문학교육의 영역 및 이에 대한 교육의 대상을 다양한 문화콘텐츠

---

[1] 구체적으로 살펴보면, 게임 이용 경험은 만 9~14세의 경우 83.5%, 만 15~19세의 경우 76.3%로 나타났고, 여가 시간에 즐겨하는 활동에서 게임이 차지하는 비중은 만 9~14세의 경우에는 텔레비전에 이어 두 번째로 큰 것으로 나타났다(텔레비전 33.0% ＞ 게임 31.7% ＞ 독서 9.2% ＞ 음악 5.0% 등). 만 15~19세의 경우에는 게임(32.0%)이 오히려 텔레비전(20.1%)과 영화(17.2%)를 크게 앞서는 것으로 나타났다(한국게임산업진흥원, 2007 : 313~328).

로 넓히고자 하는 시도로 볼 수 있을 것이다.

이러한 맥락을 고려할 때, 컴퓨터 게임 역시 이야기 문화와 심미적 체험이라는 측면에서 문학교육의 연장선상에서, 혹은 보다 광범위한 문화교육의 일환으로 문학교육과 관련하여 다룰 수 있을까? 만약 그렇다면 컴퓨터 게임에 대해 어떻게 접근해야 할까? 이 글은 컴퓨터 게임의 교육과 관련하여 제기되는 이와 같은 문제에 대해 탐구함으로써, 필자에게 본래 주어졌던 '미디어 시대의 문학 현상과 문학능력'이라는 커다란 주제에 대한 고민을 나누고자 하는 목적에서 씌어졌다.

아래에서는 우선 컴퓨터 게임의 본질에 대해 전개된 상호작용적 서사론의 시각과 그 한계에 관해 논의함으로써, 컴퓨터 게임이 놀이 문화의 일부이자 이야기 문화의 일부로서 지닌 특수성에 대해 논의할 것이다. 다음으로는 컴퓨터 게임을 교육의 측면에서 바라볼 때 가장 먼저, 그리고 가장 중요하게 제기되는 문제인 가치의 측면과 관련하여 그동안 디지털 서사론자들이 간과해왔던 게임 이야기의 가치 문제에 대해 논의할 것이다. 그리고 이러한 논의의 바탕 위에서, 게임에 관한 문화적 이해를 위해 시도된 몇 가지 해외 교육 사례, 그리고 필자가 참여한 국내 교재 개발 사례에 관해 논의함으로써 앞으로 컴퓨터 게임이라는 미디어에 관한 교육이 어떻게 문학교육과 접합될 수 있을지에 관해 고민한 바를 나누고자 한다.

2. 컴퓨터 게임을 상호작용적 서사로 보는 시각과 그 한계

컴퓨터 게임의 본질은 이야기에 있는가, 아니면 놀이에 있는가? 이 질문은 컴퓨터 게임에 관한 학문적 논의가 시작된 이후 끊임없이 제기된 중요한 문제였다. 만약 컴퓨터 게임이 순수한 놀이의 영역에 속한 것이라면 문학 연구자나 문학교육자들이 컴퓨터 게임에 관심을 기울일 이유가 없을 것이다. 컴퓨터 게임에 관해 관심을 갖는 문학 연구자들은 컴퓨터 게임이 새로운 이야기의 실현 방식이나 구조 측면에서 기존의 이야기와 다르다 하더라도, 본질적으로는 이야기로 볼 수 있다는 입장에 있다. 컴퓨터 게임을 상호작용적 서사로 보는 데에 관심을 보인 이들은 주로 뉴미디어 이론가와 문학이론가들이었다.

컴퓨터 게임을 이야기로 보는 입장에서는 컴퓨터 게임을 '디지털 서사'의 일종으로 보고, 컴퓨터 게임 서사의 '공간적 구성'과 '상호작용성'을 강조한다. 여기서 '공간적 구성'이란 컴퓨터 게임이 이용자가 돌아다닐 수 있는 가상공간을 제공함으로써 이야기를 구성하게 됨을 뜻한다. 컴퓨터 게임이 제공하는 상호작용적 삼차원 영상은 사진, 영화, 텔레비전과 비교해 볼 때 마치 게이머가 영상 안에 실제로 존재하고 있는 것처럼 느끼게 하는 시각적 공간을 창조한다는 것이다(이인화 외, 2003 ; 전경란, 2004 ; 박은희 외, 2007). 그리고 '상호작용적 서사'란 소설이나 영화와 같이 작가나 감독이 생산한 이야기가 독자나 관객에게 전달되는 '일방적 서사'와 구분되는 개념으로, 컴퓨터 게임에서 서사는 컴퓨터가 일종의 수행 공간의 역할을 하고, 이야기 구성에 있어 시나리오 작가나 게임 개발자보다는 독자의 능동적 역할이 중요함을 강조하는 개념이다(박동숙·전경란, 2005 : 48).

상호작용적 서사에 관한 논의는 랜도우(Landow)의 '하이퍼텍스트 서사(hyp tertext narrative)'(Landow, 1994)와 올셋(Aarseth, 1997·2007)의 '에르고딕 문학(ergod ic literature)'이 대표적이다. 하이퍼텍스트란 동일한 시스템 내에서 한 텍스트 안에 혹은 서로 다른 텍스트들 사이에 있는 관련 사항들을 '링크'로 연결하여 텍스트의 부분들을 만들어가는 방식의 텍스트를 뜻한다. 하이퍼텍스트 서사란 이러한 하이퍼텍스트의 특성에 주목하여, 작가가 생산한 줄거리를 독자가 따라가기만 하면 되는 선형적 방식의 서사가 아니라, 텍스트들이 접합되는 분기점에서 독자가 다른 선택을 할 수 있는 기술적 방식으로 되어 있는 비선형적 방식의 디지털 서사 구조에 주목하는 용어이다.2)

한편, 에르고딕 텍스트란 '작업'과 '경로'를 뜻하는 그리스어의 에르곤(ergon)과 호도스(hodos)를 차용한 물리학 용어를 사용한 것으로, 독자가 이곳저곳을 돌아다니며 많은 노력을 해야만 구성되는 이야기를 강조하는 개념이다(Aarseth, 1997 · 2007 : 17). 올셋이 설명하는 바와 같이, 에르고딕 문학은 매체에 의한 텍스트의 기계적 조직에 중점을 두는 사이버텍스트 개념과 밀접한 관련을 지닌다. 컴퓨터 게임의 서사는 게임 이용자들에 의해 선택될 수 있는 텍스트의 기본 원료를 뜻하는 '텍스톤(texton)'과, 개별적인 이용자들에 의해 선택된 텍스톤들의 모든 가능한 조합 혹은 이용자에 의해 생성된 텍스트를 뜻하는 '스크립톤(scripton)'의 이중적 구조를 지니는 것으로 설명된다. 게임 서사에서 텍스톤은 잠재태로 존재하다 이용자에 의해 선택되거나 조작이 가해지면 그때 비로소 서사적으

---

2) 인터넷 게시판에 연재되어 인기를 끌었던 귀여니 작가의 <그 놈은 멋있었다>와 같은 이른바 '인터넷 소설'들은 인터넷 게시판과 커뮤니티를 통한 작가와 독자의 상호작용이 가능하다는 점에서 컴퓨터가 일종의 '수행 공간' 기능을 하는 '디지털 서사'에 포함될 수 있으나, 근본적으로는 작가에 의해 사건이 전개되는 선형적 텍스트에 속한다. 따라서 이와 같은 인터넷 소설은 여기서 사용되는 하이퍼텍스트 서사와는 개념적으로 구분된다. 졸고(2007)에서는 인터넷 소설, 팬픽, 웹툰, 하이퍼텍스트 서사, 게임 서사 등을 '디지털 서사'의 유형으로 보고 그 개념과 특성에 대해 기존의 연구사를 중심으로 고찰한 바 있다.

로 의미를 갖게 되고 이야기로서 표면화된다(아래의 [그림 1] 참조).3) 이에
비해 비에르고딕 문학에서는 독자가 직접 텍스트를 탐험하기 위해 들이
는 노력의 비중이 매우 낮으며, 독자의 눈 움직임이나 가끔씩 페이지를
임의로 넘기는 행동만 있을 뿐 모든 것은 전적으로 머릿속에서 생각으
로만 이루어지는 것으로 설명된다.

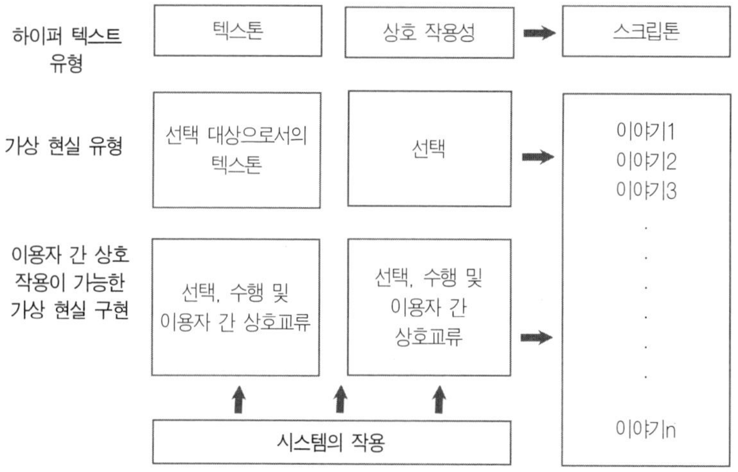

[그림 1] 디지털 서사의 이야기 구성 체제(박동숙·전경란, 2005 : 61)

한편 본래 서사성이란 사건들 사이에 관련성을 부여하고 전후 맥락을
발견하며 개별적인 사건들을 결합하는 서술 행위에서 생겨나는 것임을
강조하는 견해도 존재한다. 이러한 시각에서는 컴퓨터 게임에는 서사가
존재하는 것이 아니라 개별적인 행위들만이 존재하는 것이므로 서사로

---

3) 컴퓨터 게임을 디지털 서사의 관점에서 '공간적 구성' 및 텍스톤과 스크립톤의 '중층적
   텍스트 구조'라는 관점에서 설명하고 있는 올셋(Aarseth, 1997)의 논의에 대해서는 박동
   숙·전경란(2005 : 48~56)을 참고할 수 있다.

볼 수 없다고 본다.4) 그러나 이는 작가에 의해 텍스트상의 서술이 완성되는 소설이나 영화, 드라마 등 기존 미디어의 서사와는 달리, 게임의 경우에는 작가가 아니라 이용자(독자)에 의해 서술이 완성되는 특징이 있음을 간과한 것이다. 물론 소설이나 영화, 드라마 등 기존의 서사 역시 독자나 관객에 의해 최종적인 의미가 구성되는 것은 마찬가지일 수도 있으나, 적어도 텍스트에 표현된 인물들의 행위라는 측면에서는 구조적으로 완결된 서술 형태를 지닌다. 이와는 달리 게임은 이처럼 작가에 의해 주어지는 이야기가 아니라, 게이머의 행위에 의해 비로소 실현되는 수행적 이야기인 것이다.

이러한 게임 서사의 특수성을 고려하는 시각에서 최유찬(2006)은 컴퓨터 게임이 서사인가 아닌가를 따지는 초기의 논의에서 한 걸음 더 나아가, 컴퓨터 게임의 시나리오 제작 원리에 대한 이해가 필요하다고 하였다. 컴퓨터 게임의 제작은 문학작품의 창작과는 구별되는 '기획' 요소를 지니는데, 이는 곧 컴퓨터 게임이 본질적으로 사람들이 들어와 놀 수 있는 공간을 마련해 주는 것이고, 게이머는 그 놀이에서 사건을 체험하는 것이라는 점에서, 컴퓨터 게임의 시나리오 작가는 이야기를 쓰기보다는 퍼포먼스를 기획하는 것이라고 하였다. 특히 롤플레잉 게임은 기존의 미디어와는 달리 게임 내의 캐릭터를 통해 게임 이용자들이 실제로 공간 속에서 존재하게 되는 가상 체험을 제공해 준다. 게임 공간 내에서 게임 이용자들은 자신이 선택한 캐릭터를 성장시키면서 이야기의 전개와 함

---

4) 이와 관련하여 애보트(Abbott)는 일상적인 삶도 '이야기(story)'이지만 그것 자체를 '서사(narrative)'라고 보지는 않는다면서, 롤플레잉 게임 역시 게이머에 의해 실현되기 "이전에 존재하는 이야기(pre-existing story)"가 없다는 점에서 서사로 볼 수 없다고 주장한다. 일상적인 삶이나 롤플레잉 게임은 행위의 연속일 뿐이며, 아직 열매를 맺지 못한 채 "땅에 떨어져 있는 씨앗(seed-ground stories)"일 뿐이라 보는 것이다(Abbott, 2002 : 31~34면).

게 성장하게 된다. 이 같은 게임 이용의 체험은 마치 무대에서 연기하는 것과 같은 경험을 만들어낸다(Laurel, 1991). 더욱이 다사용자 롤플레잉 게임(MMORPG)의 경우에는 게이머들 사이의 상호작용도 의미 구성에 중요하게 작용하며, 기획자들에 의해 의도되지 않았던 행위도 게이머들에 의해 만들어져 게임 속 이야기를 구성하게 된다.

하이퍼텍스트 서사와 에르고딕 문학 개념 모두 기존의 인쇄매체나 영상매체를 기반으로 전개되는 '선형적' 서사가 아니라, 인터넷이나 그 밖의 디지털 기술에 의해 작동하는 매체에서 실현될 수 있는 '비선형적' 서사, 그리고 작가나 감독이 형상화한 인물, 배경, 사건을 기본적으로는 '구경꾼'의 입장에서 따라가며 관찰하는 수동적 입장의 독자가 아니라, 직접 텍스트/기계의 작동에 관여하여 인물, 배경, 사건을 실현하고 체험하고 적극적인 의미 생산자로서의 매체 이용자에 주목하고 있는 용어라 할 수 있다. 차이가 있다면, 하이퍼텍스트 서사 개념에 비해 에르고딕 문학 개념은 텍스트를 근본적으로 "기계"로 보는 관점을 바탕으로 하며, 텍스트/기계 사용자로서의 독자가 실제로 텍스트에 "운영자"로서 가하는 행위를 보다 강조하는 개념이라 볼 수 있다.

올셋에 따르면 텍스트란 언어학자나 기호학자들이 정의한 바와 같이 일련의 기호망을 의미하는 데 그치는 것이 아니라, 짧은 시에서부터 컴퓨터 프로그램과 데이터베이스를 망라하는 모든 범위의 현상을 지칭한다. 텍스트는 비유적인 의미에서가 아니라 실제 언어 기호를 생산하고 소비하는 기계를 말한다. 이에 대해 올셋은 "영화가 영사기와 스크린이 없으면 유명무실하듯이 텍스트도 단어의 집합체는 물론 물질적 매체로 구성되어 있어야 한다. 물론 기계 역시 제 삼자 요소인 (인간) 운영자가 있어야만 하기 때문에 바로 이러한 세 요소 사이에서 텍스트가 발생하는 것”이라고 하였다(Aarseth, 1997·2007 : 52). 올셋이 의미하는 텍스트 기계는 아래의 [그림 2] 같이 설명된다.

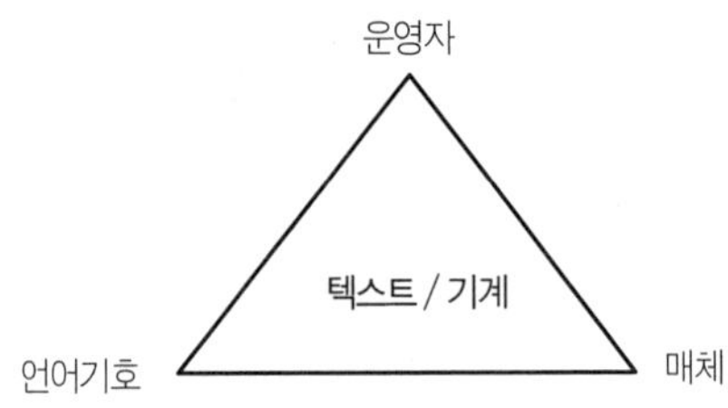

[그림 2] 텍스트 기계(Aarseth, 1997·2007 : 52)

이처럼 의미 생성에 있어 “기계”의 운영을 강조하는 올셋의 시각은 사진, 영화, 텔레비전, 비디오, 컴퓨터 애니메이션 등을 “기구-작동자”(사진, 영화, 텔레비전, 컴퓨터 애니메이션 등에 종사하는 사람을 통칭하는 개념)가 “기술적 형상”을 통해 그리는 그림이라 보는 플루서(Flusser)의 관점과 상통하는 것으로 보인다. 플루서는 카메라와 같은 기구를 작동시켜 의미를 형상화하는 행위, 즉 기술과 인간의 상호작용에 의해 생겨나는 소통 행위에 주목한다. 그에 따르면 “기술적 형상에 의한 그림”은 현실을 그대로 보여주는 것이 아니라, 현실에 대한 ‘개념’으로부터 새로운 현실을 구성하는 것이라는 점에서 문자 이전의 그림과는 차원이 다른 것이다(김성재, 2006 : 94~104 참조).

한편 컴퓨터 게임을 상호작용적 서사로 바라보는 시각과는 달리, 컴퓨터 게임이 근본적으로 이야기가 아니라 놀이라고 보는 시각에서는 게임을 일련의 문제 해결 과정으로 본다. 게임을 재미있게 하는 것은 퍼즐을 푸는 행위 자체라는 것이다. 이와 관련하여 좋은 게임은 ‘플레이어가 게임을 그만두기 전에 줄 수 있는 모든 것을 다 가르치는 게임’(Koster, 200

5 : 60)이라고 정의하기도 한다. 게임은 응용문제와 유사한 것으로 설명되는데, 대부분의 게임은 추상적 개념만으로 이루어지는 것이 아니라 허구적 서사의 옷을 입거나 은유를 사용하여 표현되기 때문이다. 이러한 시각에서는 게임의 본질이 허구적 서사가 아니라, 규칙에 따른 문제 해결과 이에 따른 적절한 보상에 있다고 본다(Johnson, 2005 · 2006 : 45).

이런 시각에서 보면 게임은 문학이 아니라 수학적 연산에 보다 더 가까운 것이 된다. 예를 들어, 수학적인 관점에서 보면 적진에 도착한 말이 어떤 이름을 갖고 있는지는 전혀 중요하지 않다. 게임에서는 기본 패턴을 이해하는 것이 더 중요하기 때문에, 게임 이용자들은 게임을 통해 문제의 패턴을 포장하고 있는 허구적 요소들을 무시하도록 훈련받는다(Koster, 2005 : 94). 이런 시각에서는 컴퓨터 게임에 대해 이야기 문화의 측면에서 접근하는 대신, 컴퓨터 게임을 통한 문제해결력, 순발력, 사고력 등의 신장과 같은 측면을 강조한다. 게임을 단지 재미나 오락을 위한 것이 아니라, '시행착오, 모험하기, 실제로 행위하기' 등을 통한 문제 해결의 양식이자 학습 양식이라고 보는 것은 오늘날 디지털 시대의 새로운 학습 방식과 관련하여 컴퓨터 게임을 바라보는 주요한 시각이기도 하다(Jenkins et al, 2006 : 23).

이처럼 컴퓨터 게임에 대한 논의는 한동안 '서사'와 '놀이' 중 어느 것을 본질적인 것으로 보는가에 따라 달리 전개되어왔다. 그러나 실제로 컴퓨터 게임에는 다양한 장르가 존재하며, 그 가운데에는 "테트리스"와 같이 서사적 요소가 전혀 없이 판 위에서 퍼즐을 풀어가듯 간단한 조작을 통해 이용할 수 있는 '퍼즐 게임'도 있고, 게이머가 모험 소설의 주인공이 된 듯한 느낌으로 이야기를 진행해 나가며 목적을 달성하는 이야기 구조를 지닌 '어드벤처 게임'이나 최근에 가장 선호되는 장르인 '롤플레잉 게임'(게이머가 게임 상의 한 캐릭터로서 특정한 역할을 맡아 주어진 목표를 수행하는 게임)과 같이 어느 정도의 서사성을 갖춘 게임도 있으며, '1인칭 슈팅 게임'과 같이 '적을 무찌르기 위해 총을 쏘는 행위'와 같은 이야기의 요소가 존재하는 게임도 있다(한국게임산업진흥원·한국게임산업협회, 2007 : 28). 이러한 시각에서 게임의 서사 유형은 심층서사 없이 표층서사(이야기 없이 전개되는 놀이적 요소)만 존재하는 경우, 표층서사가 차지하는 부분이 심층서사가 차지하는 부분보다 큰 경우, 심층서사가 차지하는 부분이 표층서사가 차지하는 부분보다 큰 경우, 표층서사와 심층서사 상호 간의 비율이 비슷한 경우, 표층서사 없이 심층서사만 존재하는 경우 등 다섯 가지로 구분될 수 있다는 주장도 제기되었다(이상우, 2005 : 33).

지금까지의 논의를 통해 알 수 있는 것은, 컴퓨터 게임은 서사로만 볼 수도, 놀이로만 볼 수도 없다는 점이다. 중요한 것은 컴퓨터 게임을 놀이로 보는 시각을 견지하면서 게임의 독특한 서사 실현 방식에 대해 논의하는 것이다. 컴퓨터 게임에 대해 상호작용적 서사라는 특성에만 주목하여 설명하는 경우, 컴퓨터 게임이 놀이로서 지니는 특성을 간과하게 된다. 그 결과 컴퓨터 게임 이용자들의 일차적인 목표는 소설이나 영화를 보는 것과 같이 이야기에 대한 심미적 체험을 하기 위한 데 있는 것이 아니라, 일련의 문제 해결 과정을 포함하는 놀이를 즐기기 위한 것이라는 지극히 평범한 진실을 간과하는 잘못을 저지르게 된다(Johnson, 2005·2006 ; Koster, 2005).

한편 컴퓨터 게임에 대한 상호작용적 서사 중심의 논의에 치우치다 보면, 이러한 상호작용적 서사가 실현되는 미디어적 방식이나 과정에 대한 인식론적 논의에 초점을 맞추는 과정에서, 컴퓨터 게임이 이용자들에게 경험하게 하는 내용의 가치적 측면, 예를 들어 적에게 무기를 휘둘러

죽게 하는 것과 같은 폭력성의 경험 등에 대해서는 상대적으로 무관심해지는 경향도 나타난다. 그런데 이러한 내용적 가치의 경험은 비록 게임 이용자에 의해 실현되는 것이라 해도, 결국은 게임 제작자가 만들어 놓은 이야기의 조건 내에서 실현되는 것이다. 이런 점에서 디지털 문화나 하이퍼텍스트 서사의 측면에서 이루어지는 상호작용적 서사에 대한 논의가 지나치게 '작가'의 위치를 빼앗고 '독자'의 위치만 강조한다는 비판도 제기되고 있다(게임문화연구회, 2005 ; 박상우, 2006a, 2006b). 이 과정에서 상호작용적 서사 중심의 논의가 컴퓨터 게임에 관해 사회에서 일반적으로 제기하는 문화적 가치나 교육적 질문들에 대해서도 상대적으로 무관심해지는 것은 문학교육의 연장선상에서 컴퓨터 게임에 접근하려는 시각에서 볼 때 큰 문제로 지적될 수 있다.

3. 컴퓨터 게임 서사의 문화적 가치에 대한 접근

앞서 살펴본 바와 같이, 게임에 서사가 있느냐, 없느냐, 혹은 그 서사는 기존의 서사와는 어떤 점에서 차이가 있는가를 따지는 논의는 컴퓨터 게임이 기존의 서사와 구별되는 형식과 구조, 실현 방식에 대한 이론적 논의에 치중된 나머지, 그 이야기가 구현하는 문화적 가치에 대한 논의에는 상대적으로 무관심한 것으로 보인다. 그런데 정작 컴퓨터 게임에 대한 교육적 관심은 많은 컴퓨터 게임이 가상의 적에 대한 폭력을 행사하는 이야기 구조로 되어 있고, 게임 이용자들은 게임을 하면서 누군가를 죽이거나 파괴하는 행위에 반복적으로 몰입하고 있다는 점에 대한 문제 제기에 집중되어 있다. 동기가 분명하지 않은 폭력적 행위에 몰입하도록 하는 일인칭 슈팅 게임에 대한 과도한 몰입이나, 일종의 '반칙'이라 할 수 있는 PK(player killing) 등의 반복적인 경험이 자칫 이용자로 하여금 가상현실의 폭력성을 답습하게 될 수 있다는 우려는 어린 자녀를 둔 학부모나 현장 교육을 담당하는 교사들이 컴퓨터 게임에 대해 가장 먼저 제기하는 교육적 질문이다. 이 때문에 이른바 '폭력적 미디어'의 악영향으로부터 어린이와 청소년을 보호하고자 하는 보호주의적 입장에서는 컴퓨터 게임의 이용 경험 자체를 비교육적인 것으로 간주하기도 한다.

실제로 컴퓨터 게임에 대한 교육에 있어 가장 먼저 부딪치는 문제는 과연 교실에서 게임에 대한 직접적인 체험이 허용될 것인가이다. 뉴스, 광고, 영화, 드라마 등의 다른 미디어 텍스트에 대한 교육이 이루어지는 장면을 상상하면, 구체적인 텍스트를 접하고 그 내용을 파악하며 감상하거나 비판적으로 분석하는 등의 활동을 떠올리게 된다. 뉴스에 대해 올바로 이해하기 위해 뉴스를 보고 분석하거나, 영화를 이해하기 위해 영화를 감상하고 분석하는 일은 당연하게 여겨진다. 이는 일반적으로 문학 교육이 문학 작품에 대한 감상과 비평을 통해 이루어지는 것과 마찬가지의 방식이다. 그러나 유독 컴퓨터 게임에 대해서는 폭력성의 경험, '과몰입' 내지 중독에 대한 우려가 두드러지기 때문에, 실제 교실에서 컴퓨터 게임을 시연하는 것 자체가 해서는 안 되는 일로까지 여겨지고 있다. 컴퓨터 게임에 대한 올바른 교육 방법은 그것을 직접 경험하는 것이 아니라 아예 하지 못하게 하거나, 컴퓨터 게임의 폐해를 지적하는 '예방접종식' 교육으로 여겨지고 있는 것이다.

이러한 맥락에서 문학 현상에 대한 탐구의 연장선상에서 컴퓨터 게임을 바라보고 상호작용적 서사의 하나로서 교육적으로 접근하고자 하는 경우, 실제 컴퓨터 게임을 직접 경험하기보다는 그 서사적 원리를 경험하게 하는 데 초점을 둘 수 있다. 이와 관련하여, 하이퍼텍스트 서사의 '탈중심성, 상호작용성, 다연결성, 개방성' 등과 같은 특징에 대한 이해를 목표로 하여 국내 고등학교 학생들을 대상으로 이루어진 디지털 서사 교육의 사례 연구로는 서울대학교 국어교육연구소에서 이루어진 연구 과제인 '하이퍼미디어 시대의 언어문화 이해교육'의 연구 결과를 바탕으로 한 『하이퍼텍스트의 언어문화 이해교육』(김대행 외, 2006) 중 현장 연구의 실제 중 '디지털 서사 이해 교육'을 참고할 수 있다. 그러나 디지털 미디어를 통해 실현될 수 있는 상호작용적 서사에 대한 이해를 중심으로 한 이러한 방향의 교육은 컴퓨터 게임 자체에 담긴, 혹은 그것의 수행을 둘러싸고 제기되는 사회문화적 가치에 대한 탐구보다는 일종의 '메타 서사(meta-narrative)'에 대한 이해를 목표로 하게 된다. 따라서 이러한 접근은 새로운 기술 미디어를 통한 이야기의 구조와 특질에 대한 이해에는 기여할 수 있을지 모르지만, 정작 어린이와 청소년들이 컴퓨터 게임을 통해 경험하는 이야기들의 가치에 대해 성찰할 수 있는 기회는 마련해주기 어려울 것이다.

만화, 영화, 텔레비전 드라마 등 기존의 미디어에 대해서도 그 내용에 담긴 폭력성에 대한 문제가 제기되어 왔지만, 유독 컴퓨터 게임에 대해 우려하는 목소리가 큰 것은 컴퓨터 게임의 가상현실이 현실보다 더 현실적으로 여겨질 수 있다는 점, 즉 그 몰입 기제 때문일 것이다. 가상공간에서는 몰입의 현상을 실제 자신의 몸으로 체험할 수 있다. 본래 몰입은 책과 같은 인쇄매체나 미술과 음악 등 예술의 세계를 통해 수용자가 경험할 수 있는 "또 다른 세계로 빠져들어 가는 미적 체험"을 의미한다 (유현주, 2007 : 302).

소설을 읽거나 영화를 볼 때에도 수용자가 일종의 가상공간 속에 몰입할 수 있지만, 그 경험은 순전히 수용자의 머릿속에서 일어난다. 그러나 디지털 공간에서는 수용자가 다른 세계(가상세계)로 직접 들어갈 수 있다. 문학교육의 방법으로서 예를 들어 소설을 감상할 때 독자가 특정한 인물과의 동일시를 허구적 세계를 경험하게 하는 것은 인위적으로 해야 하는 일인 반면, 컴퓨터 게임에서는 특정한 캐릭터가 되어 행위를 경험하게 되므로 '동일시 전략'이 자동적으로 작용한다고 볼 수 있다. 그렇다면 왜 같은 서사적 체험인데, 유독 컴퓨터 게임의 몰입 기제에 대해서는 우려하는 목소리가 높은 것일까?

가상공간에서의 몰입이 문제가 되는 것은 수용자가 더 이상 현실과 가상현실의 경계를 인지하지 못할 수 있다는 우려, 즉 가상현실의 탄생으로 인해 "현실의 확장"이 아니라 "현실의 소멸"이 일어나고 있다는 진단 때문이다(유현주, 2007 : 304). 아날로그 미디어의 스토리텔링에서는 사건을 경험하는 주체인 작품 속 인물과 이야기 속 주체의 행위를 인지하는 주체인 독자가 구분되며, 그 사이에는 빈 공간이 존재한다. 그 빈 공간을 메우는 해석 행위는 독자의 능동적 사고를 요구한다.

그러나 컴퓨터 게임과 같은 디지털 서사에서는 사건을 경험하는 주체와 그 행위를 인지하는 주체가 구분되지 않는다. 즉, 게임에서는 주어진 문제인 '퀘스트(quest)'를 수행하는 인물과 그 인물의 행동을 바라보는 주체가 게이머 자신이 되는 것이다. 따라서 게임 속 인물이 수행하는 행위가 동기가 분명하지 않은 폭력적 행위일 경우, 그러한 행위의 경험의 가치에 대한 문제제기가 생겨날 수밖에 없는 것이다. 이와 관련하여 유현주는 미디어의 표면이 아니라 그 속에서 일어나고 있는 일들을 꿰뚫어보는 시선을 연마하는 일이 진정한 미디어 능력이라고 하면서, 수용자 스스로 의미를 생성할 수 있는 현실과 가상현실 간의 "사이 공간"을 만들어내는 일을 디지털 미디어에 제기되는 미학적 과제라고 주장한다(유현주, 2007 : 308). 이는 미디어가 구성하는 현실에 대한 비판적 수용을 강조하는 미디어 리터러시의 근본 목표의 측면에서도 매우 중요한 과제이다.5)

라프 코스터(R. Koster)에 의하면 실제로 많은 게임들은 경쟁, 폭력, 전쟁을 내용과 형식으로 하고 있다(Koster, 2005 : 66). 물론 현재 드러난 현상을 근거로 하여 게임 전체를 문화적 가치 측면에서 일괄적으로 폄하해서는 안 될 것이다. 마치 예술적 성취가 높지 않은 문학 작품이 존재한다고 해서 문학 전체를 폄하할 수 없는 것과 마찬가지 이유에서이다. 그러나 대부분의 '슈팅 게임'이나 '대전 게임'에서 중요한 것은 반응 시간과 전술에 대한 인식, 상대방의 약점을 진단하는 것, 언제 공격해야 할지를 판단하는 것 등으로, 대부분의 게임은 입증된 생존 특성의 하나인 무자비함을 가르치며, 게임의 상대를 악마로 여기도록 부추기는 것이 사실이다. 코스터는 바로 이러한 게임의 특성을 이용하여, 현대 사회가 어떻게 움직이는지에 대한 보다 적절한 통찰력을 기르는 방식으로 게임을 디자인할 수도 있음을 강조한다. 예를 들어 지도자나 집단에 대한 맹목적인 복종, 엄격한 위계질서, 이분법적인 사고, 문제 해결을 위한 무력

---

5) 미디어 교육학자인 데이비드 버킹엄(David Buckingham)에 따르면, '미디어 리터러시'에서 '리터러시'란 텔레비전 프로그램을 이해할 수 있다거나, 카메라를 다룰 줄 안다거나 하는 단순한 기능적 리터러시(functional literacy) 이상을 의미한다. 미디어 교육은 미디어와 관련된 기술을 훈련시키는 것을 목표로 하는 것이 아니라, 미디어에 대한 분석, 평가, 비판적 성찰을 포함하는 비판적 리터러시이며, 다양한 커뮤니케이션의 형식과 구조를 설명하는 '메타언어(meta language)'의 습득을 필요로 하는 동시에, 커뮤니케이션에 작용하는 보다 광범위한 사회적·경제적·제도적 맥락과 이러한 맥락이 사람들의 경험과 실천에 어떤 영향을 끼치는지에 대한 이해를 포함한다(Buckingham, 2003·2004 : 72~73).

의 사용, 자기 종족 선호 및 타 종족 혐오 등 인간이 놓인 조건에 대해 이해하고 성찰하도록 하는 게임을 만들 수 있다는 것이다(Koster, 2005 : 82). 중요한 것은 폭력적인 내용의 존재 유무가 아니라 폭력의 동기가 무엇이며, 그 폭력적 행동의 의미에 대한 성찰의 계기가 주어지는가 하는 점일 것이다.

이와 관련하여 박상우는 가장 인기를 끌고 있는 슈팅 게임이나 롤플레잉 게임의 본질은 캐릭터의 행위에 몰입하게 한다는 점이며, 이때 게이머가 몰입하는 행위가 무엇인가가 문제된다고 본다. 이에 대해 박상우는 게임 속 주체와 게임 밖의 지연된 주체(게임을 구경하는 주체) 간의 "깊은 관계"가 형성되는 것으로 보는데, 이 두 주체 모두 게이머 자신이 된다. 앞서 유현주의 용어로는 게임 속 주체와 게임 밖에서 이야기를 구경하는 주체 간의 "사이공간"이 소멸하게 되는 것이다. 따라서 게임 서사에 대한 문화적 접근에 있어 중요한 것은 게임의 이야기가 실현되기 위해 게이머가 해결해야 하는 일련의 문제들, 행위의 규칙과 패턴들에 대해 '왜?'라는 질문을 던지는 것이라 할 수 있다.6)

흥미로운 것은 소설이나 영화를 감상할 때에는 텍스트 밖에 위치한 독자나 관객이 텍스트 안을 구경하는 방식이기 때문에, 독자나 관객이 이야기 속 주체와 근본적으로 분리되어 있다. 소설이나 영화를 보는 수용자는 언제나 텍스트 밖의 주체인 것이다. 바로 이 때문에 오히려 문학교육에서는 텍스트 속 주체로서 이야기를 경험하도록 하기 위해 텍스트

---

6) 게임 이야기에 대해 이처럼 문화적 가치를 질문하는 접근의 중요성에 관한 논의는 한국 콘텐츠진흥원의 컴퓨터 게임 교육 교재 개발 과정에서 특강에 초대되어 온 박상우 교수의 강의 및 집필진과의 토의에 바탕을 둔 것이다. 본래 이 논문이 발표되던 당시의 교재 개발 주체였던 한국게임산업진흥원은 2009년 한국콘텐츠진흥원으로 통합되었음을 밝혀 둔다.

밖의 주체인 독자나 관객으로 하여금 '동일시 전략'을 사용하도록 한다. 그런데 게임에서는 이러한 동일시 전략이 필요 없게 되는 셈이다. 문제는 이 과정에서 게임 속 이야기에 대한 반성이 일어나기 어렵다는 점이다. 문학의 교육에서는 인물의 경험에 몰입하게 하는 전략을 사용하는 데 비해, 게임의 교육에서는 이와 반대로 인물의 경험으로부터 거리 두게 하는 전략이 필요한 것이다. 이 점에서 게임에 대한 교육은 미디어의 문화적 의미와 가치에 대한 비판적 이해를 목표로 하는 미디어 리터러시의 일환이라 할 수 있다.[7] 아래에서는 이러한 시도를 하고 있는 외국의 게임 교육 사례를 두 가지 들어 게임에 담겨 있는 이야기에 대한 몰입과 가치의 성찰의 가능성에 대해 논의하고자 한다.

4. 컴퓨터 게임 교육 사례를 통해 본 교육 방안 모색

첫 번째 사례는 호주의 초등학교 문학 창작 교육을 위해 발행된 교재인 『말하기와 쓰기를 위한 101가지 이야기(*101 Stories to Tell and Write*)』(2003)에 제시된 "상호작용적 게임 이야기 쓰기"의 학습활동이다. 두루 알려져 있는 바와 같이 호주의 자국어 교육과정에는 '듣기·말하기·읽기·쓰기'와 같이 우리에게도 익숙한 언어활동 이외에 '보기'라는 영역이 있으며, 여기에 미디어 텍스트의 의미를 이해하고 표현하는 내용을 반영하고 있다(우리말교육연구소, 2004 ; 임세희, 2005).

이 교재에서는 게임을 이야기의 한 유형으로 보고 이를 위한 창작 교

---

7) 이와 관련하여 김양은(2008)에서는 게임 미디어 교육의 목표와 내용을 고려한 교육과정 시안을 제시한 바 있다.

육 활동을 제시하고 있다.8) 이 활동에서 게임은 상호작용적 이야기이자 규칙이 있는 이야기로 제시된다. 학습 활동의 목표는 아래 [표 1]에 제시된 바와 같이, 게임 서사란 특정한 인물이 되어 그 인물의 행위를 통해 시간과 공간을 경험하고 다른 인물들과 만나 행위하며 문제를 해결해 가는 이야기 구조임을 이해하도록 하는 것이라 볼 수 있다. 여기서 학생들에게 주어진 과제는 아래의 표와 같은 내용으로 되어 있는데, 이는 마치 롤플레잉 게임을 할 때 인물을 설정하고 그 인물이 해결해야 할 과제가 무엇인지를 안내하는 것처럼 여겨진다.

[표 1] 학습 활동 과제

여러분의 임무는 "CD로 제작될 새로운 어드벤처 게임을 디자인하기"입니다. 원한다면 무섭고 흥미로운 내용을 담을 수도 있지만, 불필요한 폭력은 사용하지 않도록 해 주세요. 아래에 제시된 빈 네모 칸들에 여러분이 만들고자 하는 게임의 기본 사항들을 계획해 보세요. 또한 게임에 적절한 이름을 붙이세요. 그리고 이 게임의 여자 주인공을 통해 게임을 시험 가동해 보면서, 이 게임을 하게 될 어린이들이 겪게 될 모험에 어떤 것들이 있는지 요약해 주세요.

이러한 과제 안내와 함께 이 학습 활동은 아래의 [그림 5]와 같이, 게

---

8) 이 교재에 제시된 학습 활동 전체가 컴퓨터 게임 서사를 중심으로 이루어져 있는 것은 아니다. 이 교재는 초등학교 어린이들에게 이야기의 작용 방식에 대해 쉽게 이해하게 하고, 직접 이야기를 창작하도록 하되, 이 과정에서 많은 토의가 이루어지도록 기획되어 있다. "이야기란 어떻게 작용하는가?", "이야기 써 보기", "장르에 따른 이야기" 등 세 가지 단원으로 구성되어 있는데, "이야기란 어떻게 작용하는가?" 단원의 하위 활동으로는 '이야기란 무엇인가?', '인물', '배경', '플롯', '시점', '대화', '이 모두를 결합해 보자.' 등을 제시하였고, "이야기 써 보기" 단원의 하위 활동으로 '미니 이야기', '시작과 끝', '제목', '이야기 변용하기', '이야기에 담을 모험 선택하기', '상호작용적 CD 게임 이야기 쓰기' 등을 제시하였으며, 마지막으로 "장르에 따른 이야기" 단원에서는 '공포 이야기의 공식', '미스테리 이야기의 공식', '코미디 이야기의 공식', '모험 이야기의 공식', '판타지 이야기의 공식', '공상과학 이야기의 공식' 등이 제시하였다. '상호작용적 CD 게임 이야기 쓰기'는 이러한 일련의 과정 속에 제시된 활동이다.

임 속 캐릭터인 주인공의 모습이 그림으로 제시되어 있고, 그 왼 편의
빈 칸에는 한 사람 이상의 '악당'을 설정하도록 되어 있다. 또한 이 게임
의 공간적 배경이 될 삼차원 혹은 이차원 영상을 적어도 두 장면 그리도
록 되어 있고, 게임의 목표(여주인공이 성취해야 할 목표)를 두 가지 설정하
도록 하고 있다. 그리고 해결해야 할 과제와 관련하여 주인공에게 어떤
단서를 줄 것인지를 설정하도록 하고, 마지막으로는 주인공이 마주치게
될 문제 / 위험 / 위협적 요소들을 적도록 하고 있다.

[그림 5] "상호작용적 CD 게임 이야기 쓰기" 활동이 제시된
호주 초등학교 문학 교재(Gibbsons, 2003 : 32~33)

이처럼 어린이들로 하여금 컴퓨터 게임 이야기를 창작해 보는 것은

문학 작품뿐 아니라 다양한 미디어 속에 존재하는 이야기에 대해 관심을 갖게 하고, 미디어에 따른 이야기 실현 방식의 특징에 대해 이해하게 한다는 점에서 의미가 있다고 볼 수 있다. 주인공과 악당의 대결 구도로 된 이야기 구조를 제시하고, 이 주인공이 해결해야 할 문제가 무엇인지를 설정해 보게 하고, 문제 해결을 위한 단서를 제공하게 하는 방식은 전형적인 롤플레잉 게임의 이야기를 염두에 둔 것으로 보인다. 이러한 활동은 문학 서사에 존재하는 이야기의 요소들에 대해 배운 내용을 컴퓨터 게임으로 확장하는 것으로도 볼 수 있다. 문학과 게임을 모두 이야기로 보되, 게임 이야기 구조와 인물 설정 방식의 특성에 대해 유의하게 하는 것이다.

이러한 활동을 통한 이야기 창작 학습에서 중요한 것은 학습 목표에 비추어 어린이들의 이야기 창작에 일정한 제약을 가하고, 어린이들이 선택한 이야기의 요소들에 대해 '왜?'라는 질문을 던지며 대화를 나누는 일일 것이다. 실제로 어린이들에게 게임 이야기를 창작하는 과제를 주면 자신들의 게임 경험을 바탕으로 즐겁게 활동을 하는데, 문제는 일반적으로 게임에서 발견되는 대결 구도나 폭력적인 문제 해결 방식 등이 반영되는 경우가 많다는 데 있다. 따라서 상호작용적 게임 서사의 창작 활동이 단지 게임 서사의 구조적 특질을 이해하는 데 그치지 않고, 어린이들이 선택하는 인물과 인물에게 주어지는 과제, 그리고 과제 해결 방법 등 다양한 이야기 요소의 선택에 대해 가치의 측면에서 대화를 나누는 것이 반드시 필요하다고 본다. 허구적인 캐릭터와 이야기의 요소를 기획하는 게임 작가의 가치가 게임 이용자의 게임 경험을 통한 정체성 형성에 영향을 미칠 수 있음을 간접적으로 이해할 수 있도록 해야 하며, 이것이야말로 게임 서사 교육을 통한 문화 능력을 기르는 데 교사가 중요한 역할을 담당할 수 있는 부분이라 보기 때문이다. 이런 시각에서 볼 때 이 교재가 이야기를 바탕으로 쓰기와 말하기 활동을 결합하고 있는 점은 더욱 의미 있게 여겨진다.

두 번째 사례는 영국의 미디어 교육학자인 앤드류 번(Andrew Burn)과 제임스 더란(James Durran)이 케임브리지에 위치한 8학년 학생들(우리 개념 으로는 중학교 2학년에 해당함)을 대상으로 문학 수업과 연관하여 수행한 게 임 리터러시 교육에 관한 실행 연구이다(Burn and Durran, 2007 : 110~128). 연구에 참여한 학생 수는 30명(한 학급)으로, 이 수업은 학급 전체가 토의 를 거쳐 하나의 게임을 기획한 후 전체 게임의 과정을 15단계로 구분하 여, 두 사람씩 짝을 지어 게임의 한 단계씩을 완성하도록 하는 프로젝트 수업 방식으로 진행되었다. 이 연구는 매우 실험적인 연구 수업으로, 이 러한 방식을 당장 우리나라의 현실에 적용하기에는 어려움이 있는 것이 사실이다. 그러나 게임과 문학이 이야기로서 지니는 공통점뿐 아니라 게 임만의 독자적 특성에 대해 이해하도록 하는 수업이었다는 점에서, 미디 어 시대의 문학교육이 이루어질 수 있는 확대된 방식과 관련하여 시사 점이 있다고 생각된다.

본격적인 프로젝트 수업에 들어가기에 앞서 교사는 프롭(Propp)의 서 사 요소들을 학생들에게 제시하고, 이를 활용하여 게임 서사의 기본 구 조를 이해하도록 하였다. 또한 프롭의 서사 요소들에 등장하는 인물들을 활용하여 게임 캐릭터를 구성하고 디자인하는 수업을 진행하였으며, 게 임의 체제에 대해 배우는 과정에서 놀이로서의 게임이 갖는 규칙과 경 제관념(단계에 따른 보상 체제)에 대해 학습하게 하였다. 이 과정에서 학생 들이 이미 알고 있는 게임의 규칙에 대해 상기시키면서, 규칙의 존재로 인해 게임은 문학과는 다른 종류의 텍스트, 즉 이야기 안에서 이용자로

하여금 행위를 하도록 요구하는 일종의 "명령문으로 된 텍스트"가 된다는 점을 이해하도록 했다.

본격적인 게임 디자인 수업에 들어가서는, 우선 수업 시간에 다루었던 프롭이 제시한 인물 유형, 게임의 규칙과 보상 체계의 예를 포함한 짧은 기획서를 학생들이 개별적으로 숙제를 통해 완성해 수업 시간에 가져오도록 하였다. 수업 시간에는 학생들이 완성해 온 짧은 기획서에 대한 발표와 토의를 통해 학급 전체 학생들의 아이디어가 반영된 하나의 게임 기획안을 마련하도록 하였다. 이때 교사는 학생들의 제안서 내용이 지닌 장점과 단점, 내적 모순, 차이점 등에 대해 지적하면서 학생들의 발표와 토의를 중재하였다. 이러한 '공동 저작'의 과정을 통해 '단계', '장애물', '보상', '승리와 패배에 관한 명확한 규정' 등을 포함한 게임 구조에 대한 단일안을 마련하였다.

이러한 기획 단계를 거쳐, 실제 게임 제작 단계에서는 게임 전체를 15개의 '단계'로 구분한 후, 두 학생이 한 팀이 되어 하나의 단계를 완성하도록 하였다. 이때, 만약 2단계를 만드는 팀이라면 각각 1단계와 3단계를 맡은 팀과 의논하도록 함으로써, 자신들이 만드는 단계에 등장하는 인물이나 공간 배경 등의 내용이 이전 단계 및 이후 단계와 긴밀한 연관성을 갖도록 하였다. 게임을 제작한 후에는 게임을 '출판'하는 단계를 거치도록 하였는데, 이 과정에서 게임 회사의 이름과 이 회사가 추구하는 게임에 대한 비전을 홍보하도록 하였다. 이러한 '출판' 과정의 경험은 미디어 텍스트가 존재하는 산업과 제도 등 사회·문화적 맥락에 대해 이해하도록 하기 위한 목적을 지닌다.

번과 더란의 연구에서 제시된 수업은 매우 실험적인 수업으로, 상당 기간의 프로젝트 수업으로 진행되었고, 교육용 소프트웨어를 활용하여 실제로 게임을 제작하는 과정을 포함하고 있었다는 점에서, 우리의 문학 수업 장면에 곧바로 적용하기에는 무리가 따른다. 그러나 이러한 어려움은 영국의 다른 학교에서도 마찬가지로 예상되는 문제이다. 이 연구의 의의는 실험적인 수업에 대한 기획과 실행 연구를 통해 게임에 대한 교육이 문학교육과 접목될 수 있는 방안을 마련하고자 했다는 점에 있다.[9] 이 사례가 우리에게 아직까지 먼 미래에나 가능할지 모르는 일로 여겨지는 것은 사실이다.

그러나 앞서 살펴본 호주의 초등 문학 교재에 제시된 게임 서사 창작 활동에 비해 보다 심화된 방식으로 문학 작품과 컴퓨터 게임의 서사가 지니는 공통점과 차이점에 대한 이해 및 게임 서사의 특징에 대한 이해를 도모하고, 게임 제작 및 이용과 관련된 산업적·제도적 환경이라는 맥락에 대해 이해하도록 하는 점은 앞으로 우리가 고려해 보아야 할 게임 서사 교육과 관련하여 시사점이 있다고 생각된다. 다만, 앞서 논의한 바와 같이 게임 속 인물과 그 인물이 해결해야 할 문제, 문제 해결의 방식 등을 구성하는 과정에서 학생들이 내리게 될 이야기 요소에 대한 일련의 선택이 문화적 가치의 문제와 긴밀히 연관되어 있음을 강조하고,

---

9) 번과 더란은 일반적인 학교의 문학 수업에서 단기적으로 실행 가능한 보다 현실적인 수업 방안에 대해서도 제안하고 있다. 이 가운데에는 '기존 게임의 규칙에 초점을 두어 수정안 작성하기', '학생이 선호하는 책이나 영화 를 바탕으로 한 보드게임 만들기', '게임 디자인의 예술적·문화적 중요성을 강조하며 게임 속 인물을 구성하되, 인물이 지닌 기능을 명명하기', '게임 이야기의 개요를 작성하되, 서사성과 놀이성을 모두 강조하기', '게임이 어떻게 시각적으로 구현될지를 보여줄 수 있는 스크린샷을 그리되, 이것이 게임 홍보 자료에 포함될 것임을 고려하기', '학생들이 개별적으로 만든 게임 기획서에 근거하여 연극 작품 개발하기', '게임 플레이어가 NPC(플레이어가 움직이는 것이 아니라 게임 자체에 존재하는 캐릭터)와 첫 번째로 대면하는 장면 그리기', '플레이어에게 게임 장면을 따라 어떻게 전진해야 할지 알려주는 안내서 작성하기', '특정 게임업체에 보낼 게임에 대한 기획서 작성하기', '자신이 디자인한 게임의 포스터와 포장지 디자인하기' 등이 있다(Burn & Durran, 2007 : 126). 이 연구가 수록된 책은 『학교에서 배우는 미디어 리터러시』(이종옥 옮김, 한국언론재단, 2008)라는 제목으로 국내에 번역·소개되었다.

이에 대한 대화를 촉진하는 교사의 역할에 대한 고려가 좀 더 필요한 것으로 생각된다. 이야기의 실현 방식과 이야기에 내재된 문화적 가치에 대한 고려야말로, 문화교육의 일환으로서 컴퓨터 게임 서사 교육이 문학교육과 긴밀히 연관될 수 있는 고리일 것이며, 이것은 소프트웨어를 활용해 게임을 직접 만들어보는 기술적 과정보다 훨씬 더 중요한 과정이라고 보기 때문이다.

마지막으로 살펴볼 사례는 연구자가 개발과 집필에 참여한 한국콘텐츠산업진흥원에서 발간한 초등학생 대상 게임 교육 교재와 강사용 지침서『게임 안으로, 게임 밖으로』(한국콘텐츠진흥원, 2010a, 2010b) 가운데 일부이다.10) 이 교재는 초등학교의 창의적 재량활동이나 특별활동 수업 시간을 통해, 게임에 관한 지식과 정보를 알아보고 게임을 이용하면서 생각해 보아야 할 내용들을 다양한 활동을 통해 학습하도록 하기 위해 게임 분야와 미디어 교육 전문가 및 초등학교 교사들의 협력을 통해 개발된 서울시교육감 인정도서(2010-0210심)이다. 이 교재는 게임을 놀이, 이야기, 산업으로 바라보는 관점을 균형 있게 반영하고 있다.

여기서 살펴볼 사례는 이 교재의 내용 가운데 게임을 이야기로 바라보는 일련의 활동들로 구성된 소단원으로, 게임 이야기에 몰입하게 되면서 게임 내용이 이용자에게 미치는 영향에 대해 비판적으로 성찰하도록 하는 내용이다.

---

10)『게임 안으로, 게임 밖으로』(한국콘텐츠진흥원, 2010a, 2010b)에 관한 내용은 본 논문이 애초에 수록된『문학교육학』제28집(2009. 2)에는 포함되지 않았던 것으로, 이 책에 수록하는 과정에서 새롭게 보완한 것이다. 이 교재의 내용에 관한 소개는 필자가 집필에 참여한『게임 안으로, 게임 밖으로』의 강사용 지침서 내용에 바탕을 둔 것임을 밝혀둔다.

2. 게임 이야기에 빠져들기

게임에 빠져들게 했던 것들의 특징을 알아보고, 이런 경험을 할 때 주의할 점을 알아봅시다.

1. 게임 속 캐릭터의 모습을 보고, 여러분이 게이머라면 어떤 느낌이나 기분이 들지 생각주머니에 적어 보세요. 또 가상현실에 대해 생각해 본 내용을 함께 떠올려 보세요.

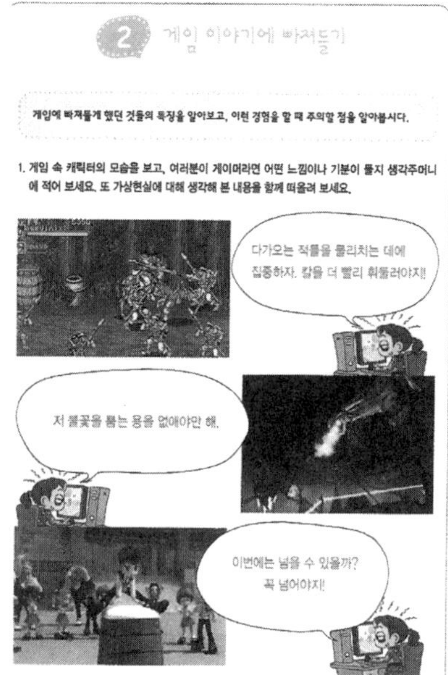

3. 각자 만든 '게임 경험 큐브'를 보고 '좋은 기분'과 '좋지 않은 기분'을 구별해 보세요.

4. 모둠끼리 모여서 각자 만든 '게임 경험 큐브'를 굴려 맨 윗면에 나온 기분을 돌아가면서 이야기해 보세요.

1) 다른 친구들과 비슷하게 느낀 기분이 있다면 무엇인가요?

2) 다른 친구들과는 다르게 나 혼자만 느낀 기분이 있다면 무엇인가요?

5. 게임 경험 큐브를 굴리면서 이야기하고 느낀 점이나 알게 된 점을 간단하게 적어 보세요.

우리는 과연 게임중독이 이런 무서운 결과를 낳을 수 있는 것인지 알아보려고 인터넷중독센터의 전문가를 찾아가 보았습니다.

L 박사님 : "익명성이 보장되기 때문에 아이들은 자제력을 잃고 본능적인 공격성을 표출합니다. 게임의 잔인한 내용에 반복적으로 노출되다 보면 아이의 머리 속은 언제나 '전투 상태'가 되죠. 게다가 게임에 중독된 뇌의 단층사진은 알코올에 중독된 뇌의 단층사진과 흡사합니다. 그만큼 위험한 것이 게임중독입니다. 또한 가상공간에서의 살인이라고 해서 현실세계에서의 살인과 다를 바가 있을까요? 게임 속 세계도 분명 인간과의 관계가 있고 상거래가 있는 엄연한 사회입니다. 그런데 게임하는 몇 시간 동안에 아이들은 수천 명의 타인을 죽이게 됩니다. 그러니 당연히 아이들은 폭력적으로 변할 수밖에 없죠."

한국청소년상담원에 따르면 전국 초·중·고교생 1,564명을 대상으로 설문조사를 벌인 결과 응답자의 29.3%가 중독 경향이 있는 것으로 나타났습니다. 그만큼 쉽게 게임중독에 빠질 수 있다는 것입니다.

출처 : 정윤희 사이버경찰청

2. 다음은 전투 게임에서 이긴 어린이의 모습입니다. 이 어린이는 어떤 기분이 들지 생각주머니에 적어 보세요.

3. 게임내용 중에서 '잔인하고 폭력적인 내용'이란 구체적으로 어떤 내용을 말하는지 서로의 생각을 이야기해 보세요.

총이나 무기로 사람을 공격하거나 죽이는 내용

사람을 많이 죽이거나 공격할수록 레벨이 올라가는 게임

아무런 이유도 모른 채 다른 캐릭터를 때려야 하는 게임

4. 잔인하고 폭력적인 내용의 게임이 건강한 놀이방법이 될 수 없는 이유를 적어 보세요.

잔인하고 폭력적인 내용은 비록 가상현실이라도 실제 정신과 마음에 그 영향을 남긴다.

놀이를 하는 이유는 즐거운 기분을 느끼기 위한 것인데, 다른 사람을 공격하거나 때리는 내용은 기분을 즐겁게 만드는 것이 아니다.

건강한 놀이는 놀이 후에 일상생활을 더 즐겁게 만들어주지만, 잔인하고 폭력적인 내용의 게임은 게임 후에 일상생활에 방해가 된다.

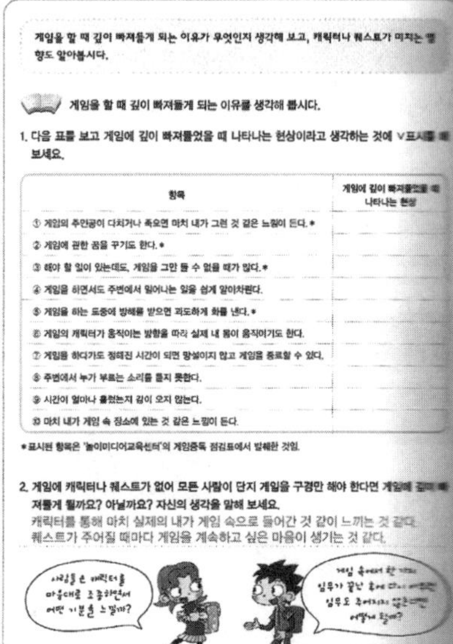

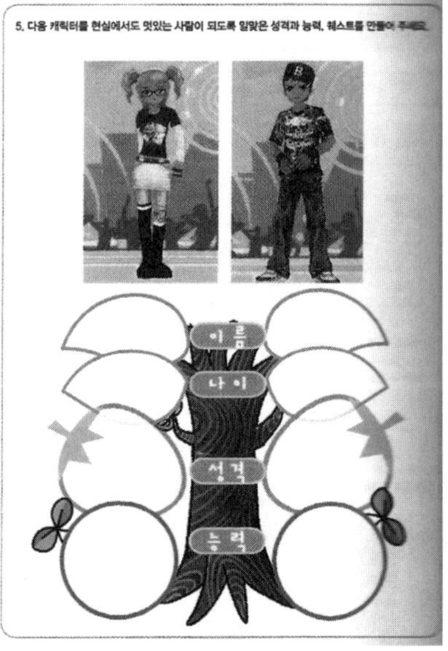

[그림 6] 『게임 안으로, 게임 밖으로』의 강사용 지침서 내용 예시(한국콘텐츠진흥원, 2010b : 77~78)11)

앞의 그림에서 볼 수 있는 바와 같이, 첫 번째 학습 내용은 게임에 빠져드는 경험의 특징에 대해 알아보고 게임을 통해 얻는 경험의 양면성에 대해 알아보는 내용, 게임의 캐릭터가 게임 안에서 하는 일이 게임의 이야기와 연관됨을 알아보는 내용으로 구성되어 있다. 이를 위해 교재에는 어린이들이 게임에 몰입하면서 경험하게 되는 다양한 가상현실의 장면을 다른 캐릭터들과 전투하는 장면, 입에서 불길을 내뿜는 용이 덮쳐오는 장면, 운동경기를 하는 장면 등으로 제시하고, 이러한 그림들을 게임에 몰입해 있는 어린이의 모습과 함께 제시하였다.

두 번째 학습 내용은 게임 내용이 자신에게 어떤 영향을 주는지 생각해 보고, 게임을 건강하게 즐기기 위해서는 어떤 내용을 피해야 하는지 알아보는 것이다. 게임 내용이 게임을 하는 사람에게 영향을 미칠 수 있음을 생각하도록 하는 글을 읽고 토의하거나, 게임 속 전투에서 이긴 어린이가 어떤 기분이 들지 생각해 보게 하는 등의 활동을 통해 게임의 몰입 경험에 대해 비판적으로 이해할 수 있도록 되어 있다. 그리고 세 번째 학습 내용은 게임을 할 때 깊이 빠져들게 되는 이유가 무엇인지 생각해 보고, 게임 속 인물이나 인물에게 주어진 과제가 게임 이용자에게 미치는 영향에 대해 알아보는 것으로 되어 있다.

이러한 활동들의 목표는 게임에서는 인물에게 주어지는 과제 혹은 임무의 완성을 통해 이야기가 진행된다는 점, 그리고 게임에서는 이용자가 게임 속 주인공이 되어 이야기를 진행하게 되는 만큼, 게임의 이야기가 게임 이용자에게 영향을 미칠 수 있음을 알아야 하며, 따라서 게임의 내용에 대해 비판적인 시각을 갖는 것이 중요하다는 점을 깨닫게 하도록

---

11) 여기서는 편의상 강사용 지도서에 실린 교재 내용과 예시답안을 제시하였다.

하는 데 있다. 특히 게임 내용 중에서 '잔인하고 폭력적인 내용'이란 어떤 것이며, 이것이 게임 이용자에게 미칠 수 있는 영향은 무엇이고, 이에 대해 어떤 사회적 우려가 있는지 이해하도록 한 것은 게임의 이야기적 측면에 대해 학생들이 이용자의 입장에서 가치 판단을 하도록 하기 위한 목적에서 제시된 것이다. 이와 관련하여 이 교재의 지침서에서는 게임 이용자로서 학생들이 느끼는 재미에 대해 스스로 거리를 두고 성찰할 수 있도록 지도하는 것이 중요함을 강조하고 있다.

5. 요약 및 전망

미디어와 문학을 연관 짓는 일은 더 이상 낯설지 않다. 영화, 텔레비전 드라마, 인터넷 소설 등 다양한 미디어를 문학 서사와 관련하여 비교하는 방식의 수업은 이제 초·중·고등학교는 물론 대학의 문학 수업에서 흔한 일이 되었다. 그러나 문자로 서술된 문학 작품을 이해하기 위해 다른 미디어를 활용하는 차원을 넘어서, 다양한 미디어에 존재하는 서사의 형식과 구조를 이해하는 방식의 수업은 아직까지 낯설고, 과연 문학 수업이 감당해야 할 본연의 임무인가에 대한 의구심이 크게 작용하고 있는 것이 현실이다. 2007년에 새롭게 개정된 국어과 교육과정에 미디어의 언어와 텍스트에 대한 이해와 표현이 상당 부분 반영된 것을 고려할 때, '듣기', '말하기', '읽기', '쓰기' 등 언어활동 영역에 비해 유독 '문학' 영역이 미디어 텍스트의 수용에 인색했던 것은 이러한 망설임을 단적으로 보여주는 것이 아닌가 생각된다.

컴퓨터 게임의 경우에는 영화나 텔레비전 드라마에 비해 서사성 자체가 논란이 되는 장르라는 점에서, 문학교육과 관련하여 논의하는 일이 더욱 어렵게 여겨진다. 그러나 컴퓨터 게임이 본질적으로 서사인가 놀이인가를 중심으로 벌어졌던 논쟁은 더 이상 깊어지지 않고 그대로 남아 있으며, 놀이적 측면이 강한 서사로서 컴퓨터 게임의 특성을 이해하는 논의와 이를 바탕으로 한 교육적 접근이 조금씩 시도되고 있는 상황이다. 컴퓨터 게임을 디지털 미디어 시대의 새로운 대중적 서사로서 인식하는 바탕 위에서 문학과 컴퓨터 게임을 비교하여 이해하는 관점은 컴퓨터 게임에 대한 이해뿐 아니라, 문학 서사의 특성과 장점을 다른 미디어와 비교하여 상대적으로 이해하는 데에도 기여할 수 있을 것이다.

이 글에서는 그동안 컴퓨터 게임의 서사에 관한 이론이 다소 간과하고 있었던 것으로 보이는 이야기의 가치에 대한 물음에 초점을 두는 문화적 접근을 통해, 문학교육의 본질적 관심인 인간의 삶에 대한 이해라는 측면에서 게임 서사 교육이 이루어질 필요가 있음을 논의하였다. 게임과 문학교육이 연관될 수 있는 보다 다양한 접근과 방법에 대해서는 앞으로 더 많은 고민이 필요할 것이다.

참고문헌

게임문화연구회, 「문화를 통찰하는 시선 : 게임과 문학의 경계를 넘어(연세대학교 국문과 최유찬 교수님과의 인터뷰)」(1-0501-002), 2005. (http://www.gamestudy.org, 검색일자 : 2008. 11. 3.)

김대행 외, 『하이퍼텍스트의 언어문화 이해교육』, 서울 : 서울대학교 출판부, 2006.

김성재, 「역사의 종말? : 플루서의 매체현상학을 통해 본 문자텍스트의 위기」, 피종호 엮음, 『디지털 미디어와 예술의 확장』, 서울 : 아카넷, 2006.

김양은, 「게임 미디어 교육의 내용 구성에 관한 시안적 연구」, 『한국언론학보』 제52권 1호, 2008.

김혜수, 『컴퓨터 습관 중독되기 전에 잡아라』, 서울 : NEWRUN, 2006.

김미화·장우민, 『인터넷 게임 중독에서 내 아이를 지키는 59가지 방법』, 서울 : 평단, 2008.

박동숙·전경란, 『디지털 미디어 문화』, 서울 : 한나래, 2005.

박상우, 「컴퓨터 게임의 구조적 이해를 위한 노트」(C5-1105-002), 2006a. (http://www.gamestudy.org, 검색일자 : 2008. 11.3.)

박상우, 「공통적 말하기로서의 지배적 컴퓨터 게임 플레이 유형」, 『커뮤니케이션 이론』 제2권 1호, 한국언론학회, 2006b.

박은희 외, 『디지털 마니아와 포비아』, 서울 : 커뮤니케이션북스, 2007.

우리말교육연구소 엮음, 『외국의 국어 교육과정2 : 캐나다·미국·호주의 교육과정』, 나라말, 2004.

유현주, 「하이퍼미디어에서의 스토리텔링 : 새로운 '사이 공간' 만들기」, 차봉희 외, 『디지로그 스토리텔링』, 서울 : 문매미, 2007.

이상우, 「컴퓨터 게임의 서사 연구 : 시간 활용을 중심으로」, 중앙대학교 문예창작학과 문학창작전공 석사학위논문, 2005.

이인화 외, 『디지털 스토리텔링』, 서울 : 황금가지, 2003.

임세희, 「외국의 자국어 교육과정」, 국어교사모임 매체연구부, 『매체 교육의 길 찾기』, 서울 : 나라말, 2005.

전경란, 「상호작용 텍스트의 구체화 과정 연구」, 『한국언론학보』 제45권 5호, 2004.

정현선, 『다매체 시대의 국어교육과 문화교육』, 서울 : 도서출판 역락, 2004.

정현선, 「인터넷 언어 문화 교육 내용으로서 디지털 서사의 개념·특성·유형에 관한 연구」, 『국어교육학연구』 제30집, 국어교육학회, 2007.

최유찬, 「게임 시나리오와 문학」, 피종호 엮음, 『디지털 미디어와 예술의 확장』, 서울 : 아카넷, 2006.

최현섭 외(제 2증보판), 『국어교육학개론』, 서울 : 삼지원, 2005.

한국게임산업진흥원, 『2007년 대한민국 게임백서』, 2007.

(http://www.gitiss.org/index.jsp, 검색일자 : 2008. 11.10.)

한국게임산업진흥원·한국게임산업협회, 『Game, 엄마 아빠! 함께 해요』, 2007.

한국콘텐츠진흥원, 『게임 안으로, 게임 밖으로』(서울시교육감 인정도서 2010-021-심), 2010a.

한국콘텐츠진흥원, 『게임 안으로, 게임 밖으로』(강사용 지침서), 2010b.

Aarseth, E. J., 류현주 옮김, 『사이버텍스트』, 서울 : 글누림, 2007.

Abbott, H. P., *The Cambridge Introduction to Narrative*, Cambridge & New York : Cambridge University Press, 2002.

Buckingham, D., 기선정·김아미 옮김, 『미디어 교육 : 학습, 리터러시, 그리고 현대문화』, 서울 : JNBook, 2004.

Burn, A. & Durran, J., *Media Literacy in Schools : Practice, Production and Progression*, London : Paul Chapman Publishing, 2007.

Gibbsons,J., *101 Stories to Tell and Write*, Carlton South, Australia : Curriculum Corporation, 2003.

Jenkins, H. et al, *Confronting the Challenges of Participatory Culture : Media Education for the 21st Century*, Chicago, IL : MacArthur Foundation, 2006.

Johnson, S., 윤명지·김영상 옮김, 『바보상자의 역습』, 서울 : 비즈앤비즈, 2006.

Koster, R., 안소현 옮김, 『라프 코스터의 재미 이론』, 서울 : 디지털미디어리서치, 2005.

Laurel, B., *Computer as Theatre*, Reading, MA : Addison-Wesley Publishing, 1991.

Strasburger, V.C. & Wilson, B.J., 김유정 옮김, 『어린이, 청소년, 미디어』, 서울 : 커뮤니케이션북스, 2006.

제3부

문학교육과 창작 능력

제 9 장

창작 교육의 현재적 조건과 그 한계

이 희 중
전주대학교 국어교육과

1. 서론

이 논문의 목적은 제도 교육의 틀 안에서 진행되는 창작 교육의 가능성과 한계에 대해 살펴보는 일이다. 문명과 문화의 축적은 교육을 통해 보전되기 마련이므로 교육의 효용에 대해서는 재론할 필요가 없으나 문명 또는 문화의 특정 세부가 제도 교육의 틀 속으로 어떤 모양으로 포섭되어야 하는가는 요모조모 따져 볼 만한 과제이다. 문학 또는 문예 창작의 오랜 유서나 근대 교육의 역사에 비추어 볼 때, 창작 교육이 체계적인 외양을 갖춘 채 교육 수요자에게 제공된 내력은 일천한 것이다. 우리나라의 대학에서 문예창작을 배우고 가르치는 전공이 생긴 일은 오래되었으나 극히 소수의 학교에 머물러 있다가, 최근 20여 년 사이에 개설 대학이 대폭 늘어났다.[1] 대학교에 따라 국어국문학과와 국어교육과에서 창작 관련 교과목을 개설한 예가 없지 않았으나 그 체계와 규모에서 특기할 점은 발견되지 않는다. 그 동안 중등학교에서 창작 교육은 정규 교과에서 전무하다시피 한 채 학생 자치 동아리 중심의 학습이 관행이 되어 왔다. 그러다가 제7차 교육과정에 이르러 창작 교육이 중요하게 다루어지게 되었다.[2] 그러나 창작 교육의 명분과 근거에 대해서는 아직 일

---

[1] 우리나라에서 문예창작과는 1953년 서라벌예술대학에 처음 개설되었다.(중앙대학교 문예창작과 홈페이지 / 학과소개 / 연혁 참조) 2008년 7월 현재 문예창작과가 개설된 학교는 대학교 32개, 대학 11개, 모두 43개 교육기관이다(한국문예창작학회 홈페이지 / 전국 대학 문예창작학과 / 대학주소록 / 전국 대학 문예창작학과 주소록 참조).

[2] 창작교육이 우리 교육과정에서 취급되어온 내력과 제7차 교육과정에서 본격적으로 취택된 일의 의미에 대해서는 다음 참조. 김창원, 「창작 개념의 확장과 창작 교육의 방향」, 『창작교육 어떻게 할 것인가』, 푸른사상, 2002, 67~69면.

정한 수준의 합의에 도달한 것으로 보기 어렵다. 이는 오랜 세월 동안 창작 교육이 제도 바깥에서 존재해 온 까닭으로 판단된다. 이즈음에서 창작 교육이 과연 필요한가, 왜 필요한가를 다시 묻은 일은 소기의 효용성과 정당성을 인정받을 수 있다.

오늘 우리가 사는 세상의 분위기는 문학 또는 문학교육에 그리 호의적인 것으로 보이지 않는다. 이러한 형편이 가까운 미래에 쉽게 개선될 것 같지도 않다. 이에 문학교육자는 부득이 각별한 모색을 하지 않을 수 없다. 일반 작문 교육, 일반 문학교육, 장르별 작품 읽기 교육, 창작 교육 등의 단계에서 우리는 중점과 초점의 좌표를 판단해야 한다. 그러나 창작 교육이 일련의 문학교육 단계상 마무리의 위치에 있음에 유의하지 않으면 안 된다. 특히 장르별 작품 읽기 교육이 견고할 때만 창작 교육은 제 힘을 발휘할 수 있다. 이러한 측면에서 우리가 신뢰하는 창작 교육의 최종적 의의를 담보하는 일은 상당히 난감한 전제를 지니게 된다.

제7차 교육과정에 이르러 문학교육의 최종적 단계에서 학습자에게 창작 학습의 필요성을 강조한 것은 매우 의미 있는 일이다. 이는 이론의 박물관에 보존되어 오던 '무용지물'이 다시 긴요한 몫을 맡게 된 일에 비유할 만하다. 일찍이 1979년 김인환은 문학교육 단계가 시의 경우 '생활서정' 쓰기로, 소설의 경우 '생활서사' 또는 '의사희곡'로 마감되어야 한다고 주장한 바 있다.3) 이후 1994년 이상섭은 미국 문학교육의 사례에 비추어 우리의 관행을 비판하면서, '창작'을 소외한 채 '평론'을 중심으로 문학을 교육하게 된 내력이 동서를 막론하고 오랜 일이 아님을 지적하면서 창작 학습을 통해서 문학을 좀 더 깊이 이해하게 된다고 주장

---

3) 김인환, 『문학교육론』, 평민서당, 1979, 88면, 197면.

하였다.4) 이후 이오덕도 글쓰기, 시 쓰기가 가져 올 수 있는 인격 형성의 긍정적인 측면을 밝힌 바 있다.5) 문학교육에서 창작 교육의 중요성을 논의해온 이와 같은, 간단치 않은 맥락에도 불구하고 그동안 창작 교육의 실질적 구현을 찾아보기 어려웠던 것은 우리 교육의 전반적인 난맥상과 무관하지 않아 보인다. 문학교육에서 창작교육의 절차와 중요성을 명시한 제7차 교육과정이 실제 교육의 현장에서 소기의 성과를 산출하고 있는가에 대해 회의적인 눈길을 거두기 어려움도 이와 무관하지 않다. 우리 교육의 문제는 교육과정에 담긴 철학의 심천(深淺)에 직접 상관하는 것이 아니다. 우리 교육, 그리고 우리 문학교육에서 해결되지 않는 기본 문제는 어떤 교육 철학이나 교육 기획도 무화하여 대상화 또는 도구화해 버리는 전투적 경쟁 논리이다. 문제 풀이 교육, 문제를 성립을 뒷받침하는 데 제1차적 효용을 갖는 지식 교육은 여기서 파생한 문제이다. 이러한 모의에 학부모, 학생, 나아가 일부 교육자들까지 가담해 있는 것으로 보인다. 물론 권장 목록의 문학작품들을 경쟁적으로 섭렵하고, 글을 쓰고, 시를 쓰는 일이 해로울 것은 없다. 문제는 이런 세목이 아니라, 이들을 도구로 삼으면서 방법에 금도를 두지 않고 점수를 따려고만 하는 학부모와 학생들에게 있다. 책을 읽지 않고도, 글을 쓰지 않고도 점수를 딸 방도가 있으면 이들은 이 길을 선택하기를 주저하지 않을 것이다.

요컨대 창작 교육의 의의를 성취하기 위해서는 점검해야 할 문제들이 남아 있다. 현재의 문학교육과 작문 교육의 조건들을 세심하게 살피면서

---

4) 이상섭, 「문학공부는 무엇이 되어야 하는가」, 『외국문학』 1994년 겨울호, 『역사에 대한 불만과 문학』, 문학동네, 2002에 재수록.
5) 이오덕, 『글쓰기 어떻게 가르칠까』, 보리, 1999, 『삶을 가꾸는 글쓰기 교육』, 보리, 2004 외.

문학교육의 중대한 과정이면서 동시에 글쓰기의 한 갈래인 창작 교육의 온당한 좌표와 의의를 가늠하는 일이 긴요하다. 그러나 이 논문이 이와 같은 책무를 온전히 감당하지 못한다. 다만, 현재의 단계에서 필자의 능력과 관심이 닿는 정도의 조건들을 소박하게 점검해 보고자 할 뿐이다.

2. 창작 교육, 감상 교육, 작문 교육

축자적으로 보아 '작문(作文)'은 글을 짓는 일 또는 쓰는 일이다.6) 창작은 독창적, 예술적인 작업을 가리키는 의미로 예술 일반에서 두루 쓰이지만, 이 자리에서는 예술적 글쓰기에 한정하여 이해하면 무난할 것이다. 분류 체계로 보자면 문학(문)을 글의 종류에 포함시키는 것이 상례이므로 이를 받아들일 때 예술적인 글, 문학(문)을 쓰는 일, 즉 창작은 작문에 포함될 수 있다.7) 따라서 작문과 창작의 관계는 문과 문학(문)의 관계처럼 후자를 전자의 부분집합으로 파악함이 일단 옳다고 볼 수 있다.

이와 같은 작문의 의미 영역에 대한 포괄적 이해와 이에 근거한 평가의 관점은 간단하지 않은 연원을 가지고 있다. 대학별 본고사가 존속했던 1980년 대학입학시험까지 대부분의 대학에서 작문은 '국어' 시험에

---

6) 역시 축자적으로 따지자면, 짓는 것과 쓰는 것은 다를 수 있다. 상대적으로, 짓는 것은 창의적인 측면이 더 있고, 쓰는 것은 창의적인 면을 고려하지 않는 것처럼 보일 수 있다. 이지호, 『글쓰기와 글쓰기 교육』, 서울대학교 출판부, 2001에 작문, 글쓰기, 글짓기 등에 대한 분별이 충실하고도 흥미롭게 개진되어 있다.

7) '문학문'이 다소 어색한 것이 사실이나, 전문 문필가가 아닌 사람(학생)이 쓰는 글을 이렇게 부르기로 한다. 일반적으로 우리가 사용하는 '문학'은 작문이나 창작과는 위계가 다르다. 특히 제도 교육에서 사용하는 문학은 문학적 작업의 결과로서, 정전의 반열에 오른 소수의 작품을 가리킨다고 보아야 할 것이다.

서 독자적인 영역을 확보하고 있었다. 대학들은 편지, 일기, 산문(수필) 등 다양한 종류의 이른바 생활문 쓰기를 출제하였다. 이러한 상황은 입시제도가 교육의 내용을 좌지우지하는 한국적 풍토에서 큰 파급력을 가질 수밖에 없었다. 이후 1980년대 초 대학별 본고사가 사라지면서 입학시험에서 작문 문항과 답안지의 빈 원고 칸은 볼 수 없게 되었고, 시험 준비에만 '몰입'하는 우리의 풍토에서 글쓰기는 제도 교육에서 완전히 소외되고 말았다. 훗날 대학별 논술고사가 생겨나면서 넓은 의미에서 작문(글쓰기)은 원고 빈칸과 함께 부활했던 셈이나, 더 이상 이전 과목별 본고사에서 국어의 하위문항으로 존재했던 생활문 중심의 '작문'은 아니었다.8) 최근까지 상당 기간 동안 고교 교육의 내용에 큰 영향을 끼치고 있는 '논술'과 비교하자면, 근원적인 의미에서 작문, 즉 생활문 쓰기는 그 교육적 효용을 전혀 인정받지 못하고 있는 것이 현실이다. 생활문 쓰기, 즉 작문은 국어과의 하위 영역으로 설정되어 있음에도 경쟁 관계에 있다고 할 수 있는 다른 하위 영역에 비해 홀대받고 있는 형편이다.

현재 '작문'은 국어의 하위 영역으로 독립된 과목으로 할당되어 있다. 이 과목의 교재로 기획된 '작문' 교과서의 대부분은 글을 '이해하는' 데 쓰이는 지적 분석 도구와 그 적용 결과를 '쓰는' 준비로 번역해서 가르치고 있다. 편찬자들의 노력으로 이전에 비해 상당히 개선되기는 했으나

---

8) 글의 한 갈래인 '논술'을, 우리 사회에서는 '글'과 다른 무엇으로 취급하는 풍조가 있다. 사람들은 논술에서 중요한 것은 '논리적인 생각'이며 문자, 글의 부면은 단지 도구에 불과한 것으로 보는 것이다. 그럼에도 공교육과 사교육의 장에서 두루 행해지는 논술 교육이 생각을 근본적으로 논리화, 조직화하는 일을 마다하고 글의 크고 작은 형식과 피상적 구성 체계를 중심으로 교육하고 있는 일은 아이러니가 아닐 수 없다. 더구나 현재 행해지고 있는 대입 논술 고사는 출제하는 측과 해제하는 측이 모두 본질을 버리고 저마다의 현실적인 편의에만 집착해 애초에 있던 명분의 고상함을 찾기가 어려운 지경이 되었다.

다수의 현행 '작문' 교과서가 내용의 상당 부분을 지식으로 채우고 있는 외양에서 벗어나지 못했다. 이는 교과서라는, 특수한 효용을 지닌 매체의 태생적 제약 때문이라고 보아야 할 것이나, 우리가 지속적으로 점검해야 할 것은 과연 양적 시간이 제한된 작문 교과에서 이와 같은 교과서를 가지고 교사가 무엇을 어떻게, 가르치고 있는가 하는 문제이다. 정규 수업시간에는 '작문' 교과서에 나온 지식을 풀어 가르치고 심화 단계별로 제시된 연습문제를 풀게 한 후 실제 글쓰기는 가정 학습이나 자율 학습의 몫으로 돌린다면 그것은 작문 시간이 아닌 것이다.

대부분의 검인정 '작문' 교과서들이 비문학, 문학을 포괄하여 갈래 별로 모범이 될 만한 기성의 글과, 학생이 쓴 글을 중심으로 단원을 구성하고 있다. 이와 같은 짜임새 자체는 흠잡을 것이 없으나 기성 문학 작품의 경우 같은 틀 속에서 학생이, 기성 시인의 작품과 또래의 작품을 함께 읽고 공부하는 것은 썩 바람직해 보이지 않는다. 일반 생활문과 달리 문학작품에는, 전문 문인의 소작과 또래의 그것은 성격과 맥락에서 분명한 차이가 있기 때문이다. 작품 선택에 신중을 기한다면 해소가 불가능한 문제는 아니겠으나, 예술 작품으로서 문학 작품에는 각별한 주제적, 수사적 맥락들이 개재되어 있는데, '작문' 수업 중에 행하는, 이들 맥락에 대한 교사의 지나친 배려는 해당 교과목의 본질과 유리될 수 있다. 또래의 작품이 예술적 고려보다 이른바 '생활 서정' 또는 '생활 서사'에 치중한 것이라면 자리를 달리해야 옳을 것이다. 이 지점이 문학교육과 작문 교육 사이에 위치한 창작 교육을 위한 고민의 출발점이라고 할 수 있다. 요컨대, 중등학교에서 창작 교육은 문학 작품 감상 교육 일방이 아니라, 작문 교육의 측면도 함께 고려하는 것이 바람직해 보인다. 전문 문인들의 소산인 문학 작품을 온전히 감상할 수 있는 능력을 키우는 교육의 일환으로서 창작 교육은 문학교육이면서 동시에 작문 교육일 수밖에 없다. 본시 작문도 문학과 무관한 것이라고 할 수 없다.

3. 기법 중심 창작 교육의 한계

문학 작품 감상 교육에서 현장은 개념과 기법과 수사를 중시하고 있다. 시적 화자, 비유, 심상, 문체, 전개 방식, 서술의 시점, 아이러니, 패러디 등 대체로 신비평의 이론적 틀을 구성하는 용어개념들이 필요에 따라 피상화, 단순화되어 제시되는데, 대개 이들은 학생들에게 암기를 요구하는 재료가 된다. 그런데 제시되어 있는 기존의 창작 교육 모형을 보면, 이와 같은 개념과 기법과 수사의 틀을 역으로 적용하는 방식에서 크게 벗어나 있다고 보기 어렵다.

'기법 중심으로 창작 교육을 행한다'라고 말할 때 의미의 초점은 사실상 '기법'에 있는 것이다. 그래서 이 말의 실질적 의미를 '창작을 통한 기법 교육'이라 말해도 무방하다. 이러한 주장에는, 기법을 천착해서는 창작이라는 목적지에 도달하기 어렵다는 전제가 깔려 있다. 사실 특정한 기법 또는 수사, 용어개념을 천착해서 문학의 진상을 이해할 수 있다는 생각은 매우 소박한 것이다. 그러기에 기법과 수사와 용어는 그 세목이 너무 많고, 현재 교과서와 참고서 수준에서 통용되는 그것들로 다 설명하지 못할 구성요소 또는 설명 개념이 더 있어서 문제가 된다.

기법을 재료로 삼은 교육의 적정한 목적은 무엇일까. 여러 기법의 개념적 이해를 기한다면 문학의 이해, 이에서 나아가 이 기법을 활용한 쓰기 학습에 치중한다면 창작 교육이 될 것이다. 기법 중심의 글쓰기 교육은, 특히 중등학교에서 그 목적을, 창작 교육보다는 문학의 이해라는 큰 범주 아래에 두는 일이 자연스러워 보인다. 높은 성취를 이룬 문학 작품에서 그 내부를 구성하고 있는 기법들에 대한 이론적 천착이 창작 심리를 고무하고 창작의 방법을 깊이 이해하는 데 직결된다고 믿기는 어렵다. 중등학교 문학교육에서 지식 사항으로 거론되는 기법들은 분류학적으로 귀납되고 순치된 것이다. 인접한 기법들의 경계는 예리하게 단절되어 차이는 과장되어 있고 이론적 정합성 때문에 빈도와 용례에서 압도적 격차를 보이는 기법들이 동일한 수준에서 나열되는 경우도 있다. 특히 참고서류에서 경전처럼 의지하고 있는 특정 작품의 대표 기법으로, 주입식 교육에 의존하는 교육자 사이에서 세습되어온 몇몇 교조를 알았다고 해서 그 작품을 다 이해했다고 생각하는 것은 위험한 짓이 아닐 수 없다 그런데 문학교육의 현장에서 이와 같은 일은 빈번히 일어난다. 참으로 좋은 문학 작품은 아직도 다 규정되지 않은, 어떻게 보면 규정될 필요도 없는, 아주 작은 '기법'들에 의해 그 구조가 지탱되고 있다고 말할 수 있다. 이는 마치 완성된 집의 구조를 내장재 속에 은닉된 작은 못들이 지탱하고 있는 것과 같다. 물론 대상 작품의 대표 기법을 흥미롭게 가르치고 배우는 일이 무익하지는 않을 것이다. 그러나 이를 창작 교육이라고 해서는 미흡하다. 교육자들은 이와 같은 방식이, 이 기법에 심대하게 의존하고 있는 작품을 이해하는 데 매우 유용하며, 다른 한편으로 인간이 개발한 무형의 연장과 그 효용을 이해하는 데 유익하다는 점까지만 인정해야 한다. 예를 들어 시인들이, 은유와 직유, 인유와 우유, 환유와 제유의 차이에 대해, 아이러니와 알레고리와 패러디, 풍자와 해학에 대해 깊은 이해를 가지고 있어서 이와 같은 수사적 방식을 활용하고 있는 것이 아니라는 사실을 기억해야 한다.

개인이 지닌, 시와 소설 등 개별 장르의 전체상은 귀납된 것이다. 이 전체상의 형성에서 세부적 감상 체험이 중요한 비중을 차지한다. 이론적으로 말해 시를 한 편 읽은 사람과 백 편을 읽은 사람은 시의 전체상에서 꽤 다를 것이다. 자의에 의해서건 타의에 의해서건 상당수의 사람들이 학창 시절 시를 써 보았을 텐데 이런 때, 쓰는 주체의 시에 대한 전체상이 작동한다. 김소월을 열심히 읽은 사람은 감정을 직설적으로 토로하려 하기 쉽고, 한용운을 유심히 읽은 사람은 경어체에 유의하면서 행 구분을 하지 않으려 할 가능성이 있고, 이상을 재미있게 읽은 사람은 특정 통사구조를 거듭 활용하면서 '하오'나 '했소' 같은, 지금은 비현실적인 어미를 구사할 수 있다. 대개 학생들의 시에서는 '하이얀'이나 '파아란' 같이 분식된 색채어와 '상념'이나 '영원' 같은 상투적 관념어가 애용되며 정서의 과장과 치장 욕망을 숨기지 않는다. 이러한 양상은 쓰는 자가 지닌 시의 전체상이 반영된 것인데, 대부분 말단의 표현 기법을 통해 먼저 드러나는 특징을 볼 수 있다. 대개 한 사람에게 시 쓰기는, 나중은 다를 수 있지만 처음은 이렇게 시작하는 것이 상례이다. 작품을 읽은 저변이 넓어지면 개별 문학 장르에 대한 전체상도 변화한다. 온전한 문학 작품을 형성하는 데에 기법 못지않게 중요한 것이 주제와 정신임을 알게 되는 것은 보통 그 다음 일이다.

시 또는 생활 서정을 예로 삼아 더 살펴보자. 시를 만들어내는 핵은 진정하고 절실한 느낌 또는 생각으로, 속마음에서 침전되고 결정화되는 과정을 거친 것이다. 창작 교육에서 참으로 강조되어야 할 것은, 이미 쓰인 명편에서 활용된 비유와 수사의 학습과 이를 적용하여 글을 써보는 연습보다, 작품 속에 내장된 진정한 마음과 절실한 마음에 주목하는 일이다. 이러한 마음은 계급과 연령과 성별을 불문하고 모든 지적 개체들의 속마음에서 이미 존재하며 작동되고 있다고 볼 수 있다. '생활 창작' 즉 '생활 서정'과 '생활 서사'를 강조하는 창작 교육은 이러한 속마음에 직접 접속되는 것으로, 이를 표현할 길을 열어주는 작업이 될 것이다. 이 점에 유의한 교사들의 세심한 지도로 산출된 학생들의 창작물은 일상에 밀착된 생활 속의 표현들을 함유한다.9) 일상 속에서 생성하는 범상한 언어들 속에 이미 문학이 있다는 통찰을 다시 상기한다면, 양질의 문학교육, 창작 교육의 결과로서 이러한 작품들의 가치를 인정하는 데 망설일 이유는 없다.10)

소기의 효과가 없지 않겠으나, 시 읽기를 기법 중심으로 교육하는 일 또한 최선은 아니다. 이와 같은 이유로 기법 중심으로 창작을 교육하는 방법도 최선이 아니다. 원론에서 말하자면 기법은 현행 교과서, 또는 이를 둘러싼 지식 체계가 범주화한 것으로 충분하지 않다. 이로는, 특히 현대적 어법과 소재 그리고 작법이 동원된 작품들을 설명하는 데서 난관에 이를 가능성이 크다. 모더니즘 또는 포스트모더니즘의 작품들은, 교육의 편의에만 초점을 둔 채 실상과 거리가 먼 허구적 이론으로 관례화된 수사 체계로 충분히 설명되지 않는다. 그런데도 왜 현장 교육 담당자들은 이 허구적 수사 체계에 의존하는가. 왜 몇 가지 수사를 교육함으로써 그 작품을 다 가르쳤다고 생각하는가. 문학 작품을 몇 가닥의 수사 체계로, 그리고 그 얽힘으로 설명하면 간명해 보이고, 막연해 보이던 것을 또렷하게 하는 일을 성취했다는 집단적 착각을 공유하게 되는 때문

9) 이에 적실한 사례는, 이오덕이 여러 권의 저서에서 예시한 어린이의 시와, 조세희가 사북에서 밤을 새워 읽은 국민학교 학생들의 문집에서 고른 어린이의 시와, 그밖에 현장의 교사들이 따로 모은 학생들의 문집에 수록된 수많은 작품을 들 수 있다. 이오덕, 앞의 책들 외, 조세희, 『침묵의 뿌리』, 열화당, 1986.
10) 우한용, 「창작 교육의 이념과 지향」, 문학과문학교육연구소, 『창작 교육, 어떻게 할 것인가』, 푸른사상, 2002. 16면.

일 가능성이 있다. 이해하기 어려운 일 중 하나는 현재 교과서에 실린 작품 중 오랜 세월 동안 교과서에 수록되어온 작품의 경우 이른바 '분석'의 내용이 최초로 수록된 시점의 그것과 크게 다르지 않다는 사실이다.[11] 교사가 자신이 학생시절 배운 내용과 경험한 교육 방식에서 자유롭기는 쉽지 않다. 이는 기억에 의존해서 가르치는 일이 수월한 까닭도 있겠으나, 교사가 현재 참조할 수 있는 '분석'의 모범이 이와 같은 관성에 사로잡혀 고착되어 있다는 점도 크게 작용하는 것으로 판단된다. 특정 작품이 교과서에 최초로 수록될 때 교사용 지도서와 학생용 참고서에서 최초로 구성된 '분석'의 체계는 좀처럼 수정되지 않는다. 이후 이른바 '내용학' 연구자들이 제안한 새로운 해석의 길과 이를 중심으로 벌어진 진지한 논란의 결과는 교과서를 둘러싼 완강한 지식의 장벽에 막혀 여간해서 현장 교육에 반영될 기회를 얻지 못한다.[12]

요컨대 특정 작품에 사용된 기법을 중심으로 '따라 써 보기'는 창작

---

11) 비평가나 문학연구가들이 행하는 '분석'과 달리, 교육 현장에서는 참고서가 정초한 '정전화'된 단순 지식 사항, 또는 이를 교실에서 확인하는 일을 '분석'이라고 부른다.

12) 교과서를 편찬하는 사람들이 작품을 고르는 기준도 같은 문제적 맥락 위에 있다. 이즈음 '문학' 교과서는 편찬자 자신 학창시절에 배운 낡은 '정전'을 반성 없이 답습하면서, 그들이 대학 시절에 즐겨 읽었던 작품 목록이 부가되는 외양을 보여주고 있다. 현행 교과서를 편찬한 실무적 주축은 짐작컨대 70년대와 80년대에 대학 생활을 한 연구자와 현장 교사들이다. 이들은 민주화 운동의 흐름에 어떤 형태로든 영향을 받은 사람들이라 짐작된다. 이는 현행 '문학' 교과서에 민중적 성향의 서정시가 압도적으로 많다는 사실과 무관하지 않을 것이다. 현행 '문학' 교과서에는 당시 민중시와 공존했던 다른 유파의 시가 부당하게 소략하게 취급되거나 배제되었다. 이성복, 최승자의 작품을 수록한 '문학' 교과서가 한 권도 없다는 사실이 그 증거이다. 김수영, 정호승, 김용택의 작품을 빼고 이 시대의 시를 다 이해했다고 할 수 없는 것과 같은 이유로, 최승자, 이성복의 작품을 배제하고는 이 시대의 시를 다 이해했다고 할 수는 없는 일이다. 이는 역시 예상 문제 풀이 중심으로 교육이 진행되는 핵심 왜곡과 무관하지 않다. 시의 해석에서 누구도 부인하지 않을 답이 필요하기 때문이다. 문제에는 정답을 정답이게 하는 명분과 배경이 필요한데 이른바 '출제 근거'가 그것이다. 이를테면 작품의 '정전'과 분석의 '정전'이 필요에 의해 공존하고 있는 것이다.

교육보다는 문학 작품 감상 교육에 더 도움이 될 것이다. 시인과 작가들은 못마땅한 비평문을 평하면서 비평가가 "작품을 직접 써 보지 않아서 이런 소리를 한다"라는 말을 하곤 한다. 이 말이 전적으로 합당하다고는 할 수 없겠지만, 전문 문인들이 문학 작품을 읽는 데 익숙한 사람이라는 점과 작품을 써본 사람들만이 가질 수 있는 특수한 감각이 있을 수 있음은 인정할 수 있다. 문학 작품을 써본 경험은 문학 작품을 생산하는 과정과 그 결과를 신비화하는 함정에서 벗어날 수 있게 해 준다. 신비로운 작품이 더러 있는 것도 사실이고 문학 작품을 신비롭게 보아서 안 될 것도 없지만, 지나친 신비화는 감상에 장해가 될 수 있다. 어떤 작품도 완결된 것은 아니며, 일정한 조건 속에서 시인과 작가가 선택한 결과라는 생각이 때로는 작품 감상에 유용하기도 한 것이다. 많은 시인들이 주제를 정해 놓고 시를 쓰지 않으며, 활용할 기법을 사전에 자각하고 시를 쓰지도 않으며, 쓰는 과정에서 거의 모든 시의 세부가 유동적인 상태에 있을 수 있다는 생각은 시를 좀 더 편안하게 대할 수 있게 한다.

4. 창작 교육과 전문적 문예창작

전문적인 문인, 즉 작가와 시인의 교육은 누가 담당해야 하는가. 재래적 관념에 의하면 직업적이고 전문적인 문인을 위한 정규 교육 과정이 꼭 필요하다고 보기는 어렵다. 근대 문인의 교육적 이력은, 정규 교육의 세례를 거의 입지 못한 경우에서, 최고 수준의 학력을 지닌 경우까지 펼쳐진 일종의 스펙트럼을 보여준다. 최고 학력을 이수한 경우라도 창작과 관련한 전공인 사례는 그다지 많다고 할 수 없으므로, 창조적인 작업에 필요한 실질적인 감각과 능력은 개인의 고투와 정진을 통해 습득되는 것이라고 보아 무방할 것이다. 앞선 이, 익숙한 이의 도움이 계기가 되었다 해도 사적인 관계, 비정규적인 형식으로 존재할 뿐이었다. 이는 대개 당대 일급의 지성으로 성장해 가는 개체의 도정이 어떠한지를 드러내는 사례로 참조할 만하다. 그러나 이와 같은 귀납적 사례들만 보아 문예 창작이 정규적 교육이 불가능한 영역이라고 단정할 수는 없다. 교육의 기회 자체가 희소했던 시대는 차지하고라도 한국전쟁 이후 문예창작 전공이 있었던 극히 소수의 대학에서 공부한, 뛰어난 문인들이 적지 않고, 최근에 이르면 대학의 문예창작 전공이나, 각종의 사회교육 프로그램을 통해 비교적 체계적인 문인 수업을 받은 후 전문적 문인의 자격을 획득하는 사례가 상당한 수에 이른다. 과연 교육이 북돋우지 못할 사람의 일은 없다고 해야 옳다. 혼자 외롭게 하던 일을 여럿이 함께 모여 하면 좀 더 쉬워지고, 요령 있고 사려 깊은 선배가 졸가리를 잡아 이끌면 더 빨라지는 것이 상례임을 부인하기 어렵다. 다만, 이렇게 함께 하고 누군가 이끌어주어 누구나 도달할 수 있는 단계가 제한적이라는 사실이 문제이다. 결국 혼자서 가야할 중요한 대목이 남는데, 이는 동료도, 선배도, 스승도 도울 수 없는 길일 공산이 크다. 창조적인 작업은 예외 없이 그렇다. 이 지점에서, 공통교육과 창작교육의 접점에 관한 우리의 도정은 또 하나의 과제를 만난다.

우선 공통교육 또는 보통 교육에서 창작 교육이 지향하는 학습자의 수준을 설정해야 한다. '혼자 가야 하는' 예술가의 최종적 진로에 대한 안내를 공통 교육이 감당할 수는 없다. 그 이유로는 첫째, 가능하지 않기 때문이다. 앞서 썼다시피 가르치고 이끌어 줄 수 없는 영역이 남아 있는데, 이론이 아닌 실질의 장에서 이를 보통 교육이 감당하기는 힘겨위 보인다. 둘째, 효율이 낮기 때문이다. 배우는 사람에게 다양한 교육적 자극이 해롭지는 않겠지만, 맹목의 교육지상주의와 명분지상주의는 교육 자원을 낭비를 초래할 수 있다. 중등학교에서 시행되는 문학교육 또는 창작 교육은 전문 문인을 배출하는 일을 목표로 삼지 않는 것이 좋다. 전문 문인을 키우는 목적이 아니라도 창작 교육의 의의는 손상되지 않는다. 모든 학생들에게 전문 문인이 쓰는 수준의 문예창작을 요구하지 않는 것은, 음악 시간에 기존의 노래를 가르치고 또 내면의 노래에 귀 기울이기를 권하되 모든 학생에게 작곡 이론을 가르치지 않는 것과 같은 이치이다.

제도 교육의 경계 안쪽에서 길을 찾는 문학교육 담당자가 교육을 통해 많은 것을 이룰 수 있다는 믿음을 방기할 수는 없는 일이지만, 정작 긴요한 내면의 성장은 학습자의 내적 과정에서 이루어진다는 사실을 또한 잊으면 안 된다. 예술적 인격은 외부의 자극이나 주입만으로 형성되지 않는다. 그들은 보통 학생들 속에서 조용히 자라난다. 거의 모든 시인들이 보통 교육, 공통 교육, 시민 교육의 세례 속에서 성장했으며, 일반인과 같은 일상의 패턴을 공유하고 있다. 그들은 그들의 생애 속에서 어떤 국어 시간, 작문 시간, 문학 시간에 어떤 자극을 통해 내면의 심각한 움직임을 경험한 사람일 가능성이 높다. 그 자극이 어떤 작품에서 말미암은 전율일 수 있고, 교사의 발언이 안내한 감화일 수 있고, 교사 또는 동료의 단순한 칭찬일 수 있다. 이는 하나의 초기 조건이며 동기 부여에 지나지 않는다. 그가 작가 또는 시인으로 성장한 것은 지극히 개인적인 작업의 효험일 가능성이 높다. 그는 많은 기성 작품을 읽었을 수 있고 많은 습작을 써 보았을 수 있다. 더러 존경하는 국어 교사에게 보여주고 그 교사의 논평에 새로운 자극을 얻었을 수 있다. 그들은 대개 문예반, 도서반 등에서 활동하거나 비공식 문학 애호 동아리에서 활동하면서 성원들 간에 서로 자극을 주고받으며 성장한다. 이와 같은 과정은 사실 인정 욕망의 발현일 가능성이 많으며, 자신이 가장 잘 할 수 있는 일에 대한, 유형적인 애착과 몰입의 성격을 지닌다. 그러므로 이러한 일은 이 무렵 비슷한 또래들이 저마다 몰입하는 다양한 취미와 특기와 근원에서부터 구별되는 것이 아니다. 문학의 출발은 대개 그런 것이다. 이러한 동아리 또는 그룹은 한 학교에 하나가 있을까 말까한 것이며, 대개 학교를 건너 교류하는 통합 동아리 또는 그룹으로 발전하는 경우가 많은데, 이는 이러한 취향 자체가 희소하다는 사실에서 말미암는다.[13]

요즘은 문예창작과를 설치한 대학이 많아서 이들 중 일부는 함께 모여서 공부할 기회를 얻기도 한다. 문예창작과의 교육과정은 인문학 일반에 걸친 교양, 문학 교양, 장르별 창작 이론, 장르별 창작 실습 등으로 구성되어 있다. 이중 창작 이론은 기법 또는 수사 교육인 경우가 많으며, 창작 실습은 일종의 정식화된 합평회 형식이 대부분이다. 이 중 가장 비중이 높고, 학생들이 인상적으로 체험하는 수업은 대개 창작 실습이다. 담당 교수는 합평의 수준을 신랄하고 공격적인 쪽으로 조정하는 것이 일반적이다. 자생적 창작 동아리들의 합평회도 이와 같은 경우가 많은데, 이는 합평의 효과를 극대화하기 위한 방책으로 판단된다. 반대의 경우, 즉 칭찬 일변도의 분위기와 비교해 보면 그 연유를 쉽게 이해할 수 있다. 그밖에 직업 교육의 측면도 어느 정도 반영되었다고 봐야 할 것이다. 그렇지만, 정작 문인으로서 관문을 통과하는 경우는 그 정원의 10%에 못 미친다. 보통 교육의 대상인 경우 이 확률은 더 낮아질 것이다.

---

13) 정확한 통계는 나와 있지도 않고 긴요한 것도 아니겠으나, 대개 평준화된 일반 고등학교에서 시인은 10년에 1명 안팎으로 배출되는 것으로 추정된다.

문인을 배출하기 위한 본격적인 창작 교육을 공통 교육, 보통 교육이 감당할 필요는 없다. 모든 사람이 소설과 시를 주체적으로 읽을 수 있게 하고자 하는 목적은 이 단계의 교육에서 적정한 것이고, 이를 위해 기성 문예 작품의 주요 기법을 학습하는 일은 필요성을 인정할 수 있다. 더 나아가 본격적인 창작 실습은 다른 경로를 찾아볼 수 있을 것이다. 그러나 기법의 학습과 체험이 본격 예술 작품으로서 시와 소설 쓰기를 연습하는 일에 연결하는 것은 긴요하지 않을 뿐만 아니라 유익하지도 않다. 동일한 작업으로 보이나 그 목적에 따라 수행의 과정에서나 논평과 평가의 과정에서 큰 차이를 만들 수 있다.

5. 결론

현재 우리 중등 교육에서 실행되고 있는 창작 교육의 가능성과 조건을 점검하기 위해 준비된 이 논문에서 논의된 내용은 대략 다음과 같다. 첫째, 교육 현장에서 이 제안이 성공적으로 반영되고 있는지는 다른 문제이긴 하나 제7차 교육과정에서 창작 교육을 문학교육의 중요 과정으로 인정한 것은 바람직하고 신선한 일이다. 둘째, 창작 교육의 주요 단계로서 생활 서사와 생활 서정을 포함한 '생활 문예'는 현재 교육 현장에서 소외되고 있다. 현재처럼 창작 교육 프로그램을 문학 작품 감상 교육에만 일방적으로 연계하기보다는 작문 교육의 영역과 연관되는 부면을 함께 다루는 일이 바람직해 보인다. 셋째, 현재 중등학교의 창작 교육 프로그램이나 대학의 해당 전공 프로그램은 기법 교육에 편중된 측면이 있다. 이는 주입식 작품 감상 교육과 무관하지 않아 보이는데, 효과적이지 않으며 나아가 부작용의 소지까지 있는 접근 방식이다. 기법 교육의 의의와 비중은 감상 교육의 보조 수단 정도에 국한하는 것이 좋다. 넷째, 전문 문인을 배출하는 책무를 보통 교육, 공통 교육이 담당할 의무와 필요는 없다. 이 사실은 단순한 범주의 구획에서 나아가 창작 교육의 내용을 결정하는 데 귀중한 단서가 될 수 있다. 요컨대 어떤 경우라도 보통 교육의 장에서 수행되는 창작 교육이, 글쓰기가 지닌 성찰적 기능과 인문적 인식의 훈련과 그 확대라는 본질적 국면을 상기하는 맥락에서 멀어져서는 안 될 것이다.

참고문헌

김대행 외, 『문학교육원론』, 서울대학교 출판부, 2000.

김인환, 『문학교육론』, 평민사, 1979.

김창원, 「창작 개념의 확장과 창작 교육의 방향」, 문학과문학교육연구소, 『창작교육 어떻게 할 것인가』, 푸른사상, 2002.

노진한, 「창작교육을 위한 소론」, 『선청어문』 제25집, 1997. 12.

우한용, 「창작 교육의 이념과 지향」, 문학과문학교육연구소, 『창작 교육, 어떻게 할 것 인가』, 푸른사상, 2002.

유영희, 『이미지로 보는 시 창작 교육론』, 도서출판 역락, 2003.

윤여탁, 『리얼리즘의 시 정신과 시 교육』, 소명출판, 2003.

이상섭, 「문학공부는 무엇이 되어야 하는가」, 『외국문학』 1994년 겨울호.

이오덕, 『글쓰기 어떻게 가르칠까』, 보리, 1999.

이오덕, 『삶을 가꾸는 글쓰기 교육』, 보리, 2004.

이지호, 『글쓰기와 글쓰기 교육』, 서울대학교 출판부, 2001.

제 10 장

시 창작교육 방향의 탐색

— 창작 과정에 대한 이해를 바탕으로 —

이 명 찬

덕성여자대학교 국어국문학과

1. 머리말

지난 7차 교육과정의 개정은 문학교육의 역사에 있어서는 각별한 의미로 기억되어야 한다. 텍스트의 이해와 감상 수준에 머물러 있던 문학교육의 목표와 방향을 창작교육의 도입 쪽으로 돌려놓은 획기성을 지니고 있기 때문이다. 이러한 방향 전환의 밑바닥에는 여러 요인이 두루 깔려 있겠지만 필자가 보기에 가장 중요한 이유는 문학교육을 아우르는 국어교육의 근본 목표가 어디를 향해야 하는가를 따져 보려는 고민과 무관하지 않다고 생각한다.

말하기·듣기·읽기·쓰기라는 국어교육의 기본 활동 간에 위계가 없고 이들 요소들의 상호 보완적인 피드백을 통해 국어 능력 전체가 향상되는 것이라는 논리에 굳이 딴죽을 걸고 싶은 마음은 없다. 하지만 실제적으로 국어능력의 수준이 쓰기에 의해 최종적으로 판가름 된다는 현실론에 눈 감을 수도 없는 노릇이고 보면, 고민은 쓰기 능력의 기준을 무엇으로 잡을 것인가 하는 지점에 모아지는 게 당연해 보인다. '수월성'이라는 국적 불명의 단어를 굳이 붙일 것도 없이 글을 '잘' 쓴다는 것이 무엇인가 하고 물었을 때 그 대답의 언저리에 문학 작품들도 한 자리를 차지하고 있다는 판단이 자연스럽다. 말인즉슨 전문가로서의 작가 수준의 작품 창작이 목표는 아닐지라도 창작 교육 자체를 장려하는 일이 쓰기 교육의 핵심을 이루어야 한다는 반성적 인식이 7차 교육과정 개정의 바탕에 놓여 있었다고 판단할 수 있다는 뜻이다.[1]

2007년 개정 교육과정 역시 이러한 인식의 연장선상에 놓여 있을 뿐만 아니라 창작 활동이 더욱 강화되는 추세를 보여주고 있다. 여전히 쓰기와 문학 영역의 분리가 전제되어 있기는 하지만, 그것들이 모두 '실제'라는 목표 활동에 의해 공동 제약됨으로써 그 어느 때보다 실제적 글쓰기가 강조되고 있는 사정이 이를 잘 보여준다.

이런 저간의 사정에 맞추어 창작교육을 이론적으로 밑받치려는 학계의 연구 성과들 또한 적잖이 쌓여 왔다. 이 글은 그러한 성과들에 대한 비판적인 검토를 통해 창작교육, 특히 시 창작교육의 한 방향을 모색해 보려는 의도로 쓰여 진다. 결론부터 말해본다면, 그간의 시 창작교육에 대한 논의들의 거개가 시 창작과정에 대한 깊은 이해를 바탕으로 작성, 제출되지 않고 국어교육의 방법적 틀에 대한 고려를 우선함으로써 본말이 전도된 형국을 보여 왔다는 것이 본고의 전체적인 입장이다.

2. (시)창작교육론 검토

(시)창작교육과 관련한 그간의 논의로는 우한용(1998), 김창원(1998), 유영희(2003), 김정우(2006), 유영희(2008) 등의 글이 중요한데 우선 떠오르는 생각은 아직 본격적 논의의 장이 열리지 못했다는 느낌이다. 이런 데서도 국어교육의 장 안에서 창작교육 그 중에서도 시 창작교육이 차지하는 위상의 실체를 알아볼 수 있을 듯하다. 우한용과 김창원은 창작교육의 필요성을 문제 제기하고 거기에 이론적 뒷받침을 해둠으로써 이어지는 논의들의 물꼬를 트는 역을 맡고 있다. 유영희와 김정우의 글들은 일

---

1) 다만 그 쓰기의 내용이 그냥 '글쓰기'인지 '문학적 글쓰기'인지 본격적인 의미의 '문학 창작'이어야 하는지에 대해서는 논란이 있어 왔다.

종의 각론으로서 어떻게 중등교육 현장에서 시 창작교육이 실현될 수 있을지 혹은 어떻게 해야 하는지를 탐색한 방법론의 성격을 띠고 있다. 좀 자세하게 들여다보면서 이 글이 나아가야 할 방향을 참고할 필요가 있겠다.

우한용(1998)의 글은 국어교육의 차원에서 행해지는 문학교육의 도달점이 창작교육임을 직시하고 문제제기한 본격적인 사례라는 점에서 주목에 값한다. 그는 문학능력의 두 가지 측면 때문에 창작교육으로의 지평 확대가 중요하다고 판단하는데, 문학이 가진 창조성과 통합성의 기능이야말로 국어교육 나아가 인간교육의 기초가 되어야 한다는 생각 때문이다. 이러한 전제 아래 그는 창작교육과 관련된 용어와 개념들의 범주를 획정하는 작업에 논문의 나머지를 할애하고 있다. '창작', '창작 주체', '창작능력', '창작교사' 등등의 용어가 창작교육과 관련하여 어떤 의미로 사용되어야 하는지, 나아가 창작교육의 평가가 어떤 능력의 측정으로 이어져야 하는지에 대해서 점검한다.

그런데 우한용은 일종의 창작교육 총론을 제출하겠다는 목표를 앞세움으로써 각론의 방향을 제대로 짚는 데는 이르지 못하고 있다. 총론 또한 인간과 문학의 본질에 대한 원론적 중요성을 잣대로 교육과 곧바로 연결하고 있기 때문에 논의의 추상성을 피했다고 말하기 어려운 측면이 있다. 그럼에도 다음과 같은 선언, 즉

> "언어활동 전반에 관련된 창조적 속성이 구현되는 창조적 언어활동이 도달하는 최종적 단계는 '창작'이다."
> "다만 문학(작품을 포함한 문학현상)을 통합적으로 이해하는 과정이나 방법으로, 그리고 문학적 실천의 최종 단계로 창작을 상정해야 한다는 점을 강조하고자 할 뿐"

이라는 주장은 '실제'라는 측면을 강조하는 방향으로 개정된 국어 교육 과정의 함의를 정확히 선취하고 있다는 점에서 시사적이다. 그러나 그는 '창작교육 과정의 실제에 있어서는 창작 일반의 경우와 달리 작품의 예술성이나 완결성보다 창조성을 앞에 놓아야 할 것'을 받아들임으로써 교육 현장에서의 창작('학습작가'[2]의 창작)이 과정적이고 도구적인 것임을 자인하는 모순에서 자유롭지 못하다. 현행 교육으로는 '창조적 완결성'을 이루기 어려우므로 학령기에는 창조성을 앞세우는 것으로 대신하자고 양보하는 순간, 우리는 스스로 비판하여 마지않는 도구론 쪽으로 한 발짝 발을 들이밀게 되는 것이 아닐까. 따라서 이런 논리대로라면 "창작이 견고한 장르 개념에서 벗어날 필요가 있는 것은 사실이지만, 창작이 문학의 보편적 기준에 해당하는 형상화를 지향하는 글쓰기라는 점은 분명히 해 두어야 한다."(우한용, 1998)라는 원론조차 무의미한 추상론으로 비칠 공산이 크다고 할 수 있겠다.

김창원(1998)은 우한용의 글이 지닌 다소의 문학우선주의(?) 혹은 추상성을 보완하면서 창작교육의 이론적 철학적 기반을 다지고 있다는 점에서 중요하다. 오늘날 미만해 있는 창작교육과 관련된 편견들을 하나하나 되짚어 비판하는 그의 논지는 『논어』에 나타난 공자의 문제의식에 근거하고 있다. '述而不作'을 '述而作'으로 변용하면서 되짚고 있는 그의 공격 지점 역시 창작교육의 '현실론'이다. 독창성으로서의 '作' 부분은 포기하고 모방과 연습을 통한 기법 습득으로서의 '述'에만 목표를 맞추고 있는 7차 교육과정의 내용요소들이 문제적이라 보고 있다는 점에서 그

---

2) 따라서 과정적으로 '학습작가'라는 용어를 붙이는 일에 대해서도 필자는 동의하지 않는다. '작가'라는 권위에 이미 주눅 들고 있는 용어이기 때문이다. 중1 아무개로부터 공지영에 이르기까지 자기 손으로 글을 쓰는 사람은 그냥 '쓰는 이'일 뿐이다.

의 문제 인식은 곧바로 핵심에 접근한다.3) 이 모든 현실론은 '전문적인 글쓰기'와 '학교 글쓰기'를 구분하고 후자를 밑에 두는 이원론 혹은 열등감에 기인한다는 것이다. 따라서 앞으로는 '述'이 곧 '作'이라는 "통합적인 관점에서 양자의 구분을 극복하는 창작교육"이 이루어져야만 한다. 그러기 위해서는 다음과 같은 인식의 전환이 필수적으로 전제되어야 한다.

> "여기서 중요한 것은 교실 창작이 문단 창작에 비해 단순하거나 저급한 활동이라고 말할 수 없다는 점이다. 완성된 작품 자체도 일괄해서 그렇게 말할 수 없을 뿐 아니라, 창작의 의도와 과정, 결과를 고려하면 모든 창작은 같은 가치를 가진다. 다만 영역과 맥락이 다를 뿐이다."
> "…매월당이 자신의 온몸으로 창작했듯이 초등학교 1학년 아동 또한 온몸으로 창작한 것이며, 작품 자체와 별개로 창작 활동의 측면에서는 어느 누구도 그 가치를 폄하할 수 없다."

김창원이 목표하는 바는 분명하다. 교육현장이 창작교육의 내용을 정전적 '작품' 만들기로 오해함으로써 빚은 공포감을 털게 해서, 만들어가는 '활동' 자체에 초점을 두는 실행 가능한 창작교육 쪽으로의 변화를 유도하겠다는 것이다. 그에 의하면 창작교육의 '탈신비화'야말로 문제 해결의 실마리가 되는 셈이다. 그런데 그가 가진 선한(교수·학습 과정, 특히 학습 과정에 최상급의 의의와 가치를 부여하려 한다는 의미에서) 의도에도 불구하고 이러한 생각 자체는 다소 위험해 보인다. 매월당의 온몸과 초등

---

3) 이 기준으로 보자면 우한용(1998)은 창작교육의 중요성에 대해 말하면서도 '述' 중심의 현실론 위에 서 있는 것이 된다. 그의 '완결성'이 작품의 미적 완결성을 뜻하는 것이므로 김창원의 '작품성'에 해당하는 것이다. 따라서 그의 방향은 '述而作'이라는 김창원 식의 목표치와는 다른 쪽을 향하고 있다.

1학년의 온몸 사이에 차별을 없앰으로써 초등 1학년의 창작 활동에 심대한 의미를 부여하는 의도는 충분히 수긍 가능하지만 교육이 과정에 대한 평가만으로 충족될 수 있다는 발상은 폭넓은 동감을 얻기가 쉽지 않아 보이기 때문이다. '노래 부르기나 낭송시가 일상화 되는 것'도 중요하지만 초등 1학년 급의 노래나 낭송시가 7학년이나 8학년에도 생활화되는 것을 노리는 것이 아니라면 '어떤 노래'이고 '어떤 낭송시'인가 하는 평가가 최종 심급의 가치 기준이 되어야 한다는 점은 분명해 보인다.

김창원의 논의에서 우리가 생각해 보아야 할 또 하나의 문젯거리는 '作'으로서의 창작을 구체화할 수 있는 방법이 무엇인가에 대한 대답을 내놓고 있지 않다는 점일 것이다. 유영희(2003, 2008)와 김정우(2006)는 바로 이 부분을 시 창작이라는 구체적 현장에서 해결해 보려는 시도여서 우선 값지게 느껴진다. 김창원(1998)이 잘 지적하고 있듯이 교육과정의 각론이 보여주고 있는 시 창작교육의 핵심 내용 요소들은 전부 '述'로서의 측면에 집중되어 있는 것이 사실이다. 이러한 점은 2007년 개정 교육과정에서도 크게 달라지지 않았다. 이는 곧 그간 관련 학계의 연구들이 이 부분을 소홀히 했다는 지적을 받을 수 있는 부분인데, 유영희와 김정우의 연구는 그 빈틈을 메우는 작업이라는 점에서 일단 주목받아 마땅하다.4) 우한용과 김창원의 논의가 창작교육을 왜 해야 하는가에 대한

---

4) 이 부분과 관련해서는 교육과정의 개편을 주도한 기관들의 용의주도하지 못한 진행에 일차적 책임이 있다. 학계의 논의가 충분하지 못한 용어, 성취 기준, 내용 요소 등을 성급하게 사용함으로써 혼란을 초래한 것은 물론 한 영역 안에서의 학년 간의 위계가 올바른지 담화(텍스트?)의 구체적 종류들이 국어교육의 입장에서 정말로 고려할 만한 대상인지(가령 '광고'라는 담화양식이 그토록 중요한 것인지)에 대한 의견들을 두루 반영하지 못하고 시간에 쫓겨 절충적으로 일을 마무리해 버렸다는 인상을 지울 수 없기 때문이다. '문학 작품의 수용과 생산의 실제'라는 영역은 창작에 직결될 수밖에 없다는 점이

이론적 대답에 해당한다면 유영희와 김정우의 논의는 '시 창작교육'을 어떻게 해야 할 것인가에 대한 구체적 각론에 해당한다. 그런데 유영희의 경우 시 창작의 초점을 이미지(2003)에만 맞추거나 형식과 내용의 상관성 문제(2008)에 맞춤으로써 '作'으로서의 시 창작교육이 어떠해야 하는지에 대한 모범적 사례라고 보기 힘든 면이 없잖다. 따라서 문제는 자연스럽게 김정우의 경우로 좁혀진다.

본격적 시 창작교육론의 거의 유일한 사례라고 할 김정우의 글은 기본 입론 자체가 상당히 보수적이다. '시 이해를 위한 시 창작교육의 방향'이라는 제목에서 예견되듯이 '수용과 창작'이라는 문학교육 영역의 구도 내에서 창작보다는 수용 쪽이 궁극적인 지향점이라는 견해를 내비치고 있는 것이다. 이 점은 본문에서 한 번 더 표 나게 강조되는데 "창작의 경험을 통해 <u>문학 자체에 대해 좀 더 깊이 있는 이해에 도달하게 될 수 있다는 점</u>은 문학교육의 장에서 매우 기본적이고, 또 중요한 창작교육의 가치 중의 하나"(강조는 인용자)라는 진술이 그것이다. 이로 보듯, 창작교육은 기본적으로 깊이 있는 작품 수용을 위한 도구성을 지닌다는 것이 이 글의 기본적인 입장인 셈이다.

김정우는 우선 시가 자기표현의 도구임을 인정한다. 하지만 창작교육은 수사적 차원의 자기표현에만 머물 것이 아니라 인식의 형상화 쪽으로 나아가야 하는데, 그 결과 시 창작교육이 "<u>시에 대한, 나아가 언어 전반에 대한 주체적 통찰에 이르는 것</u>을 본질적이고 궁극적인 목적으로 삼아야 할 필요가 있다"고 말하기에 이른다. 정리하자면, "시 창작교

누가 보더라도 명확하다면 예상되는 문제점과 해결해야 할 문제점의 리스트를 뽑아 용역 연구를 진행하든지 학계에 논의를 부치든지 하는 과정을 통해 혼란을 부추길 요소를 사전에 제거했어야 함에도 불구하고 결과는 아무 것도 없지 않은가.

육은 시로 자신을 표현하는 능력을 기르고, 시와 언어에 대한 깊이 있는 통찰에 이르는 것을 목표로 하는 교육”인 것이다. ‘자기표현을 넘어선 인식과 통찰의 형상화’라는 대목에서 흔히 문학의 본래적 자질이라 꼽히는 ‘해방과 변혁의 사회성’이 연상될 법도 하건만, 필자는 짐짓 시 창작교육의 오지랖을 국어교육의 자장 안에 눌러 앉히려 하고 있다. 그런데 필자의 뜻대로 창작교육 혹은 문학교육을 언어로서의 국어교육이라는 도구 안에 틀 지운다 하더라도 그 경계를 넘어서려는 위험한 요소가 이미 그 속에 자라고 있다. ‘자기표현’에서 출발하는 것이 시라는데 도대체 ‘자기’란 무엇이고 어떻게 규정되는 것인가 하는 질문에 답하지 못한다면 그것은 하나마나한 소리에 지나지 않기 때문이다. 사회성에 대한 인식이나 통찰이 없는 ‘자기’ 규정이란 존재할 수 없기에 창작교육의 범주는 출발부터 흔들리게 된다. 그런 흔들림은 뒤이어지는 논리 전개에도 고스란히 반영되어 있다.

김정우는 시 창작교육의 구체적 내용으로 ‘순간의 서정에 주목하기’와 ‘관찰과 성찰’, ‘시적 화자에 대한 이해’라는 세 측면을 부각하고 있다. 언어교육의 경계 위반이라는 점에서 보자면 셋 다 아슬아슬하지만 특히 두 번째 ‘관찰과 성찰’이라는 항목에서의 위반 정도가 보다 현저하므로 특기할 필요가 있다.

> “창작은 상상력과 형상화를 통해 인간의 자기 탐구를 수행하는 일이며, 그 행위 자체가 자기 교육으로 전환되는 것이기 때문에 성장의 이념을 담고 있게 된다. 관찰로부터의 성찰이라는 시 창작교육의 내용을 분명히 한다면 시 창작교육은 인간의 자기 성장과 형성을 도모하는 교육의 성격을 명확히 하게 될 것이다.”

이러한 주장은 '시나 언어 전반에 대한 통찰'이라는 전기(前記)한 목표 진술과는 혁명적으로 판이해서 얼떨떨할 지경이다. 창작교육이 인간의 자기탐구와 자기성장에 기여해야 한다고 말함으로써 언어 지식 갱신이라는 범주로는 결코 아우를 수 없는 경지로 훌쩍 넘어서버린다.

구체적 내용 요소로 제시한 세 가지 범주의 설정이라는 측면에 대해서도 다소간의 의문이 든다. 물론 김정우의 글이 보여주고 있는 이 세 측면이 '作'으로서의 창작이라는 목표를 어떻게 구현할 수 있을 것인가에 대한 매우 생산적이고 의미 있는 방법론적 대답에 해당한다는 점에 대해서는 충분히 동의가 가능하다. 하지만 어떤 기준에서 이러한 세 가지 요소가 추출되는지 그리고 그것들이 창작교육의 전체 차원에서 어디에 해당하는지, 나아가 그것들이 참으로 핵심적인 시 창작의 요소들인지에 대한 답을 찾기가 쉽지 않다는 점은 문제로 보였다. 별다른 기준 없이 그 동안에 많이 언급된 이미지나 운율과 같은 요소를 제하고 시 창작에 있어 중요하다고 생각되는 요소들을 필자 임의로 추출한 것은 아닌지 하는 의문이 들었다. 다만 시 창작교육에 대한 논의가 이제 본격적으로 시작되어야 하는 만큼 시 창작 과정에 대한 보다 체계적인 틀을 세워야 할 필요가 있다는 문제의식이 이런 의문을 갖게 만들었다.

3. 창작교육의 방향과 시 창작 과정에 대한 이해

2장에서 살펴본 (시)창작교육에 관련된 그간의 논의들의 요점을 항목화하면 아래와 같다.

(ㄱ) 문학교육은 수용에 대한 이해를 넘어 창작능력의 구현에까지 이르러야 한다.

(ㄴ) 물론 교실에서의 창작 교수·학습이 전문인 양성에 목표를 두고 있는 것은 아니다.

(ㄷ) 따라서 교실에서의 창작은 '빼어난 예술품'을 만드는 것을 의미하지 않는다.

(ㄹ) 결과보다는 과정을 중요시함으로써 학생들을 능동적인 창작 주체로 만들 수 있다.5)

(ㅁ) (패러디, 고쳐 쓰기 등) '述'의 측면에 '作'을 통합한 글쓰기가 이루어져야 한다.

(ㅂ) '이미지, (운율), 서정성, 체험과 관찰, 시적 화자' 등 '作'으로서의 시 창작 방법에 대한 이해가 필요하다.6)

이 가운데 (ㄱ)은 문학이론 자체의 변화나 교육과정의 설계 원리상 누구도 부정할 수 없는 논리적 전제다. 문제는 '창작능력'의 목표를 어디까지로 정할 것이냐 하는 점인데 (ㄴ)~(ㄹ)이 바로 그 점을 고려한 주장들이라고 할 수 있다. 창작교육의 철학 혹은 관점 수립에 관련되는 내용들이다. (ㅁ), (ㅂ)은 그러한 이론의 구체적 실천 방안에 해당한다. 이 두 그룹의 문제의식을 각각 절을 달리하여 짚어보자.

1) 창작교육의 목표와 방향

(ㄴ)~(ㄹ)의 논의들을 보면서 새삼 느끼는 것은 전문가 창작 혹은 그 결과물에 대한 중압감에서 연구자들 역시 자유롭지 않다는 것이다. 무어

---

5) 여기까지는 김정우(2006)에 요약된 것을 그대로 옮겨 적었음.
6) (　) 안은 논의의 전제라고 생각되는 것으로 필자가 채워 넣었음.

라 규정하기 어렵고 정리해 설명하기 까다롭다는 이유에 더해 '중등교육'이라는 단계 의식이 작동하면서 너무 쉽게 스스로 무장해제해 버린 느낌이기 때문이다. 물론 현실적으로 개별 교실 단위에서 이루어지는 교수·학습 활동의 지향점이 '전문인 양성'이나 '예술품 창작'일 수는 없다. 그러나 그 말이 곧바로 '전문인에 의한 예술품 창작'이 요구하는 수준의 '창작능력'에 대한 포기로 이어지는 것이어서는 안 된다. 국어능력—문학능력—창작능력을 기르는 국어교육 과정의 운용이 평균치 학생들에게 초점화되어 있다는 것과 교육의 목표 자체가 중간치의 수준에 맞춰진다는 것은 다른 차원의 문제다. 비록 이상론이라는 공박이 뒤따른다 할지라도 교육의 목표는 항상 최고 수준을 조준하고 그것의 실현을 고민하는 것이어야 한다. 따라서 그 '최고 수준'을 명확하게 구조화하고 거기 이르는 절차를 뚜렷이 체계화하는 일 자체가 어렵다고 해서 목표의 범주에서 아예 그것을 소거해버린다면 우리는 교육자로서의 직무를 스스로 유기했다는 질책을 결코 피해갈 수 없을 것이다.

언어능력의 최고치를 조준하는 교육이라 규정해 두더라도 현장에서는 끊임없이 현실론이나 절충론 혹은 타협론들이 생겨나기 마련이다. 따라서 그러한 목표치가 실행 현장에서 쉽게 실현되지는 않을 것이 명약관화하다. 그러나 선언적인 의미에서나 언어/문학교육의 총론 차원에서라도 그같이 최고 수준의 목표치가 전제되어 있다는 것을 교육 현장에 각인시켜 두는 것과 그렇지 않은 것 사이에는 본질적인 차이가 있다. 어디를 기준하더라도 결국 어중간이기 마련인 단계론의 입장에서라면 창작교육이란 어떻게 시작하든 언제 끝내든 별 상관없는 무엇이 되기 마련이다. 본질적으로 교사 평가 기준의 주관성[7]이라는 문제를 안고 있는 마당에 교수·학습의 목표치까지 그 경계들이 불분명하다면 창작교육은 적당한 선에서의 타협으로 그칠 공산이 크지 않을까.

　또 하나 생각해 보아야 할 것이 창작교육의 결과가 언어능력 향상 혹은 조정이라는 목표치에로 피드백 되어야 한다는 설정이다. 형식 논리적으로 보아 창작은 언어능력/국어능력의 산물이므로 그것을 교수·학습한 결과 언어능력 향상에로 이어진다는 말은 옳다. 하지만 단순히 언어능력만의 문제라면 그렇게 골치 아픈 문학 창작의 문제를 교육현장에 끌어들일 필요가 없지 않을까. 여전히 구미(歐美) 여러 나라들의 자국어 교육 현장이 문학 텍스트의 수용과 감상 쓰기에 집중하고 있는 이유가 언어 능력 신장에 초점이 있어서가 아니라 그러한 텍스트 훈련이 곧 시민 자질의 훈련으로 이어진다는 믿음 때문이 아니던가. 이처럼 학생 개개인의 성찰 혹은 삶의 변화, 그리고 그러한 변화의 집적이 불러일으키는 사회적 진보에의 기여라는 믿음이 빠진 문학/창작교육이란 얼마나 허망한 노릇인지.

　이러한 문제는 말하기·듣기·읽기·쓰기라는 기능 위주의 도구교육으로 국어교육의 방향이 재조정되면서 생겨난 본질적이고 구조적인 것이다. 사회의 선진화라는 욕구가 지나쳐 교육 자체를 지나치게 실험적으로 채워나가고 있지는 않은지 반성해 볼 일이다. 결과적으로 행여 성공한다면 다행이지만 만에 하나라도 그렇지 않다면 치명적인 황폐화에 도달할 것인데도 우리는 그간 국어교육의 토대 변화에 지나치게 선진적이고 진보적이었다는 생각이다. 교육과정의 내용이 세계에서 유례를 찾기 힘들 정도로 논리적으로 체계화되고 세련된 용어들로 채워져 있다고 해

---

7) 이것이 틀렸다는 얘기가 아니다. 오히려 창작교육에서만큼은 지도 교사의 주관적 평가가 보장되고 인정되어야 마땅하다. 물론 교사 스스로는 학생의 창조성을 제대로 가려낼 수 있는 감식안과 품평의 전문성을 기르기 위한 노력을 기울이는 것이 전제되어야 할 것이다.

서 곧 수준 높은 교육이 뒤따르는 것은 아니지 않을까.

한마디로 시 창작은 단순히 언어 사용 기교나 언어의 다양한 기능을 익혀 지식화하려는 용도로 국어교육의 한 부문에 첨가된 요소이어서는 안 된다. 시 창작이, 한국어 능력의 최고치가 구현되는 방식의 안쪽에 자리 잡고 있는 보다 근원적인 목표, 즉 '나'가 '세상'과 소통하고 결과적으로 주체와 세상 모두를 '자유로움'의 쪽으로 바꾸어보려는 욕망의 수용과 확장이라는 목표에 연관되어 있다는 것을 인정할 때 시 창작교육의 본래 면목이 살아나는 것이다. 다시 말해 보자. 교육의 목표는 뭐든지 잘 하게 만드는 데8) 있다. 그러니 국어교육의 목표는 한국어를 잘 하게 하는 것이고 기왕지사 목표로 삼았다면 최고로 잘 하게 하는 것을 목표로 삼는 것이 너무나 당연한 일일 것이다. 그런데 한국어 구사 능력의 상하를 가늠하는 최고의 규준 자리에 문학이 그것도 시가 자리 잡고 있는 것이라면, 최량의 국어 교육이 도달할 지점으로 시 창작을 운위하는 일을 두고 억지스럽다고 할 수는 없을 것이다. 그런데 시를 포함한 문학은 언어 혹은 형식만으로서가 아니라 그것이 지닌 자유로움의 사회적 전이 가능성, 곧 사회적 해방에 기여할 가능성을 최종 심급의 잣대로 하여 그 잘잘못이 가려지는 운명을 본질로 하는 예술이 아닐 수 없다. 결론적으로 시 창작 교육도 언어적 기교만이 아니라 그것이 매개하는 '나'와 '세상'의 변혁 가능성에 대한 신뢰로부터 출발해야 한다는 뜻이 된다. 비록 '변혁'을 정의하고 항목화하여 비교 평가하는 일이 어렵다 하더라도 그러한 전제를 갖는 것과 갖지 않는 것 사이에는 커다란 차이가 있지 않을까.

---

8) 필자는 수월성이라는 기묘한 말의 의미를 이렇게 이해하고 있다.

2) 창작 과정 이해를 통한 시 창작교육

3장 1절을 통해 필자는, 시 창작교육－문학교육－국어교육－교육으로 연결되는 전체 구도 속에서 시 창작이 결국은 국어교육 일반의 고민과 이데올로기에 하나의 바로미터로 작동한다는 이야기를 한 셈이다. 그렇다면 자연스럽게 우리의 논의는 그렇게 중요한 지위로 밀어 올려놓은 시 창작의 구체적 실천 방법에 대한 질문에 도달하게 된다. (ㅁ)과 (ㅂ)에서 확인했듯이 학계에서는 '作'으로서의 창작교육에 대한 올바른 문제 제기를 이미 해 두고 있는 상태다. 다만 논의의 기준점이나 층위가 작위적이고 임의적이어서 시 창작에 대한 모델의 역할을 충분히 다하지 못한다는 문제가 있음은 앞에서 지적한 바 있다. 그 이유는 연구자들 스스로 시 창작을 말하면서도 시 창작 과정 자체를 새롭게 숙고하는 것이 아니라 시에 관한 기존의 이론 틀에 너무 안존해 있었기 때문이라는 생각이 든다.

시 창작교육이 효과적으로 이루어지기 위해서 무엇보다 먼저 확인해야 할 사항은 '한 편의 시가 만들어지는 과정'에 대한 지식과 체험임은 두말할 나위가 없다. 결과물로서의 시 작품 속에 어떤 장치가 사용되었는지 하는 것들은 문학의 수용을 다룬 그간의 국어교육에서 익히 다루어 왔던 것이므로 생소할 것이 없지만, 시 한 편의 생성 과정에 대해서는 그간의 교육과정 / 성취기준 / 내용요소들이 제대로 취급해오지 못한 것이 사실이다. 따라서 시 생성 과정의 모델링과 후속 논의를 통한 보완이야말로 앞으로의 시 창작교육 논의의 중핵을 이루어야 한다는 것이 필자의 판단이다. 그간에 시 창작에 관한 글 혹은 저술들이 없지 않았음에도 학계가 주목하지 않았던 것은 그것이 학술적 혹은 교육적 연구 대상이 되지 못한다는 선입견 때문이었다. 시인의 내밀한 체험을 객관화하는 것은 불가능하다는 낭만적이고 신비주의적인 문학관의 유포 역시 이런 풍토를 만드는 데 기여한 바 적지 않을 것이다.

C. D. 루이스의 언급 이후 한 편의 시가 생성되는 과정을 3단계로 설명하는 일은 어느 사이 창작계의 한 전범을 이루고 있다. ① 한 편의 시가 자라나기 전에 그 씨앗 내지는 싹이라고 부를 만한 것이 시인의 상상력을 엄습하고, ② 씨앗이 시인의 마음속에, 소위 "무의식적 정신"이라고 하는 그의 마음의 일부 속에 들어가 자라서 형태를 취하는 과정을 거쳐 ③ 시인의 강렬한 표현 욕구를 만나 밖으로 표출되는 과정, 즉 "시가 문을 치며 내보내 달라고 조르고 있는 단계"9)를 거쳐 한 편의 시가 생성된다는 것이다. 이를 두고 흔히 종자론 혹은 맹아론이라고 부르거니와 낭만주의적 '자기표현의 시' 곧 '자발성의 시' 탄생을 설명하는 모델로는 이보다 더 적확한 것은 없어 보인다. 그러나 오늘날에는 루이스가 설명하고 있는 자기표현의 자연발생적인 것만이 아니라 외향적이거나 의도적인 시들 또한 만만찮게 쓰여 지고 있는 추세여서 루이스의 모델만으로는 충분하지 않다. 해서 많은 시인들이 이를 수정하여 새로운 3단계론을 제시하고 있는데, '시의 원천－시 의식－시의 형상화' 단계가 그것이다. 오세영의 비유를 빌자면 그 단계란 '그것을 영감이라 부르든 혹은 포에지라 부르든 언어화되기 이전의 어떤 정신적인 상태 — 자연의 상태인 샘물을 떠 그릇에 담고자 하는 충동, 그러니까 갈증에 대한 인지와 그것을 해갈하고자 하는 행위 — 언어화 된 작품으로서의 그릇에 담긴 샘물'의 3단계로 설명된다.10) 루이스의 ①, ②단계가 오세영의 2단계에

---

9) C. D. 루이스, 강대건 역, 『시란 무엇인가』, 탐구당, 1992, 51~53면.
　이형기(1995) 역시 루이스의 모델을 고스란히 수용하여 시작의 단계를 설명하고 있다.

압축됨과 동시에 자기표현을 넘어선 인식과 통찰의 시 문제를 해결하기 위해 '시 의식'이라는 용어를 사용하고 있는 것이다. 이 3단계론을 편의상 '원천', '의식', '형상화'로 명명해 두고 논의를 계속해 보자.

'원천' 단계에서 강조되는 것은 직간접 체험의 양과 사색의 깊이인데 이는 일반적인 강조사항이므로 특기할 것은 없다. 다만 문학 특히 '시'에 대한 관심과 말에 대한 애착이야말로 이 단계를 풍요롭게 하는 바탕이라는 점은 기억해야 할 것이다. 그리고 3단계인 '형상화' 단계란 2단계에서 형성된 시의 종자에 언어의 옷과 시적 형식을 입혀 가는 과정이므로 그간의 '문학 수용'과 연관된 지식들이 고스란히 적용될 수 있는 지점이다. 따라서 3단계는 수용 경험과 더불어 '述'로서의 창작 체험이 풍부하다면 전문가가 아닌 사람들도 충분히 성과를 나타낼 수 있다. 의식적인 조작과 통제가 가능한 지점이라는 말이겠다. 그렇다면 결국 문제는 2단계인 셈인데 시문학의 창조성 혹은 발상의 참신함을 말할 수 있는 요소들이 바로 이 단계에서 거의 대부분 결정되기 때문이다. 흔히 말하는바 시인 천재설이니 영감설이니 하는 것들이 전부 이 부분을 거냥하고 있기에 접근이 쉽지 않았던 것이다. 그런데 많은 시인들의 시작 체험을 개괄해 보면, 이 2단계에서 시인에게 다가오는 시의 종자란 대개 다음의 세 가지로 압축된다.

(1) 그 가운데 첫 번째가 루이스가 이미 말한 바 있는 '자기표현의 충동'11)이다. 시 쓰는 자는 모름지기 이 충동으로부터 자신만의 시력(詩歷)

---

10) 오세영, 세계를 통찰하는 힘과 시 쓰기, 최동호 편, 『현대시 창작법』, 집문당, 1997, 75면.
11) 이를 두고 워즈워드가 '고요 속에 회상되는 정서'라 하거나 슈타이거가 '회감'이라 불렀던 것이다. 흔히 서정시를 말할 때 대표격으로 늘 꼽히는 종류의 시들이 이에 해당한다.

을 시작한다는 점에서 이는 본격적 시 창작의 첫 단계로 강조될 만하다. 질풍노도의 청춘기를 지나는 학령기 사람들에게 있어 이 충동은 거의 본연의 것이라 해도 과언이 아니므로 이 충동의 자극을 통해 시 쓰기의 길로 쉽게 유도할 수 있다. 그런데 문제는 거의 본능적인 만큼 이 충동은 쉽게 감상에 물들 우려가 높아 좋은 시로 결과 될 가능성이 낮다는 것이다. 정서에도 값싼 것과 고귀한 것이 있을 수 있다는 점을 강조하는 한편으로, 이 격렬한 정서를 매개할 수 있는 사물을 찾아 의탁하는 훈련이 요구된다. 흔히 '투사적 등가물(投射的等價物, projective equivalent)'이라 부르는 매개물에 자신의 정서를 실어 드러내지 않고 시인의 직접적인 목소리가 노출될 때 정지용이 말한 바 '안으로 열(熱)하고 겉으로 서늘한' 사태의 역(逆)이 발생하는 것이다. 1920년대의 시를 유아적이라 비판하듯이 이 싹을 잘 키우지 못하면 유치한 수준에 떨어지게 된다. 박용래의 다음 시는 자기표현의 욕구를 어떻게 다스려야 하는지를 보여주는 좋은 증거다.

겨울밤

　　잠 이루지 못하는 밤 고향집 마늘밭에 눈은 쌓이리.
　　잠 이루지 못하는 밤 고향집 추녀밑 달빛은 쌓이리.
　　발목을 벗고 물을 건너는 먼 마을.
　　고향집 마당귀 바람은 잠을 자리.

　　이 시는 종결부가 '-리, -리, 을, -리'로 끝나 전형적 비가(悲歌) 구조를 하고 있다든지 '잠 못 이루는 나'와 '잠 드는 바람'의 대조를 통해 화자의 처지를 부각하는 수법을 구사하고 있다든지 하는 것들을 파악하는 능력은 차라리 지식의 계보에 속한다. 겨울 한밤에 떠오르는 고향에의 한량없는 '그리움'을 표현하고픈 충동이 시인을 움직이고 '아, 고향이 그립다'라고 직접 토로하는 것보다 더 그리운 느낌을 싣기 위해 고향집을 구성하는 사물들을 차례로 호명한다는 것, 그 중에서도 '발목을 벗고 물을 건너는 이미지'를 통해 그리움을 간접화할 줄 아는 것이 이 시를 명품으로 만드는 조건임을 느끼는 것이야말로 '자기표현의 시'를 쓰려는 이에게 요구되는 능력일 것이다.

(2) '자기표현의 욕구'를 제대로 해소하려면 '자기'가 어떤 꼴을 하고 있는가를 들여다보는 일, 소위 성찰과 관조가 필수적으로 요청된다. 정상적 생각과 고민을 하는 자라면 이 과정에서 당연히 '자기 안에 들어와 있는 너 / 세계'에 대한 사유 쪽으로 자신의 시적 고민을 밀고 나가지 않을 수 없다. 때로는 역사학과 철학 혹은 자연과학적 사유들의 도움을 받기도 하면서 자연스럽게 주체의식을 형성해 나가기 마련이다. 그 결과 이 세상의 허점을 투시하는 문제의식이 자라게 되고 이제 그는 그 문제의식의 틀로 세상과 스스로를 재발견하기에 이른다. 이때 그에게 다가오는 것이 '시적 상황의 발견'이라는 이름의 두 번째 시적 종자다. "나는 시를 추구하지 않고 시적인 것을 추구한다"라고 했을 때 황지우가 노리고 있는 '시적인 것'이 바로 이 '시적 상황'에 정확히 일치한다. 우리 삶의 주변에 지리멸렬하게 떠도는 온갖 것에서 아이러니와 순정, 서정과 비루함을 읽어내 그 상황을 고스란히 시로 옮겨 놓는 것이 황지우의 시적 방법인 것이다. 영화라는 자유로운 상상력 덩어리를 감상하러 가서도 일제히 일어나 애국가를 불러야만 그 자유로움의 입구로 진입할 수 있다는 상황의 우스꽝스러움에 대한 발견이 시 <새들도 세상을 뜨는구나>를 발동시킨 힘이다. 문제의식 혹은 주제의식이라 부를 만한 사유와

통찰이 선행하지 않으면 이 종자가 발생하지 않는다는 점에서 이 경우가 (1)의 단계보다 한층 확장된 주체의식을 요하는 것으로 이해할 수 있겠다. 김정우의 논의에서 제시된 '서정적 순간의 발견'이라는 항목이 바로 이 상황을 언급하는 것이다. 이러한 상황 발견의 형상화와 전파가 창작 주체의 언어능력 신장이라는 결과에로만 피드백 되는 것이라면 세상을 직시하고 그것을 바꾸어 보려는 시인의 노력을 너무 낮잡는 것이 아닐까.

> 民間人
>> 1947년 봄
>> 深夜
>> 黃海道 海州의 바다
>> 以南과 以北의 境界線 용당浦
>
>> 사공은 조심 조심 노를 저어가고 있었다.
>> 울음을 터뜨린 한 嬰兒를 삼킨 곳.
>> 스무몇 해나 지나서도 누구나 그 水深을 모른다.

김종삼의 <민간인>은 '시적 상황 발견'이 얼마나 넓은 지평으로 시적 주체의 인식을 확장시킬 수 있는지를 보여주는 좋은 보기다. 나아가 '상황 발견의 시'가 상황에 대한 서술의 필요성으로 인해 곧잘 '이야기 시'의 형태를 띰으로써 서사성이라는 장치를 시로 끌어들인다는 것을 확인하는 것도 중요해 보인다. 좁은 정서로서의 '자기'에 고착된 루이스류의 시관(詩觀)으로서는 결코 담아낼 수 없는 현대시의 중요한 계보 하나가 이로부터 시작되는 것이다. 학생들로 하여금 자신의 주변에서 이러한 상황들을 찾는 눈을 갖도록 훈련시킨다면 언어의 조탁에 의거하지 아니하고도 읽는 이들의 심금(心琴)에 바로 육박해 들어갈 수 있는 길이 얼마든지 있다는 자신감을 부여할 수 있을 것이다. 연탄재와 자기 자신을 대비토록 하여 시의 초심자도 쉽게 무릎을 치게 만드는 안도현의 시도 그러한 상황을 발견할 줄 아는 안목의 결과라는 것, 그리고 높은 안목이란 훈련에 의해 얼마든지 길러질 수 있는 것이라는 점을 강조할 필요가 있겠다.

(3) 자기 자신에 대해서든 세상에 대해서든 아니면 그 관계에 대해서든 문제의식을 갖고 오래 생각하다 보면 문득 그간의 생각들이 한 줄 혹은 그 이상의 경구(警句, epigram)나 시구(詩句)로 떠오르는 일이 종종 발생한다. 시의 세 번째 종자인 '말의 발견'이 이루어지는 순간이다. 시를 포함한 문학에 대한 깊은 관심과 세상을 관찰하는 주밀(綢密)한 눈이 전제되지 않으면 이러한 종류의 종자는 쉬 생성되지 않는다는 점에서 종자로는 가장 윗길의 것이라 말할 수 있겠다. 기형도의 다음 시를 살펴보자.

> 질투는 나의 힘
>
> 아주 오랜 세월이 흐른 뒤에
> 힘없는 책갈피는 이 종이를 떨어뜨리리
> 그때 내 마음은 너무나 많은 공장을 세웠으니
> 어리석게도 그토록 기록할 것이 많았구나
> 구름 밑을 천천히 쏘다니는 개처럼
> 지칠 줄 모르고 공중에서 머뭇거렸구나
> 나 가진 것 탄식밖에 없어
> 저녁 거리마다 물끄러미 청춘을 세워두고
> 살아온 날들을 신기하게 세어보았으니

그 누구도 나를 두려워하지 않았으니
내 희망의 내용은 질투뿐이었구나
그리하여 나는 우선 여기에 짧은 글을 남겨둔다
나의 생은 미친 듯이 사랑을 찾아 헤매었으나
단 한 번도 스스로를 사랑하지 않았노라

이 시는 누가 보더라도 빛나는 몇 개의 말 덩어리를 갖고 있다. 제목인 '질투는 나의 힘'이 그러하고 '구름 밑을 천천히 쏘다니는 개처럼'이나 '저녁 거리마다 물끄러미 청춘을 세워두고'와 같은 표현들은 눈부시다 못해 현란하기까지 하다. 그럼에도 이 시의 진술들은 모두 마지막의 두 줄 "나의 생은 미친 듯이 사랑을 찾아 헤매었으나 / 단 한 번도 스스로를 사랑하지 않았노라"를 향하도록 구조화되어 있다. 시인이 이 구절의 앞부분을 먼저 구성하고 시의 내용을 압축하여 마지막 두 줄을 붙여 완성했으리라는 추정이 아주 불가능한 것은 아니나, 시작(詩作) 체험에 관한 다른 시인들의 다양한 경험에 비추어 볼 때 마지막 두 줄이 시인에게 먼저 다가오고 그 시상(詩想)에 맞추어 나머지를 덧붙여 나가며 시를 만들었을 가능성이 크다고 하겠다.

'말의 발견'이라는 이 종자(種子)는 대개의 경우 오랜 생각의 발효가 만드는 비의지적인 결과물인데 반해, 이 방법을 의도적으로 즐김으로써 말 자체의 생경한 결합의 재미를 추구하는 방식으로 이용하는 일군의 시인들도 있다. 가령 "칸딘스키를 보다가 「칸딘스키 혹은 곤색 양말을 신은 겨울」을 쓴다. 프랑시스 잠의 얼굴을 들여다보다가 「장미를 손에 든 잠씨처럼」을 쓴다."[12]라는 진술에서 보듯 '칸딘스키, 잠'이라는 말이

---

12) 이기철, 잠과 장미를 보다가 「장미를 손에 든 잠씨처럼」을 쓴다, 오세영 외, 『시창작 이론과 실제』, 시와시학사, 1998, 394면.

주는 재미가 일련의 연상 작용을 불러일으켜 말장난 같은 시를 만들게
되는 것이다. 소위 미적 자율성이니 뭐니 하는 논의들의 출발점이 여기
라는 것은 쉽게 짐작 가능할 것이다.

4. 맺으며

물론 이처럼 다양한 종자(種子)들 가운데 어느 하나를 발견했다고 해서
마무리까지의 과정이 쉬운 것은 아니다. 그리고 시상의 그러한 확장 가
운데서 시적 천품이 있는 이와 없는 이 사이에 건너뛸 수 없는 결과 차
이가 발생하는 것도 사실이다. 하지만 시가 이미 하나의 종자 단계에서
출발하고 난 뒤의 과정은 소인(素人)들로서도 비교적 접근하기가 쉬운 것
또한 사실이다. 전체적 구성을 어떻게 할 것인지, 연을 구별하거나 행을
나눌 것인지, 어떤 수사(修辭)를 동원할 것인지, 어느 목소리로 하여금 어
떤 태도로 말하게 할 것인지 등은 부가적인 공부에 의해 충분히 적응 가
능한 장치들이기 때문이다. 따라서 지금처럼 교육과정의 세부에서 이러
한 능력을 기르는 내용요소들이 충분하게 단계적으로 설정되는 것은 분
명히 바람직한 일이다. 손에 익은 이러한 '述'적 측면의 능력이 있고 시
(창작)에 대한 부단한 애착이 있어서 어느 날 문득 위의 종자들과 만난다
면 좋은 시를 이루어낼 가능성이 높기 때문이다. 황동규 시인이 서울고
2학년 시절에 <즐거운 편지>를 썼다는 것에 비추어 보면, 중등 현장에
서의 수준 높은 창작에 대한 기대가 결코 난망한 것이 아니기 때문이다.
　그러나 다시 말하지만 본격적인 시 창작교육이 시작되기 위한 필수
조건은 '述'적 측면이나 '作'적 능력에 대한 강조 이전에 놓인 '말 혹은

시'에 대한 애정이라는 것이다. 따라서 초등에서 중등으로 이어지는 다양한 교과 과정에서 말에 대한 흥미를 잃어버리지 않게 하는 노력이 무엇보다 우선되어야 한다. 재미있는 말(fun)로부터 시작되는 말장난(pun)이 곧 시일 수 있다는 것, 그리고 어느 순간 그 '재미'가 '새로움'에 대한 욕구에 기반한 것이라는 점을 느끼게 하는 시 창작교육이야말로 '최고 수준의 언어능력 구현으로서의 시 쓰기'에 도달할 '확률을 높여 준다는 것'을 재삼 확인해 둘 필요가 있다.

참고문헌

김은전 외, 『현대시교육론』, 시와시학사, 1996.

김정우, 「시 이해를 위한 시 창작교육의 방향과 내용」, 『문학교육학』, 한국문학교육학회, 2006.

김창원, 「'述而不作'에 관한 질문―창작 개념의 확장과 창작 교육의 방향」, 『문학교육학』, 한국문학교육학회, 1998.

도종환, 『시 창작 교실』, 실천문학사, 2005.

송수권, 『송수권의 체험적 시론』, 문학사상사, 2006.

염창권, 「시조 텍스트의 수용과 창작 지도 방법」, 『문학교육학』, 한국문학교육학회, 2004.

오세영 외, 『시창작 이론과 실제』, 시와시학사, 1998.

오철수, 『현실주의 시 창작의 길잡이』, 연구사, 1991.

우한용, 「창작교육의 이념과 지향」, 『문학교육학』, 한국문학교육학회, 1998.

유성호, 『현대시 교육론』, 도서출판 역락, 2006.

유영희, 『이미지로 보는 시 창작교육론』, 도서출판 역락, 2003.

유영희, 「형식과 내용의 상관성을 중심으로 한 시 창작교육 방안 연구」, 『문학교육학』, 한국문학교육학회, 2008.

이승훈, 『시작법』, 문학과비평사, 1988.

이형기, 『당신도 시를 쓸 수 있다』, 문학사상사, 1995.

조지훈 외, 『시창작법』, 예지각, 1990.

조태일, 『시창작을 위한 시론』, 나남출판, 1994.

최동호, 『인터넷시대의 시 창작론』, 고려대학교 출판부, 2002.

최동호 편, 『현대시 창작법』, 집문당, 1997.

루이스, C. D., 강대건 역, 『시란 무엇인가』, 탐구당, 1992.

슈타이거, E., 오현일·이유영 공역, 『시학의 근본 개념』, 삼중당, 1978.

하이데거, M., 소광희 역, 『시와 철학』, 박영사, 1980.

Hughes, T., 한기찬 역, 『시작법』, 청하, 1982.

제11장

서사 능력과 서사물 쓰기의 새로운 방법 모색

― 고등학교 자기서사 창작교육의 활성화를 모색하며 ―

박 태 진

성남 성일고등학교

1. 문제 제기

제7차 문학교육 과정에 창작을 교육의 내용으로 적극 수용하였다. '교실창작'과 '생활창작'1)이라는 창작교육의 재개념화2)에 연계된 창작교육이 활성화될 이론적 기틀이 마련되었다. 다만, 학생들에게 전문적인 예술성이 높은 창작능력 대신 "모작, 개작, 생활 서정의 표현과 서사문 쓰기 등의 관계를 거치되, 자신의 삶과 밀접하게 연관해 지도하는 교육과정"3)이 학교 현장에서 활성화되기를 기대했다.

창작4)은 학습과정에 있는 창작 주체(이후부터는 학습작가5)라 한다)가 수행하는 문학적 글쓰기의 과정과 결과를 뜻한다. 학교 현장에서 창작교육은 학습 주체의 창작능력신장을 목표로 한다. 또한 창작은 학습작가의 삶의 체험이 언어의 형상화 과정을 거쳐 작가의 삶을 되돌아보게 한다. 이러한 학습 주체의 창작능력신장이라는 목표는 교육현장에서 학습작가의 '자아의 성장'6)을 지향하는 것이 바람직하다.

---

1) 김창원은 '교실 창작'은 창작 경험을 통해 학습자의 창작 능력을 신장시킴으로써 전인적인 인간을 형성하는 기획으로 보았고, '생활 창작'은 자기 성찰의 일부로 개인적인 차원에서 창작 활동을 하는 경우로 보았다. 김창원, 「창작 개념의 확장과 창작교육의 방향」, 『창작교육 어떻게 할 것인가』, 푸른사상, 2001, 84면.
2) 정구향·최미숙, 「제7차 국어과 교육과정과 창작 교육」, 『국어교육』 제100호, 1991, 225~247면.
3) 교육부, 『고등학교 교육과정 해설』, 교육부 고시 제1997-15호, 2001, 323면.
4) 우한용, 「창작교육의 이념과 지향」, 『창작교육 어떻게 할 것인가』, 푸른사상, 2001, 31면.
5) 우한용은 교육의 장에서 창작을 수행하는 주체를 학습작가라 보았다. 학습작가는 일반적인 의미의 작가와는 달리 권위를 인정받지 못하며, 자신의 글에 전적인 책임을 지고 발표할 수 있는 기회도 주어지지 않으며, 일반 작가처럼 사회성을 지니기도 어렵다는 의미의 작가로 설정하였다. 우한용, 「창작교육의 이념과 지향」, 위의 책, 35면.

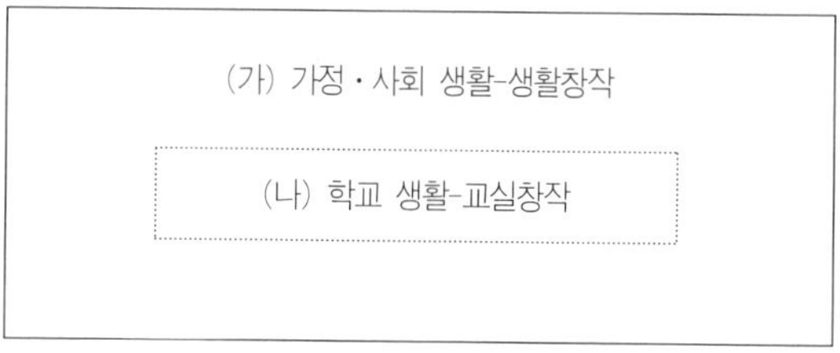

```
(가) 가정·사회 생활-생활창작

(나) 학교 생활-교실창작
```

[그림 1] 학습작가의 생활과 창작

제7차 교육과정의 시행에 따라 고등학교에서의 창작교육은 심화 선택의 '문학' 과목을 중심으로 그 교육적 사명을 다해야 했다. 그런데 창작교육 무엇보다 '문학 생활화의 패러다임'[7]에 무게중심을 둘 필요가 있다. 개인이 영위하는 나날의 삶이 하나의 거대한 서사라고 할 때 문학의 생활화는 개인의 나날의 생활을 창작하는 것을 주요한 목표로 한다. 따라서 서사창작교육도 [그림 1]처럼 학습작가의 가정과 사회에서 생활하는 가운데 자기 교육[8]을 지향하는 것이 바람직하다.

지금까지의 서사창작교육의 연구는 이론 및 장르상으로 볼 때에 소설에 국한되었다. 우한용 외 8인의 연구[9]나 소설 창작에 초점을 둔 구인환, 송하춘, 류덕재, 임경순, 최인자, 한귀은, 선주원, 전점이[10] 연구 등

---

6) 임경순, 「자아 정체성 형성과 이야기교육」, 『문학교육학』 제5호, 2000, 9~23면.
7) 김대행, 「문학 생활화의 패러다임」, 『문학교육학』 제7호, 도서출판 역락, 2001, 9~23면.
8) 우한용, 앞의 책, 43면.
9) 이 저서의 구체적인 연구 사항은 서사의 위상과 서사교육의 지향(우한용), 서사교육의 의의, 범주, 기능(임경순), 서사의 본질(김혜영), 서사현상의 구조와 체계(류홍열), 서사의 교육적 작용(문영진), 서사교육의 교육과정(김상욱), 서사교육의 교수·학습 방법(최인자), 서사교육의 평가(양정실), 서사활동과 서사문화의 창조에 대한 연구(김성진) 등으로 구성되어 있다. 우한용 외 8인 공저, 『서사교육론』, 동아시아, 2001.
10) 송하춘, 「창작교육의 의의와 전망」, 『창작교육, 어떻게 할 것인가』, 푸른사상, 2001, 53~66면. 구인환, 「소설창작의 방법」, 위의 책, 257~277면. 류덕재, 「소설창작교육의 방안과 전망」, 위의 책, 279~296면. 임경순, 「서사표현교육의 방법과 실제」, 위의 책, 297~349면. 최인자, 「자아 정체성 구성활동으로서의 자전적 서사 쓰기」, 위의 책,

이 그렇다. 물론 이러한 연구는 서사영역을 새롭게 개척한 데에 의의가 크다. 그렇지만, 학교 현장에서의 창작교사와 학습작가는 소설 창작을 시창작 다음으로 어려운 창작 장르로 꼽는다는 점, 소설 창작 교육의 어려움을 호소하는 연구[11], 소설이 학습자 주체 자신보다 남의 이야기에 관심이 집중되어 있는 점[12]을 염두에 두면, 서사창작교육의 새로운 방향을 모색할 필요가 있다. 즉, 남의 이야기가 아닌 자기 체험을 이야기로 창작함으로써 '자기교육'[13]으로 환원할 수 있는 서사창작교육을 모색할 필요가 있다.

2. 서사창작교육의 검토 및 새로운 방법 모색

1) 서사창작교육의 현장 검토

제7차 과정의 시행으로 고등학교 현장에서는 2002년도부터 '문학' 과목을 통해 창작교육을 실천할 수 있었다. 그러나 제7차 교육과정부터 창

351~373면. 전점이, 「공감적 대화와 문학치료를 활용한 소설교육 방법」, 『문학교육학』 제22호, 도서출판 역락, 2007, 227~263면.

11) 노현주는 학습지도가 가장 어려운 문학 갈래로는 시(44%), 소설(22%), 희곡(28%), 수필(3%), 기타(3%)라고 연구한 바 있다. 노현주, 「창작교육의 문학 수용 방안 연구」, 2006, 공주대학교 교육대학원 석사학위논문, 21~40면.

12) 우한용, 「문학언어의 논리와 아름다움」, 『문학의 이해』, 삼지원, 1997, 110면.

13) 정윤경은 '자기교육'이란 첫째, 자기 스스로를 대상으로 하는 교육이요, 둘째, 교육의 목적이 자기 수양과 자기완성으로서의 교육이며, 셋째, 교육의 원리를 자기 안에서 찾고, 교육내용으로 자기 자신에 대한 앎을 강조하는 교육으로 정의한다. 이는 1999년 Gadamer의 강연에서 "…우리는 결코 스스로를 교육한다는 사실을 한시라도 잊어서는 안 됩니다." 등을 정리한 손승남의 연구와 연관이 깊다. 정윤경, 「인지학의 특성과 교육적 의미」, 『교육의 이론과 실천』 제14호, 2009, 203~206면, Gadamer, Hans-Georg, 손승남 역, 『교육은 자기교육이다』, 동문선, 2000.

작교육이 활성화될 장을 열어놓았다고 해서 학교 현장의 교사들이 곧바로 문학창작교육을 활성화하기에는 여러 여건이 조성되지 않았다. 사범대학을 졸업한 교사들은 문학창작교육론 관련 과정을 이수하지 못 했다. 또한 학생들도 창작교육이 어려운 글쓰기라는 선입견은 물론이거니와 중학교 과정에서도 제대로 글쓰기 교육을 받지 못 했다. 특히, 서사교육의 범주에 대표적으로 자리매김한 소설 창작을 시도할 경우 분량도 그렇거니와 소설의 이론이 발전할수록 소설 창작을 가르친다는 것은 쉽지 않은 과제였다. 이러한 여건에 학교 현장의 교사들은 창작교육 관련 단원을 가르치지 않기도 한다.

고등학교 현장의 한 국어교사인 연구자는 1998년부터 충남의 한 고등학교에서부터 교직에 임용되어 현재 2001년도부터 성남의 S고등학교에서 근무하고 있다. 1998년도부터 연구자는 문학교사가 되겠다고 자처하며 계발활동으로 줄곧 문예창작반을 맡아 왔다. 물론 현 성남의 S고등학교의 문예반 회원을 모집할 때 학생들은 시 창작보다 '소설 창작을 선호'14)하는 점으로 보아 서사창작이 인기가 높다는 것을 실감할 수 있었다. 이런 현상은 소설이 영화를 비롯하여 각종 애니메이션 등과 밀접한 연관을 맺고 있는 등 인간은 서사적 존재임을 반증하는 것이기도 하다. 그래서 현장에서 문학창작의 활성화를 기대하는 연구자는 소설 창작이 서사창작교육의 중핵적인 역할을 하며 학생들에게 창작교육이 중요함을 역설하고 싶었다.

그런데 고등학교의 경우, 학생들이 창작을 할 수 있는 제반 여건이 먼

---

14) 정성훈은 문예창작반에 가입한 학생 26명을 설문조사한 바 있는데, 가장 관심있는 창작 장르로 소설(42%), 시(27%), 수필(23%), 관심없다(8%), 희곡(0%) 등으로 조사한 바 있다. 정성훈, 「시 창작 능력 향상을 위한 수업 방안 연구」, 조선대학교 교육대학원 석사학위논문, 2005, 39면.

저 마련되어야 창작교육의 활성화가 앞당겨질 수 있다는 점을 유념해야
한다. 즉, 지금까지 학교 현장에서의 문학교육은 감상 및 비평교육이 주
가 되어왔다. 이런 상황에 제7차 교육과정에 창작교육이 적극 수용되었
어도 문학의 감상과 비평과 연계하여 창작을 가르치는 것을 중시하면
했지 상대적으로 창작교육의 영역까지 활성화되지는 못 했다. 그렇다면
이러한 원인이 어디에 있는지 창작의 주체인 학생들의 성향을 조사해
보면 다음과 같다.

[표 1] 문학의 수용과 창작에 대한 학생 선호도[15]

1. 가장 자주 읽고픈 문학 장르는?	① 시	② 소설	③ 수필	④ 희곡	⑤ 기타
	7	101	13	18	2
2. 가장 먼저 창작하고픈 문학 장르는?	① 시	② 소설	③ 수필	④ 희곡	⑤ 기타
	25	68	45	10	3
3. 가장 창작하기 쉬운 문학 장르는?	① 시	② 소설	③ 수필	④ 희곡	⑤ 기타
	38	28	77	5	3
4. 가장 창작하기 어려운 장르는?	① 시	② 소설	③ 수필	④ 희곡	⑤ 기타
	52	27	13	59	0

　[표 1]을 분석해 보면, 성남의 한 S고등학교의 학생들도 문학의 장르
중에서 제일 읽고 싶고 창작하고 싶은 장르를 소설로 꼽았다. 그런데 반
면에 학생들이 창작하기 쉬운 장르로 소설을 꼽은 것은 아니었다. 응답
자의 대부분이 소설을 창작하고픈 바람을 제시했지만, 현실적으로는 수

15) [표 1]은 2007년 3월 연구자가 근무하는 성남 S고등학교 남학생 문과(2학년 2반)와 이
과(2학년 10반) 학생 74명을 대상으로 조사한 이래, 2008년 12월에 1학년 과정을 마친
141명을 대상으로 재조사한 결과이다. 그런데 1년 전의 결과와 큰 차이가 없었다. 그러
나 위의 설문조사에는 여러 변인을 고려하지 않은 면에서 한계가 있다. 따라서 여러 변
인을 고려하여 성남권을 벗어나 전국 단위로 조사를 통해 일반화할 필요가 있다. 위의
설문 내용은 [부록 1] 「설문지 1-문학의 수용과 창작의 성향」 참조

필을 창작하기에 제일 쉬운 장르로 꼽는 성향이 강했다. 이러한 결과에는 여러 이유가 있겠으나, 학생들은 창작교육이 결코 쉬운 것이 아니라는 의식을 하고 있다는 점을 주의 깊게 고려해야 한다는 점이다. 따라서 고등학교 현장에서 서사창작교육의 활성화가 기존의 서사의 대표 장르인 소설에 중점을 두고 실시해야 한다는 견해는 재고할 필요가 있다.

2) 서사창작교육의 새로운 방법 모색

연구자는 고등학교 현장에서 서사창작교육 하면 소설 창작을 중시했다. 이에 상대적으로 소설 이외의 다양한 종류의 서사들을 간과해 온 셈이다. 그런데 사람은 태어날 때부터 자진이 주체가 되어 직접 체험하는 서사의 삶을 살아간다. 따라서 초등학교 때부터 나날의 서사를 일기의 형식으로 써왔다. 아울러 수기나 기행문 쓰기 등을 쓰면서 암암리에 학생들은 자신의 삶을 성찰하며 자아의 발달을 겪어왔다. 이런 가운데 자기의 삶을 표현하는 데 습관이 되었다고 볼 수 있다.

2007년도부터 자기서사 탐색의 중요성에 관심을 둔 연구자는 2007년 봄에 성남 S고등학교 2학년의 문학 수업시간에 소설 이외의 서사창작의 방법을 모색해 보았다. 즉, 연구자는 문학교사의 능력을 충분히 갖추지 못 했지만, 학생들이 17년간 살아오면서 가장 기억에 남는 추억이나 생애 최고의 실수 등 고통스러운 체험을 창작해 보자고 권유했다. 물론 학생 자신을 주인공으로 사건과 대화를 시간 순서대로 전개하면서 자기 체험을 이야기 수필 형식으로 창작해 보도록 했다. 즉, 학생의 생활에서 겪는 고통의 원인을 찾거나, 자신에게 닥친 문제를 어떻게 해결하였는지 반성하는 과정에서 어떤 삶의 가치를 발견하는 문제 해결 과정의 이야기를 써보면 좋겠다고 주문했다.

그런데 교실 현장에서 서사창작교육을 실시하겠다는 연구자의 열정에도 불구하고 학생들 대부분은 야유로 일관하였다. 곧 이어 중학교 때 수필창작교육도 받은 적이 거의 없다는 원성이 줄을 이었다. 심지어 몇몇 학생은 빈둥대며 잡담을 하기도 했다. 그러나 이중에 학생 한 둘이 자신도 작가가 될 수 있다는 희망에 창작수업에 충실히 임하기 시작했다.

한편, 연구자는 다른 한 반에서 학생들을 예비 소설가로 상정하고 어떤 구속도 받지 말고 무한한 허구적 상상력으로 이야기를 지어 보자고 동기부여를 했다. 이런 주문에 다른 한 반 학생들도 이야기 창작이 어렵다고 호소하기는 마찬가지였다. 그러나 먼저 반 학생들로부터 소문을 들었는지 저마다 몇 분간을 고민하더니 창작수업에 참여했다. 물론 그동안 입시제도에 억눌린 스트레스를 풀기에 딱 좋은 노는 시간으로 여기며 친구들과 잡담을 하는 학생들도 있었다. 이런 가운데 자신이 제일 먼저 소설이라는 것을 썼다며 흐뭇해하는 학생이 나타나고 이 학생의 영향으로 점차 창작 수업에 협조하기 시작했다.

다음은 연구자가 근무하는 성남 S고등학교 2학년 학생 중 남달리 창작에 열심히 임하며 습작한 서사수필과 엽편소설의 전문이다.

지이이이잉. 갑자기 온 문자 한 통. '오늘 학교 끝나고 학원 가? 병희 아버지 돌아가셨어'

읽고 또 읽었다. 읽을 때마다 머리 속으론 이해가 되는데 왜 그렇게 가슴 속에서 그 사실을 부정하는지… 수업이 끝나자마자 담임 선생님에게 야자를 빠지겠다는 말을 하고 바로 장례식장으로 뛰어갔다.

머리 속에선 맑고 착하고 언제나 명랑했던 병희가 얼마나 고통스러워하고 있을지… 얼마나 슬퍼하고 있을지라는 생각들이 마구 뒤엉켜 있었다.

'소망장례식장'

간판을 보고 막상 들어가려고 하니 무엇인가가 발을 잡고 놓아주지 않았다. 친구가 힘들어 하는 모습을 볼 생각을 하니 너무 무섭고 두려웠다.

용기를 내 장례식장에 들어갔다.

멀리서 보이는 병희의 모습은 평소의 모습과 별반 다를 게 없었다.

마주치면 바로 울 것 같았던 생각과는 달리 매우 침착하게 서로 인사를 했다.

병희 아버지에게 절을 올리고 병희와 절을 했다.

그 뒤 병희가 평소의 그 해맑은 웃음을 지으며 날 안아주었다.

평소와 같은 미소인데… 너무나 해맑은 미소인데 그 미소가 너무나 슬프게만 느껴졌다.

"미안해… 바로 왔어야 했는데 이제야 와서 정말 미안해…"

서로 꾹 참고 있던 눈물이 나의 말이 시작함과 동시에 쏟아져 나왔다…

너무나 미안했다… 웃음까지 지으며 울지 않으려고 했던 병희를 내가 다시 울린 것 같아서…

가장 힘들 때 곁에 있어주지 못해서….

서로를 위로하며 울음을 그쳤다.

멀리서 병희를 바라보았다. 10분…20분…30분…1시간…2시간…

병희는 장례식장에 온 모든 사람들에게 '전 괜찮아요!'라고 말해주듯이 해맑은 미소를 지어주었다.

'그런 미소를 짓기까지 얼마나 많은 눈물을 흘렸을까'라는 생각이 날 더욱 슬프게 만들었다

나는 계속 병희의 슬픈 미소를 바라보고만 있었다.

—2학년 9반 조 학생 서사수필 습작품

한 남자가 있었다. 그는 의대생이었고, 사랑하는 한 여자가 있었다. 그는 그녀에게 고백하기 위해 집 앞으로 그녀를 찾아갔다. 그녀에게 고백하기 위해 길을 건너던 참에 그만 차사고가 나고 만 것이다. 그가 깨어

나자 사람들은 믿기지 않는다는 눈으로 그를 보며 기뻐했다. 3개월만에 의식불명에서 깨어난 것이다. 그가 깨어났을 때는 한쪽 다리가 마비되어 있었다. 며칠 후 한 남자가 그에게 다가와서는 그녀가 떠났다는 것을 알려줬다. 몇 달째 계속되는 간호에 지쳤다는 얘기였다. 그는 너무나 슬펐지만 그녀에게 복수하기 위해 이를 악물고 재활치료를 받아 정상인처럼 걷게 되었다. 그는 어느덧 결혼해 아이를 가진 아빠가 되어 있었다. 하지만 그녀를 너무나 사랑했기에 잊을 수가 없던 그는 그녀를 한번이라도 보기 위해 그의 가족들에게 찾아갔다. 하지만 그녀는 없었다. 2달 전 그녀는 그를 간호하는 도중 담당의사에게 충격적인 말을 들은 것이다. 그는 다리도 마비되었고 눈도 뜰 수 없다는 얘기였다. 그녀는 의대생인 그가 눈이 없음 안 된다는 생각에 그에게 자기의 눈을 이식시킨 것이었다. 끔찍하고도 충격적인 결말에 그는 울분을 터트렸지만 이미 그녀가 이 세상을 떠난 후였다.

—2학년 3반 허 학생 엽편소설 습작품

    서사 수필을 쓴 조○○학생(이하 조 학생이라 한다)은 원고지 5장에 해당하는 분량으로 친구 병희 아버지가 돌아가심으로 인해 뒤늦게 소망장례식장에 들려 진한 우정을 나누는 이야기를 창작했다. 물론 문장에 비문이 많으며, 단락 구분도 제대로 하지 않았다. 엽편소설을 쓴 허○학생(이하 허 학생이라 한다)은 어느 텔레비전 프로그램에서 본 드라마의 줄거리인 듯한 인상이 짙다. 하지만 젊은 남녀간 진한 사랑을 주제로 놀람과 반전이 있는 이야기 줄거리를 작성하는 수준으로 창작했다. 물론 허 학생도 문장과 단락, 구두법을 지키지 못한 수준의 글을 썼지만, 이야기를 해보고픈 열정이 남달랐다. 그래서 처음에 연구자가 학생들이 적극적으로 창작교육에 참여하지 않을 거라는 회의는 극복할 수 있었다.[16]

---

16) 교실 현장에서 서사창작교육을 실시할 때, 창작교사의 태도가 우선적으로 중요하다. 연

그러나 학교 현장에서 서사창작교육을 실천할 경우 위의 두 학생의 예를 통해 알 수 있듯이 엽편소설 창작보다 서사수필을 시작으로 서사 창작교육을 실시하는 것이 좋다는 결론에 도달하게 되었다. 즉, 엽편소설 창작은 위의 허 학생처럼 삶과 동떨어진 삶을 창작하는 것이 대부분이다. 이에 반해 서사수필창작은 학생의 일상적 삶과 밀착되어 있으며 그러한 삶을 솔직히 고백하는 가운데 학생이 먼저 자신의 삶을 적정한 거리를 두고 되돌아볼 수 있는 계기를 마련할 수 있는 특징이 있다.

따라서 청소년기를 겪는 고등학교에서 서사창작교육은 학습자 중심의 창작교육관에 기초하여 서사수필 등과 같은 자기 생활의 반영의 서사창작교육을 활성화하는 것이 바람직하다.

3. 고등학교에 적합한 자기서사창작교육

1) 자기서사창작과 교육적 수용

서사(敍事, narrative)[17])란 사전 상으로 사실이나 사건 따위를 있는 그대로 적는 일이다. 학계에서는 서사를 화자가 청중에게 사건을 이야기한다는 점과 인물, 공간, 사건이라는 세 요소가 서사적 세계를 창조한다는

구자의 경우는 교수 전략 차원으로 여러 학생이 습작한 작품을 읽어주면서 아주 잘 썼다고 칭찬을 해주었다. 그러자 주위에서는 이구동성으로 부러운 탄성을 질렀다. 이러한 탄성은 학생들의 창작에 대한 열정을 드높인다. 엽편소설 창작 시간 또한 학생의 글을 재미있게 읽어줄 때 모두가 저마다의 갖은 사연을 열정적으로 표현하고자 했다. 많은 학생들이 평소와 다르게 주의를 집중했고, 학생들은 자신도 소설가가 될 수 있다는 꿈에 부풀기도 했다.

17) 임경순, 『국어교육학과 서서사교육론』, 한국문화사, 2003, 60면.

데서 찾고 있다.[18] 서사의 범위를 언어적 서사와 비언어적 서사까지 포괄하면 문학의 이야기는 물론 코믹물, TV, 라디오, 영화, 신문, 잡지, 일기, 대화, 심리치료, 농담, 만화, 꿈에 이르기까지 서사의 범주는 확대된다. 그러나 고등학교 창작교육을 염두에 둘 때, 본고는 서사의 여러 범주 중 언어적·문학적 자기서사에 연구 범위를 제한한다. 무엇보다 창작교육은 언어적 실천에 의한 활동을 통한 교육적 목표 달성을 지향하기 때문이다.

고등학교 현장에서 주체인 자아의 성장을 도모하는 속성을 지닌 서사 창작의 교육으로는 자기서사를 고려할 수 있다. '자기서사'란 화자가 자기자신에 관한 이야기를 사실이라는 전제에 입각하여 진술하며, 자신의 삶을 전체로서 성찰하고 그 의미를 추구하는 특징을 갖는 글쓰기 양식으로 개념화하였으며 자기서차 창작의 동기로 자기탐색, 자기표현, 자기현시, 자기합리화, 자기치유, 자기해명 등을 들은 박혜숙·최경희·박희병의 연구[19]가 있다. 또한 문학창작의 치료적 기능에 주목하며 각자의 삶을 구조화하여 운영하는 서사를 '자기 서사'라 정의하며 한 바 있는 정운채의 연구[20]를 들 수 있다.

---

18) 황패강, 「서사문학연구의 제문제」, 『서사문학사의 연구 I』, 중앙문화사, 1995, 25면.

19) '자기서사'란 박혜숙이 「여성적 정체성과 자기서사」(『고전문학연구』 제20집, 한국고전문학회, 2001)에서 쓰기 시작한 용어로 '자기서사'를 단일한 장르 개념이 아닌 다양한 장르를 포괄하는 것으로 보았으며, '자기서사'의 종류로 서사적인 시, 편지, 일기, 수필적 글 혹은 자서전, 자전적 소설에 이르기까지 다양하게 보았다. 그리고 박혜숙 외 2인의 공동 연구에서도 '자기서사'의 종류로 자전적 소설, 편지, 일기, 수필 등을 들었으나 단순한 기행문이나 자기의 감정이나 정사상태의 표현에 초점이 맞춰진 서정시 등은 자기 서사에서 배제하였다. 또한 '자기서사'창작의 동기가 작가가 자신의 삶을 성공적인 것으로 간주한 경우, 자기서사는 '자기현시' 혹은 '자기합리화'의 동기가 지배되는 경향이 짙은 반면, 자신의 삶을 불행하거나 실패한 것으로 간주하는 경우, '자기치유'와 '자기해명'의 동기가 강하게 작용한다고 밝힌 바 있다. 박혜숙, 「여성적 정체성과 자기서사」, 『고전문학연구』 제20집, 한국고전문학회, 2001, 240~241면, 박혜숙·최경희·박희병, 「한국여성의 자기서사(1)」, 『여성문학연구』 제7호, 예림기획, 2002, 323~349면.

보통 청년기의 학생들은 주말이나 방학이면 가정에서 삶을 영위한다. 그리고 학기 중 대부분은 학교에서 친구들과 선생님, 기타 여러 사람과 저마다 이야기를 통한 서사적 삶에 참여한다. 이들의 서사적 삶은 주로 가정 문제, 진로문제, 이성 문제를 시작으로 크고 작은 사건과 얽히게 되고, 어떤 때는 본의가 아니게 주위 각종 사건에 마음에 상처를 입기도 하고 질풍노도의 갈등에서 헤어나지 못 하는 경우가 많다. 고등학생의 이러한 갈등은 서사창작활동을 통해 자아와 마주치고 자기 문제를 해결할 수 있는 교육의 관점으로 접근할 수 있다. 학생이 자기 서사를 점검하는 교육이 없다면 학생들은 자아성찰의 기회 대신 자아를 방치하는 결과를 초래할 수도 있다. 그리하여 인터넷 매체나 영화 및 인기스타에 열광하는 가운데 자아의 정체성을 잃어버릴 수도 있다. 그런 만큼 자기서사창작은 청소년의 여러 병폐를 해결할 수 있는 역할을 할 수 있다.[21]

그러나 무엇보다 자기서사창작은 현대 사회의 일반적인 특성 즉 가치관 상실, 자아의식의 상실, 불안과 고독 등[22]의 문제들을 성찰하고 해결

---

20) 정운채는 누구나 각자의 삶을 운영하는 서사인 '자기 서사'를 지니고 있는데 보통 사람의 '자기 서사'가 건강한 측면이 미약해서 잘못된 유혹을 물리치지 못할 때 이에 현실을 파악하고 대처할 수 있는 서사인 '작품 서사'라는 개념을 설정하여 서사의 치료적 효과를 처음으로 정의한 바 있다. 또한 김석회는 '자기 서사'란 한 개인의 무의식 속에 각인되어 있는 '운명의 필름'과도 같은 것으로서의 삶을 규정해 나가는 잠재된 힘으로 보고 문학치료란 '작품 서사'를 매개로 하여 심리적인 옭힘이나 장애를 겪고 있는 이들의 '자기 서사'를 변화시키는 과정으로 정리한 바 있다. 따라서 본고도 문학창작이 본래 치유적 기능을 지니고 있다는 점은 인정하여 자기서사창작에 치유의 힘을 수용한다. 이에 따라 연구자에게 자기서사창작의 치료적 힘에 대한 연구는 앞으로의 과제로 남겨 둔다. 정운채, 「서사의 힘과 문학치료방법론의 밑그림」, 『고전문학과 교육』 제8집, 한국고전문학교육학회, 2004, 170~173면. 정운채, 『문학치료의 이론적 기초』, 푸른사상, 2006, 324면. 김석회, 「문학치료학의 전개와 진로」, 『문학치료연구』 제1집, 한국문학치료학회, 2004, 20~22면.
21) 임경순, 앞의 책, 제3장 "서사교육의 필요성과 의의", 47~52면 참조.
22) 앤소니 기든스, 『현대성과 자아정체성』, 새물결, 1997.

하는 데 중요한 역할을 한다. 그리고 자기서사창작 활동에 참여하여 자기를 정립하고 상처가 깊을 경우 병을 치료할 수 있다. 자기서사창작활동에 참여하는 동안 자기의 문제를 노트에 솔직히 꺼내놓는 과정에서 자기정화의 과정을 겪고 비로소 자기를 치유하는 과정을 겪기 때문이다.

따라서 본고는 자기서사창작은 학습작가가 직접 체험한 사실에서 창작의 소재를 구하되 자기고백이자 자기상담의 성격이 짙은 글쓰기로서 자기를 탐색하고 성찰하며 병든 자아를 치료하며 자기의 변화를 추동하는 자기교육이 짙은 성격으로 규정하고 고등학교 현장에서 적합한 자기서사창작교육의 활성화를 모색한다.

2) 고등학교에 적합한 자기서사창작교육

학교현장에서 우선적으로 가르칠 서사창작교육의 범주를 문자 언어의 범주에 한정하여 찾아보면, 자기서사의 대표적인 종류로 일기, 수기, 자서전, 기행문, 서사수필,[23) 자전소설(사소설)[24) 관련 창작교육 등을 들 수 있다.

---

23) 정연화는 수필의 종류를 '서정적 수필', '서사적 수필', '교술적 수필', '희곡적 수필' 등 네 종류로 나누어 교수·학습방법을 연구한 바 있다. 연구자는 이에 '서사적 수필'을 한 편의 콩트와 밀접한 연관이 있고 '서사성이 짙은 학습작가의 일상적인 체험 및 이야기와 깨달음의 구조로 펼쳐지는 서사'로 정의하고 자기서사의 종류로 '서사적 수필'을 '서사수필'로 명명하고 논의를 전개하고자 한다. 정연화, 「수필의 장르적 특성과 교수·학습 방법－제7차 교육과정 중학교 수필을 중심으로」, 부산외대 교육대학원, 2002, 20~27면.

24) 자전소설의 개념과 유사한 것으로는 사소설과 자기체험 소설이 있다. 사소설은 일본에서 20~30년대 자전소설은 작가의 삶만을 주요 스토리로 하는 데서 기원을 두고 있다. 본고는 자기체험 소설 및 사소설을 포함한 의미로 자전 소설로 설정하고 논의한다. 최인자, 「자아 정체성 구성활동으로서의 자전적 서사 쓰기 : 신경숙의 『외딴방』을 중심으로」, 『창작교육, 어떻게 할 것인가』, 푸른사상, 2001, 351~373면. 박재섭, 「1인칭 소설의 화자 유형 연구－근대 일인칭 자전적 소설을 중심으로」, 한국문학논총 제29집, 2001, 245~265면, 박춘규, 「자기체험 소설창작을 통한 소설읽기 지도 방안」, 2006, 한국교원대학교 교육대학원 석사학위논문, 21~40면.

그런데 고등학교 학교 현장에서 자기서사창작교육을 실천할 때 학생의 수준 등을 고려하면 일기쓰기교육은 적합하지 않다. 일기는 개인 내면적 자아와 소통함을 지향한다. 그러나 나날의 체험의 사실성이 제일 강한 만큼 자아 성찰 및 글쓰기를 습관화하는데 제일 중요한 글쓰기이다. 그래서 일기는 초등학생 때부터 자아를 성찰하는 차원의 습관화를 위해 초등학생 때 중점적으로 교육해 왔다.

또한 일기와 유사점을 지니면서 개인의 내면적 자아와 소통함과 동시에 독자에게 개방적인 자기서사로는 수기와 자서전이 있다. 그런데 인생의 한 단면에 초점을 맞춰 기술하는 성격의 수기는 초등학교 후반기나 중학교 때에 실시하는 것이 좋다. 또한 자서전 또한 전 일생에 걸친 장편의 삶을 기술하는 자서전도 고등학생의 일생동안 살아온 삶을 기술하는 교육으로 가치가 있다. 그러나 청소년기의 복잡 다양한 갈등 등으로 점철된 삶을 자서전 창작에 중점을 두는 서사창작교육은 재고의 여지가 있다.

[표 2] 자기서사의 종류와 특징25)

자기서사	소통의 개방성	사실성 진실성	교훈성 (자기교육)	문학적 형상성 (예술성)	분량 (200자 원고지)	매체성
일기	폐쇄적	짙음	직접	낮음	1~3매 내외	아주 약함
수기	개방적	짙음	직접	낮음	15~30매 내외	약함
자서전	개방적	짙음	직접	낮음	1천매 이상	약함
기행문	개방적	짙음	직접	보통	15~4(5)0매 내외	보통이상
서사수필	개방적	짙음	직접	보통 이상	15매 내외	보통
자전소설(사소설)	개방적	옅음	간접	높음	40~50매 이상	보통이상

25) 본고의 연구는 고등학교에서 서사창작교육의 활성화이자 이를 토대로 서사교육의 새로운 방법을 모색하는데 있으므로 자기서사의 종류별 특징을 심도있고 정치하게 분류 및 분석을 하고 그 가치를 규명하지 못했다. 이 점은 다음 연구 과제로 남겨둔다.

　　고등학교 현장을 고려한 자기서사창작의 적합성을 어떤 기준에 두어서 선택해야 하는 문제는 더욱 세밀히 연구할 과제이다. 다만 연구자가 [표 2]처럼 자기서사의 종류를 분류 및 분석하면, 고등학교 현장에서 적합한 자기서사창작의 종류로는 기행문 창작과 서사수필창작을 꼽을 수 있다.

　　기행문 창작과 서사수필 창작은 1차적으로 학생들이 부담을 느끼지 않는 글쓰기이다. 또한 자신의 생활을 성찰하는데 중요한 역할을 하며 곧바로 자기교육으로 환원될 수 있다. 특히 기행문 창작[26]은 일상생활에 매몰되기 쉬운 자아의 생활 반경을 확대시키는 영향력이 있다. 낯선 공간을 여행하는 과정에서 기존의 주체의 일상의 삶에 낯설기를 겪게 하며 일상생활에 갇혀 지내던 자아를 변화 및 자아의 지평을 확대할 수 있다.[27] 또한 서사수필 창작은 수필의 범주와 이야기성의 범주에 포함되면서 자아성찰이 짙은 장르로서 고등학생의 자기교육으로 적격이다. 특히 서사수필의 문학적 형상의 특징[28]은 첫째, 화자가 작가와 일치되면서 주

---

26) 연구자는 2008년 12월에 1학년 과정을 마친 141명을 대상으로 자기서사의 성향을 설문 조사한 결과 고등학생 수준으로 가장 쉽게 창작할 수 있다고 보는 자기서사의 선호도가 기행문창작(59명), 수기창작(48명), 이야기수필창작(17명), 자전엽편소설(콩트) 창작(17명), 자서전 창작(10명) 등으로 나타난 바 있다. 기행문 창작을 제일 선호한 이유로는 학생 자기가 직접 여행지를 체험한 데에 두는 경우를 많이 들었다. [부록 1] 「설문지 2−자기서사창작의 성향」 참조.

27) 보통 기행문에 대한 장르적 정체는 수필로 보는 경향이 있다. 그만큼 기행문에 대한 정체성에 대한 연구는 심도 있게 진행되지 않았다. 이런 가운데 기행문이 서사적 표현 방식과 긴밀하게 연계를 지은 구희옥의 연구, 기행문의 종류 중 일기체 형식의 기행문은 보고적인 특성이 강한 글로써 작가의 여정과 사상과 감정을 직접적으로 표현한 글로서 자아를 성찰하는 가치가 있음을 보인 박영희의 연구를 토대로 본고는 기행문 또한 고등학교 현장에서 자기서사 창작에 적합하다고 보았다. 구희옥, 「서사표현 방식에 따른 기행문 쓰기 지도」, 경상대학교 교육대학원 석사학위논문, 2001, 16~46면, 박영희, 「기행문 교육 연구」, 숙명여자대학교 교육대학원 석사학위논문, 2007, 25~28면.

28) 정연화 앞의 논문, 22면.

로 화자의 일상의 삶을 사건 중심으로 전개한다. 둘째, 사건의 전개를 통해 인물의 심리를 그려낸다. 셋째, 인물의 행동과 대화를 통해서 주제를 형상화하는 등 문학능력을 향상하기 위해서도 중요한 역할을 담당할 수 있다.

한편 고등학교 현장에서 자기서사창작교육의 내용으로 적극 수용할 수 있는 것은 자전 소설 창작을 들 수 있다. 자전 소설은 작가의 삶을 소설의 기법으로 형상화한다. 또한 작가 자신의 정체성을 탐구해 들어간다. 또한 단·장편 소설의 분량으로 삶의 총체성을 비롯하여 삶의 다양한 세계를 체험할 수 있고 상상력의 신장 면이나 삶을 총체적으로 파악할 수 있어 교육적 가치가 크다. 그런데 소설의 수용 면이 아니라 창작교육의 관점에서 보면 학교 현장에 자전 소설 창작은 분량상의 문제를 시작으로 소설 창작의 기법을 가르쳐야 하는 등 어려움이 있다.

고등학교 현장에서 소설 창작 교육의 분량과 교육 시간상의 문제 등의 지 단점을 극복하기 위해 한귀은은 '엽편소설 창작교육'29)을 제안한 바 있다. 엽편소설30)은 원고지 20매 내외로서 소설의 모든 구성요소를 갖추고 있어 고등학교에서 소설 창작 교육의 활성화에 기여할 수 있다. 이를 고려하면 자기서사창작의 새로운 종류로 ㅊ 작가 자신의 일상의 삶을 짧은 분량으로 창작하는 자전엽편소설 창작31)을 고려할 수 있다. 자

---

29) 한귀은, 「서사전략 내면화를 위한 집단적 소설 쓰기 수업」, 『문학교육학』 제9호, 문학교육학회, 2002, 240~242면.

30) 김보경의 연구에 의하면 엽편소설과 비슷한 개념으로 콩트(conte)와 장편(掌篇)소설을 들면서 용어상 혼란이 있는데, 콩트는 프랑스에서 건너온 용어이며, 장편소설은 일본에서 만들어진 용어로, 우리나라에는 광복 이후 정비석, 이무영 등이 엽편소설을 자주 써서 활성화되었기에 이 두 용어를 포함하여 엽편소설의 용어를 통일하여 사용하였다. 본고는 김보경의 의견에 따른다. 김보경, 「황순원 엽편소설 연구」, 숙명여자대학교 석사학위논문, 2004, 15~28면.

31) 자전엽편소설 용어는 연구자가 자기서사창작교육에서 엽편소설이 중요한 서사창작교육

전엽편 소설 창작은 기행문 창작이나 서사수필창작보다 갖은 문학적 장치 및 상상력을 발휘하는 등 문학적 형상성 면에서 우위를 차지할 수 있기 때문이다.

[표 3] 서사수필창작과 자전엽편 소설 창작의 특징

구분	고등학교 자기서사 창작		비고
	서사수필 창작	자전엽편소설 창작	
창작 목적	자기 지향	독자 지향	
분량	원고지 15매 내외	원고지 5~20매 이내	
이야기 진위	사실	허구성 있음	
창작 주체	작가=서술 주체	작가=서술 주체	
시점	1인칭 주인공 시점이 대부분 (일부 3인칭 시점)	1인칭, 3인칭 등 다양한 시점	
형식(구성)	체험과 깨달음의 구조 (소설의 플롯 준용)	다양한 소설의 플롯 (놀람, 극적 전환 플롯)	
문학적 형상성	낮음	높음	
자아성찰성	직접적(짙음)	간접적(보통)	

그런데 [표 3]을 보면, 자전엽편 소설 창작의 동기는 자기지향보다 독자지향성이 강하다. 자전엽편 소설 창작은 놀람과 극적인 반전의 구조를 구사하는 등 소설 창작기법을 동원한다. 이는 삶의 아이러니 및 풍자를 겨냥하며 독자에게 주제를 강렬하게 부각시키려는 창작 전략이 강하다는 것을 의미한다. 따라서 자전엽편 소설 창작을 교육할 때에는 여러 고도의 창작 기법이 자연 수반되게 되기 마련이다.

의 위상을 차지한다고 보는 관점에서 새롭게 상정한 글의 종류이다. 그러니까, 고등학교 현장에서 엽편소설 창작 교육이 기존의 단편 소설 창작 교육의 길이를 보완한다면, 학교현장에서 기행문이나 서사수필보다 자전엽편소설을 가르치는 것이 좋다는 입장에서 상정해본 것이다.

그러나 창작의 본질이 자기목적[32]이 주가 됨을 고려할 때 고등학교 현장에 가장 중시할 서사창작교육은 자전엽편 소설 창작보다 서사수필 창작이라고 본다. 서사수필창작은 엽편 소설 창작처럼 구조상의 기법을 따로 배우지 않아서 학생들이 쉽게 창작교육에 접근할 수 있다. 즉, 형식상의 구속이나 내용상의 구속으로부터 자유로운 장점[33]이 있다. 또한 무엇보다 학습작가 자기의 체험적인 삶을 토대로 자기 삶의 철학을 모색하는 데 적합하다. 이는 서사수필창작이 자기의 거듭나기를 지향하는 창작으로 이러한 거듭나기는 자기 교육의 중핵적인 역할을 한다. 따라서 고등학교 현장의 학생들에게 자신의 삶을 통한 교육을 위한 글쓰기로서 서사수필창작의 가치에 주목할 필요가 있다. 특히 서사창작교육에 '역동적인 장르관'[34]을 수용할 경우 고등학교 현장에서 기존의 소설 창작의 그늘에 가린 서사수필창작의 가치를 시작으로 자전엽편 소설 창작로 확장하는 자기서사창작교육의 새로운 패러다임을 구안할 필요가 있다. 그래야 현행 소설 중심의 서사창작교육의 한계를 극복할 수 있다.

4. 전망과 과제

제7차 문학교육 과정에 창작교육이 적극 수용되었어도 고등학교의 경우 입시교육에 의해 서사창작교육이 활성화되지 못 했다. 교실 현장에서

---

32) 우한용, 「창작교육의 이념과 지향」, 『창작교육 어떻게 할 것인가』, 푸른사상, 2001, 32면.
33) 노현주는 학습지도가 가장 어려운 문학 갈래로는 시(44%), 소설(22%), 희곡(28%), 수필(3%), 기타(3%)라고 연구한 바 있다. 노현주 앞의 논문, 31면.
34) 최인자, 「장르의 역동성과 쓰기 교육의 방향성」, 『문학교육학』 제5호, 2000, 9~23면.

서사창작교육을 실천할 전문적인 창작교사도 부족했고 교수학습 자료 및 평가가 마련되지 못하는 등 창작교육의 여건 또한 조성되지 못 했다. 이러한 창작교육의 악조건에 따라 학교현장에서 서사창작교육의 활성화를 기대하기는 쉽지 않은 과제이다. 이런 실태에도 불구하고 학계에서 서사창작교육의 대표적인 장르인 소설을 중심으로 서사창작교육이 현장에 뿌리내리기를 역설한 것은 중요한 의의가 있다.

그러나 본고는 고등학교 현장에서 기존의 서사의 범주에서 대표적인 장르인 소설교육만으로는 현장에서 서사교육의 활성화를 앞당길 수 없다고 보았다. 즉, 고등학교 현장에서 서사교육의 활성화에 물꼬를 틀 수 있는 중핵적인 방법으로 기행문창작이나 서사수필창작에서 시작해야 한다고 보았다. 무엇보다 고등학교 현장에서 창작교육을 학습하는 학습 작가에게 기행문창작이나 서사수필창작은 기존의 허구적인 상상력이 주요하게 동원된 소설 창작이 담당할 수 없는 일상적인 삶을 솔직히 고백하는 가운데 자기 성찰 및 자기교육을 추동할 수 있는 전망을 열 수 있기 때문이다. 이러한 전망은 학교 현장에서 창작교육의 어려움을 해결할 수 있는 활로가 되는 의의가 있다.

따라서 고등학교 현장에서의 서사교육의 활성화를 위해서는 소설 창작만을 중시하는 아집에서 벗어날 필요가 있다. 즉, 고등학교에서 서사창작교육을 활성화할 때 학생들의 일상생활을 직접 체험하는 자기 서사창작에서 시작할 필요가 있다. 학생들의 창작환경을 고려한 서사창작교육을 고려할 때 기행문 창작이나 서사수필창작은 그 분량이나 형식이나 내용면에서 기존의 소설 창작 교육을 지도하는 데 따른 어려움을 극복할 수 있다. 또한 기행문창작이나 서사수필창작은 학습 작가의 자기의 체험적인 삶을 토대로 자기 삶의 철학을 바로 세우는 계기를 마련하기도 한다. 즉 현대의 청소년에게 자기철학을 함양하게 하는 의의가 있다. 본고의 이러한 견해는 수필창작을 학교 현장의 창작교육 단원에서 첫 장에 둘 필요가 있다는 정병헌의 주장,35) 그리고 수필창작이 글쓰기의 입문기에 해당한다는 김대행의 주장36)과 궤를 같이한다.

그러나 기행문 창작이나 서사수필창작이 고등학교 현장에서 적합성을 발현하기 위해서는 첫째, 기행문창작이나 서사수필창작을 저극 수용하는 자기서사 창작교육이 학습 작가의 학교 및 일상생활, 그리고 낯선 여행지의 여행을 통해 자아의 변화를 유도할 수 있지만, 자아의 타자화를 통한 광대무변한 세계를 조망하는 상상력의 빈곤에서 오는 단점 등은 자전엽편 소설 창작과 연계하여 극복할 필요가 있다. 둘째, 기행문창작이나 서사수필창작을 적극 수용하는 자기서사 창작교육은 자전 소설 창작의 구성(플롯) 및 창작 기법 등의 장점들을 적극 수용해 기존의 수필창작의 한계를 벗어나 비로소 자기서사 창작교육에서 중핵적인 역할을 할 수 있다. 셋째, 기행문창작이나 서사수필창작을 적극 수용하는 자기서사 창작교육은 문학적 서사성보다 자아 반성의 철학성을 중시한 나머지 문학적 흥미성이나 도덕성에서 부자유스러워 문학의 자유성을 발현시키지 못하는 한계가 있을 수 있다. 이러한 한계 또한 허구적 상상력을 적극 수용하는 자전엽편소설 및 자전소설 창작과 연계한 교육도 간과해서는 안 된다. 이러한 관점을 확보해야 자기서사창작교육이 유발하는 자기 소외성을 벗어날 수 있다.

---

35) 정병헌, 「수필의 교수·학습 방법, 그 당위와 현실」, 『문학교수학습 방법론』, 삼지원, 1998, 272면.
36) 김대행 교수는 수필은 문학 이해의 단계로 '入門的 要素'를 지니고 있다고 보았다. 김대행, 「隨筆과 文學敎育論―故 柳炳奭 敎授의 隨筆을 중심으로」, 『한양어문연구』 13, 1995, 366면.

끝으로 본고가 서사창작교육의 새로운 활로를 모색하는 데 주안점이 있는 만큼 자기서사의 여러 종류 중 고등학교의 경우 기행문 창작이나 서사수필창작의 가치에만 무게중심을 두었다. 이에 따라 일기나 자서전, 그리고 자전소설 창작 등과의 상호 역할이나 위계적인 교육적 가치를 도외시해서는 안 된다. 아울러 자기서사의 범주에서 벗어나는 허구적 서사들 또한 자기서사창작 교육과정과 교수·학습 방법 및 평가에 이르는 정치하고도 심도 있는 연구가 수반되어야 서사창작교육이 풍요로워질 수 있음을 잊어서는 안 된다.

참고문헌

고광수, 「문학 감상의 경험 교육적 성격에 대한 예비적 고찰」, 『문학교육학』 제16호, 도서출판 역락, 2005.

교육부, 『고등학교 교육과정 해설』, 교육부 고시 제1997-15호, 2001.

구희옥, 「서사표현 방식에 따른 기행문 쓰기 지도」, 경상대학교 교육대학원 석사학위논문, 2001.

김대행, 「隨筆과 文學敎育論－故 柳炳奭 敎授의 隨筆을 중심으로」, 『한양어문연구』 13, 1995.

김대행, 「문학 생활화의 패러다임」, 『문학교육학』 제7호, 도서출판 역락, 2001.

김보경, 「황순원 엽편소설 연구」, 숙명여자대학교 석사학위논문, 2004.

김석회, 「문학치료학의 전개와 진로」, 『문학치료연구』 제1집, 한국문학치료학회, 2004.

김윤식 외 4인, 『교사용 지도서 고등학교 문학(상)』, 디딤돌, 2003.

김창원, 「문학 교수·학습의 교육과정론적 조명」, 『문학교수·학습 방법론』, 삼지원, 1998.

김창원, 「창작 개념의 확장과 창작교육의 방향」, 『창작교육 어떻게 할 것인가』, 푸른사상, 2001.

노현주, 「창작교육의 문학 수용 방안 연구」, 공주대학교 교육대학원 석사학위논문, 2006.

류덕재, 「소설 창작교육의 방안과 전망」, 『창작교육 어떻게 할 것인가』, 푸른사상사, 2001.

박영희, 「기행문 교육 연구」, 숙명여자대학교 교육대학원 석사학위논문, 2007.

박재섭, 「1인칭 소설의 화자 유형 연구－근대 일인칭 자전적 소설을 중심으로」, 한국문학논총 제29집, 2001.

박춘규, 「자기체험 소설창작을 통한 소설읽기 지도 방안」, 한국교원대학교 교육대학원 석사학위논문, 2006.

박혜숙, 「여성적 정체성과 자기서사」, 『고전문학연구』 제20집, 한국고전문학회, 2001.

박혜숙·최경희·박희병, 「한국여성의 자기서사(1)」, 『여성문학연구』 제7호, 예림기획, 2002.

송명회, 「서사수필의 규약」, 『디지털 시대의 수필 쓰기와 읽기』, 푸른사상, 2006.

안성수, 「수필 오디세이(6) - 수필의 화자시학과 소통체계」, 『현대수필』 56호, 문학관, 2005.

앤소니 기든스, 『현대성과 자아정체성』, 새물결, 1997.

우한용, 「문학언어의 논리와 아름다움」, 『문학의 이해』, 삼지원, 1997.

우한용, 「문학교육의 평가」, 『국어교육』 제100호, 1999.

우한용, 「창작교육의 이념과 지향」, 『창작교육 어떻게 할 것인가』, 푸른사상, 2001.

우한용 외 7인, 『문학교육과정론』, 삼지원, 1997.

우한용 외 8인 공저, 『서사교육론』, 동아시아, 2001.

윤오영, 「방망이 깍던 노인」, 『방망이 깍던 노인』, 범우사, 1976.

이향근, 「장르 중심 시창작 지도 방법 연구」, 서울교대 교육대학원, 2002,

이혜인, 「수필교육을 위한 읽기-쓰기 통합 모형 연구」, 이화여자대학교 교육대학원 석사학위논문, 2004.

임경순, 「자아 정체성 형성과 이야기교육」, 『문학교육학』 제5호, 2000.

임경순, 『국어교육학과 서서사교육론』, 한국문화사, 2003.

정병헌, 「수필의 교수·학습 방법, 그 당위와 현실」, 『문학교수학습 방법론』, 삼지원, 1998.

전성연 외 4인 공저, 『협동학습 모형 탐색』, 학지사, 2007.

전윤경, 「맥락 중심 읽기·쓰기 통합 교재 구성 방안 연구」, 전주교육대학교 교육대학원 석사학위논문, 2004.

정구향·최미숙, 「제7차 국어과 교육과정과 창작 교육」, 『국어교육』 제100호, 1991.

정연화, 「수필의 장르적 특성과 교수·학습 방법-제7차 교육과정 중학교 수필을 중심으로」, 부산외국어대학교 교육대학원 석사학위논문, 2002.

정성훈, 「시 창작 능력 향상을 위한 수업 방안 연구」, 조선대학교 교육대학원 석사학위논문, 2005.

정운채, 「서사의 힘과 문학치료방법론의 밑그림」, 『고전문학과 교육』 제8집, 한국고전문학교육학회, 2004.

정운채, 『문학치료의 이론적 기초』, 푸른사상, 2006.

정윤경, 「인지학의 특성과 교육적 의미」, 『교육의 이론과 실천』 제14호, 2009.

조동일, 「자아와 세계의 소설적 대결에 관한 시론」, 『한국 소설의 이론』, 지식산업사, 1977.

최인자, 「장르의 역동성과 쓰기 교육의 방향성」, 『문학교육학』 제5호, 2000.

최인자, 「자아 정체성 구성활동으로서의 자전적 서사 쓰기 : 신경숙의 『외딴방』을 중심으로」, 『창작교육, 어떻게 할 것인가』, 푸른사상, 2001.

한귀은, 「서사전략 내면화를 위한 집단적 소설 쓰기 수업」, 『문학교육학』 제9호, 도서
　　출판 역락, 2002.

황패강, 「서사문학연구의 제문제」, 『서사문학사의 연구 I』, 중앙문화사, 1995.

Gadamer, Hans-Georg, 손승남 역, 『교육은 자기교육이다』, 동문선, 2000.

Johnson, D. W., & Johnson, R. T., Making cooperative learning work. *Theory into
　　Practice*, 38(2), 1999.

[부록 1]

설문지 1-문학의 수용과 창작의 성향

* 본 설문지는 고등학생의 창작교육의 성향을 알아보고 바람직한 창작교육을 연구하고자 준비했습니다. 성의 있는 답변을 부탁드립니다.

1. 고등학생으로 제일 자주 읽거나 읽고픈 문학 작품과 그 이유는?
   ① 시 작품　　　　② 소설 작품　　　　③ 수필 작품
   ④ 희곡 작품　　　　⑤ 기타(　　　　　)
   이유 : (　　　　　　　　　　　　　　　　　　　　　　　)

2. 고등학생으로 가장 먼저 창작하고픈 문학의 갈래와 이유는?
   ① 시 창작　　　　② 소설 창작　　　　③ 수필 창작
   ④ 희곡 창작　　　　⑤ 기타(　　　　　)
   이유 : (　　　　　　　　　　　　　　　　　　　　　　　)

3. 고등학생으로 창작하기가 가장 쉽다고 보는 문학의 갈래와 이유는?
   ① 시 창작　　　　② 소설 창작　　　　③ 수필 창작
   ④ 희곡 창작　　　　⑤ 기타(　　　　　)
   이유 : (　　　　　　　　　　　　　　　　　　　　　　　)

4. 고등학생으로 창작하기가 가장 어렵다고 보는 문학의 갈래와 이유는?
   ① 시 창작　　　　② 소설 창작　　　　③ 수필 창작
   ④ 희곡 창작　　　　⑤ 기타(　　　　　)
   이유 : (　　　　　　　　　　　　　　　　　　　　　　　)

<h1 align="center">설문지 2-자기서사창작의 성향</h1>

* 본 설문지는 고등학생학습자의 서사 창작교육의 성향을 알아보고 바람직한 서사 창작교육을 설계하고자 준비했습니다. 성의 있는 답변을 부탁드립니다.

---

1. 고등학생 수준으로 가장 먼저 창작할 필요가 있다고 보는 자기서사는?
   ① 수기 창작 　　　② 자서전 창작 　　　③ 기행문 창작
   ④ 이야기수필 창작 　　　⑤ 자전엽편소설(콩트) 창작
   이유 : (　　　　　　　　　　　　　　　　　　　　　　　　　　)

2. 고등학생 수준으로 가장 쉽게 창작할 수 있다고 보는 자기서사는?
   ① 수기 창작 　　　② 자서전 창작 　　　③ 기행문 창작
   ④ 이야기수필 창작 　　　⑤ 자전엽편소설(콩트) 창작
   이유 : (　　　　　　　　　　　　　　　　　　　　　　　　　　)

3. 고등학생 수준으로 가장 창작하기 어렵다고 보는 자기서사는?
   ① 수기 창작 　　　② 자서전 창작 　　　③ 기행문 창작
   ④ 이야기수필 창작 　　　⑤ 자전엽편소설(콩트)창작
   이유 : (　　　　　　　　　　　　　　　　　　　　　　　　　　)

4. 고등학생 수준으로 가장 문학성이 높다고 보는 자기서사는?
   ① 수기 창작 　　　② 자서전 창작 　　　③ 기행문 창작
   ④ 이야기수필 창작 　　　⑤ 자전엽편소설(콩트)창작
   이유 : (　　　　　　　　　　　　　　　　　　　　　　　　　　)

제12장

고전서사를 활용한 창작교육의 가능성 탐색

―〈수삽석남(首揷石柟)〉의 소설화 자료를 대상으로 ―

황 혜 진
건국대학교 국어국문학과

1. 서론

　고전서사[1]에 바탕한 창작의 가능태를 구상하는 것이 무색하게도 이미 현재의 문화에는 수많은 고전의 현대적 변용의 현실태가 존재한다. 현재 대중문화의 동향을 간명히 파악할 수 있게 하는 텔레비전 드라마만 하더라도, 한문단편소설인 <다모전(茶母傳)>의 화소(話素)와 인물을 참조한 <다모>를 비롯하여 문헌설화의 보고인 <삼국유사>, <삼국사기>를 원천으로 삼은 <주몽>과 <바람의 나라>, 널리 알려진 고전소설을 드라마로 각색한 <홍길동전>, <추재집(秋齋集)>에 짧게 그 행적이 보고된 의적의 일화를 역사적 상상력으로 확장한 <일지매> 등 최근의 것만으로도 그 목록은 넘쳐 난다.

　고전서사를 현대적으로 변용하는 현상에 대해서 여러 시각이 있을 수 있음을 인정한다. 개별 작품에 대한 평가적 차원을 넘어서, 고전서사에 기대어 동시대인이 공명할 만한 문제적 제재를 현실에서 발견하고 그 갈등을 극적으로 탐구하여 사려 깊은 결말, 즉 판단을 내리는 것을 회피하는, 작가의식의 부재가 낳은 결과일 수도 있다. 그러나 본고는 나고 죽음, 사랑과 이별, 권력의 횡포와 그에 대한 저항, 사회적 성취에 대한 갈망과 좌절, 배신과 신의 등 고전서사가 다루는 보편적인 삶의 문제가 문학의 주제로서 여전히 유효하며, 이와 관련된 강렬한 체험을 바라는 현재의 수용자들을 유인하고 있다는 관점을 갖는다.

---

[1] 이 논문에서 '고전서사'는, 고전소설을 비롯하여 설화, 한문단편소설, 전(傳) 등의 서사물을 포괄적으로 지칭한다.

보편적인 삶의 문제를 다루는 고전서사는 현재의 학습자들에게 의미 있는 해석의 대상이자 창작의 자료가 될 수 있다. 특히 다음과 같은 고전서사의 자질은 학습자의 해석적 의욕을 불러일으키고 창작적 영감을 일깨우는 요인이 된다. 첫째, 고전서사는 낯설다. 명료한 이해가 용이하지 않는 낯설음은 일종의 충격이고 혼돈이다. 고전서사는 수용자로 하여금 인지적으로 낯선 대상이 주는 충격과 혼돈을 스스로 납득시키는 활동을 요구한다. 둘째, 고전서사는 멀다. 시공간적 배경과 그때 거기 있었던 서사세계의 존재물들은 현재 학습자와는 거리가 있다는 것이다. 고전서사의 수용 과정에서 이 거리는 상상력을 통해 채워져야 하며, 이로 인해 고전서사는 '쓸 수 있는 텍스트', 나아가서는 '써야만 하는 텍스트'가 된다.

현재 개정 7차 교육과정에서는 창작 및 재창작과 같이 실제 작품 생산 활동을 통해 학습자의 글쓰기 능력, 문학능력 등 학습자의 국어능력을 신장시키며, 학습자를 작품의 해석과 생산에 비판적이며 능동적인 주체로 형성하는 목표를 강조한다. 이러한 시점에서 무엇을 어떻게 쓰게 할 것인가 하는 창작교육의 내용에 대한 이론적 탐구가 요청되고 있다. 이러한 맥락에서 본고는 창작 및 재창작의 자료로서 고전서사의 가치를 밝히고, 고전서사를 활용한 창작교육의 가능성을 탐색하기 위해 기획되었다.

이 연구의 개요를 소개하면 다음과 같다. 연구자는 2008년 4월, '고전산문의 이해'라는 국어국문학 전공과목을 담당하며 대학교 3·4학년 학생을 대상으로 소설쓰기의 교육방법을 실행하였다. 연구자는 학생들에게 <수삽석남>을 창작을 위한 재료로 삼아 자유롭게 소설을 써보라는 과제를 부여하였다. 이 연구는 학생들이 제출한 20편의 과제를 분석하여 <수삽석남>을 활용한 소설 창작 과정에 대한 이해를 도모하려 한다.2) 이러한 이해를 통하여 고전서사의 소설적 변용의 원리를 추출하여 이후 고전서사를 활용한 창작교육의 지침으로 삼는 것이 이 연구의 목표이다.

2. 창작 재료로서 <수삽석남>의 특성

본고에서 창작교육의 자료로 다루려 하는 대상은 <수삽석남(首揷石枏)>이다. <수삽석남>은 지금은 전하지 않는, 신라시대의 설화집인 『수이전(殊異傳)』에 실려 있다고 하는데 그 대강(大綱)이 『대동운부군옥(大東韻府群玉)』과 『해동잡록(海東雜錄)』에 기록되어 있다. <수삽석남>이 원래 어떤 모습이었는지는 정확히 알 수 없으나, 남겨진 기록이 서사구성에 긴요한 대목을 중심으로 기술되어 있어 원래의 이야기가 짜임새 있는 구성을 갖추고 있었음을 알겠다.3) 그리고 <수삽석남>은 애정과 효 및 애정과 신분 차별의 가치 갈등을 주조로 하는 혼사장애,4) 이계(異界) 존재

---

2) 이 연구의 사례 집단은 국문학 전공 대학생이지만 이 연구를 통해 갈무리된 고전서사의 소설적 변용의 원리는 초중등교육에도 시사할 바가 있을 것이라고 판단한다.

3) <수삽석남>의 본래 형태에 대해 재구하거나 논증하는 것은 이 연구에서 다룰 바는 아니라 여겨진다. 다만, 이와 관련된 논점을 소개하면 다음과 같다. 임형택은 본래 작품의 원모습이 그대로 실린 것이 아니라 축약되어 실렸다고 보았는데(「羅末麗初의 傳奇文學」, 『한국문학사의 시각』, 창작과비평사, 1984, 14면) 박희병은 이에 대하여, 실증적이고 직접적인 근거가 없다며 미심쩍어했다. 그래서 그는 나말여초 전기소설을 논하는 자리에서 이 작품을 일단 제외하였다(『韓國傳奇小說의 美學』, 돌베개, 1997, 117면).

4) 이를테면, 김균태는 <심생전>을 다음과 같이 <수삽석남>이 선취한 혼사장애의 제재적 가치를 다음과 같이 논하였다. "<심생전>의 남녀 주인공처럼 신분질서에 의한 남녀 애정의 갈등이 야기된 서사체는 흔히 볼 수 있다. 즉, 신분질서는 한국 서사문학에서 보여주는 일종의 혼사장애 모티프라고 할 수 있다. 이 혼사장애 모티프는 『殊異傳』의 <首揷

와의 교합, 환생 등의 화소, 현실과 이계를 매개하는 상징물을 등장시키는 기법 등으로 이후 전기소설을 비롯한 고전소설에 지속적으로 활용되는 생성력을 갖는다.

<수삽석남>의 전문(全文)을 소개하도록 한다.

    ㉠ 신라 최항(崔伉)은 자(字)가 석남(石南)이다. 사랑하는 첩이 있었는데 부모가 금하여 수개월을 보지 못했다.

    ㉡ 항이 갑자기 죽었다. 팔 일이 지난밤에 항은 첩의 집으로 갔는데 첩은 그가 죽은 줄 모르고 엎어질 듯 기뻐하며 맞이하였다. 항은 머리에 석남 가지를 꽂았는데 첩에게 나누어 주면서 말했다. "부모님께서 너와 함께 사는 것을 허락해 주셔서 왔다." 드디어 첩과 함께 돌아와 집에 도착해서는 항은 담장을 넘어서 들어갔다.

    ㉢ 밤이 깊어 새벽이 되도록 오래 동안 소식이 없었다. 집안의 사람이 나와서 보고는 찾아온 이유를 물었다. 첩이 사연을 말하자, 그 사람이 말하기를 "항이 죽은 지 8일이 되어 오늘 장사를 지내려고 하는데 어찌 괴이한 말을 하시오?" 첩이 말했다. "낭군께서는 나에게 석남 가지를 나누어 꽂으라고 주셨습니다." 이에 관을 열어 보니 시신의 머리에 석남 가지가 꽂혀있고 옷은 이슬에 젖어 있었으며, 신발이 이미 뚫어져 있었다.

    ㉣ 첩이 그 죽음을 알고 통곡하고는 목숨을 끊으려고 하자 항이 다시 소생하여서는 20년을 해로하다가 죽었다.[5]

石枏>부터 김시습의 『金鰲新話』의 <李生窺墻傳>, 판소리계 소설 <春香傳>에 이르기까지 한국 서사문학의 주된 모티프라고 할 수 있다." 김균태, 『이옥의 문학이론과 작품세계의 연구』, 창학사, 1991, 187면.

[5] 『大東韻府群玉』卷之八, 四十六面, <首揷石枏> ; ㉠ 新羅崔伉 字石南 有愛妾 父母禁之 不得見數月 ㉡ 伉暴死 經八日 夜中伉往妾家 妾不知其死也 顚喜迎接 伉首揷石枏枝 分與妾曰 "父母許與汝同居故來耳" 遂與妾還到其家 伉踰垣而入 ㉢ 夜將曉 久無消息 家人出見之 問其來由 妾具說 家人曰 "伉死八日 今日欲葬 何說怪事" 妾曰 "良人與我分揷石枏枝 可以此爲驗" 於是 開棺視之 屍首揷石枏 露濕衣裳 履已穿矣 ㉣ 妾知其死 痛哭欲絶 伉乃還蘇 偕老二十年而終.

이 자료는 크게 네 부분의 서사 단락으로 나눌 수 있다. ㉠의 내용은 최항에게는 사랑하는 첩이 있었으나 부모의 반대로 만나지 못했다는 것이다. 부모의 반대와 최항의 의지가 갈등함은 이후 사건을 일으키는 '발단'이 된다. ㉡의 주요 내용은, 최항이 죽은 후 첩의 집에 찾아갔으며, 첩과 함께 자기 집으로 돌아온다는 것이다. 최항은 세계의 횡포에 의해 죽었으나 죽은 후에도 첩에 대한 애정 의지를 버리지 않았다는 점에서 세계와 자아가 팽팽히 대결하는 '전개'이다. ㉢에서는 최항의 사연을 알게 된 첩이 석남 가지의 징표를 보이며 관을 열어보니 최항은 실로 석남 가지를 꽂고 있었고 밖으로 돌아다닌 흔적이 있었다. 첩의 말이 거짓이 아니며 최항의 애정 의지가 그만큼 강렬하고 진실함이 확인되는 '절정'이다. 대단원인 '결말'에서는 최항이 다시 살아나 첩과 해로하는 것으로 마무리된다(㉣). 이처럼 <수삽석남>은 짜임새 있는 서사 구조의 요약본이다.

앞서 인지적 낯설음과 시공간적 거리감이 고전서사가 지니는 창작 재료적 자질이라 했다. 이러한 관점에 비추어 볼 때, <수사석남>은 어떤 특징을 가지고 있는지 살펴보도록 한다. <수삽석남>의 내용은 비록 짧지만 놀랍기 그지없다. 이 놀라움은 서사에 대한 인지적인 낯설음에서 연유한다. 어떻게 죽은 사람이 다시 살아날까? 그것도 8일이나 지나서 살아나는 게 말이 되나? 신발이 닳고 옷이 이슬에 젖을 정도로 매일 밤 시체가 나돌아 다녔을까? 이처럼 놀라운 일에 대해 불가해(不可解)하는 의문 사항들은 꼬리에 꼬리를 문다. 이 의문들에 스스로 답을 찾아가며 서사를 납득 가능한 것으로 만드는 해석은 곧 일련의 사건들을 줄거리 있게 배열하며 사건과 사건들의 빈틈을 채워 나아가는, 줄거리를 구성하는 활동이라고 할 수 있다.

이처럼 낯설고 놀라운 사건을 다루는 <수삽석남>은 서사적 빈틈이 많으며 수용자이 이를 채우지 않고서는 서사물 자체를 이해할 수 없다. 그러하기에 <수삽석남>을 이해하는 활동은 적극적인 '서사적 채워 넣기'의 상상력을 요청한다. '서사적 채워 넣기'는 텍스트의 빈곳에 필수적이거나 있음직한 사건들, 인물들, 대상들 채워 넣는 수용자의 해석적인 반응을 의미한다.6) <수삽석남>은 잘 짜여 있어 독자의 의미작용(signification)을 용이하게 하는 텍스트와는 한참 거리가 멀다. 오히려 <수삽석남>은 서사의 '사주(四柱)'만이 알려진 텍스트이다. 즉, 서사구조에 대응하는 간략한 내용이 '네 기둥'처럼 남아 있다는 것이다. 인생의 '사주'에 대해서도 다양한 풀이가 가능하듯 이 텍스트에 대해서도 마찬가지이다. 그리고 기둥만 보고서 전체 건축의 형태를 상상하는 것이 어렵듯이 이 자료에 대해서는 적극적인 상상력이 요구된다.

한 가지 더 들 수 있는, 창작 재료로서 <수삽석남>의 특성은 서사세계에 속한 인(人)과 물(物)의 가소성(可塑性)이다. 이런 특성은 인과 물이 아직 더 빚어져야 완성될 수 있음을 의미한다. 이는 문학적 형상화가 충분히 이루어지지 않았다고 할 수 있다는 점에서 <수삽석남>이 가지고 있는 결함(缺陷)이라고 할 수 있다. 그렇지만 창작의 재료라는 점에서 그 모자란 구석과 빠질 수 있는 구멍은 오히려 장점이 될 수 있다. <수삽석남>은 수용자이자 생산자인 학습자들이 그 형태를 더 정교하게 만들고 더 세밀하게 빚어야 비로소 완성되는 대상이기 때문이다. 이런 의미에서 <수삽석남>의 거친 재현물들은 수용자들의 자유로운 상상력에 의해 재창조될 수 있는 문학적 형상화의 재료가 될 수 있다.

---

6) S. Chatman, *Story and Discourse : Narrative Structure in Fiction and Film*, 김경수 역, 『영화와 소설의 서사구조』, 민음사, 1990, 33~34면.

특히 <수삽석남>에 등장하는 인과 물은 신라시대라는 시공성(時空性)에 크게 구애 받지 않는다. 물론, 초현실적인 세계가 현실 세계와 병존하며 종종 두 세계가 조우한다는 감성 구조(feeling of structure)는 그 문화 속에 있는 사람만이 느끼고 알 수 있는 어떤 것일 수 있다. 그러나 최항과 첩은 통시대적인 '고귀한 남성'과 '비천한 여성'으로 바꿔 놓아도 내용 이해에 지장이 없을 정도이며, 석남 가지, 담장, 신발, 관 등은 특정 시대에만 속해 있는 특수한 것은 아니다. 이로 인해 수용자는 이 텍스트가 창출하는 가능세계(possible world)를 이해하기 위해 텍스트가 배경으로 삼고 있는 시대와 문화에 대한 백과사전적인 세계 지식을 참조할 필요가 없다. 아직 특정 시대에 맞게 충분히 빚어지지 않은 인과 물은 어느 세계에 놓아두어도 되는 원형적 대상이기에 재현대상과 시간적 거리를 조정하는 것은 수용자의 몫이 된다.

본고는 위와 같은 창작 재료의 특성에 따라 분석의 주안점을 다음과 같이 설정하였다. 첫째는 재현대상이 되는 사건과 인물, 사물을 엮어 서사적 질서를 가진 것으로 짜는 '줄거리 구성'이다. '서사적 채워 넣기'의 상상적 수행을 통해 줄거리를 구성하는 과정에서 가능세계의 논리가 어떻게 재구되며, 주제적인 의미가 어떻게 변용되는지 살펴보도록 한다. 둘째는 인물과 사물에 시공간적 특성과 개성 및 상징적 의미를 부여하는 '서술에 의한 형상화'이다. 이는 서사세계 속에 존재물들을 특정 시공간 속에 속한 것들로 특성화하는 작업이자 그것들에 상징적 의미를 부여하여 줄거리의 의미층을 도탑게 하는 작업이다.

본고에서는 두 주안점들을 따로 논하기보다는 전자에 초점을 맞추어 후자를 아우르는 서술의 방식을 취하도록 하겠다. 재현대상들은 줄거리 구성의 재료가 되는 동시에 줄거리의 주제적 의미를 상징하는 것이 될 수 있기 때문에 함께 논의하는 것이 타당하다고 여겨진다.[7] 이를테면, 줄거리 구성을 위해 재현물을 만들어내는 것과 재현물을 형상화하는 것은 개념상 구분되나 실제 분석에서는 둘을 나누는 게 용이하지도 긴요하지도 않다. 서사가 서술의 산물이기에 더욱 그러하다.[8] 한편, 이 연구에서 분석하려는 바는 서사구성과 재현대상의 형상화에 한정되기에 문체나 초점화, 시점 등의 서술적 차원을 모두 포괄하지 못한다고 할 수 있다. 그렇지만 이 부분은 고전서사를 활용한 창작교육 연구만이 다룰 영역이 아니라 판단되기에 본 연구에서는 본격적으로 다루지 않는다.

3. 고전서사를 활용한 소설 창작의 양상

1) 행동의 개념망 구성

서사세계에서 행동(action)은 행동 주체, 적대자, 조력자, 행동의 동기와 목적, 서사적 맥락 등의 요소를 갖추며 이를 '행동의 개념망'이라고 할

---

[7] 이 논의에서 말하는 줄거리 및 줄거리 구성은 리꾀르의 용법을 따른다. 리꾀르는 미메시스의 단계를 나누며 두 번째 단계의 형상화 과정의 핵심적 논제로 줄거리 구성을 설명한 바 있다. 그는 줄거리 구성을 "단순한 연속으로부터 모종의 형상화를 이끌어내는 작업", "행동 주체, 목적, 수단, 상호 작용, 상황, 예기치 않은 결과 등과 같은 이질적인 요인들을 전체적으로 구성"하는 것이라 하였다(리꾀르, 김한식, 이경래 역, 『시간과 이야기 (1)』, 154면). 이처럼 줄거리 구성은 사건의 시간적 연쇄와 구별된다. 줄거리 구성이라는 형상화 방식으로 인해 사건을 포함한 가능세계의 재현대상들은 의미 있는 전체로 엮이고, 우리는 어떤 결말에 대한 기대를 안고 스토리를 따라가 반성적으로 주제를 도출할 수 있다(리꾀르, 152~154면 참조).

[8] 다음과 같은 주네트(G. Genette)의 통찰을 음미해 보자. "완전한 모방이란 더 이상 모방이 아니고, 그것은 사물 그 자체를 뜻한다. 따라서 궁극적으로 단 하나의 모방은 불완전한 모방일 뿐이다. 즉, 미메시스는 디에게시스이다."(G. Genette, 「서술의 경계선」, 『현대 서술이론의 흐름』, 김동윤 외 역, 솔, 1997) 본고는 주네트의 관점을 수용하여 서사[이야기]도 서술에 의해 만들어지는 것이라는 입장을 취한다.

수 있다.[9] <수삽석남>에서 이 망은 아직 짜임새 있게 구성되지 않았다. 최항의 사랑, 죽음, 재생으로 이어지는 일련의 사건들이 인간적인 질서에 따라 연결되는 줄거리로 구성되기 위해서는 우선 행동의 개념망에 포함될 요소들이 만들어져야 할 것이다. 이렇게 행동의 개념망을 구성하기 위해 유용한 방법론은 '서사적 채워 넣기'이다. 앞 장에서 나누어 분석한 ①~④는 특정 장면들로, 이들 장면들을 연결하여 서사적 질서를 구성하기 위해서는 수용자가 해석적 반응과 상상력으로 행하는 '서사적 채워 넣기'가 요청된다. 수용자들은 '서사적 채워 넣기'라는 인지적 활동을 통해 있었는데 빠진 것, 있음직한 것, 있어야 할 것 등을 채워 나가면서 줄거리를 긴밀하게 구성해간다는 것이다.

<수삽석남>에서 최항의 애인은 단지 첩(妾)이라고 지칭된다. 이 첩이라는 용어는 두 가지 의미로 수용자들에게 받아들여진다. 하나는 본부인과 대칭되는 의미에서, 다른 하나는 신분적으로 비천하는 의미에서 수용된다. 04원[10]은 이 두 가지 의미를 묶어 최항과 첩의 만남과 사랑을 다음과 같이 서술하며 서사적 채워 넣기를 행하였다.

> (본부인이었던 향이가 죽은 후 3년이 지난) 그 날도 어지러운 마음을 잡지 못해 마을 저수지에서 혼자 시간을 보내고 있었다. 그 때 저쪽에서 한 여인이 보였다. 화려하지 않지만 참하고 고운 여인이었다. 여인을 보자마자 최항은 처음으로 사모하는 마음을 갖게 되었다. 외롭고 쓸쓸했던 지난날들이 가고 그에게도 따스한 봄이 찾아온 것 같았다. 그 뒤로 매일 최항은 그 여인을 만났던 그 시간에 저수지에서 그녀를 기다렸고 계속되는 작은 만남이 결국은 그 둘을 연인으로 만들어 주었다. 최항은 그녀가

---

9) 리꾀르, 앞의 책, 128면.
10) 학번과 이름 중 한 글자를 따 자료를 부르기로 한다.

숙이라는 이름을 가졌고 6두품이 아닌 평민의 딸이라는 것을 알게 되었
다. 그러나 최항은 개의치 않았다. 오히려 숙이를 만나면서 자신을 옥죄
고 있던 6두품이라는 신분의 굴레에서 벗어나는 기분이었다. 최항은 숙
이와 함께 먹고 함께 자고 함께 살고 싶었다. (04원)

줄거리를 구성하는 데 없어서는 안 될 역할을 하는 인물의 정체가 드
러나지 않는다는 것은 서사적 개념망에 큰 구멍이 뚫려 있음을 의미한
다. 그래서 유독 '첩'이라는 인물이 어떤 사람인가가 <수삽석남>에서
문제가 된다. 04원은 최항에게는 6두품의 신분적 제약이 있었던 인물이
자, 부모의 의지에 따라 혼인했으나 상처(喪妻)한 경험을 가지고 있다는
특성을 부여하고, 첩은 참하고 고운 평민의 딸로 설정하였으며 '숙이'라
는 고유의 이름을 붙여주었다. 그렇게 하고나니, 이들이 어떤 상황에서
어떻게 만나 사랑하게 되었는지 사건을 만들어내야 했고, 04원은 채워
넣기의 상상력을 통해 위와 같이 남녀 주인공들의 만남과 사랑을 서술
할 수 있었다. 이처럼 <수삽석남>을 활용한 줄거리 구성에서 첩을 어떻
게 이해하느냐 하는 것은 창작물의 내용을 달라지게 하는 중요 요인이
된다. 다음의 사례 역시 원래 텍스트에서 빠진 구멍이자 특성화가 충분
히 되어 있지 않은 첩을 중심으로 서사적 채워 넣기를 행하였다.

최항에게는 어린 시절부터 친하게 지내며 정분을 쌓아오던 계집아이
가 있었다. 그 계집아이는 최인후(최항의 아비)가 부리던 종의 아이였는
데, 아비가 종이면 그 자식들도 역시 종이었기 때문에 최항과 적어도 하
루에 한 번씩은 집 안에서 오가며 만날 수밖에 없었다.(…) 세월이 흘러
어느덧 둘의 나이가 혼기에 차자, 처녀는 멀리서 오는 청년의 얼굴만 봐
도 수줍은 듯 얼굴이 빨개져 도망가 버리고, 청년은 사뭇 진지해진 표정
으로 절절한 마음을 담은 시를 써 처녀의 방문 틈에 몰래 끼워 놓고 오

는 일들이 반복되었다.

그러던 어느 날, 처녀의 어미는 청소를 하다가 문틈에 곱게 접은 종이가 끼워져 있는 것을 발견하였다. 뜻밖의 일이라 바로 펼쳐보니 그것은 다름 아닌 이 집의 도련님이 자신의 딸에게 보낸 편지였다. 둘의 관계가 심상치 않음을 직감한 그는 남편에게만 이 사실을 알리고 처녀가 보기 전에 얼른 편지를 숨기려 했다. 그러나 오갈 데 없이 찾아온 자신을 거두어 준 주인을 끔찍이도 생각하는 처녀의 아비가 그 사실을 알고 가만히 있을 리 없었다. 그는 당장 아내에게서 편지를 빼앗아 주인에게 가서 고하였다.(05영)

위 사례에서 05영은 첩을 비첩(婢妾)으로 파악한 후, 최항과 첩의 관계, 최항의 가족과 첩의 가족의 관계를 설정하며, 그들 사이에서 벌어질 수 있었던 사건들을 구성해 놓았다. 그럼으로써 얼기설기했던 서사는 보다 촘촘히 엮어지며, 첩을 포함한 다양한 인물들이 등장하여 서로 얽히면서 만들어 내는 작은 이야기로 인해 줄거리가 보다 풍부해진다. 아래 사례에서 06다는 첩을 '시앗'으로 수용하였다. 물론 신분 문제도 여기에 관여하나 창작자가 주로 주목한 것은 애정 삼각관계이다. 06다는 첩을 시앗으로 보다 보니, 자연스럽게 그 존재가 텍스트에 암시조차 되어 있지 않은 본부인이라는 인물을 상정할 수 있었다. 그러고선 본부인에 초점을 맞춘 서술을 진행하는데 그러한 서술의 재현대상은 본부인이 직접 보고 들어 알고 있는 내용이다.

어느 날 당신은 그녀를 데려왔습니다. 아버님, 어머님은 그녀를 근본 없는 계집이라며 허락할 수 없다 하셨지요. 그러자 당신은 그녀의 뱃속에 아이가 있다고 했습니다. 당신의 핏줄이 그 안에서 옥구슬처럼 웅크리고 있었다고 했습니다. 저는 아득했어요. 심장이 까마득히 내려앉는

느낌이었습니다. 그러나 당신의 그 말에도 시부모님은 고개를 내저으셨
죠. 근본 없는 아이는 원하지 않으신다면서요. 저는 내심 안도의 한숨을
쉬었습니다. 당신을 뺏기지 않았기 때문에요. 시부모님은 당신의 외출을
금지하셨습니다. 그 후로 당신은 제 곁에서 한숨 쉬는 날이 잦아졌죠. 당
신의 마음은 이미 담장을 넘고 훨훨 날아 그녀와 당신의 아이에게로 가
있는 것 같았습니다.(06다)

위의 사례의 특이점은 특정 인물을 중심으로 그 인물이 보고 들은 바,
느끼고 생각한 바를 서술하고 있다는 것이다.[11] 06다는 행위의 개념망
을 구성하면서 원래 텍스트에는 없던 인물인 본부인이라는 새로운 인물
을 설정하고, 이 인물을 초점화의 대상으로 택하고, 이 인물로 하여금
서사세계에서 벌어지는 일들을 독자에게 중개(仲介)하도록 하였다. 그럼
으로써 최항과 첩을 중심으로 진행되던 사건들이 '아름다운 애정'이라는
의미로 수렴되는 게 아니라 '다른 인간에 대한 배신'이라는 의미를 가지
게 하였다. 이처럼 서사적 채워 넣기를 하는 과정에서 특정 인물을 초점
화의 대상으로 삼는 것은 그 인물에게 보였을 법한, 있었을 듯한 사건을
구체적으로 상상해 내는 데 도움을 주는 동시에, 한 인물의 시각에서 벌
어진 사건의 의미까지 갈무리하게 하는 효과적인 서술 방법이 되기도
한다.
　이 절에서는 행동의 개념망을 구성하는 양상을 살펴보았다. <수삽석

---

11) 이는 일인칭 서술 상황에 해당한다. 슈탄젤(F. K. Stanzel)은 즈네트가 제안한 초점화라는
　　개념으로 시점 이론을 재구성하면서, 세 가지 서술상황을 구분한 바 있다(F. K. Stanzel,
　　Theorie des Erzählens, 김정신 역, 『소설의 이론』, 1994, 173~174면). 일인칭 서술상황은
　　인물이 서술자와 초점자의 역할을 담당하여 내적 초점화가 지배적인 서술상황이며, 작
　　가적 서술상황은 작중인물의 층위 바깥에 있는 서술자에 의해 서술이 중개되어 제로
　　초점화가 지배적인 서술상황이고, 인물적 서술상황은 서술자와 작중인물의 층위가 구
　　분된 채 내적 초점화가 지배적인 경우이다.

남>은 서사세계의 사건을 주동하는 두 인물 중 '첩'의 존재가 불분명하다는 특성을 갖는다. 이 텍스트에서 '첩'은 구멍이 뚫린 재현대상이어서 이 어렴풋한 존재를 특성화하지 않으면 줄거리 구성이 힘 있게 추동되지 않는다. 행동의 주체가 밝혀지지 않는다면 '언제, 어디서, 어떤 동기로, 무엇을 위해서, 누구와 함께, 누구에 맞서'와 같은 행동의 개념을 채우는 요소들을 망으로 구축하기란 무망한 노릇이기 때문이다. 그래서 창작자들은 애정이라는 가치를 추구하는 서사적 기능을 하는 첩을 신분상 비천한 여성, 혹은 정식 부인이 아닌 존재로 규정하며 그러한 사회적 역할(role)에 개성을 덧입히는 방식으로 형상화하였다. 그렇게 함으로써 전체 줄거리의 구성이 용이하게 되는 한편, '최항의 집에서 종살이 하는 첩의 가족들', '최항의 본부인'이라는 새로운 인물들도 서사세계에 존재할 수 있게 되며 그들로 인해 이야기는 다채로워지고 풍요로워질 수 있었다. 덧붙여, 행동의 개념망을 조망하고 독자에게 중개하는 서술자를 누구로 삼느냐에 따라 줄거리의 전체 의미가 달라지기도 하여 초점화된 서술의 중요성을 확인하였다.

2) 인과성 강화 및 재구

서두에서 논한 바와 같이, <수삽석남>의 서사는 기이(奇異)하고 거칠다. 이는 단지 서술이 충분히 되어 있지 않기 때문만은 아니다. 다루는 제재나 문제가 놀랍고 황당한 것이기에 그러하다. 현재의 수용자가 이를 어떻게 받아들이느냐 하는 것은 재창작 과정에서 관건이 된다. 이 문제를 스스로 납득할 만큼 설명하지 못하면 줄거리 구성의 활동 자체가 불가능해지는 까닭이다. 이를테면, <수삽석남>에서는 최항이 다시 살아나

이야기를 마무리하는데 최항의 재생을 도저히 받아들이지 못하는 수용자는 작품의 주된 이야기 선을 따라갈 때 갈등이 생기거나 작품 서사를 거부하게 될 것이다. 독자로서야 '말이 안 되는 이야기'라고 치부하면 그만이지만 <수삽석남>을 창작 재료로 삼아야 하는 입장에서는 다르다. 줄거리를 구성하는 이는 황당한 사건을 어떻게든 스스로 이해해야만 독자도 납득시킬 수 있다. 그래서 창작자들은 서사를 그럴 듯하게 전개시키기 위해 사건과 사건의 인과 관계를 보충하고, 표층적인 사건은 공유하면서도 그것이 발생하게 된 원인과 서사적 맥락을 달리 설정하기도 한다.

㉠ (최항의) 나이 열여덟에, 당시의 풍속대로 그의 집안과 비슷한 수준의 김씨 집안의 셋째 딸과 정식 혼례를 치렀다. 그러나 항이 진심으로 사랑하고 사모하는 이는 아버지의 애첩인 홍이의 여동생 설이었다. (…) 허나 집안에서 아버지의 애첩의 여동생을 허락할 리가 없었다. 설을 첩으로 삼고 싶다는 항의 말에, 그의 부모는 노발대발하며 항의 얼굴조차 다시 보려하지 않았다. (…)

㉡ "항이님이 이렇게 세상을 떠나셨는데……. 저도 살 이유가 없습니다." 설이 품 안에 있던 조그만 칼을 꺼낸 것은 순간이었다. 누구도 말릴 새도 없이 그 칼이 그녀의 가슴팍으로 향할 바로 그 때, 죽었던 항이 다시 일어났다.

㉢ 사실 항의 죽음은 처음부터 꾸며진 것이었다. 친구를 통해 동네 의원에게 잠시 죽은 사람처럼 보일 수 있는 약을 부탁하였고, 관에 있는 8일 동안은 설의 집에 다녀와 설을 데리고 온 것이었다. 그러나 이 과정은 친구와 그 의원만이 알고 있었고, 후에야 설에게 이야기하였다. (06은)

위에 소개한 사례에서는 인과성을 강화하고 재구하는 재창작의 두 가지 방식을 모두 확인할 수 있다. 먼저 인과성이 강화된 면모는 ㉠에서 발견된다. 부모와 자식이 반목할 수밖에 없었던 상황을 만들기 위해 서사를 보강한 06은은 아마도 '혼사 문제 때문에 자식을 죽음에 이르게 할 정도로 강포한 부모가 과연 있을까?'라는 생각을 했을 것이다. 그렇지 않다면야 굳이 이 부분의 인과성을 공들여 강화할 이유는 없을 터이므로 그렇게 추론된다. 다른 사례에서도 '부모의 반대[父母禁之] → 항의 갑작스런 죽음[暴死]'로 이어지는 서사의 인과 관계를 자연스러운 것으로 받아들이는 것이 어려웠던지 이 부분에 대한 서사적 채워 넣기 및 서술이 집중적으로 행해졌음을 확인할 수 있었다. 추측건대, 이러한 면모는 부모와 자식이 과거에 비해 수평적인 관계를 맺고 있는 문화적 상황의 반영이라고 할 수 있다.

또한, 06은의 서사에서 흥미로운 점은 ㉡, ㉢처럼 주어진 상황과 서사는 그대로 둔 채 줄거리가 구성되는 인과성의 논리를 다른 것으로 대체했다는 것이다. ㉡은 <수삽석남>의 서사 내용과 일치한다. 그러나 ㉢은 항의 죽음이 실은 조력자인 친구와 죽은 것처럼 보이는 약을 준 의원이 공모한 거짓이었고, 첩인 설의 자결 시도도 연기에 불과하였다는 사실을 서술한다. 다른 사례에서도 최항이 죽었다가 살아나는 것이 미심쩍었던지 이 부분의 서사를 <수삽석남>과 공유하면서도 인과 관계를 달리 설정한 것이 몇 편 발견된다. 다음 사례에서도 항의 죽음을 사실로 받아들이면서 첩이 항이 준 징표로 석남 가지를 들고 찾아왔다는 설정을 첩의 꿈이나 비정상적인 심리상태로 대체하는 인과성의 재구를 확인할 수 있다.

"이제 그만 가셔야 해요."

그녀의 목소리가 촉촉이 젖어들고 그녀를 안은 그의 두 팔에는 더욱 힘이 들어갔다. 그녀를 품에서 떼어낸 그는 눈물로 얼룩진 그녀의 얼굴을 마주 바라보았다. 그는 조용히 귀에 꽂은 석남 가지를 반으로 나누어 그녀의 귀에 조심스레 꽂아주었다.

"날이 밝거든 이 석남 가지를 가지고 우리 집으로 오너라. 부모님께서 우리의 혼사를 허락하셨다."

순간 그녀는 자신의 귀를 의심했다. 이것 역시 또 꿈인 걸까? 매번 깨어날 때마다 또 그렇게 서럽게 울어야 하는 꿈인 걸까? (…)

울부짖는 그녀를 쳐다보는 그의 부모의 눈엔 원망과 안쓰러움이 묻어났다. 그의 어머니는 고개를 돌려 격렬하게 흐느꼈고 아버지 또한 눈물을 훔치며 쥐어 짜내듯 말했다.

"석남이는 이미 죽었느니라. 못난 놈, 계집 하나 때문에 속이 타 죽다니……."

"아닙니다! 그렇지 않습니다! 낭군님은 분명 어제 밤에도 소첩과 같이 계시었습니다. 여기……, 여기 이 석남 가지를 주면서 아침에 집으로 찾아오라 약조하시었단 말입니다! 아버님, 어머님, 이 석남 가지가 보이시지 않으십니까! 아직도 붉은 꽃이 이렇게나 싱싱하거늘 어찌 낭군님이 돌아가셨다 말하는 겝니까! 소첩은 믿지 못하겠습니다."

그의 아버지는 터져 나오는 울음을 멈추려는 듯 눈을 세게 감았다. 격렬히 흐느끼던 그의 어머니가 그녀를 부둥켜안으며 울부짖었다.

"요망한 것……, 가여운 것……. <u>이제 그만 석남이를 놔주자꾸나. 이게 도대체 몇 번째란 말이냐. 석남이는 이제 이곳에 없다.</u> 석남이는 죽는 순간까지도 버선발로 아침이슬을 밟으며 네게 향하려 했다……. 못난 것 같으니라고……. 천하의 불효자 같으니라고……. 어찌 제 부모보다 더 일찍 저 세상으로 가 이리도 부모 가슴에 대못을 박을 수 있단 말이냐……. <u>그것이 벌써 1년 전이다. 너도 네 눈으로 확인하지 않았느냐.</u>"

(06혜)[12]

---

12) 06혜가 쓴 소설의 특징은 다양한 서술의 기법을 활용한다는 점이다. 인물의 대사와 발화시의 동작과 표정 등이 자세히 묘사된 위 인용 부분은 같은 이야기인데도 새롭게 보

　　인용문에서도 <수삽석남>의 원래 이야기는 그대로 차용된다. '석남'
이 석남 가지를 나눠 준 후, 집에 가면서 하는 말도 똑같다. 생략된 부분
에서 '그녀'는 석남의 말대로 그의 집에 찾아 갔다. 그러곤 원래 이야기
에서 첩이 그랬던 것처럼 석남이 죽었음을 알게 된다. 그 죽음을 알고
"아닙니다! 그렇지 않습니다!(…) 이 석남 가지를 주면서 아침에 집으로
찾아오라 약조하시었단 말입니다!(…)"라는 말도 서사적 채워 넣기의 상
상력으로 충분히 만들어 낼 수 있는 것이다. 이렇게 원래 이야기의 흐름
을 그대로 둔 채 06혜는 이면의 진실을 <수삽석남>과 다르게 구성하였
다. 진실인즉슨, 석남의 죽음으로 인해 첩은 큰 충격을 받았고, 이후 첩
은 석남이 죽었던 그 전날에 기억이 고착되는 병리적 증상을 보인다는
것이다.

　　이 절에서는 서사세계에서 일어난 사건들을 의미 있게 연결하는 내적
논리인 인과성을 강화하거나 재구성하는 양상을 살펴보았다. <수삽석
남>이 주요 가치 갈등으로 다루고 있는 제재는 부자 갈등(父子葛藤)이며,
이 갈등이 사단(事端)이 되어 항의 돌연한 죽음이 초래되고 이후 사건이
이어진다. 그렇지만 현재의 탈권위적인 문화에서 이렇게 극단적인 부모
와 자식의 갈등은 전폭적으로 받아들이는 것이 쉽지는 않다. 그래서 창
작자들은 심각한 부자 갈등이 초래하게 된 원인을 설득력 있게 만들기

게 하는 장면화 기법의 효과를 거두고 있다. 또한 첩에 초점을 맞춘 서술로 인해 위 인
용문의 독자는 첩의 내면에 흐르는 감정과 상념을 고스란히 전해 듣고 첩에 공감할 수
있다. 그러면서도 위 인용문은 "이게 도대체 몇 번째란 말이냐. 석남이는 이제 이곳에
없다."나 "그것이 벌써 1년 전이다. 너도 네 눈으로 확인하지 않았느냐."와 같은 다른
인물의 발화를 통해 이야기를 중개해주던 서술자도 객관적인 정황을 다 제시하지 않는
못 믿을 존재였음을 드러내면서, 독자에게 죽었던 항이 다시 살아난 것에 못지않은 충
격을 던져준다. 이후, 서술자와 거리 두기를 하면서 사태의 진실을 파악하고자 하는 독
자는 첩이 '오죽하면 그랬을까'라는 생각으로 항의 죽음으로 인해 첩이 얼마나 상심(傷
心)했던지 헤아리게 된다.

위해 부모가 왜 항의 애정에 장애물이 될 수밖에 없었던 것인지와 관련된 서사나 서술을 보강하였다. 한편, <수삽석남>은 현재의 문화에서는 수용되기 어려운 황당하고 기이한 '죽은 자의 재생'이라는 내용을 담고 있다. 창작자들은 '정말 죽었던 항이 살아났을까?'라는 질문을 던지면서 '실은 이랬던 것은 아닐까?'라며 서사세계에서 벌어진 사건들 이면의 인과성을 만들어내면서 사태의 진실을 드러내었다.

3) 줄거리의 변형

재창작을 텍스트와 창작자, 즉 대상과 주체 간의 대화나 경합의 구도로 파악해 보자. 줄거리를 변형하는 재창작의 방식은 앞서 논한 '행동의 개념망의 구성'이나 '인과성의 강화 및 재구'보다 주체 중심적이다. 행동의 개념망을 구성하는 것은 창작자의 변형 의지를 접어 둔 채, 텍스트가 창출하는 가능세계의 논리를 충실히 따를 때 가능한 것이다. 그리고 사건들을 의미 있는 전체로 만들어내기 위해 인과성을 강화하고 재구하는 것 역시 주어진 재현대상인 사건들을 적극적으로 변형하는 것은 아니다. 그러나 줄거리를 변형하는 것은 창작자가 재료로 주어진 일련의 사건들을 바꾸는 적극적인 주체의 활동이라 할 수 있다. 본고에서는 이렇게 대상과 주체 간의 긴장 관계에서 대상 쪽이 가졌던 힘이 주체 쪽으로 기우는 구도로 논의를 진행하지만 이러한 방향이 반드시 더 바림직한 진화(進化)임을 보여주기 위해서는 아니다. 단지 줄거리를 구성하는 재창작 작업의 가능한 스펙트럼을 보여줄 뿐이다.

줄거리 변형은 곧 원래 텍스트의 주제를 변용하는 것이다. 앞에서 논한 줄거리 구성 활동도 텍스트의 주제적 차원과 소통하지 않는 것은 아니다. 행동의 개념망을 구성하기 위해서는 원래 텍스트가 가지고 있던 주제적 의미를 충실히 복원하려는 노력이 필요하며, 인과성을 강화하고, 나아가 재구하기 위해서는 원래 텍스트의 주제적 의미에 대한 수용자의 비평적 태도가 요구된다. 이러한 활동을 주제적 차원에서 이루어지는 텍스트와의 대화로 비유해 설명하자면, 전자는 '이렇게 이해해도 되겠습니까?'라고 텍스트에 되묻는 것이며, 후자는 '내게 납득하기 어려운 바가 있었으나 이렇게 이해해 보았습니다.'라고 응하는 것이다. 이에 비해, 줄거리 변형의 활동은 '나는 그렇게 생각하지 않아서 이렇게 바꾸어 보았습니다.'라고 새로운 주제를 제안하는 것에 해당한다.[13]

주제에는 세 가지 종류가 있다. 하나는 텍스트의 제재로서 주제, 둘은 텍스트의 중심 내용으로서 주제, 마지막으로 독자가 자기화한 주제 등이다.[14] 이 연구에서 주로 언급하는 주제는 텍스트의 중심 내용으로서 주제이다. 그러나 이 주제는 제재를 무엇으로 보느냐에 따라, 그리고 텍스트 전체를 읽고 독자가 자기화한 의미에 의해 달라지기도 한다. 그래서 창작자가 줄거리를 변형하는 작업은 줄거리를 끊거나 덧붙이는 이차원적 수행이 아니다. 오히려 여러 주제적 층위를 오가며 고심한 입체적 사유의 산물이다. 사례를 들어 이러한 줄거리 변형의 구조를 확인해 보자. '04경'은 너무 가난해서 헤어진 연인이 재회하는 내용으로 원래 줄거리를 바꾸어 놓았는데, 그렇게 한 이유에 대해 다음과 같이 설명하였다.

> 작품의 포인트는 외부적 압력으로 인한 사랑의 좌절이라 생각했다. 거기에 현대적인 설정을 갖추기 위해서 외부적 압력을 부모의 반대에서 가난으로 바꾸었다.(04경)

---

13) 이러한 이해의 틀은 스콜즈의 '읽기-해석-비평'의 구조를 연상시키기도 한다.
14) 졸고, 「서사 텍스트의 주제 진술 방식 연구」, 『독서연구』 15; 한국독서학회, 2006.

<수삽석남>에서 주인공의 의지를 가로막는 장애는 자식의 애정을 반대하는 부모, 그리고 신분이 다른 사람과의 결합을 허락하지 않는 사회제도라고 할 수 있다. 그리고 줄거리가 보여주는 중심 내용으로서 주제는 그러한 장애를 뛰어 넘어 실현하는 진실한 애정이다. 위 학생도 '진실한 애정은 모든 장애를 극복한다'는 중심 내용이 되는 주제는 공유하고 있다. 그러나 재창작 과정에서 제재로서의 주제를 바꾸어 전혀 다른 줄거리를 구성하게 되었다. 04경이 제재를 바꾸는 과정을 분석적으로 살펴보자. 우선 그는 효와 애정의 갈등, 신분 차별 가치와 애정의 갈등이라는 제재를 상위의 범주에서 일반화하였다. 즉, "외부의 압력"과 "사랑"의 갈등이라고 한 것이다. 이렇게 추상적 범주를 설정한 후, 현대적인 시공간의 맥락을 부여하여 현대의 남녀 관계의 형성과 지속에 관건이 되는 경제적 문제를 대입시켰다. 그래서 04경은 '진실한 애정은 가난을 극복한다'라는 새로운 주제를 지닌 줄거리를 구성할 수 있었다.15)

줄거리를 변형한 사례는 그 분포가 너무 넓어 정리하기 어렵다.16) 여기에 속한 학생 작품들의 대부분은 '과연 이 소설이 <수삽석남>을 활용한 재창작의 사례라고 할 수 있을까?'하는 의구심을 생기게 하는 정도이다. 이렇게 원래 텍스트와 거리가 먼 재창작이 이루어질 수 있는 까닭은 창작 재료로서 <수삽석남>이 지닌 가소성 때문이 아닐까 사료된다. 충분히 특성화 되지 않은 인물들과 사물들은 원래 <수삽석남>이 만들어낸 가상의 '왕국'의 붙박이와 같은 존재가 아니다. 이러한 인과 물은 어느 시공간에서도 다시 만들어질 수 있는, 즉, 특성화될 수 있는 속성

---

15) 유사한 구조로 새로운 주제를 생성해 낸 다른 학생의 소설에서는 '가난'의 자리에 '근친애', '동성애' 등이 놓여 있는 경우도 있었다.
16) 이에 해당하는 창작물은 전체의 50%이다.

이 있기 때문에 현대적 변용이 비교적 자유롭다. 특히 창작자들은 자기가 알고 있는, 자신이 속한 세계에 대한 지식과 경험을 바탕으로 특성화시키기에 줄거리의 변형은 현대적 시공간을 배경으로 주로 이루어진다.17) 몇 가지 사례의 주요 내용을 요약적으로 소개해 보도록 한다.

① 집안을 살리기 위해 돈 때문에 '원희'와 혼인해야 했던 '상진'에게는 오래된 연인, '윤지'가 있었다. 상진과 윤지의 지속적 관계를 눈치 챈 원희는 이들을 간통죄로 고소하기 위한 증거를 내밀며 상진을 윽박질렀다. 상진은 그 날 교통사고를 당하고 시신은 불에 탄 채 영안실에 안치되었다. 그러나 그 시신은 대리운전기사의 것이었으며 상진은 차에 타고 있었으나 다행히 충돌 직전에 차 밖으로 뛰어내려 다리에만 부상을 입었다. 의식을 잃고 비탈을 굴러 수풀 속에 있던 상진은 정신을 차리자마자 윤지에게 들렀다가 다시 집에 돌아왔다. 이후, 원희는 절름발이 남편과 이혼했으며, 상진은 다리가 다 나은 채 윤지와 결합해 행복한 저녁 식사를 한다.(04국)

② 부모님이 사랑하는 여자 '서영'과의 결혼을 반대해 시위하듯 자살 시도를 감행한 '성남'은 진짜 죽어서 귀신이 된다. 영혼이 지상에 머무는 49일 동안 성남은 반지를 들어 올리는 연습을 하지만 뜻대로 되지 않는다. 다른 귀신의 도움으로 서영에게 반지를 전하고 서영은 그 반지로 성남과 연결되어 있음을 느낀다.(06미)

③ '석남'과 '은경'은 사랑하는 사이였으나 부모의 반대로 헤어지게 될 위기에 놓여 있다. 은경은 괴로워하는 중에 자신이 임신을 했다는 사실

---

17) 우리는 이러한 가능성을 송수권의 <석남꽃 꺾어>를 통해서도 확인할 수 있다.
무슨 죄 있기 오가다 / 네 사는 집 불빛 창에 젖어 / 발이 멈출 때 있었나니 / 바람에 지는 꽃잎에도 / 네 모습 어리울 때 있었나니 // 늦은 밤 젖은 행주를 칠 때 / 찬 그릇 마주칠 때 그 불빛 속 / 스푼들 딸그락거릴 때 / 딸그락거릴 때 / 행여 돌아서서 너도 몰래 / 눈물 글썽인 적 있었을까 // 우리 꽃 중에 제일 좋은 꽃은 / 이승이나 저승 안 가는 데 없이 / 겁도 없이 넘나들며 피는 그 언덕들 / 석남꽃이라는데 // 나도 죽으면 겁도 없이 겁도 없이 / 그 언덕들 석남꽃 꺾어 들고 / 밤이슬 풀 비린내 옷자락 적시어 가며 / 네 집에 들리라

을 알게 되고 이를 지방에 출장 가 있는 석남에게 알린다. 석남은 이후 매일 문자 메시지를 보내왔는데, 마지막 메시지에는 부모님이 허락했으니 집으로 찾아오라는 내용이 있었다. 은경이 석남의 집에 갔으나 이미 석남의 장례가 끝난 후였다. 석남은 교통사고를 당해 죽기 직전까지 은경의 충격을 덜고자 예약 문자를 보냈던 것이다.(07영)

④ 더 이상 노래를 하지 못하게 되자 자살을 시도한 오페라 여가수는 의식불명 상태로 응급실에 누워있다. 그 곁에는 바이올린 연주자가 식물인간인 채로 있었다. 오페라 여가수는 꿈속에서 바이올린을 켜는 남자의 음률에 맞춰 노래를 하는 행복한 체험을 한 후 의식을 되찾는다. 얼마 후 남자도 깨어났으나 여자를 기억하지 못한다. 어느 날 병원 옥상에서 바이올린을 켜던 남자는 여자의 흥얼거림을 듣고 꿈속의 만남을 기억하게 된다.(06민)

⑤ 향수전문가인 한지석은 어느 날 사고로 후각을 잃는다. 요양을 위해 시골로 내려간 지석은 시골의 허름한 향수 가게에서 자연향을 제조하는 '그녀'를 만나 사랑에 빠지고 후각을 회복한다. 그러던 어느 날 그녀가 보여준 사진첩에서 어릴 적 자신과 일중독 아버지를 버리고 가버렸던 어머니를 발견한다. 그녀와 자신이 어머니가 같다는 사실에 충격을 받은 한지석은 말없이 떠나고 그녀의 향수 가게는 문을 닫았다. 이후, 한지석은 석남꽃 향수를 만들어 세계적인 주목을 받는다.(05희)

위와 같은 사례들은 <수삽석남>에 '영감'을 받아 생산된 이야기라 할 정도로 원래 이야기의 자취가 거의 남아 있지 않다. 그렇지만 ⑤를 제외하고 나머지 사례에서는 쉽게 이루어지지 못하는 남녀 간의 사랑 및 주인공의 죽음과 관련된 일화나 현실 세계와 초현실적인 세계를 이어주는 매개적 상징물을 공통적으로 삽입함으로써 절박하면서도 기이한 느낌을 자아내며, '산 자와 죽은 자의 결합이 가능함', '죽음을 이겨낸 진실한 사랑'이라는 원텍스트의 제안에 동의하거나 그렇지 않거나 하는 재창작자의 의미 지향을 읽어낼 수 있다. 한편, 위 사례들의 창작자들은 <수삽석남>을 읽고 그것을 창작의 재료 혹은 원천으로 삼아 작업한다는 의식을 갖고 있었다는 태도를 분명히 가지고 있었다. 왜 이렇게 줄거리를 변형했냐고 물어 답한 내용이나 본인이 덧붙인 창작 후기에는 <수삽석남>과의 연관 관계에 대한 설명이 있었다. 마지막의 예로 든 ⑤에는 다음과 같은 후기가 붙어 있다.

㉠ 열 몇 줄밖에 되지 않는 설화를 소설로 각색하기는 너무나 어려운 과제였다. 과연 <수삽석남>에서 어떠한 모티프를 가져와 현대판으로 각색할 것인가에 대해 수많은 생각을 해 보았다. <수삽석남>에서 남녀 두 주인공은 신분의 차이로 인해 갈등을 맞이하게 된다. 석남 가지에 핀 꽃은 둘의 사랑의 상징이 되고 그 둘은 결국 사랑으로 죽음까지도 극복해 나갔다.

㉡ 먼저 <수삽석남>을 분석해 보며 그 상징성을 최대한 현대판 소설로 재현해 내려고 노력했다. 첫 번째는 신분갈등을 출생의 비밀을 통해 밝혀지는 한지석과 향수가게의 그녀가 오누이 관계라는 것으로 바꾸어 보았다. 두 번째로 <수삽석남>에서는 결정적으로 최항의 어머니의 반대로 이별을 맞이하게 된다. 따라서 소설에서는 이를 고의적이지는 않으나 결정적으로 지석의 어머니에 의해 그 둘의 운명을 불행하게 만들어 버렸다. 세 번째로 <수삽석남>에서 현실과 비현실의 세계를 이어주는 구체적인 매개물인 석남 가지는, 소설에서는 담홍색의 석남꽃 향기가 베인 향수로 대체하였다.(05희)

05희가 창작한 ⑤의 사례는 <수삽석남>과는 가장 거리가 멀어 보인다. 그러나 05희는 ㉠처럼 <수삽석남>을 자상히 읽고 갈등 구조, 상징적 사물, 주제 등을 꼼꼼히 파악한 후 현대적으로 각색하려 했다. 창작자는 주제를 바꾸고(신분의 차이로 인한 장애를 사랑으로 극복한다 → 근친애의 장애를 영원한 사랑으로 승화시킨다), 재현대상을 현대적 소재로 완전히 탈바꿈시키며, 상징물을 대체(석남 가지→석남꽃 향수)하였다. 이렇게 치밀한 분석과 계획적 변용을 하였으나 줄거리를 재구성하는 창작자의 핵심적인 인식 내용이나 의미 지향 없이 모든 것을 다 바꾸어 버려 원텍스트와의 관련성을 거의 찾을 수 없는 결과를 초래하였다. 이 경우가 시사해 주는 바는 원텍스트가 건네는 '말'을 경청하거나 그에 대한 자기 '응답'을 마련하기보다는 기계적으로 원텍스트를 바꾸려 한다면 고전서사와 더 이상 대화적 관계를 맺지 못한 채 자기재생산에만 그칠 우려가 있다는 것이다.

이 절에서는 재료로 주어진 일련의 사건들을 바꾸는 줄거리 변형의 구조와 양상을 살펴보았다. 줄거리의 변형은 앞서 논한 행동의 개념망을 구성하는 것과 인과성을 만들어 내는 활동을 포괄한다. 변형된 줄거리 안에 행동의 개념망이 있어야 하며 인과성으로 인해 변형된 줄거리가 의미 있는 전체로 엮일 수 있는 까닭이다. 이 절에서는 줄거리 변형에 있어서 새로운 사건들을 넣고 빼는 사례는 다루지 않는데, 그 이유는 줄거리 구성은 삽화의 변형 이상의 것으로서 삽화들의 연속성을 통어하는 심층의 주제와 더욱 밀접한 관련이 있기 때문이다. 창작자들은 제재적 차원의 주제를 변용하여 현대적 상황에서 주인공의 애정 가치 실현에 장애가 되는 요인들을 제재로 설정하고 그에 대한 가치 판단을 하였으며, 이를 의미의 핵으로 삼아 줄거리를 구성하였다. 이처럼 줄거리 변형은 곧 서사물 전체의 의미를 새롭게 하는 것이기에 주제의 변용이라고 할 수 있다. 창작자들은 줄거리 변형을 통해 텍스트와 주제에 대한 대화를 나누며 그런 대화의 산물로서 재현대상에 대한 자기 인식을 가지고 상호텍스트적인 의미화 실천(signifying practice)을 할 수 있었다.

4. 결론

본고는 <수삽석남>을 창작의 재료로 삼아 소설을 쓸 때, 고전 서사가 현대 수용자에 의한 소설적 형상화 과정에서 어떻게 변용되는지 이해하려 하였다. 그리고 이를 통해 고전서사의 재창작 방법을 추출하여 창작교육 프로그램의 설계와 실천에 지침을 제공하려 하는 것이 연구의 목적이다. 논의를 요약하면 다음과 같다.

<수삽석남>은 놀라운 일에 대한 의문을 던지고 서사를 납득할 만한 것으로 만드는 적극적인 '서사적 채워 넣기'의 상상력을 요청하며, 서사 세계에 속한 인(人)과 물(物)의 유연한 가소성(可塑性)으로 인해 형태를 더 정교하게 만들고 세밀하게 빚어야 한다. 특히 <수삽석남>에 등장하는 인과 물은 신라시대라는 시공성(時空性)에 크게 구애받지 않는다. 아직 특정 시대에 맞게 충분히 빚어지지 않은 인과 물은 어느 세계에 놓아두어도 되는 원형적 대상이기에 재현대상과 시간적 거리를 조정하는 것은 수용자의 몫이 된다.

이러한 특성을 지닌 작품을 변형한 결과물을 분석하는 과정에서 재현대상이 되는 사건과 인물, 사물을 엮어 서사적 질서를 가진 것으로 짜는 '줄거리 구성'과 인물과 사물에 시공간적 특성이나 상징적 의미를 부여하는 '서술적 형상화'의 문제에 주안점을 두었다. 그렇지만 '서사가 서술의 산물'이라는 관점에서 두 문제를 아울러 논의하였다. 이에 따라 '줄거리 구성'의 방식을 셋으로 나누어 재창작의 방법을 가늠할 수 있었다.

첫째는 '행동의 개념망 구성'이다. 서사세계에서 행동(action)은 행동주체, 적대자, 조력자, 행동의 동기와 목적, 서사적 맥락 등의 요소를 갖추어야 하며 이를 '행동의 개념망'이라고 한다. <수삽석남>에서 이 망은 아직 짜임새 있게 구성되지 않았다. 최항의 사랑, 죽음, 재생으로 이어지는 일련의 사건들이 인간적인 질서에 따라 연결되는 줄거리로 구성되기 위해서는 우선 행동의 개념망에 포함될 요소들이 구체적으로 만들어져야 할 것이다.

둘째는 기이(奇異)하고 거친 대상 작품의 서사를 스스로 납득할 만큼 설명하는 '인과성 강화 및 재구'이다. 죽었던 사람이 다시 살아나는 놀랍고 황당한 이야기를 설득력 있게 제시하기 위해 재창작자들은 사건과 사건의 인과 관계를 보충하기도 하고, 표층적인 사건은 공유하면서도 그것이 발생하게 된 원인과 서사적 맥락을 달리 설정하면서 그럴 듯한 서사를 만들어 낸다.

셋째는 '줄거리 변형'인데, 이 방식은 앞서 논한 행동의 개념망을 구성하는 것과 인과성을 만들어 내는 활동을 포괄한다. 변형된 줄거리 안에 행동의 개념망이 있어야 하며 인과성으로 인해 변형된 줄거리가 의미 있는 전체로 엮일 수 있는 까닭이다. 또 줄거리 변형은 곧 서사물 전체의 의미를 새롭게 하는 것이기에 주제의 변용이라고 할 수 있다. 그리고 재창작을 대상과 주체 간의 대화나 경합의 구도로 보는 관점에서 보자면 이는 나머지 두 방식에 비해 주체중심적이다.

논의 내용을 바탕으로 고전서사를 활용한 창작교육의 시사점을 논하면 다음과 같다.

첫째, 문학사적 의의가 높은 작품, 문학성이 높이 평가되는 작품이 반드시 창작교육에 유용한 것만은 아니다. 오히려 <수삽석남>과 같이 결함이 많은 텍스트가 해석적 이해를 추동하고 다시쓰기의 충동을 불러일으킬 수 있다. 이러한 관점에서 고전작품 중 창작의 자료가 될 만한 것들을 교육용 자료들을 발굴하고 재평가하는 작업이 요구된다.

둘째, 아무리 창작의 재료를 제시한다고 하더라도 교육적 프로그램은 이를 어떻게 '요리'하는지에 대한 상세한 안내와 지침이 필요하다. 본 연구 결과가 교육 연구와 실천에 기여하고 싶은 바도 바로 이 지점이다. 본고에서 드러낸 고전서사를 활용한 창작 방식이 절대적이며 완전한 것은 아니다. 이 방식을 교육방법으로 전이한다고 할 때, 계속 문제점이 발견될 것이다. 그러나 교육연구자 및 교사가 함께 실행하고 성찰하면서 생성하는 실천적 지식은 언제나 형성 과정에 놓여 있는 것이다. 후속 연구를 기약하고 기대한다.

셋째, 창작교육은 시, 소설, 극 등 현재 문학 제도에서 지배적인 장르의 글을 생산하는 기술을 배우는 데에 그 궁극적인 목표를 두어서는 안 될 것이다. 고전 서사를 활용한 창작은 시공간적으로 멀리 떨어진 창작 주체의 정신을 만나며 현재와는 다른 문화 속에서 향유된 이질적인 텍스트와 대화를 나누는 활동이다. 그래서 고전의 재창작은 시공간적 제약과 익숙한 문화의 독사(doxa)를 성찰하고 자기를 확장할 수 있는 교양교육의 일환이 되기도 하다. 천 년 전 이야기를 내가 만드는 소설의 상징적 재료로 삼을 수 있음을 신기해하도록 하면서 상상할 수 있는 한 높이, 멀리 갈 수 있는 교양 성취의 즐거움을 느끼게 하는 것은 창작교육이 실행해야 할 잠재적 교육과정이 되어야 할 것이다.

참고문헌

[자료]
<首揷石枏>, 『大東韻府群玉』卷之八, 四十六面.

[참고문헌]
김균태, 『이옥의 문학이론과 작품세계의 연구』, 창학사, 1991,
박희병, 『韓國傳奇小說의 美學』, 돌베개, 1997.
임형택, 「羅末麗初의 傳奇文學」, 『한국문학사의 시각』, 창작과비평사, 1984,
황혜진, 「서사 텍스트의 주제 진술 방식 연구」, 『독서연구(15)』, 한국독서학회, 2006.
F. K. Stanzel, *Theorie des Erzählens*, 김정신 역, 『소설의 이론』, 1994.
G. Genette, 김동윤 외 역, 「서술의 경계선」, 『현대서술이론의 흐름』, 솔, 1997.
P. Ricoeur, Temps et récit, 김한식, 이경래 역, 『시간과 이야기(1)』, 1999.
S. Chatman, *Story and Discourse : Narrative Structure in Fiction and Film*, 김경수 역, 『영
　　　화와 소설의 서사구조』, 민음사, 1990.

제 4 부

문학능력과 현장교육

제13 장

문학능력의 위계적 발달·평가 모형

최 지 현
서원대학교 국어교육과

1. 문학능력을 보는 다원주의적 관점

문학능력은 선언적으로는 빈번하게 사용되면서도 그 함의가 무엇인지 분명히 논의되는 경우는 많지 않다. 문학교육 연구들에서도 이 용어는 기술적으로(descriptively) 사용되는 경우가 많다. 이를테면 이 용어는 특정한 함의가 당연히 전제되어 있는 것처럼 사용된다. 그리고 이는 이른바 '언어적 공통감(common sense of language use)'의 영역에 놓인 것처럼 취급된다. 이에 의하면, '능력'은 "일을 감당해 낼 수 있는 힘"[1]이며 이를 '문학'과 결부시켜 풀어보면 문학능력이란 '문학 작품을 읽고 이해하거나 표현할 수 있는 힘'이 되는 것이다.

반면 학술적 용법으로는 '능력'이라는 개념부터가 다양한 의미들을 포괄하고 있으며, 그래서 용어 사용이 조심스러울 정도이다. 전문 사전인 『교육학용어사전』에서는 능력에 학습된 것과 생득적인 것을 모두 포함하면서 또한 '적성'이나 '성능', '재능', '역량' 등을 포괄하는 것을 정의하고 있으며,[2] 『국어교육학사전』에서도 대체로 이러한 구분에 따라 능력의 다양한 분포를 인정하고 있다.[3] 만약 외국의 전문 사전을 참조하려고 한다면, 당장 'ability', 'capacity', 'competence', 'faculty', 'proficience' 같은 경쟁적 개념들 중에서 선택해야 하는 상황이 발생한다. 말하자면,

---

[1] 『표준국어대사전』의 '능력' 항목을 참조했다. 국립국어원에서 발간해 왔던 이 사전은 현재 웹사전으로 바뀌어 활용되고 있다.
http://stdweb2.korean.go.kr/search/List_dic.jsp
[2] 서울대학교 교육연구소 편(1994 : 192).
[3] 서울대학교 국어교육연구소 편(1999 : 178).

전술한 언어적 공통감과는 거리가 있는 설명인 셈이다.

그나마 문학이나 교육학, 심리학 분야의 전문 사전에는 'competence(암묵지, 또는 언어능력)', 'proficience(숙달성)', 'ability(잠재 능력)' 정도만이 표제 항목(의 일부)으로 올라 있다. 그리고 문학능력에 관한 기왕의 연구 방향도 대체로 이와 유사하게 진행되어 왔기 때문에 논의의 폭을 좁혀 볼 수 있겠다.

문학능력에 대한 세 가지 방향의 정의 중에서 용어를 통해 개념적 내포를 분명히 드러나고 있는 것은 이른바 암묵지 또는 '언어능력(competence)'이다. 언어능력은 노엄 촘스키(N. Chomsky)가 언어 규칙에 관한 심리적 능력으로서 언어 수행과 대별하여 사용한 개념인데, 이를 조너선 컬러(J. Culler)가 문학능력(literary competence)이라는 개념으로 끌어들인 것이다. 컬러(1975 : 113~130)는 문학능력을 '독자로 하여금 어떠한 텍스트를 문학 작품답게 읽을 수 있게 하는 능력, 즉 내면화된 문학적 문법'으로 규정하였다. 여기서의 문학적 문법이란 '의미화의 규칙'과 '비유적 응집성의 관습', 그리고 '주제적 단일성의 관습' 같은 것을 문학의 암묵지로 갖고 있는 것을 말한다. 특이한 점은 문학능력에 대한 정의 자체가 많지 않아 그의 정의가 문학 용어 사전 등에서 널리 수용되고 있다는 것이다. 예컨대, 조셉 칠더즈와 게리 헨치가 엮은 『현대 문학·문화 비평 용어사전』에는 문학능력(literary compe tence)이 '작품을 '문학적'이라고 정의하는 관습에 대한 암묵적인 이해'로 풀이되어 있다.

문학능력에 대한 컬러의 정의는 우리의 교육과정에 거의 같은 의미로 차용되고 있다. 제7차 국어과 교육과정은 문학능력을 정의한 첫 번째 교육과정이라고 할 만한데, '문학' 과목의 해설서에는 '학습자가 문학 현상에 능동적으로 참여하여 문학 문화를 형성하는 데 필요한 능력', 곧 문학적 사고와 문학적 표현이 유기적으로 통합되어 이루어지는 문학 현상에 참여하는 데 필요한 능력으로서 문학 지식, 문학적 사고력, 문학 소통 능력, 문학에 대한 가치와 태도, 문학 경험 등을 포괄한 개념이라고 밝히고 있다. 하지만 주목해야 할 것은 문학능력을 구성하는 하위 요소들로 언급된 것들이 컬러가 말하고 있는 문법이나 관습을 전제한 '암묵지'들이고 본질적으로 이론적 대상이라는 점이다. 이 개념들의 가치는 최현섭 외(1999 : 386~389)에서 제시하고 있는 이른바 '항존적 목표'에 해당한다.4) 한편 우한용(1997 : 84~85)에서도 문학능력에 관한 같은 맥락의 논의를 찾아볼 수 있는데, 그는 문학능력의 기저에 '문학문법'을 설정하고 이 문법이 문학의 수용과 창작의 전과정에 관계되는 것으로 규정한다.

또 하나의 방향은 문학능력을 숙달성(proficiency)의 측면에서 규정하는 것으로, 문학능력보다는 '작품의 감상 및 창작 능력' 같은 용어를 우선적으로 사용하며, 이때에도 구체적인 맥락을 강조한다. 문학능력을 명시하지 않으면서 문학 작품의 교수·학습을 탐구하는 논의들의 대부분이 더 많은 작품과 더 다양한 체험, 그리고 더 깊이 있는 이해로 연결되는 숙달성의 문학능력을 암묵적으로 전제한다.

개별 작품에 대한 능숙한 반응이 문학능력의 핵심이라는 점에서 이 입장은 문학능력을 기능으로 보거나 혹은 경험이나 수행 같은 것으로 보려는 입장과 맞닿아 있다. 이런 경우 심미적 상상력이나 문학적 사고력 같은 개념을 상위 능력으로 설정하는 데에는 어려움이 존재한다. 개별 작품 차원과 문학 일반 차원을 연계하는 논리가 이 입장에는 존재하

---

4) 이 책에서는 제7차 국어과 교육과정의 문학교육 목표에 몇 가지를 추가하여 '문학적 문화의 고양, 상상력의 계발, 삶의 총체적 이해, 심미적 정서의 함양' 등을 언급하고 있다.

지 않기 때문이다.5) 근본 관점 자체가 실체적 능력을 선험적으로 설정해 두려 하지 않는다는 점도 그 원인이라 할 수 있다.

이 두 방향에서의 문학능력 개념은 각기 문학교육 현장에서 이론과 실천의 주류로 작동하는 것으로 보인다. 하지만 문학능력을 '역능(competency)'으로서의 잠재성, 달리 말해, 수행 가능역(potential domain of competency)으로 보는 새로운 관점도 있다. 대개는 문화적, 관계적 성격을 지닌 메타 범주들6)이 문학능력을 대신하여 사용된다. 최근에 상상력이나 문식성 관련 논의들을 통해 증가하고 있지만 이와 관련한 논의는 그리 많지는 않다.7) 최지현(2000 · 2006)은 문학능력을 "문학교육을 통해 달성하거나 성취하고자 하는 인식적, 표현적 능력들"로 명명하여 '문화적 감수성'이나 '상상력', '심미적 체험', '윤리적 가치 판단', '비판적 인식' 등을 여기에 포함시킨다. 이 개념들은 이른바 '방법으로서의 문학교육과 정용어'에 해당하는 것들이다.

그 외에 문학능력을 통합적으로 규정하려고 시도한 논의들을 여기에 덧붙여 볼 수 있겠다. 김상욱(1996 · 2006), 김창원(1999 · 2008) 등이 그 예이다. 이들은 공히 암묵지로서의 문학능력과 구체적인 작품 감상 및 창

---

5) '언어 사용 기능'이 개별적인 하위 기능들의 집합적 명칭일 따름이지 상위 개념은 아닌 것처럼, 작품을 능숙하게 감상하거나 창작할 수 있는 능력도 문학적 사고력이나 심미적 상상력, 혹은 그에 대응하는 개념들을 뜻하지는 않는다.
6) 교육과정용어로는 (심미적) 상상(력), 창조(적 언어 사용), 형상화(또는 형상적 사유), (문화적) 문식성, 문화적 감수성 같은 범주들이 여기에 속한다.
7) 물론 구인환 외(1988 : 348)에서 문학능력을 "한 개인에게 내재되어 있는 잠재 가능성으로서의 문학감상 역량, 개발될 수 있는 문학적 감수성, 문학에 대한 태도, 사물과 세계에 대한 문학적 인식의 습관" 등으로 규정함으로써 이러한 관점을 나타낸 적이 있었다. 하지만 그 관점이 일관되게 유지되고 있는 것은 아니다. "문학교육의 일반화된 목표는 상상력의 세련과 문학적 문화에의 창조적 적응을 강조하는 것으로서 매우 차원 높은 고등 정신기능"(구인환 외, 1988 : 359)이라는 규정에는 관점의 혼선이 드러난다. 저자들 중 우한용(1997 : 2004)과 박인기(1996 : 2000)는 첫 번째 관점에 더 가깝다.

작 능력을 연계하는 논의를 전개한다. 조녀선 컬러의 관점을 받아들여 문학능력 개념을 본격적으로 사용한 김상욱(1996 : 30~31)은 문학능력을 '문학 텍스트를 생산하는 능력과 문학 텍스트를 소비하는 능력'이라고 규정한 다음, 김상욱(2006)에 와서는 이를 '서사표현 능력'이라는 개념으로 구체화하여 그것을 구성하는 하위 범주들까지 도출한다. 그는 문학능력이 '내면화된 문학적 문법'을 의미한다는 촘스키 이래의 문학능력관을 긍정하면서도 '언어능력'과는 달리 "선험적으로 습득하고 있는 것이 아니라, 개인의 문학적 경험을 통해 후천적으로 획득되는 것"이라고 주장한다.

김창원(1999)[8] 역시 같은 입장을 취한다. 그는 세계 지식을 바탕으로 한 언어-기호 능력과 문화-기호 능력, 그리고 기호-소통 능력을 하위 범주로 갖는 '텍스트 해석 능력'을 문학능력과 같은 의미로 사용한다. 후천성을 강조하는 것은, 문학이 장르 관습을 가진 문화적 양식이기 때문이며 문학능력이 그 관습을 이해하고 실행할 수 있는 능력이기 때문이다. 그들의 문제의식에서는 문학능력 발달에 경험적 요인을 갖는 숙달성이 중요하게 고려된다.

하지만 이러한 절충은 필자가 보기에 다소 위태해 보인다. 문학능력이라는 용어를 쓰고 있더라도 이 입장은 결과적으로는 두 번째 규정과 가까워지기 때문이다. 예컨대 김상욱(2006)의 문학능력 진단 도구는 구체적이며 객관적인 근거를 갖는 것처럼 보이지만, 수치 해석의 근거는 이 도구로부터 도출되지는 않는다. 그런 까닭에 서사표현능력의 해석 단서들인 '절의 수, 묘사절의 수, 통사적 구성과 접속어구, 평가적 언어-정서,

---

8) 『국어교육학사전』(대교출판, 1999)에 집필을 맡았던 '문학능력' 항목에서 밝힌 내용이다.

인지, 지각, 의향, 관계, 인용' 등에서는 평점이 높은 대신 서사 장르 관습에 대한 이해가 낮은 서사 산출물과 그 반대 양상을 지닌 서사 산출물 가운데 어떤 것이 더 높은 수준의 능력으로 보아야 할 것인지를 판단하는 문제는 외재적 판단을 요구하게 된다.

이제 이 세 가지 방향의 정의에 따른 문학능력을 도해해 본다. 이 도해는 문학능력의 범주적 관계를 보여준다.

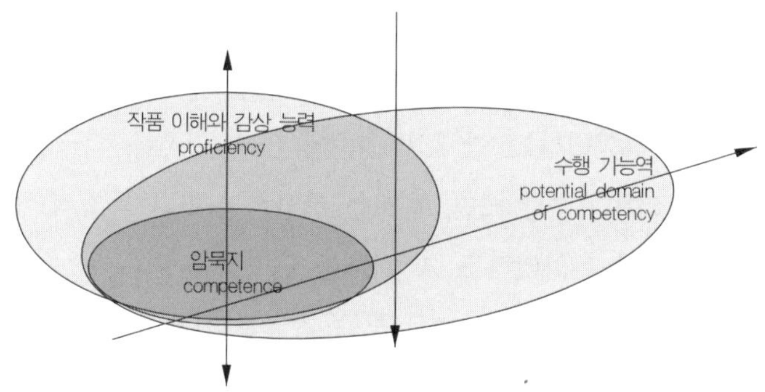

[그림 1] 문학능력에 대한 입장을 3차원 구조화한 모델

이 도해는 3차원 분포로 구현된다. 여기서 y축은 문학능력에 대한 관념적 모델과 현상적 모델 사이의 이해 차이를 보여준다. 관념적 모델에 따르면, 문학능력은 내적 자질에 기반할 때에만 비로소 작품 이해와 감상으로 현실화될 수 있다고 본다. 또한 작품 이해와 감상 능력은 결국 내적 자질의 획득을 지향한다고 평가한다. 반면에 현상적 모델은 고정된 내적 자질을 인정하지 않는 대신, 다양한 문학 현상들에 대해 갖게 되는 숙달성이 문학능력의 실제라고 본다. 아울러 관념적 모델이 사용하는 개념이나 범주들을 본원적인 것으로서가 아니라 문학 이해와 감상 능력의

거시적 지표로서 평가한다. 이로써 볼 때, 세로축에서 내적 자질, 곧 적응력은 문학능력의 구심적 실체를 상정하며, 작품 이해와 감상 능력, 곧 숙달성은 원심적 발현을 상정한다고 할 수 있겠다. 이론적 입장과 관련해서는 세로축에 전자는 실체론적 입장을, 후자는 기능론적 입장을 반영한다.

x축은 내적 자질과 향유 가능역을 경과한다. 이 둘은 모두 잠재성의 가치를 인정한다. 하지만 전자가 본질주의적이라면, 후자는 연관주의적이라는 점에서 서로 변별된다. 세로축에서 벌어지는 것과 유사하게 전자는 구심적 실체를 상정하며, 후자는 원심적 발현을 상정한다. 하지만 후자는 실현되지 않았더라도 잠재성 수준에서 그 단서를 적극 발견하여 인정하려는 입장이다. 이를테면, 후자는 창발적 사고가 독창적 형상화로 현실화되지 않았다고 하더라도 그 자체를 인정하는 편이다. 좀 더 정확히 말하자면, 후자는 교육과정에서 모든 가능한 잠재성을 현실화하도록 가르치고 있지는 않는다는 점을 강조한다. 따라서 문학능력의 중요한 변별 지점은 독창적 형상화와 그렇지 못한 것 사이보다는 창발적 사고와 그렇지 못한 것 사이에서 설정된다. 향유 가능역은 작품 이해와 감상 능력과 $y-y'$구간만큼을 공유하고, 그 이상을 잠재성으로 갖는다.

이 도해가 보여주는 문학능력에 대한 세 가지 방향의 정의는 다음과 같은 문제적 상황을 드러낸다. 첫째, 이 도해는 종적으로 심화, 혹은 구체화하는 문학능력의 발달 경로[9]와 횡적으로 확장, 혹은 수렴되는 문학능력의 발달 경로를 모두 보여준다.[10] 하지만 그 중 어느 경로, 혹은 두

---

9) 이 도해에서와는 달리 뒤집어진 y축의 형태가 될 수도 있다.
10) 이를테면 최현섭 외(1999 : 399)가 제시하는 문학발달성의 모형은 <감수−감지 / 자진감수 → 반응−자진반응 / 심미적 만족 → 가치화−가치수용 / 가치선택 → 가치체계의 조직화 → 인격화 / 사회화>로 이어지는 단일하고 수렴적인 발달적 계열성을 갖고 있다.

방향으로의 경로 모두 합당한 설명의 내용이 될 수 있겠지만, 이를 이 도해로부터 구할 수는 없다. 이에 관해서는 선행 연구가 이루어진 바 없다. 둘째, 이 도해는 x축, 혹은 y축 어디로도 문학능력을 객관화할 기준이나 지표를 지니고 있지 않다. 오히려 x축의 전후나 y축의 상하가 동일한 준거에 따른 지표로 구성되어 있지 않다는 것을 보여줄 뿐이다.[11]

필자는 기본적으로 향유 가능역으로서의 문학능력을 지지하는 입장에서 문학능력의 발달에 접근한다. 이는 문학능력이 문학하기라는 상징적 상호작용을 통해 경험하게 되는 상상적 체험의 가능 범위를 포괄한다는 측면에서 실현된 능력 차원보다 잠재성 차원에 더 주목하며, 다원주의적 개방성과 발산적 가치를 지향한다는 입장이다. 다만 이 입장이 동반할 수 있는 교육 내용의 모호함을 해소하기 위해 바탕을 이루는 자질로서의 중핵적 개념을 인정하고, 그 개념이 실현되는 각 단계나 수준에 따라 하위 개념들이 분류될 수 있는 현실화의 방안을 인정한다. 그 대신 이 중핵적 개념은 최종적으로 도달해야 할 본질적 가치라기보다는 가치의 모형(matrix)으로 설정된다.[12]

여기서 인격화나 사회화는 문학능력의 완성 단계가 되고 있다. 상상력 측면에서도 '인식적 상상력 → 조응적 상상력 → 초월적 상상력'으로 위계화하고 있다.

[11] 전술하였듯이 내적 자질에 주목하는 관점에서는 작품 이해와 감상 능력은 다만 그 자질이 발현된 양상으로 평가될 뿐 문학능력의 연속적인 발달 과정으로 설명되지는 않는다. 이와 마찬가지로 향유 가능역에 주목하는 관점에서는 내적 자질이 다만 본질론적 가정에 고착되어 있다고 비판하며 그것들이 관계적 성격을 회복해야 한다고 주장한다. 이 관점은 그 대신 추상화된 개념과 범주들을 분류하는 전략을 취한다.

[12] 비유하자면 이 중핵적 개념은 다양한 형질로 외화되는 유전형 같은 것이다.

2. 관점 및 입장에 대한 점검

문학능력은 문학교육을 통해 학습자들로 하여금 갖추게 하고자 하는 지향적 수준이다. 문학교육에서는 이를 교육목표로 설정한다. 최지현 (2000)은 이 목표를 문화적 감수성과 (심미적) 상상력으로 삼아 문학능력의 중핵적 개념으로 설정해 두고 있는데, 이는 심미적 안목을 이루는 핵심적 요소이며 인지적 능력과 정서적 능력을 아우르는 통합적 개념으로서의 특성을 지닌다. 이 개념들은 또한 '문화적'이나 '심미적'이 지닌 개념 특성상 본질론적이라기보다는 관계론적이며, 다원적인 하위 개념들로 분류될 수 있는데, 무엇보다 그 자체가 확산적 가치를 지향하고 가능성이나 잠재성에 주목하고 있다는 점에서, 문학능력을 실현된 능력으로 국한시키는 기능론적 입장에 비해 교육의 역할을 긍정적으로 확장시킨다.

1) 문학능력을 위한 문학교육

문학교육의 목표는 문학교육이 실행됨으로써 얻을 수 있게 되는 바람직한 상태를 기술한 것이다. 그 상태의 일차적인 대상은 문학능력이다. 연후에 그 문학능력의 실현이 가져올 바람직한 현실, 예컨대 문학적 문화의 수립이라든가 전통적 언어문화의 계승 같은 가치들이 설정된다.

문학능력의 획득과 현실화를 문학교육의 목표로 삼아 교육해야 한다고 할 때, 그동안 문학교육이 능력을 신장시키는 교육으로 제대로 기능하지 못하였음을 지적해 둔다. 문학교육 평가 또한 마찬가지였다. 이는 문학교육이나 문학교육 평가가 목표에 대한 방향을 바르게 잡지 못했다는 것을 의미한다. 주변적 문학 지식[13]을 통해 축조된 문학 수업에서 평가를 통해 재생산되는 것은 좀 더 견고해진 주변적 문학 지식들이다. 그렇기 때문에 교육한 결과가 문학능력으로 연계되지 못한다.

교육의 목적은 바람직한 인간 잠재성을 현실화하는 데 있다. 같은 맥락에서 문학교육은 학습자의 내면적 변화를 통해 다원적 가치를 실현하는 방향에서 문화적 감수성과 심미적 상상력을 발양시킬 수 있어야 한다.

2) 진단을 위한 문학능력 평가

문학교육 평가는 교육되고 학습된 과정 및 결과에 대해 이루어져야 한다. 하지만 평가의 초점은 능력과 잠재성에 있어야 한다. 이런 점에서 문학능력 평가에서는 과정 평가가 요구된다. 하지만 현실적으로 문학능력을 진단하기 위한 객관적인 평가 지표를 갖추고 있지 못한 현실은 문학능력 평가의 난점이 되고 있다.

문학능력 평가의 실행적 특성도 또 다른 난점이다. 평가는 그것의 송환이 그 다음의 교육과정적 활동과 연계된다. 그런데 능력 평가에는 상대적으로 오랜 시간이 소요되며, 그리하여 대개 문학능력 평가는 중간시험이나 기말시험에 반영하기 위한 수행평가로 실행된다. 그리하여 현실적으로 총괄 평가로 치러지는 문학능력 평가는 송환의 기능을 거의 갖

---

13) 학교 현장에서 목격하게 되는 문학 수업의 특수한 현상 중 하나는 수업의 내용과 직접 관련되어 있지 않은 수많은 주변적 문학 지식들이 (체험으로 얻었어야 할) 문학 수업의 풍성함을 자처한다는 것이다. 이 지식들은 문학 텍스트 밖의 다양한 감상의 맥락을 제공하는 것처럼 다루어지지만, 대개는 감상으로 포장된 교사의 일방적 해석을 정당화하는 근거로 쓰인다.

지 못한다.

나아가 교육과정이 문학능력에 대해 분할적 관점을 취하고 있는 것이 또 다른 문제가 된다. 분할적 관점이란 교육 내용을 전체 학년에 따라 균등하게 나누고 각 학년 내에서도 하위 개념이나 지식들로 분할하여 교육하도록 취하는 관점을 말하는데, 이러한 관점에 따르면 능력의 위계성 설정은 원천적으로 어려워진다.

문학능력에 대한 평가가 문학능력의 발달적 수준을 판별할 수 있게 하기 위해서는 다음과 같은 평가 방향을 취할 필요가 있다. 첫째, 체험의 구체적 맥락을 요구해야 한다. 즉 학습자의 반응은 작품이나 상상적 상황을 매개로 한 정서적 체험을 동반해야 한다는 뜻이다. 둘째, 인지·정서적 능력의 통합에 초점을 두어야 한다. 이를 통해 문학 수용의 적극적인 태도와 체험의 질을 평가에 반영함으로써 일반 지능의 과도한 간섭을 제어할 수 있어야 한다. 셋째, 학습자의 질적 반응을 도출할 수 있도록 발문을 구성해야 한다. 그리고 넷째, 텍스트로부터 문화로 확장되는 평가 과제를 주어야 한다.

3. 문학능력 발달에 대한 이해

문학능력과 관련하여 '2007 개정 국어과 교육과정 해설'은 다음과 같이 진술하고 있다.

인간의 삶에 대한 총체적인 이해와 문학적 상상력의 향상이 문학을 학습하는 궁극적인 목표이며, 이러한 능력은 작품에 대한 능동적이고 비판

적인 해석 활동과 작품 창작 활동을 통해서 길러진다고 본 것이다.[14]

이 인용에 따르면, 교육과정은 문학능력을 "인간의 삶에 대한 총체적인 이해와 문학적 상상력"으로 규정하고 있는 셈이다. 그런데 이 인용은 덧붙여 이러한 능력이 "작품에 대한 능동적이고 비판적인 해석 활동과 작품 창작 활동"을 통해 길러진다고 진술한다.[15] 교육과정 내용 체계를 통해 풀어보면, 이 '해석'과 '창작' 활동은 <이러저러한 '맥락'에서 이러저러한 '지식'에 바탕을 두고 이러저러한 '텍스트'를 이러저러하게 '수용'하고 '생산'>하는 활동이 될 것이며, 이것이 각 학년별 성취 기준, 곧 문학능력의 구체적인 발달 수준으로 표시된다. 이런 방식으로 문학교육 과정의 1~10학년에서는 각기 변별되는 교육 내용과 그에 대응하는 문학능력이 설정된다.

하지만 우리는 여전히 문학능력이 어떻게 어떤 경로를 통해 발달해 가는지 알 수 없다. 이는 이 가정이 이른바 '전문가적 식견'에 따른 암묵지(暗默知)에 해당하기 때문이다.[16] 내용 요소를 이루는 하위 내용 요소들 간에는 수준의 고저나 학습의 선후를 판단하게 할 연결고리가 없다.[17] 어떻게 보면, 전술한 '해석'과 '창작'[18]의 구체상(내용 이해 → 감상

---

14) 교육과학기술부, 『중학교 교육과정 해설(2)—도덕, 국어, 사회』, 2008, 22면.
15) 국어능력 일반에 대해서도 이러한 진술을 하고 있다. "국어 교육의 궁극적인 목표는 학습자의 국어 능력 신장에 있다. 이때 국어 능력은 담화와 글의 수용, 생산 능력을 의미한다."(앞의 책, 11면)
16) 암묵지는 그 지식을 소유한 사람과 결합되어 있을 때에만 의미 있는 존재가 되는데, 문제는 교육과정 문서는 공표되는 순간부터 저자를 잃고 만다는 것이다. 저자 없는 저술이 해석될 수 있는 경우는 모두가 공저자인 상태, 곧 이 저술이 매뉴얼화 된 저술이 될 때뿐이다. 이때 모든 개념이나 명제들은 남김없이 해명되어 있어야 한다. 하지만 현실의 교육과정 문서는 그렇지 않다. 말하자면 암묵지가 암묵지로서 작용하지 못하고 있으며, 다만 선언적 지표로서의 가치를 갖게 되는 것이다.
17) 한 예로 최지현(2006 : 306)에서는 '문학의 본질'을 안다는 내용 기준이 7~10학년에 걸

과 비평→ 작품의 창조적 재구성→ 작품 창작)이 그 역할을 할 것처럼 진술하고 있지만, 작품의 창작이 삶에 대한 총체적인 이해와 문학적 상상력의 향상에 이르는 길이라고 말하기에는 적합해 보이지 않는 것도 분명하다. 그 까닭은 결국 이 구체상들이 수행적 기능을 보여주고 있을 뿐 잠재성으로서의 능력 수준을 보여주고 있지 못하기 때문이다.[19]

이 문제는 근본적으로는 문학능력의 발달적 수준을 객관화하여 제시할 수 있을 만큼 관련 연구가 성숙하지 못한 데서 기인한다고 할 수 있다. 이 때문에 교육과정에서는 내용 기준(content standards)을 직접 드러내는 대신 수행 기준(performance standards)을 통한 우회의 길을 선택한다. 하지만 관련 연구가 미흡한 까닭을 생각해 보면, 교육과정의 변천사에서 문학능력의 개념에 대한 오랜 혼란이 있어 왔다는 점을 인정하지 않을 수 없다. 기능이나 전략, 수행 등이 서로 능력을 대신한 개념으로 쓰이고 대체되면서 문학능력이 문제적 대상으로 주목 받지 못했다. 제5차 국어과 교육과정 이후로도 문학교육은 기능이나 활동, 수행 등에 관심을 집중해 왔다(김창원, 2008).[20]

이론적 모델의 수립이 불확실할 때에는 현상과 그에 대한 해석적 담론의 관계를 점검해 보는 것이 유용하다. 이는 이 연구에서 학생들의 문학적 반응과 이에 대한 교사들의 발달론적 이해를 검토하는 일이 되겠

처 반복적으로 등장하고 있는 까닭을 지적하고 있는데, 이 비판의 초점은 그것들 간의 위계성의 논리가 자명한 것도 아니고 그에 대한 설명이 있는 것도 아니라는 것이다.

18) 교육과정 내용 체계에는 기능(수용과 생산)으로 항목화되어 있다.

19) 교육과정의 특성상 문학교육 전체의 상위 목표를 설정하기는 해야 하나 거기까지 도달하는 길은 설정하지 못한다는 것, 이것이 숙달성(proficiency)으로서 문학능력에 접근하는 입장이 처한 딜레마이다.

20) 참고로, 문학능력이 교육과정의 목표로 등장하기 시작한 것은 제6차 국어과 교육과정에서부터이고, 그것의 함의가 무엇인지를 밝히기 시작한 것은 제7차 국어과 교육과정에서부터이다.

고, 돌려 말하면, 문학능력이라고 불리는 잠재성의 발달적 양상과 그에 대한 교사들의 평가를 확인하는 일이 될 것이다.

이러한 맥락에서 필자는 중등학교 학생들을 대상으로 운문과 산문의 동일 과제에 대한 문학적 반응을 조사하고 이에 대한 교사들의 평가를 함께 조사하였다. 이 실험의 세부 주제는 다음과 같다.

1) 동일 과제에 대해 학년별 문학적 반응에 어떤 변화가 있는지 확인한다.
2) 학생들의 문학적 반응에 대해 교사들은 문학능력의 발달 수준에서 어떤 해석과 평가를 하고 있는지 확인한다.
3) 평가 결과를 문학능력의 위계적 발달 수준을 나타내는 객관적 지표로 설정할 수 있을지 평가한다.

이 실험을 위해 중 1부터 고 2까지 학년별 2개 학급을 선정하였고,[21] 학생들의 문학능력 진단을 위한 분석 자료를 위해서는 운문과 산문 반응 검사지가 사용되었다. 이때 학생들의 관련 내용 학습 여부나 배경 지식에 따라 간섭이 일어나지 않도록 조사지에는 어려운 어휘나 문학 개념 등을 사용하지 않고 <조건>도 최소화하였다. 그 대신 그림 자료를 제시하여 상상적 체험을 유발하고자 하였다. 또한 요구 반응도 '이야기'와 '노랫말'로 단순화하였다.

운문과 산문의 과제는 각각 다음과 같다.

---

21) 서울특별시의 A중학교(1, 2, 3학년 1개 학급씩), 충청북도 청주시의 B여자중학교(1, 2, 3학년 1개 학급씩), 서울특별시의 C고등학교(1, 2학년 1개 학급씩), 그리고 경기도 광명시의 D고등학교(1, 2학년 1개 학급씩)를 대상 학교로 선정하였다.

사막에서 길을 잃고 헤매다가 나와 똑같이 길을 잃은 비행사를 만났습니다. 비행사는 나에게 그림을 한 장 보여주었습니다.
"아이 참, 그건 코끼리를 삼킨 보아뱀이잖아요."

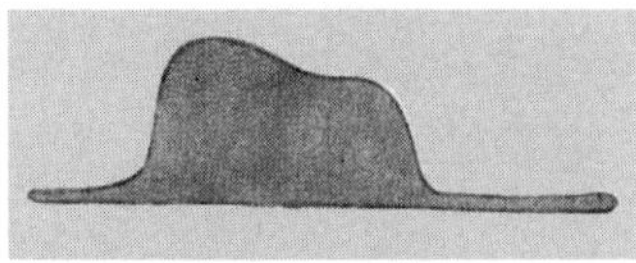

나는 <어린 왕자>를 읽다가 이 그림을 본 적이 있었기 때문에, 무슨 그림인지 한 눈에 알아볼 수 있었습니다. 하지만 비행사는 고개를 저었습니다. 나는 한참을 생각했습니다. '보아뱀이 아니라면 이 그림은 무엇을 그린 걸까?'

1. 이 그림은 무엇을 그린 것일까요?
2. 이 그림에 관한 노래를 들려주세요.(노랫말을 써 봅시다.)

[자료 1] '운문' 과제

나는 밤하늘을 보고 있습니다. 온종일 비가 내렸던 하늘이라, 구름이 끼어 있기는 해도 맑은 하늘에는 적지 않은 별들이 빛나고 있습니다. 오랜만에 보는 밤하늘과 별들입니다. 평소에는 보지 못했던 별들이 동쪽 하늘에서 빛나고 있습니다. '저 별들은 무엇일까?' 구름에 가려진 별들까지 보태면 어떤 모양이 만들어질 것 같기도 합니다. '그럼, 내가 별자리 이름 하나 지어야지.' 이렇게 생각하고는 삼십 분 동안 이런 저런 생각을 해 보았습니다.

1. 이 별자리의 이름은 무엇입니까?
2. 이 별자리에 얽힌 이야기를 들려주세요.

[자료 2] '산문' 과제

　과제 수행은 일차적으로는 그림에 대한 상상으로부터 시작되겠지만, 노랫말이나 허구적 서사에 관한 문학적 관습을 어느 정도 알고 있느냐 하는 점과 배경 지식(특히 세상사지식), 그리고 언어적 구성 능력 같은 것들도 이 과제 수행에 영향을 미칠 것이다. 그에 따라 첫 번째 세부 주제와 관련해서는 학생들의 반응의 차이가 학교급 간, 학년 간에도 나타날 것이며, 학교급 내, 학년 내에서도 또한 나타날 것으로 예상할 수 있다. 다만 그 차이의 해석을 어떻게 할 것인지가 문제가 된다.

　교사들이 학생들의 반응에 대해 무엇에 초점을 두고 어떻게 평가하는지 살펴보는 것은 두 번째 세부 주제이다. 실험에 참여하는 교사들에게는 별도로 연구의 취지와 목적, 방법 등을 적은 안내문을 제공하면서, 실행 절차를 안내하였다. 이로부터 교사들로부터 평어를 수집하였는데, 전체 조사 표본 수 331명 중 2번 과제와 관련해서는 1개 학급의 평가가 전체 누락되었고 다른 학급에 대한 평가에서도 일부 누락된 예가 있어 실제 유효 표본수가 산문 290명, 운문 273명이 되었다.[22]

> 1. 이 검사지는 기본 설문이 포함된 표지 1매와 두 개의 활동 과제 2매로 구성되어 있습니다. 학급 구성 인원에 맞게 복사하여 사용해 주십시오.
> 2. 전체 기대 반응 시간은 2시간 이내입니다. 활동 과제는 각기 30~60분 내에 실행될 수 있도록 사전 지도를 해 주십시오. 만약 학급 단위의 지도가 불가능할 때에는 개별 과제로 수행해 오게 해도 무방합니다. 또한 각 활동은 독립적으로 실행될 수 있습니다. 이 실험에서 소요 시간은 결정적이지 않습니다.

---

22) 이 실험의 한계는 실험의 여건상 교사들이 각자 자신이 지도하는 학생들의 수행 과제를 평가하게 했다는 점이다. 이 때문에 평가에는 평소 학생들에 대한 교사의 주관적 태도가 개입할 수도 있다.

3. 학생들의 반응은 회수된 검사지를 통해 확인됩니다. 활동 과제 1, 2 밑에는 분류기호와 교사 평어를 넣어 주시면 됩니다.

4. 분류기호는 '학교급－학교명－학년－과제번호'로 이루어져 있습니다. 예컨대, '○○중학교 2학년 학생들을 대상으로 한 1번 활동 과제'에는 '중-○○-2-1'이라는 분류기호가 붙게 됩니다. 같은 방식으로 '○○여중 3학년 학생들의 2번 활동 과제'에는 '중－○○여－3－2'라는 분류기호가 붙습니다.

5. 이 실험은 표준화 검사 방식 대신 주관적 서술의 평정 방식으로 평가됩니다. 선생님들께서 해 주실 가장 중요한 역할이 이 평정의 평어를 써 주시는 일입니다. 평어는 다음 <조건>에 따라 기술해 주시면 됩니다.

〈조건〉 • 글을 통해 나타난 학생의 능력 수준을 50자 내외로 작성합니다.
       • 학생의 능력에 어울리는 수준에 ○표 해 주세요.

[자료 3] 학생 반응 조사를 위한 안내문의 내용

세 번째 세부 주제를 위해서는 B여중을 대상으로 해서 동일 과제에 대한 복수의 평어를 수집하였다. 이를 위해 세 명의 교사로 지정하여 독립적으로 평어를 작성하게 하였다.[23]

1) 상대적인 능력 차이를 어떻게 평가할 것인가

학생들의 반응지는 그림 단서와 과제의 발문 단서를 바탕으로 하고 있다. 상상의 폭은 제한되어 있지 않고, 사고의 관성화를 막기 위한 별도의 지시문[24]을 포함시켰다. 하지만 학생들의 반응에서는 공통적인 양

---

[23] 이 실험 연구는 원래 '산문' 과제와 '운문' 과제 모두에 대해 진행한 것이다. 하지만 이 논문에서는 연구의 분량과 초점화를 고려하여 '산문' 과제와 관련된 논의로 축소하였음을 밝혀둔다.

상이 많이 눈에 띄었다.

산문을 예로 들 때, 학생들은 비슷한 연상을 통해 사고를 전개한 경우가 많았다. 다음 [표 1]은 전체 반응지에 나타난 제목 중 2개 이상의 표본 수를 나타내는 제목들을 빈도순으로 정리한 것이다.[25]

[표 1] 학년별 서사 산출물의 중복 제목 빈도

표본 집단		A1	B1	A2	B2	A3	B3	C1	D1	C2	D2	계
표본수		35	31	31	33	31	35	36	34	27	38	331
빈 도 순 위	1	새	새	새	바람 개비	화살	화살	화살	마소 등	x	새	
		7	5	8	4	9	4	9	6	4	10	66
	2	화살	화살	화살	나비	새	바람 개비	새	비행기	화살	화살	
		4	5	8	4	6	4	7	5	4	9	56
	3	x	x	가오리	부메랑	가오리	새	나비	새	새	우산	
		3	3	4	3	3	3	3	5	2	3	32
	4			연	화살	x	가오리	별자리	가위	우산	x	
				2	2	2	2	3	4	2	2	19
	5				가오리				화살			
					2				3			5
	6				연							
					2							2
	7				새							
					2							2
중복 표본수		14	13	22	19	20	13	22	23	12	24	182

---

24) '운문' 과제에는 그림이 '보아뱀'이 아님을 분명히 전제해 두었고, '산문' 과제에는 구름에 의해 가려진 부분이 있음을 지적하여 사고의 확장을 꾀할 수 있게 하였다.

25) [표 1]에서 A3의 '가오리' 표본 수에는 유사한 '홍어'를 포함시킴. B2의 '나비' 표본 수에는 '날개'를 포함시킴. B3의 '바람개비' 표본 수에는 '회오리'를 포함시킴. A3의 '별자리'는 원래 별자리 이름으로 불리던 것들을 포함시킴. D1의 '비행기' 표본 수에는 '추격선(우주선)'을 포함시킴. 또한 '가위' 표본 수에 같은 외형과 성질을 갖는 '두 개의 검' 등을 포함시킴. D1에서 '마소 등'은 소, 말, 개, 고양이 등의 유사한 형상을 갖는 것들을 포함한 범주임.

이 표에서 확인할 수 있듯이 전체 표본수 331건 중에서 반응이 없었던 7건을 제외하고 각 학급 단위별 표본수 2 이상의 중복 표본이 나타난 것을 모두 모으면 182건이다. 단순 계산하면 전체 표본을 기준으로 약 55%의 반응에서 그림 단서에 대한 중복된 반응이 나타난 셈이다.[26] 하지만 학급 간, 학년 간 중복을 고려하면 중복은 훨씬 높아질 것이며, 질적 연계성은 더 일반적이 될 것이다. 예컨대 학급 내 중복 빈도 순위가 높은 반응을 보면 대체로 일관된 추세가 나타나는데, '화살' 관련은 전체 중복 표본 수가 58이며, '새'는 55, 'x'는 14, '가오리'는 11 등이다.

제목에서의 이러한 반응은 많은 수의 학생들이 대개 그림 단서로부터 직접적인 형태적 유사성을 갖는 사물을 연상하고 이로부터 서사를 구성하는 패턴을 취한다는 것을 시사한다. '화살', '새', '가오리', '비행기', '우산' 등이 동일한 패턴을 갖는 것이며, 'x', '연', '나비', '바람개비', '가위' 등이 또한 서로 동일한 패턴을 갖는다. 이 때문에 약간의 외형상의 차이에도 불구하고 학생들의 상상은 매우 좁은 폭에서 변이들을 갖는 것으로 나타난다.

한편에서 이 반응은 문학능력의 발달적 수준을 진단함에 있어서 참조해야 할 몇 가지 사실들을 알려 준다. 우선 그림 단서로부터 모티프를 이끌어내는 사고 활동이 학년의 차이에 관계없이 대체로 유사하다는 것이 그 첫째인데, 이는 나중에 교사들이 이 반응을 문학능력으로 평가하려 할 때 '발상'보다는 '내용 조직화'에 더 초점을 두도록 할 가능성을 높여 준다. 김상욱(2006)에서 정량적으로 분석한 학생들의 서사 텍스트들을 교사들에게 정성적으로 평가해 보게 하고 비교했을 때 대차가 없었던 것도

---

26) 분석 단위가 학급이었기 때문에 이 표에는 학급 간, 학년 간 중복 반응이 반영되지 않았다.

이와 연관성이 있을 것이다. 정량적 평가는 구조 분석으로서의 특성을 갖고 있었고, 교사들도 같은 것에 주목했다고 볼 수 있기 때문이다.

둘째로 중복된 동일 패턴으로의 사고 활동이 학년이 올라가면서 크게 변화하지 않는 것도 주목해 볼 부분이다. 가장 빈번하게 등장하는 '새'와 '화살'의 중복 정도를 학년별로 비교해 보면, 전체 중복 표본 수 대비 약 61%, 전체 표본 수 대비 약 34%에 해당한다. 한마디로 한 반의 학생 중 3분의 1은 독립적으로 활동을 하면서도 동일한 패턴보다도 더 밀접한 동일 소재의 모티프를 가지고 사고 활동을 한 셈이다. 그런데 중요한 점은 이러한 양상이 학년 차이에 별다른 영향을 받고 있지 않다는 것이다([표 2] 참조).

[표 2] 학년별 '새', '화살'을 모티프로 한 사고 활동의 표본 비율

표본집단	A1	B1	A2	B2	A3	B3	C1	D1	C2	D2	계
표본수	35	31	31	33	31	35	36	34	27	38	331
새	7	5	8	2	6	3	7	5	2	10	55
화살	4	5	8	2	9	4	9	3	4	9	57
중복 표본수 대비 비율	11/14 (.79)	10/13 (.77)	16/22 (.73)	4/19 (.21)	15/20 (.75)	7/13 (.54)	16/22 (.73)	8/23 (.35)	6/12 (.50)	19/24 (.79)	112 /182 (.61)
전체 표본수 대비 비율	11/35 (.31)	10/31 (.32)	16/31 (.52)	4/33 (.12)	15/31 (.48)	7/35 (.20)	16/36 (.44)	8/34 (.24)	6/27 (.22)	19/38 (.50)	112 /331 (.34)

적어도 이 분석에 따르면, 학생들의 문학능력은 발상과 내용 구성에서 발달하고 있다기보다는 내용 조직과 표현에서 발달하고 있다고 판단할 수밖에 없다. 다만 [표 2]에서 평균보다 낮게 표시되는 네 개의 사례는

몇 가지 이유에서 교사-학습자의 상호 작용이 학년이나 학교급별 차이보다 더 큰 변인으로 작용했을 가능성을 보여준다.[27]

만약 우리가 '발상'이나 '모티프'의 문제를 논외로 한다면, 이상의 분석 결과는 이 연구의 기본 입장에서는 매우 곤혹스러운 현상임에 틀림없다. 하지만 김상욱(2006)의 논의에서는 이는 기본 조건에 속하는 것 같다. 그는 주관적으로 판단해야 할 부분에 대한 논의들은 괄호 안으로 묶어 두는 대신, 허구적 서사물의 구조와 표현에 집중한다. 문학능력, 또는 그와 유사한 의미로 사용한 하위 능력들을 진단하려 했던 그간의 연구들에서 지표화하려고 한 것은 능력 혹은 능력 요소를 기초 자료(raw data)로 치환한 것들이었다. 하지만 그는 이 연구에서 요소 분석을 시도한다. 그 요소들이란 다음과 같다.

1. 사용된 절의 수
2. 사용된 어휘의 수
3. 묘사문에 포함된 절의 수
4. 서사의 통사적 구성의 수준
5. 접속어구의 유형과 빈도
6. 평가적 언어의 수

---

27) 이 부분의 해석은 후술할 분석 내용과 관련되어 있다. 미리 언급하자면, 첫째, B2 사례는 [표 1]에서와 같이 학생들의 모티프 포착이 매우 다양하게 나타나고 있는 것과 상관성이 있다. 다양성은 다만 그림 단서로부터 연상한 사물이 다양하다는 것에 그치는 것이 아니다. 여기서는 '바람개비', '나비', '부메랑'처럼 A1, A2, A3에 모두 보이지 않고 B1에도 보이지 않는 소재들이 상위 중복 표본으로 나타난다. ('바람개비'는 B3에도 등장한다.) B3, C2, D1은 [표 4]에서 확인할 수 있듯이 다른 표본 집단에 비해 평균 평정 값이 높은 편이다. 이는 교사가 이 표본 집단에 대해 긍정적 평가 송환을 하고 있다는 뜻이기도 하며, 또 실제로 이들 표본 집단의 학생들이 다양한 사고와 상대적으로 높은 수준의 구성·표현 활동을 수행했다는 뜻이기도 하다. [표 1]의 D1을 보면, 독특한 발상과 풍성한 사고가 집단적으로 활성화되어 있다는 느낌을 받게 된다.

텍스트, 곧 허구적 서사물의 표면에 노출되어 있기 때문에, 이것들은 또한 표준화된 지표로서의 성격도 갖는다. 그는 이 진단 도구가 문학능력 ─ 연구에서는 '서사표현 능력' ─ 의 위계화를 설정하는 데 많은 도움이 될 것이라고 기대한다. 실제로 4번을 제외하고는 모두 양적 평가 지표들이며, 서로 다른 허구적 서사물들을 수치화하여 직접 비교할 수 있도록 함으로써 서사능력을 상대화하여 평가할 수 있게 하고 있다(김상욱, 2006 : 31). 추정해 보건대, 그가 (상대적으로) 높은 서사능력이라고 판단할 만한 허구적 서사물로는 첫째, 절과 어휘의 분량이 많은 것, 둘째, 같은 분량에서 어휘 밀도가 높은 것, 셋째, 글의 표현이 입체적인 것, 넷째, 서사의 통사적 구성이 통합되고 해석이 반영되는 것, 다섯째, 접속어구가 다양하게 활용되는 것, 그리고 여섯째 평가적 언어의 수가 많은 것 등이 해당할 것이다.

그의 견해와 흡사하게 대체로 우리의 언어 감각도 텍스트의 분량이 늘고 구조가 복잡해지며 다채로워지고 통합력이 커지고 조망이 뚜렷해지는 것에 대해 더 높은 능력 수준을 보인다고 인정한다. 그런데 이것은 정말 문학능력의 발달로부터 기인한 것이라고 말할 수 있는 것일까? 이 지표들이 지닌 범용성으로 인해 한편으로는 일반 지능과도 연관되는 것 같으며, 좁게 볼 때에도 일반 언어 수행력의 개념으로 설명할 수 있을 듯하기 때문이다. 게다가 이것은 구조 원리를 중심으로 한 하나의 정향이지, 서사물 전체를 통어하는 주제 원리나 내용 원리는 아니다. 말하자면, 문학능력의 발달적 수준을 검토하기 위해서는 여전히 발상과 모티프 등과 같은 주제나 내용 원리에 대한 판단이 필요하다는 것이다. 이를테면 짧고 간결하면서도 높은 문학능력 수준으로 인정되는 경우는 없겠느냐 하는 점이다.

죽음의 화살(중-A-1-6)

어느 화살 파는 가게에서 이 화살을 팔게 되는데 이 화살을 산 사람들은 모두 죽게 되었다. 그러던 어느 날 어떤 사람이 와서 화살을 샀다. 그 사람은 화살을 사서 집으로 돌아가 잠을 잤다. 무슨 소리가 나서 깼는데 누군가 집에 들어와 있어서 장롱으로 들어가 지켜보았다 그런데 화살 파는 가게주인이 칼을 들고 와서 화살을 들고 가는 것을 찍어두어 경찰에게 말해 가게주인은 감옥에 가고 화살을 산 사람은 돈을 받게 되었다.

— 평어 : 창의력이 있음

화살에 꽂힌 지렁이 별자리(중-B-1-24)

어느 마을에 화살 쏘는 것을 취미로 하는 한 청년이 살았습니다. 그는 여기저기 화살을 쏘며 숲속을 누볐습니다. 하지만 아무 동물도 맞지 않았습니다. 그 청년이 한번 화살을 쏘자 무언가에 맞았습니다. 그 청년은 화살이 간 쪽으로 가 보았습니다. 가 보았더니 지렁이가 맞아 죽어 있었습니다. 이 청년은 생명을 소중히 여기기 때문에 신에게 이 지렁이를 도와달라고 빌었습니다. 그 기도를 본 신은 지렁이를 별자리로 만들어주고 지상에 있는 지렁이에게는 화살을 맞아도 죽지 않는 몸을 받았다.

— 평어 : 기발한 상상을 통해 흥미 있는 이야기 전개를 하고 이야기에 개연성을 부여하여 창의 있는 글쓰기가 이루어졌다.

활자리(중-B-2-31)

옛날에 어떤 신이 있었다. 그 신은 활쏘기를 너무너무 좋아했다. 그래서 어느날 활을 쏘기로 했다. 그런데 그에게도 사랑하는 여인이 있었다. 그 여인은 사람이어서 이루어질 수 없는 사랑이었다. 그래서 이 신은 항상 마음 아파하여 지냈다. 활쏘기는 그의 유일한 낙이었던 것이다. 활을 쏘다가 손을 삐긋했다. 그런데 때마침 그 쪽을 지나던 그 여인이 활을 맞았다. 그를 너무 슬퍼하던 신이 그 활을 별자리로 만들었다.

— 평어 : 평범한 신화성 멘트

화살표자리(중-A-3-9)

어떤 어른이 피시방에서 폐인처럼 컴퓨터를 하다가 친구와 스타크레프트를 해서 이긴다. 그러다가 스타크레프트에 재능을 보여 그 피시방에서 1등먹고 모든 피시방을 돌아다니면서 스타1등을 먹고 이를 지켜본 하늘이 이 피시방 폐인의 마우스 커서를 별자리로 만들어줌.

— 평어 : 발상은 참신하나 내용의 논리적 연관성이 부족

궁자리(중-B-3-2)

미의 여신 아프로디테가 지상으로 내려와 인간들을 구경하고 있을 때 숲속에서 청년에 잘생긴 얼굴에 매혹당한 미의 여신은 그 청년에게 다가갔다. 청년은 하늘을 향해 활을 쏘는 모습으로 서 있었다. 아프로디테가 청년에게 다가갔고, 청년의 어깨를 잡아 자신을 쳐다 보게 하였다. 그러나 청년은 앞을 볼 수가 없었다. 이에 크게 실망한 아프로디테는 청년에게 왜 앞을 보지 못하느냐고 물어봤고 청년은 대답했다. "저는 어렸을 적부터 영웅들의 일생과 그분들이 별자리가 되신 일화를 매일 듣고 자랐습니다. 하늘을 향해 활을 쏘다 어느 날 어디선가 아프로디테님을 모독한 잡배들의 목소리를 듣고 활을 쏘다가 그 잡배들이 던진 돌이 저의 눈을 찔러서 이리 앞도 못 보고 살아가고 있습니다." 이에 크게 감동한 아프로디테는 그에게 원하는 걸 들어주겠다고 하였고 청년은 "활 쏘는 이 모습 그대로 하늘의 일부가 되고 싶습니다." 이리 대답하여 밤하늘의 별자리가 되었다.

— 평어 : 이야기의 전개가 자연스럽게 이루어지며 별자리 이름과 어울리는 이야기를 구성하였다. 그리스 신화에 나오는 인물을 활용하여 새로운 이야기를 잘 창작하였다.

사랑의 화살(고-C-1-14)

어떤 여자와 남자가 있었다. 여자는 남자를 사랑했고 남자도 여자를 사랑했다. 그러던 어느 날 여자가 바람을 피웠고 그 사실을 알게 된 남자는 여자의 마음을 되돌리려고 애를 쓴다. 프로포즈, 이벤트, 깜짝 파티 등 모든 걸 해주어도 여자의 마음은 돌아오지 않자 남자는 자살을 결심한다.

어두운 밤 옥상 위에 올라가 사람이 지나가지 않는 것을 확인한 뒤 눈을

감는다. 한발 한발 움직였고 그에 다리는 떨려왔다. 그 순간! 갑자기 하늘에서 빛이 쏟아지더니 한 여신이 남자에게 내려왔다. 그 여신은 사랑의 화살을 들고 있었고 남자는 그것을 받았다. 여신은 남자에게 이 화살을 당신이 평생 좋아할 수 있는 사람을 향해 쏘라고 하였고 남자는 다음날 여자에게 화살을 쏘았다. 그날부터 여자는 다시 남자를 좋아하게 되었고 남자는 여신을 감사히 여기며 다음날 옥상 위에 올라가 화살을 받았던 그 자리에 그 화살을 내려놓았는데 화살이 떠올라 별자리가 되었다고 한다.

— 평어 : 창의적 상상력으로 이야기를 구성하고 있으나, 사건 전개에 모방성이 강하고 표현력이 다수 부족하다.

활자리(고-D-2-14)

옛날 옛적 한반도가 부족국가들로 나뉘어 있을 시절, 한 마을에 아주 날카로운 눈매를 가진 청년이 살고 있었다. 그의 주위에서는 늘 위엄과 그의 힘이 흘렀고 그런 그를 어느 누구도 잘 건드리지 않았다. 그 청년은 마을의 한 과부의 아들이었는데 어릴 적부터 머리가 비상하여 7살 때는 이미 어머니의 농사를 돕고 다녔다. 일이 바빠서 그랬는지 주위에 친구가 별로 없던 청년은, 밤이면 산 속에 들어가서 홀로 무언가를 하고 오곤 했다. 늙은 과부는 그런 청년이 걱정되어 청년이 돌아오기 전까지는 잠들지 않고 기다렸다가 자곤 했다. 그러던 어느 날 밤에 청년이 산에 갔다 온 사이 마을에 도적이 들었다. 건장한 남자들이 있는 다른 집들은 저항이라도 해서 죽음은 면했고 피해도 적었지만, 늙은 과부 홀로 아들을 기다리던 청년의 집은, 모두 하얗게 불타서 시체도 남아 있지 않았다. 집에 돌아온 청년은 그 광경을 보고는 눈물 한 방울 흘리지 않은 채 로 산에 들어가서 자취를 감추었다. 그러한 청년을 마을 사람들은 장례도 치르지 않는 불효자식이라며 손가락질하고 욕했다. 몇 년 후 그러던 어느 날 마을 나무꾼들이 나무를 하러 산에 올랐다가 놀라운 광경을 목격했다. 바로 몇 년 전 마을을 습격했던 도적 떼들이 하나같이 심장에 나뭇가지(?)가 박힌 채로 죽어 있었다. 나무꾼들은 뛸 듯이 기뻐했다. 추수 때면 나타나서 힘들게 거둔 곡식을 약탈해 가고 사람들을 죽이던 녀석들이었기 때문이다. 그런데 더욱 놀라운 것은 마을을 떠났던 청년이 도적들의 칼에 피투성이가 된 채로 쓰러져 있었던 것이다. 마을 사람들이 청년이 아직 숨이 붙어 있는 것을 보고 마을로 데려가려 했지만 청년은 자기는 곧 죽을 거라며 데려가지 말라했고, 마지막 힘으로 손가락을 들어 가리킨 쪽엔 허름한 오두막이 있었다. 마을 사람들이 오두막에 들어가 보니 그곳에 나무를 휘어서 줄로 이은 물건들이 즐비하게 늘어져 있었다. 모두 청년의 작품이었다. 오두막의 벽에는 이 물건의 사용법과 사냥법 제조법 등이 새겨져 있었다. 마을사람들은 도적이나 맹수로부터 사람을 지켜줄 무기를 만든 청년의 장례를 크게 치러주고 이 물건의 이름을 '활'이라고 하여 별자리도 만들어주었다.

— 평어 : '청년의 희생'이라는 내용을 '오해', '효도'라는 내용을 통해 표현

화살(고-C-2-22)

(내가 있었던 일과 거짓을 조금씩 섞어서 썼음)

내가 태어나기도 훨씬 전 6·25전쟁이라는 것이 있었다.

우리 할아버지는 몸도 그 당시 쌩쌩하고 건강하고 얼굴도 잘 생기셨다.

하지만 6·25라는 전쟁 때문에 우리 할아버지는 전쟁터에 나가야 하셨다. 할머니는 어린 자식(우리 아빠와 아빠의 형제자매)들을 보살피며 할아버지를 기다리셨다. 할아버지가 돌아오자 할머니와 아빠, 아빠 형제들은 무척 좋아했다. 하지만 몸을 건강하게 안 오시고 온몸에 피에다 상처뿐이었다. 무엇인가 맞았는지 할아버지는 몸에 구멍이 있으시다. 그러나 내가 태어나고 클 무렵 중학교 때 할아버지의 안 좋은 소식이 왔다. 돌아가셨다. 우리 할아버지는 내가 맏딸이라 무척 좋아하셨는데 난 그 어린 마음에 눈물도 나질 않았다. 내가 맏딸이라 화장을 뿌려주고 기분이 안 좋은 마음에 버스를 타고가는 도중 밤하늘을 보았다. 화살 모양으로 별들이 뭉쳐 있었다. 할아버지의 몸에 구멍은 화살에 맞아 나였던 것이었다. 우리 가족은 모른 채 할아버지는 우리 가족을 생각하며 혼자 그 구멍을 막고 다녔던 것이었다. 밤하늘의 별이 우리 할아버지의 사실을 알려주었다.

— 평어 : 흥미진진한 전개가 재미있다. 구체적인 배경, 구체적인 인물묘사가 글을 빛낸다. 단, 6·25인데 '화살'이 쓰였다는 게 설득력이 떨어져 아쉽다.

[자료 4] '화살'과 연관된 제목을 지닌 '중상' 평점의 서사 산출물들

[자료 4]는 교사로부터 '중상'(4점)의 평점을 받은 서사 산출물의 일부를 모은 것이다. 모두 그림 단서로부터 중복 표본 수에서 가장 높은 빈도 수를 보이는 '화살'을 연상한 사례들이다. '중상'(4점)은 실제 평점 평균(약 3.11점)보다는 높은 점수이지만 일반적으로 교실에서 기준점(목표점 평점 평균)으로 삼게 되는 기준이다. 이 자료들을 바탕으로 동일한 기준으로 같은 등급의 서사 산출물들을 학년간 비교해 보면, 6개의 분석 지표에서 일정한 일관성이 발견되지 않는다. 말하자면 전체적인 분량이나 어휘 밀도, 묘사문 삽입, 통사적 구성과 접속 어구의 다양성, 그리고 평가적 언어의 수 등에서 학년 간 일정한 발달 경향이 나타나지 않는다는 것이다.

그 원인에 대해 다음과 같은 가설을 내릴 수 있다. 하나는 평점을 매긴 교사들이 부정확한 평가를 했을 가능성이다. 사실 [자료 4]에는 부정확한 평가의 가능성을 인정할 만한 사례들이 없지 않다. 하지만 이 가능성을 인정할 경우, 정량적 평가로서의 요소 분석과 정성적 평가로서의 교사들의 인상 비평이 일치하고 있었다는 보고는 적어도 여기서는 맞지 않게 되는 것이며, 그 까닭에 대한 분석이 이 사례에서뿐 아니라 그쪽 사례에서도 요구된다. 또 하나는 사용된 지표들이 급내 비교 분석에는 유용하지만 급간 비교 분석에는 제한적일 가능성이다. 이는 발달적 원리를 반영할 지표가 이 진단 도구에는 갖추어져 있지 않다는 뜻이 된다. 하지만 우리는 앞서 (적어도) 4번 지표가 여기에 해당함을 확인한 바 있다. 따라서 만약 이 가설이 맞다면, 4번 지표가 다른 지표들과는 달리 절대적 기준이 되지 못하고 있으며 이미 해석되거나 가치 판단된 기준으로서 사용되고 있는 것이기에 엄밀한 검증이 요구된다는 판단을 하게 된다.

하지만 이보다는 객관화한 지표들 이면에 자리 잡은 암묵적 가정이 오히려 문제였을 가능성이 있어 보인다. 이를테면 더 많은 분량과 더 세부적인 진술이 더 높은 문학능력을 시사한다는 것은 개연성은 높지만 통용될 만큼 일반적인지는 확신할 수 없다. '활자리(중-B-2-31)'는 '화살(고-C-2-22)'에 비해 지표상 어떤 것도 더 나은 점을 가지고 있지 않다. 하지만 별자리 서사가 신화적 구성을 취한다는 것을 직관적으로 파악하고 있는 점에서는 오히려 모티프의 기능이나 서사적 구성 원리가 더 안정적이다. 만약 문학적 관습이나 담화 규약에 대한 스키마(배경 지식)에 주목하거나 혹은 잠재성에 주목하게 되었더라면 다른 평가가 가능했을 것이다.

문학능력을 수행 가능역으로서 이해하는 이 연구의 기본 입장에서는 문화적 감수성이나 심미적 상상력이 발상과 모티프로부터 시작되며 그런 연후에 비로소 객관적 지표들의 분석적 가치를 얻을 수 있다고 본다.

2) 능력 수준을 어떻게 해석할 것인가

학생들의 반응을 교사들에게 평가하게 한 결과는 다음과 같았다.

(1) 평가 초점

교사들에게 요구한 평어의 분량은 40~50자 정도였지만, 실제로는 절반 정도만 여기에 충족되었다. 일부는 평어를 남기지 않았고, 어떤 교사는 '창의력 없음-창의력 미약-창의력 부족-창의력 있음-창의력 있고 이야기 구성력 있음-창의력 뛰어남'처럼 객관화하기 어려운 척도에 의해 반응 평정하였다. 평어의 기준은 '산문'과 '운문'의 경우 차이가 있었는데, '산문'의 경우 발상, 논리성, 창의성, 개연성 등의 기준을 제시했고, '운문'의 경우 발상과 표현, 운율 등의 기준을 사용했다. 이외의 다른 기준은 거의 사용되지 않았다. 평가의 초점은 '산문'의 경우 논리성에, '운문'의 경우 운율에 주어졌다.

　전반적으로는 주로 '발상'의 측면에서 학생들의 반응을 평가하였지만, 함께 사용된 기준들에서는 중복이 심하였다. '산문' 과제에서 발상은 보통 참신하다거나 창의적이라고 판단될 경우에 사용하였는데, '창의성' 기준과 중첩되며, '개연성' 또한 '논리성'과 중첩되는 부분이 있다. 서사구성에서는 표현보다는 발상에 치중된 평가 기준을 가지고 있다. 노랫말 구성에서도 '운율'과 '표현' 기준을 사용할 때 중첩되는 부분이 있는데, 대개 함께 쓰일 때에는 '표현'을 수사나 비유, 이미지 형상화로 보지만, 여기서는 함께 사용된 경우가 없어서 '표현'의 함의를 정확히 짐작하기는 어려웠다.

　이 기준들로는 같은 학년 내의 소규모 표본 집단을 평가하는 것은 가능할 것이다. 하지만 학년 간 비교를 하기에는 객관적 근거를 마련하기 어렵고 섬세한 구분도 가능할 것 같지 않다. 또한 교사들이 평가 초점으로 삼은 발상은 문학능력의 발달적 위계화의 중요한 준거로 삼기 위해 교육 가능성을 높여야 한다. 교육할 수 없다면 기대할 만한 문학능력으로 설정하기도 어렵다.

　문학능력은 어떠해야 하는가에 대해 이를테면, 다음과 같은 반응에 대해 평가를 맡은 교사는 '논리성 부족'으로 '중하'를 평정하였다.

> (가) 옛날옛날 한 옛날에 / 두 마리의 새가 있었는데 / 알을 낳았는데 / 알이 부화가 안 돼서 / 암컷새가 근심으로 죽었다 / 그래서 / 수컷새도 암컷새를 따라갔다 / 그런데 / 하늘에서 이 일을 불쌍히 여겨 / 별자리로 만들어 주었던 것이다.

그런데 이 서사물은 다른 한편에서 보면 ‘별자리 유래담’의 기본적인 서사 구조를 취하고 있는 것으로 참신성이 부족하기는 하나 서사 능력이 부족하다고 보기는 어렵다. 같은 평정 값을 갖는 다른 글들에 비해 훨씬 서사 구성 능력은 오히려 더 높았을 수 있다는 뜻이다.

(2) 외부적 평가 요인

교사들은 평가 기준 외의 별도의 평가적 요인을 개입시키고 있었다. 예컨대 다음과 같은 사례를 적지 않게 확인할 수 있다.

> (가) 1박 2일―이라고 외치는 순간―
> 　　 까나리 먹고 우웩우웩 입돌아간다 올려 돌려
> 　　 인생은 한방이다 복불복
>
> (나) 옛날 옛날 한 옛날에 사수라는 남자가 있었다. 근데 죽었다.

(가)는 노랫말을 만드는 ‘운문’ 과제에 대한 한 학생의 반응인데, 텔레비전 오락 프로그램에서 인기를 끌고 있는 노래를 혼성 모방했다. 이에 대해 교사는 ‘불성실’하다는 이유를 들어 ‘하’(2)로 평정하였다. (나)는 ‘산문’ 과제에 대한 또 다른 한 학생의 반응인데, 지나치게 소략한 내용을 가지고 있다. 이를 평가한 교사는 ‘진지한 자세로 임하지 않았다’는 이유를 들어 역시 ‘하’(2)로 평정하였다.

불성실하다거나 진지하지 않다거나 하는 것은 태도의 문제이다. 태도는 경우에 따라 평가 요소가 되기도 한다. 그런데 여기서는 태도에 대한 해석이 문제가 되고 있다. 이는 학생들의 태도가 성실하다거나 불성실하다거나 한 것 자체가 평가 대상이 될 수 있느냐를 지적하는 것이 아니라 교사가 주목한 태도가 어떤 근거에 의해 불성실하거나 진지하지 않은 것으로 판단되었느냐를 지적하는 것이다. 이 평가는 명백히 외부적 요인의 간섭을 받고 있기 때문이다.

(3) 문학능력의 비정규 분포

평가 도구나 평가 실행 방식에 따라 평가 결과가 비정규 분포를 하는 경우가 종종 발생한다. 예컨대 학습자의 수준을 적절히 진단하지 못한 채 평가를 실행함으로써 평가 결과의 변별도가 낮아지고 신뢰도가 떨어지게 되는 경우가 그러한 예이다. 변별도가 낮아지는 문제는 점수 가감산을 통해 영점을 조정함으로써 해소되지 않는다.

이 실험에서 교사들은 우연이라고 보기에는 매우 일관되게 학생들의 문학능력을 낮게 평가하였다.

[표 3] '산문' 과제에 대한 평점 결과

학교 학급	평가 없음	1	2	3	4	5	6	계
A1	1	1	6	10	10	6	1	35
B1	0	0	1	15	13	2	0	31
A2	1	1	3	17	7	2	0	31
B2	0	1	10	16	5	1	0	33
A3	1	0	6	14	6	4	0	31
B3	1	4	3	10	9	8	0	35
C1	0	12	8	11	3	2	0	36
D1	0	4	3	14	10	2	1	34
C2	2	4	4	6	10	1	0	27
D2	1	0	8	21	8	0	0	38
계	7	27	52	134	81	28	2	331

[표 4] '산문' 과제의 평가 구간 표준 편차

등급	구간 표준편차
1	3.49
2	2.71
3	4.06
4	2.85
5	2.36
6	0.4

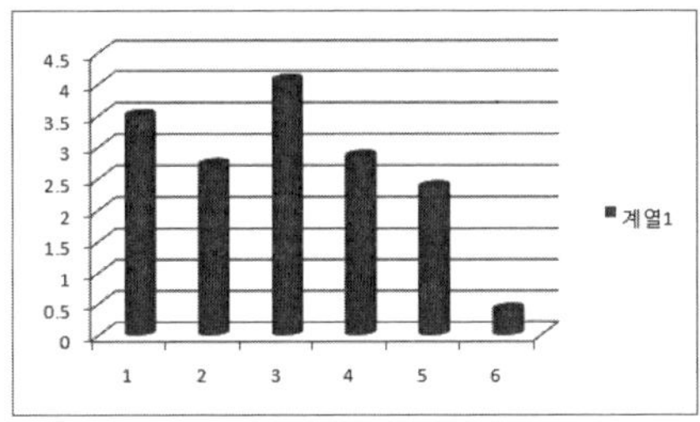

[표 5] '운문' 과제에 대한 평점 결과

학교 학급	평가 없음	1	2	3	4	5	6	계
A1	11	0	13	2	7	2	0	35
B1	0	0	10	13	7	1	0	31
A2	2	1	8	12	8	0	0	31
B2	1	3	8	14	6	1	0	33
A3	8	0	11	3	7	2	0	31
B3	2	4	8	11	6	4	0	35
C1	0	22	8	3	2	1	0	36
D1	4	3	11	10	5	1	0	34
C2	4	1	3	13	4	1	1	27
D2	2	4	7	18	7	0	0	38
계	34	38	74	97	52	11	1	273

[표 6] '운문' 과제의 평가 구간 표준 편차

등급	구간 표준편차
1	6.46
2	2.61
3	5.15
4	1.70
5	1.10
6	0.31

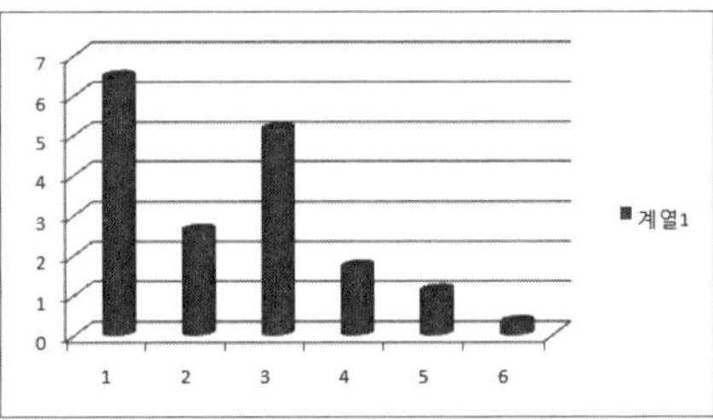

[표 4]와 [표 6]은 '산문' 과제와 '운문' 과제 모두에 있어서 평균이 '중하' 또는 그 이하 수준에서 형성되고 있음을 보여준다.[28] 대개는 최고 빈도 수의 값이 다른 것들에 비해 지나치게 크기 때문에 변별도가 떨어지고 있다.

이 표들은 또한 '운문'의 문학능력과 '산문'의 문학능력 사이에 발생하는 격차도 보여주고 있는데, 대략 10%가 넘는다. '운문'의 문학능력이 보여주는 문제점은 '중하' 이하에서 '운문' 대 '산문'의 비율이 78% 대 66%로 15.38% 정도 더 나타났던 것이 '하'에서는 15.95% 대 8.3%로 47.96% 정도 더 빈번하게 나타난다는 점일 것이다. 이는 그만큼 '운문'에서 문학능력에 대한 초기 진입장벽이 크고 강하다는 것을 의미한다.

문학능력의 비정규분포와 이상한 불안정성은 학생들의 문학능력이 그만큼 낮기 때문일 수도 있겠지만, 그보다는 교사들이 학생들에게 필요 이상의 문학능력 수준을 기대하거나 요구하고 있는 때문일 수도 있다. 만약 그렇다면 문학능력의 기대 수준을 낮추는 것이 필요한 방안일 터인데, 아마도 여기에 제약 요인이 되는 것이 교육과정과 교과서가 될지도 모르겠다. 말하자면, 교육과정과 교과서가 각 학년별 학생들의 '운문' 관련 문학능력을 정상적으로 평가하고 있음에도 불구하고 교사들이 지나치게 높게 설정하여 문제가 생긴 것은 아닌 듯 보인다는 뜻이며, 달리 말한다면, 교육과정과 교과서부터가 학생들의 '운문' 관련 문학능력을 지나치게 높게 상정하고 있는 것처럼도 보인다는 뜻이다. 또한 만약 그렇다면 응당 수정이 필요하다.

---

28) 짙은 음영 부분이 가장 높은 빈도수를 나타낸 부분이며, 그보다 흐린 음영 부분은 근접한 빈도수를 나타낸 부분이다.

(4) 평어 형식

어떤 교사는 대부분의 검사 대상을 '창의력' 기준 하나로 평가하였다. 하지만 몇 개의 대상에 대해서 예외적으로 높은 능력 수준이라고 판단한 경우에는 이야기 구성 능력을 포함시키기도 하였다. 어떤 교사는 노랫말 구성에서 참신성과 표현력, 논리성 등의 기준만 적용했다. 이 기준으로는 서사와 노랫말에 각기 작용하는 문학능력을 변별하기 어려울 것이다. 더 넓게 보면, 문학 수업에서 '운문'과 '산문'의 교육의 특수성에 대한 고려가 별로 필요 없다고 볼 수도 있는 셈이다.

평어는 너무 상식적 수준에서 기술되고 있어서 굳이 문학 교사가 아니라 하더라도 내릴 수 있는 수준과 방식이다. 이것은 평가 전문성과 내용 전문성 측면에서 심각하게 고민해야 할 문제이기도 하지 않을까? 평어는 평이해야 하지만 상식 수준에서 판단되는 것이어서는 곤란하다.

평어를 분석할 때에는 '평가 대상 항목 + 평가 내용'의 구조로 분석한다. 이때 나타난 양상을 보면 "장면을 직관적으로 상상하고 있으며 운율감 및 어휘력과 표현력이 매우 부족하다."의 경우, 장면 상상, 운율감, 어휘력, 표현력 등이 평가 대상 항목(요소)이며, 이 중 장면 상상은 '직관적'이라는 것이 평가 내용이고, 나머지는 '매우 부족하다'가 평가 내용이 된다. 대체로 전자는 '창의적, 직관적, 형태적, 직접 연상(단순한 차원), 매우 부족' 등으로 나뉘고 있어서 평가적 가치가 있는 반면, 후자는 '미약, 부족, 매우 부족, 다양하다' 등으로 나뉘어 상대적인 성격을 띠기 때문에 평가적 가치가 약하다.

3) 능력 수준을 어떻게 평정할 것인가

앞서 분석한 제목의 빈도수를 문학능력과 연관 지어 분석해 보았다. 중상(4)과 중하(3)를 제외하고 높거나 낮은 문학능력으로 평가된 서사 산출물들을 제목과 비교한 것이 다음 [표 7]이다.

[표 7] 학년별 제목의 중복 빈도와 문학능력의 상관관계

빈도순＼학년		A1	B1	A2	B2	A3	B3	C1	D1	C2	D2
전체 표본수		35	31	31	33	31	35	36	34	27	38
높은 빈도	높은 문학 능력	1/14	0/13	2/22	0/19	2/20	2/13	1/22	2/23	0/12	0/24
	낮은 문학 능력	4/14	0/13	4/22	6/19	3/20	3/13	14/22	5/23	2/12	3/24
낮은 빈도	높은 문학 능력	6/21	2/18	0/9	1/14	2/11	6/22	1/13	1/11	1/13	0/14
	낮은 문학 능력	5/21	1/18	0/9	5/14	3/11	4/22	5/13	2/11	6/13	5/14

빈도가 낮은 제목을 선택한 표본의 경우 중 1에서는 상대적으로 높은 수준의 문학능력으로 평가된 것들이 많았다. 이는 아마도 참신한 발상이 높은 문학능력 수준으로 평가된 까닭인 듯 보인다. 하지만 낮은 빈도의 제목을 가진 서사 산출물 중에서 점수가 낮았던 것들 중에는 제목과 그림의 연관성이 낮은 것들도 많았다.[29]

---

[29] 그림으로부터 연상한 것이 모티프라기보다는 단순 형태에 가까운 것이었고, (별이라고 이름 붙인) 각 점 간에 유기적 연결을 꾀하지 못한 것들이었다.

사실 이 부분은 단정적으로 말하기가 어려운 부분이다. 제목의 중복 빈도가 높은 집단에서는 평이한 발상과 내용 구성이 평균 평점에 가깝도록 수렴시키는 것 같다. 하지만 교사들은 평이한 발상을 낮은 문학능력을 시사하는 것으로 해석하려는 경향이 있기도 하다. 전체적으로 보면, 높은 빈도군에서는 높은 문학능력의 비중이 5.5% 정도인데 반해, 낮은 빈도군에서는 13.7%로 나타난다. 하지만 낮은 문학능력으로 해석된 경우는 높은 빈도군에서 24.2%, 낮은 빈도군에서 24.7%로 비슷하게 나타난다.

교사들이 학생들의 반응에서 특히 발상에 주목한다는 것을 전술한 바 있다. 이에 비추어 보면, 그림 단서로부터 얻은 소재나 모티프가 일반적인 경우에는 특별히 다른 평가 기준에 동원되지 않으면 높은 문학능력을 시사하는 것으로 평정되지 않았다. 말하자면 다른 평가 기준은 발상에 대해 보조적이며 선택적인 기준으로 보완 작용하는 것처럼 보인다. 하지만 발상의 특이함은 문학능력에 대해 상반된 해석을 하도록 영향을 미치는 것 같다.

4. 문학능력 위계화의 방향

1) 교육적 관점 : 완결이 아닌 풍요의 지향

문학능력의 발달적 수준을 판단할 수 있기 위해서는 먼저 그것의 위계성(hierarchy)이 설정되어야 한다. 단계나 수준이 모두 위계성의 표현 형식이기 때문이다. 그렇다면 위계성은 무엇인가? 위계성은 가치의 상향적 지향과 도달 가능한 관계적 거리, 그리고 그 관계적 거리를 갖는 가치들의 연쇄를 통해 구조화되는 위상학적 모형이다. 또한 관계적 거리를 갖는 각각의 가치들이 그 내부에 또 다른 위계성의 구조를 갖는다는 점에서 위계성은 체계의 모형이라고도 할 수 있다(Valerie & Timothy, 1996 : Salthe, 1991).

이러한 까닭에 위계성은 흔히 '계급 피라미드'나 '먹이사슬'을 연상시킨다. 이 연상에서는 하위의 많은 가치들이 상위의 가치에 포식된다. 상위의 가치는 그보다 상위의 가치에 다시 포식된다. 최고의 정점에 최고의 가치가 자리 잡는다. 만약 교육과정이 밝히고 있는 대로 '삶에 대한 총체적인 이해'와 '문학적 상상력'이 그 정점에 있다고 가정한다면, 이 계급 피라미드로 연상되는 위계성은 그 정점의 가치를 유일한 존재로 여겨지게 한다. 말하자면, 삶에 대한 총체적인 이해와 문학적 상상력은 문학능력의 완결적 지점이 된다.

또 이 연상에서는 같은 계급의 가치들 간에 존재하는 분리 장벽도 가정된다. 마치 초원의 중간 포식자들인 하이에나와 대머리독수리들이 (대개) 서로를 공격하지 않듯이, 최상위 포식자들인 사자와 호랑이들이 서로의 영역을 넘보지 않듯이, '반영'으로서의 문학과 현실의 연관 이해와 '표현'으로서의 현실과 문학의 연관 이해는 공존하며 (더 중요하게는) 독자적으로 설명된다.

이러한 연상은 문학능력의 발달에 대한 교육공학적 설계와 맞닿아 있다. 하지만 문학능력에 대한 왜곡된 상을 갖게 할 수도 있다. 우선 이러한 위계성 개념에서는 정점을 차지한 가치가 분명한 내포를 지녀야 한다. 그렇지 않고서는 거기서부터 계열화하는 하위 체계들이 수립될 수 없기 때문이다. 그런데 문학능력의 가장 높은 수준은 정의될 수 있는가?

예컨대 '삶에 대한 총체적인 이해'나 '문학적 상상력'을 그 정점에 놓는다면, 그 내포는 무엇이 될 것인가? 우리는 교육과정에 언급된 '총체적인 이해'가 다원성에의 지향을 표현한 것으로 받아들인다. 그것은 이 가치가 교육과정을 이수하는 시점에서 도달하게 될 것으로 기대한다는 뜻이 아니라 그러한 이해가 가치 있다는 것을 수용하고 그러한 이해에 도달하기 위해 노력한다는 뜻이다. 이 노력에는 다양한 시도들이 존재할 것이며 그것들은 상호 보완적이거나 상호 촉진적일 것이다.[30]

'문학적 상상력'은 이와는 다른 차원에서 단일한 내포를 갖기 어려운 이유를 갖는다. 이 개념은 애당초 자기 반영적이며, 그러한 까닭에 동어 반복적이다. '문학적'인 것의 규정은 문학 밖에서 온다. 따라서 단일한 내포를 설정하는 순간, 그 밖의 '문학적' 규정들이 배제되는 문제를 떠안게 된다. 이러한 까닭에 '문학적 상상력'은 배타적으로 어떤 가치를 문학능력의 정점에 가져다 놓을 수는 있지만, 그것을 지킬 수는 없다.

하지만 위계성의 난점은 이 개념 자체를 폐기하게 하지는 않는다. 만약 우리가 미래를 향해 열리는 다원적 위계성을 상정한다고 해 보자. 이 위계성은 아래에서부터 축조되는 피라미드처럼 가치의 상향적 지향은 여전히 유지되지만 그 끝은 미확정적인 체계로 그려질 것이다. 그리고 이 피라미드의 하단이 어떻게 쌓이느냐에 따라 지향적 가치의 상단의 모습이 점차 구체화될 것이다. 포식자가 있어서 그 먹이가 사슬로 엮이는 하방형 피라미드 — 이른바 '계급 피라미드' — 와는 달리 이 위계성은 바탕이 있어서 그 위에 심화와 확장이 놓이게 되는 상방형 피라미드 — 그렇다면 '축조 피라미드'라고 할 수 있겠다. — 가 되는 것이다. 이

---

30) 위계성 이론의 난점에 대해서는 Wilby(1994)를 참조할 것.

는 적어도 이론적으로는 문학능력이 다양한 목표를 지향하는 발달적 수준을 갖게 된다는 것을 의미하며, 누가 더 나은 문학능력을 갖느냐를 두고 경합하는 교실이 아닌, 각자가 발양할 문학능력이 더 풍요로운 집단의 문학능력으로 선순환되는 교실을 만들게 한다.

2) 위계화 : 능력의 평가 준거에 대한 합의

문학교육은 '문학능력의 신장'을 일차적인 교육목표로 설정해야 한다. 문학능력은 일반화하여 보면 문화적 감수성과 심미적 상상력이고, 문학작품(과 문학적 체험)을 경유하게 되는 구체적인 맥락에서는 작품의 감상과 창작을 두루 아우른다. 그런데 문화적 감수성과 심미적 상상력은 제6차 국어과 교육과정 이래로 2007 개정 국어과 교육과정에 이르기까지 문학교육의 상위 목표와 거의 일치하고 있으므로, 문학능력의 발달적 위계화를 이 범주 체계 내에서 시도할 수도 있을 것이다.

먼저 2007 개정 국어과 교육과정의 성취 기준을 공통적 내용끼리 묶어 분류하고 이를 학년에 따라 하위 내용 요소를 계열화하면 다음과 같다.

학년	문학적 이해	작품 수용	작품 평가	문학적 생산
4	• 분위기에 맞는 암송	• 구성 요소를 중심으로 한 작품 이해	• 작품 속 인물의 삶 이해	• 작품에 대한 감상문 산출
5	• 작품에 대한 인상 설명	• 사건 전개와 인물의 관계 파악	• 작품의 다양한 수용 이유 이해	• 작품 바꾸어 쓰기의 의도와 효과 설명
6	• 선호하는 작품의 이유 설명	• 비유적 표현의 특성과 효과 이해	• 작품 속 인물 간의 갈등 이해	• 작품을 다른 문학 갈래로 바꾸어 쓰기
7	• 작품의 정서와 분위기 파악	• 작품 속 인물의 심리와 갈등 해결 과정 파악	• 역사적 상황과 문학 작품의 관련성 이해	• 노래말 쓰기

8	• 작품의 아름다움과 가치 파악	• 다양한 시각과 방법에 따른 작품 해석·평가 • 작품의 해석적, 평가적 시점 파악	• 사회 문화적 상황과 관련한 작품 속 인물의 행동 파악	• 상상을 문학 작품으로 표현
9	• 고전의 가치와 중요성 이해	• 작품 해석의 근거에 유의한 비평문 읽기 • 작품에 대한 다양한 해석 비교	• 사회 문화적 상황과 관련한 작품의 창작 동기와 의도 파악	• 일상의 가치 있는 체험을 문학적으로 형상화하기
10	• 문학의 긍정적인 의미와 효과 발견 • 한국 문학의 전통 이해	• 작품에 드러난 작가의 개성 이해	• 인간의 보편적인 삶의 조건에 비추어 작품 이해	• 문학 작품에 대한 비평적 안목 구비

최지현(2006 : 262)에서 제안한 문학교육 과정의 네 가지 목표(문학을 통한 의사소통, 인간과 세계에 대한 심미적 탐구, 창작과 창조적 언어활동, 고전과 문학적 문화의 항유)를 여기에 대응시키면, 다음과 같은 주요 목표가 실행 가능한 범위로 재분류될 수 있을 것이다.

- 작품 수용 (← 문학을 통한 의사소통)
- 문학적 이해 (← 인간과 세계에 대한 심미적 탐구)
- 작품 평가 (← 창작과 창조적 언어 활동)
- 문학적 생산 (← 고전과 문학적 문화의 항유)

'수용', '이해', '평가', '생산'의 앞자리에는 '심미적'이라거나 '창조적' 같은 한정어가 올 수 있을 것인데 실제로 동어반복이 될 수 있는 까닭에 생략하였다. 이 한정어들은 상위 목표인 감수성과 상상력이 결합된 어떤 의미 형식을 가리킬 것이다.

이제 이러한 틀 위에서 상위적 평어의 상위 범주들을 대략 윤곽 지으면 다음 표와 같게 나타날 것이다.

작품 수용	문학적 이해	작품 평가	문학적 생산

이 표의 각 범주들은 실제로는 다음과 같은 의미를 담고 있는 것으로 가정된다.

작품 수용	문학적 이해	작품 평가	문학적 생산
↓	↓	↓	↓
작품 읽기를 매개로 문학적 의사소통에 대해 배운다.	작품 읽기를 통해 인간과 세계를 심미적으로 탐구한다.	문학을 통해 삶을 심미적으로 성찰한다.	언어의 창조적 사용을 통해 문학 작품을 생산한다.
↓	↓	↓	↓
소통	탐구	내면화	형상화

이 범주 체계는 위에서 아래로 오면서 상위 범주 → 범주의 의미 → 재진술된 상위 범주로 구체화되는 체계이다. 상위적 평어를 작성할 때에는 각 상위 범주 가운데 하나에 초점을 두고 재진술된 상위 범주에 속하는 개념들을 동원하여 총평의 형식으로 간략히 기술하게 된다.

실행 평어는 상위적 평어와 호응하여 구체화된다. 실행 평어에서는 재진술된 상위 범주에 속하는 개념들이 핵심적인 내용 요소를 이룬다. 이 내용 요소들은 대상, 곧 상위 범주의 의미에서 밝힌 구체적인 문학 활동의 대상 및 이 표에는 드러나지 않은 상황과 맥락과 결합하는 방식으로 진술된다. 앞서도 예를 보였지만, 이러한 결합 방식에 의해 "고전 작품들의 작중 세계를 능동적으로 상상하며 읽을 수 있다."와 같은 실행 평어가 작성된다. 이것은 문학적 소통 능력의 실행 평어에 해당하며, 평어에서 '고전 작품들의 작중 세계'는 문학적 소통의 활동 대상에, '상상하며 읽을 수 있다'는 위계화된 능력 수준(재진술된 상위 범주의 하위 개념)에, 그리고 '능동적으로'는 상황 및 맥락에 각기 대응한다.

한편 "사회 역사적 현실에 비추어 고전 작품들의 작중 세계를 해석하면서 그 속에 등장하는 인물들의 내면을 이해한다."는 것은 삶에 대한 심미적 성찰의 실행 평어에 해당하며, 여기서도 '고전 작품들의 작중 세계'는 심미적 성찰의 활동 대상에, '해석하며 인물들의 내면을 이해'하는 것은 위계화된 능력 수준에, 그리고 '사회 역사적 현실에 비추어'는 상황 및 맥락에 대응하게 된다.

소통	탐구	내면화	형상화
↓	↓	↓	↓
상상력과 감수성의 작용			
↓	↓	↓	↓
연상 유추 상상 공상	분석 해석 평가 / 설명	동일시 감정이입 / 투사 공감 비판적 조망 관조	모사 변형 재구성 창조
↓	↓	↓	↓
(실행 평어) : : :	(실행 평어) : : :	(실행 평어) : : :	(실행 평어) : : :

실행 평어는 상위 범주를 분류한 것이기에 분석적 평가가 되기 쉽다. 따라서 통합적 교수·학습을 설계하는 상황이라면 위계화된 능력 수준

을 둘 이상 결합하여 실행 평어로 구성할 수도 있다. 이를테면, '상상을 통해 인물의 내면을 이해함으로써 작품 세계에 공감한다.' 같은 평어에는 소통과 내면화가 함께 다루어지고 있다. 이런 방식으로 다양한 결합이 가능할 것이다.

3) 평가 방법 : 평어를 통한 문학교육 평가

실험에서는 교사들에게 '평어' 중심의 평가를 요구한 바 있다. 평어는 일반적으로 총괄 평가의 형식으로 알려져 있기 때문에, 수행적 과제에 대해 평정의 성격을 지닌 평어를 하는 것은 적합해 보이지 않을 수도 있다. 하지만 활동에 대한 평가가 실현된 능력에 초점을 둔 해석적 행위라면, 능력에 대한 평가는 잠재성에 초점을 둔 가치 평가적 행위라는 점에서 평가의 시기나 방식에 제약되는 정도가 다를 수밖에 없다.

(1) 평가 도구로서의 '평어'

① 평가 도구로서의 요구 조건

평어는 평가 도구가 일반적으로 갖추어야 하는 타당성과 신뢰성의 일반적 조건 외에도 문학교육 평가로서의 요구 조건을 함께 지닌다. 이를테면 평어 중심의 평가 도구가 학교 교육과정에 근거한 평가가 되어야 한다는 말은 일반적인 평가 도구로서의 타당성 조건을 뜻하는 것이고, 이 말은 평가 목표를 범주화하고 위계화할 때 교육과정의 내용 체계가 비록 불완전하다고 할지라도 주요한 참조 근거로 삼을 필요가 있다는 뜻이다. 여기에 대해 평어 중심의 평가 도구가 문학능력에 대한 평가 도구가 되어야 하며, 그 능력은 잠재성을 중심으로 실체성이 보완된 종합적 평가가 되어야 한다는 것은 문학교육 평가로서의 특수한 요구 조건에 해당한다.

문학능력을 구체화하는 과정에서는 지표 선택의 문제가 함께 제기된다. 다시 말해, 문학평가 상황에서는 문학능력의 어떤 지표에서 어떤 표지를 선택해야 할 것인지를 판단하는 일이 매우 중요하다는 것이다. 여기에 시간을 많이 쓰게 되면 실제적인 평가 도구가 될 수 없다. 메뉴판의 음식이 지나치게 많은 경우나 너무 적은 경우가 모두 음식 선택을 하기 어렵게 만드는 것과 유사하다. 따라서 평가 도구로서 평어는 표지 선택을 용이하게 해 주는 것이어야 한다.

다른 측면에서 보면, 평어는 마치 전체 평어 목록의 좌표 위에서 해당 평어 부분을 확인하는 것처럼 평어 선택을 할 수 있게 분류되고 조직되어 있어야 한다. 그리하여 평가자는 문학능력의 어떤 부분을 평가하고자 할 때 적어도 그 부분이 무엇인가를 이해하고 있다면 어떤 평어의 계열이 선택 가능한 후보군인지를 애써 찾지 않아도 판단할 수 있어야 한다.

평어는 또한 일차적으로 평가자들 간에 동일한 의미로 소통될 수 있어야 한다. 평어가 지닌 평가 도구로서의 중요성은 그것이 다음 교육과정에서 진단 평가 자료로 활용될 수 있고 학습의 연계성과 심화를 함께 고려할 수 있게 하는 근거로 인용될 수 있다는 것에서 보장된다. 그렇게 본다면 어떤 교사가 부여한 평어는 다음 교육과정의 교사에게 제공되었을 때 같은 의미로 이해될 수 있어야 한다.

또한 학생에게 송환되는 평어 역시 동일한 의미로 소통될 필요가 있을 것인데, 이때에는 평가자들 간의 소통과는 다른 요구 조건이 추가로 부가된다. 곧 내용적 동일성과 함께 표현적 동일성도 갖추어져야 한다는 것이며, 그 전제로 학생들이 읽고 이해할 수 있는 개념과 어휘 수준으로 표현되어야 한다는 것이다.

아울러 평어 중심의 평가 도구는 기왕의 인지 중심적 평가가 가져왔던 문제점을 보완하는 기능을 수행할 수 있어야 한다.

② 평가 도구로서의 실행 조건

■ 평가 내용의 객관화

'평어'는 대상의 가치를 드러내기 위해 평하거나 인용하는 짧은 글을 말한다. 짧은 형식에 평가의 내용을 담기 때문에 대개 함축적이며 추상적인 표현을 사용하게 된다. 조선 시대에는 미학적, 혹은 비평적 진술로서 평어가 널리 사용된 바 있다. 이 시대에는 평어가 직관적 평가의 방식으로 사용되었고 관념적인 진술 방식을 취했으나 그 평가의 의미가 소통되는 데에는 별다른 문제가 없었던 것으로 평가된다. 평어를 소통시켰던 장본인이었던 당대의 문인들은 경전 학습을 통해 관념을 문자로 바꾸는 추상화 능력을 갖추고 공유하며 상호 평가를 받았기 때문이었다(임명호, 2008 : 322).

오늘날에는 그러한 사회적·문화적 전통이 작동하지 않는다. 이것은 평어의 소통에 중대한 장애가 된다. 내용 타당도에 대한 객관성을 확보할 수 없으니 차츰 활용하지 않게 된다. 그 결과 오늘날 평어가 사용되는 방식은 두 가지 정도일 뿐이다. 하나는 평정의 결과를 이른바 '객관적 기준'이라 불리는 점수 또는 '수·우·미·양·가'와 같은 점수화된 평어로 나타내는 것이며, 다른 하나는 이러한 평어와 함께 학년말 생활기록부에 평가 점수에 반영되지 않는 교사의 주관적 평어이다.[31]

　문제는 객관성 확보를 위해 표준화 검사의 도구로는 쓰이고 있는 점수(점수화된 평어)가 실제로는 평가 내용을 객관적으로 반영하고 있지 못하다는 점이다. 87점이 무엇을 뜻하는지, 91점이 87점에 비해 나은 점이 87점이 80점에 비해 나은 점보다 더 작거나 적다고 말할 수 있는지 등을 알 수가 없다. 같은 점수라도 평가자에 따라, 또는 평가 상황에 따라 다른 의미로 쓰인다. 그렇다고 학생들에 주는 교사의 마지막 권면과 덕담 정도로 기능하는 교사의 주관적 평어가 이 문제를 해소할 대안으로 여겨지지는 않는다.

　평어는 평가 내용을 확인하는 수단이다. 그 평가 내용은 어떤 평가자가 보더라도 같은 의미로 읽혀져야 한다. 평어가 평가 도구로서 기능하기 위해서는 우선 평가 내용이 객관화될 수 있도록, 규약이 되고 그 규약 내용이 공유되어 있어야 한다.

■ 성취 기준의 지표화

　평어는 짧게 기술할 수도 있고, 길게 기술할 수도 있다. 다만 그 길이는 평가의 목적과 기능에 따라 달라진다. 만약 짧은 길이로 작성하는 경

---

31) 평어의 활용 범위가 넓고 그로 인한 영향이 매우 큼에도 불구하고 관련 연구가 매우 적다는 점은 대개 평어를 사용해야 하는 상황—예컨대 생활기록부 상에 행동발달 기재를 할 경우 같은—에서 교사들을 당황하게 한다. 속칭 '쫑알쫑알'이라 불리는 이삼십 자 내외의 평가적 진술을 주먹구구식으로 써 가던 예전의 교사들과는 달리 오늘날에는 평어 목록이 널리 공유되고 있다. 여기에 사용되는 용어들은 대개가 일상적인 것들이라서 (상급학교의 담당 교사나 입학 담당관 등과의) 소통에는 큰 문제가 없는 것처럼 보인다. 그런데 예컨대 평어에 사용되었을 만한 '자기 주관이 뚜렷함'이라는 말의 가치 평가적 함의는 객관적일까? 이를테면 평어를 작성한 쪽에서는 '고집이 세고 친화성이 부족한 성격'을 우회적으로 평가하고, 평어를 해석하는 쪽에서는 '자기 주도성이 강하고 지도력이 있는 성격'으로 평가한다면, 이는 '자기 주관이 뚜렷함'이 갖는 양면성의 포괄 범위 내에 있다고 보아야 할까, 아니면 오독이 발생했다고 보아야 할까? 평어에 대한 연구가 필요한 까닭은 평어 자체가 지닌 '평가적 함의'를 규정할 필요가 있기 때문이다.

우라면 총평으로서 기능하겠지만, 평어의 길이가 길어지면 분석적 진술이 포함될 수 있다. 하지만 이 두 경우 모두 평어 기술에서 유의할 점이 존재한다.

먼저 짧은 길이의 평어가 선택되는 경우를 상정해 보자. 길이가 짧다는 것은 어구 수준으로 짧아지는 것을 의미하지는 않는다. 한문 비평에서 강한 함축성을 지닌 용어가 평어로 사용되기는 했으나 이를 소리글자로 바꾸었을 때에는 상황이 전혀 달라진다. 기본적으로 평어의 형식은 문장으로 구성된다. 그런데 이 정도의 짧은 길이로 기술되는 평어는 직관성과 주관성을 지니며, 이로 인해 특정 현상에 집착되거나 인상 비평에 머무르는 등의 문제가 발생하게 될 수도 있다. 이를 막기 위해서는 사전에 규정된 평가 범주 체계를 활용하는 것이 필요하다.

[예시]
- 평가 대상 : 쌍유(U)자리(중-B-3-25)
- 평어 : 독특하고 기발한 아이디어로 창의적인 한 편의 이야기를 창작하였다.32)

만약 평어의 길이가 길어지게 되면, 이때에는 기술된 차원과 함축된 차원의 대응이 문제된다. 다시 말해, 진술된 내용의 분량이나 표현상의 강조 등이 실제 평가 내용을 제대로 반영하지 못하게 되는 일이 발생할 수 있다. 이는 평어에는 평가 내용이 체계적인 지표들로서 목록화되어

---

32) '독특하고 기발'하다는 평가는 이 평어를 대할 다른 평가자에게는 소통되기 어려운 모호함으로 바뀌고 만다. 또한 창의적인 이야기라는 용어도 앞선 진술 내용과 동어 반복적이다. 이러한 인상 비평적 평어는 교사의 주관적 체험을 드러내는 데 그치고 만다. 이러한 평어에서는 발상이 창작으로 연결되는 과정을 위계화한 평가 지표가 선결 요구된다.

있어야 하며 이것들이 일정한 규칙에 의해 선택되도록 구조화되어 있어야 한다는 것을 시사한다. 그렇지 않으면 총평적 성격을 갖는 평어와 분석적 진술이 뒤섞일 수 있다.

[예시]
- 평가 대상 : x자리(고-C-2-4)
- 평어 : 배경과 인물에 대한 상상력이 무척 좋다. 재미있는 스토리에 확 끌리는구나. 좀 더 자료를 찾아보고 해서 이 사람이 미지수 x를 생각해 낸 사람이라는 등으로 실제 이야기와 섞어도 재밌겠구나.[33]

평어는 성취 기준으로부터 단서를 얻을 수 있다. 다만 평어는 성취 기준의 충족 여부를 밝히는 것으로는 충분하지 않다. 성취 기준은 일반적으로 달성될 수 있기를 기대하는 능력의 상태를 보여준다. 하지만 성취 기준은 달성된, 또는 달성되었을 것으로 기대되는 문학능력의 구체적인 성취 상황이나 정도를 보여주지는 못한다. 다시 말해 성취 기준은 교육의 설계 과정에서는 유용하게 활용될 수 있으나, 평가 과정에서는 그 자체만으로는 다양한 성취의 결과나 수준, 정도 등을 드러내 보여 주지 못한다는 것이다. 이때 평어는 어떤 성취 기준을 어떻게 달성하였는지를 보여줄 수 있기 위해 만들어진다. 그렇게 하기 위해 평어는 성취 기준에 포함되어 있는 교육 내용의 범위와 수준을 함께 갖추는 한편, 성취 기준이 갖추고 있지 못한 상황 요소와 행위 수준[34]을 통합하여 갖추게 된다.

---

33) 평어의 분량이 길어지면 요소별 평정에 구체적인 설명이 덧붙게 된다. 이때 구체적인 설명이 기여하는 바는 평가 송환이다. 하지만 여기서처럼 '상상력' 같은 개념을 분류하고 위계화하는 데 평가 송환이 기여하지 못한다면 평어에는 포함시키지 않는 것이 낫다.
34) 이를테면 최지현(2006 : 274, 281)에서 제안된 위계적으로 분류된 '평가 행위'가 여기에 활용될 수 있을 것이다.

그리고 이것들을 결합하여 지표화한다.

결과적으로 평어는 그 자체가 포트폴리오의 평가 지표로 활용될 수 있게 된다.

③ 평가 송환의 명료화

평어는 대개 총평의 성격을 띠게 되겠지만, 평어가 활용되는 장면에 따라서는 평가 결과가 교수·학습에 송환되는 기능을 갖게 될 수도 있다. 주로 긴 길이의 평어에서 그러한 기능이 요구된다. 만약 추상적이고 함축적인 용어나 개념이 사용된 짧은 평어가 학생들에게 제시된다고 가정해 보자. 이럴 경우 그들의 입장에서는 평어를 수용하기가 곤혹스러울 것이다. 따라서 실제 평어에서는 평가 내용을 담아내며 성취 기준을 구체화하고 여기에 획득된 능력의 수준을 분류하여 제시해 줄 수 있는 것에서 그치지 않고 학생들이 어떻게 보완적 학습 활동을 해 가는 것이 좋을지를 안내하는 지시 내용이 포함될 수도 있겠다. 구체적으로는 명료하며, 문제 해결적이고, 보완 방안이 모색될 수 있는 형식으로 제시되어야 한다.

1수준(1, 2)	2수준(3, 4, 5)	3수준(6, 7, 8)	4수준(9, 10)
• 알기, 상상하기 • 모방하기 • 변별하기 • 자기화하기	• 파악하기, 상상하기 • 구분하기, 비교하기 • 유추하기 • 구체화하기 • 내면화하기 • 공감하기 • 설명하기	• 이해하기, 상상하기 • 재구성하기 • 분석하기, 분류하기 • 추론하기, 적용하기 • 상세화하기 • 대상화하기 • 해석하기 • 감상하기	• 통찰하기, 상상하기 • 창조하기 • 탐구하기 • 형상화하기 • 객관화하기 • 비판하기 • 비평하기

(2) '평어'의 표준 모델

① 평가 도구의 층위

평어는 평정의 층위와 송환적 평가의 층위에서 기능하는 방식이 다르다. 또한 이러한 차이로 인해 표현 형식에서도 차이를 보이게 된다. 총평으로서의 기능을 하는 평어는 대개 학생들의 문학적 지식 습득 수준이나 행동 양상에 대한 외면적이고 양적인 평가적 진술보다는 문학능력을 직접 지시할 수 있는 내적이고 질적인 평가를 말한다. 그런가 하면 총평과는 다른 층위에서 객관적이고 구체적인 평가 결과를 보여줄 수 있는 평어도 필요하다. 이를 각기 '상위적 평어'와 '실행 평어'로 구분하여 보자. 앞서 언급한 짧은 길이의 평어와 긴 길이의 평어는 각기 상위적 평어와 실행 평어가 실현된 형태를 가리키는 표현이 된다.

상위적 평어는 평정(evaluation)으로서의 성격을 갖는다. 이것은 궁극적으로 평어가 지향하는 성격이다. 상위적 평어를 통해 문학능력의 발달 수준과 정도를 나타낼 수 있다. 이를 위해 상위적 평어에서는 문학교육의 목표를 위계적 범주로 분류한다. 따라서 이 평가에서는 이 위계적 범주 중 하나를 선택하여 제시하게 된다. 이를테면 상위적 평가는 '상상' → '구상적 상상' → '상상한 바를 구체적인 이미지로 나타낼 수 있다'는 방향으로 제시할 수 있는 것이다.

실행 평어는 평가의 송환을 통한 강화, 보완, 수정을 목적으로 한다. 이를 위해 실행 평어는 상위적 평어의 위계적 범주를 세분화한다. 따라서 실행 평어는 상위적 평어가 문학능력의 범위를 포괄하는 것에 비해 문학능력의 수준을 구체화하는 기능을 갖는다. 이를테면 실행 평어는 '상상한 바를 구체적인 이미지로 나타낼 수 있다'는 상위적 평어를 적어도 다음과 같은 다양한 수준으로 구체화할 수 있다.

- 대상으로부터 연상한 내용을 친숙한 사물에 빗대어 표현할 수 있다.
- 대상으로부터 연상한 내용을 익숙한 상황에 빗대어 표현할 수 있다.
- 대상으로부터 연상한 내용을 상상한 내용에 빗대어 표현할 수 있다.
- 대상으로부터 상상한 내용을 친숙한 사물에 빗대어 표현할 수 있다.
- 대상으로부터 상상한 내용을 새로운 상황에 빗대어 표현할 수 있다.
- 자유롭게 상상한 내용을 새로운 사물의 형상으로 나타낼 수 있다.
- 자유롭게 상상한 내용을 새로운 인물로 형상화할 수 있다.
- 자유롭게 상상한 내용을 사건을 갖는 이야기로 구성할 수 있다.
- 자유롭게 공상한 내용을 친숙한 사물을 통해 형상화할 수 있다.
- 자유롭게 공상한 내용을 새로운 사물로 형상화할 수 있다.
- 자유롭게 공상한 내용을 친숙한 인물에 대응시켜 새로운 인물로 형상화할 수 있다.
- 자유롭게 공상한 내용을 낯선 인물에 대응시켜 새로운 인물로 형상화할 수 있다.
- 자유롭게 공상한 내용을 친숙한 사건에 대응시켜 새로운 사건으로 재구성할 수 있다.
- 자유롭게 공상한 내용을 새로운 사건으로 형상화할 수 있다.

연상과 상상과 공상, 친숙과 새로움과 낯섦이라는 두 개의 평어 요소만으로도 위계성을 지닌 십여 개의 실행 평어 목록이 구성될 수 있다. 물론 이 위계성은 단선적이지 않기 때문에 실제 평가 과정에서는 복수의 위계적 발달 단계를 설정하여 적용할 수도 있을 것이다.

물론 여기서 제시한 것들은 실제 평가 장면에서는 추가적으로 구체적인 맥락과 상황을 부여하여 표현할 수도 있다. 예컨대, 첫 번째 제시된 수준은 "이야기 속에 등장하는 토끼의 모습과 비슷한 성격을 지닌 사람을 자기 주위에서 찾아 그 사람을 주인공으로 한 새로운 토끼의 이야기를 만들 수 있다."와 같은 실행 평어를 제시할 수도 있다.

② 표현 형식

평어는 상위적 평어이든 또는 실행 평어이든 간에 세부적인 묘사나 설명을 덧붙이지는 않는다. 평가 대상이 되는 것은 정확히 지시하도록 하며 평가 내용을 직접 뒷받침하는 수행적 가치는 사실의 기술이나 열거가 아니라 평가적 진술이 담기도록 한다. 이때 평가적 진술은 다음과 같은 특징을 취하도록 한다.

■ 개념적·함축적일 것

'상상력이 크다' 같은 방식이 아니라 '구상적 상상력을 갖추고 있다' 같은 방식으로 제시한다.

■ 객관적일 것

반복하여 밝히는 바이지만, 평어는 누가 읽어도 같은 의미로 이해될 수 있도록 어휘 선택에 정확성을 기한다.

■ 직관적일 것

만약 개념적이고 객관적 특징을 아우를 수 있다면 평어는 가능한 한 직관적으로 이해되고 선택하여 판단할 수 있게 해야 한다.

5. 맺음말

이 연구는 문학능력의 위계적 발달이 구체적인 지표를 갖출 수 있어야 할 뿐 아니라, 문학능력 평가에서 실제로 활용될 수 있어야 한다는 문제의식에서 기획되었다. 수행 평가로 이루어지는 일부의 과제 평가[35]를 제외하고는 지필 평가 형식을 취하는 문학교육 평가가 문학능력에 대한 평가로서 제대로 기능하지 못하고 있는 것이 연구의 현실적 배경이었으며, 측정 위주의 평가가 아닌 평정으로서의 평가를 전제로 한 문학능력 평가를 뒷받침할 위계화된 능력 지표를 만들자는 것이 연구의 목표였다. 그 단서로 '평어를 통한 문학 평가'를 살펴보려고 했다.

논의의 결과, 교육목표와 내용으로부터 도출한 능력 지표들이 위계적으로 체계화될 수 있으며, 이 지표들을 활용하여 상세화된 평어 목록을 구성할 수 있을 것이라는 가능성을 확인할 수 있었다. 다만 문학능력의 판별이나 평가에 관한 구체적이며 실질적인 성과는 김창원(1996 : 246)이 일찍이 제기했던 것과 같이 '학습 독자의 문학능력 발달과 관계되는 종단 연구'를 반드시 필요로 할 것이다. 그것은 문학교육 연구의 정당성을 확보하기 위해서뿐 아니라 당장 문학교육의 위계적 실천에 근거를 제공하기 위해서라도 필요하다.

이 연구에서 구체적인 평어 목록을 제공하지 못한 것은 차후의 과제로 넘긴다. 이와 함께 과제로 남겨진 평어의 개념 체계에 대한 좀 더 엄밀한 검증은 평어 목록의 실효성을 높여줄 것으로 기대한다.

---

35) 하지만 대개는 이 역시 결과 평가에 속한다.

참고문헌

구인환 외, 『문학교육론』, 삼지원, 1988.

김대행, 『통일 이후의 문학교육』, 서울대학교 출판부, 2008.

김상욱, 『소설 교육의 방법 연구』, 서울대학교 출판부, 1996.

김상욱, 「문학교육 연구방법론의 확장과 그 실제-서사텍스트의 표현능력을 중심으로」, 『문학교육학』 21, 한국문학교육학회, 2006.

김창원, 『시교육과 텍스트 해석』, 서울대학교 출판부, 1995.

김창원, 「문학교육 연구 방법론의 비판적 검토」, 『문학교육학』 창간호, 한국문학교육학회, 1997.

김창원, 「문학능력과 교육과정, 그리고 매체-교육과정 목표를 통해 본 문학능력관과 매체의 수용」, 『문학교육학』 26, 한국문학교육학회, 2008.

박인기, 『문학교육과정의 구조와 이론』, 서울대학교 출판부, 1996.

박인기, 「국어교육 평가의 패러다임 변화와 실천」, 『국어교육』 102, 한국어교육학회, 2000.

서울대학교 교육연구소 편, 『교육학용어사전』, 하우, 1994.

서울대학교 국어교육연구소 편, 『국어교육학사전』, 대교출판, 1999.

선주원, 「사고구술을 활용한 서사이해능력 증진 방법 연구」, 『청람어문교육』 37, 청람어문교육학회, 2008.

여홍상, 「영문학 교육의 정체성과 문학적 언어능력-비판적·창조적 사고를 위하여」, 『영어영문학』 45-1, 한국영어영문학회, 1999.

우한용 외, 『문학교육과정론』, 삼지원, 1997.

우한용, 「문학교육과 허구적 인식능력-이문열의 <황제를 위하여>를 대상으로」, 『국어교육연구』 14, 서울대학교 국어교육연구소, 2004.

이삼형 외, 『국어교육학과 사고』, 도서출판 역락, 2000.

이인제 외, 「국어과 교사의 학생 평가 전문성 신장 모형과 기준」 연구보고 RRE 2004-5-3, 한국교육과정평가원, 2004.

임명호, 「朝鮮後期 漢文學의 崇雅·貶俗 意識」, 『동양한문학연구』 26, 동양한문학회. 2008.

조셉 칠더즈·게리 헨치 엮음, 황종연 역, 『현대 문학·문화 비평 용어사전』, 문학동
  네, 2008.
천경록, 「기능, 전략, 능력의 개념 비교－국어과 교육의 개념과 관련하여」, 『청람어문
  학』, 청람어문교육학회, 1995.
최지현, 「국어과 교육에서 정의적 교육 내용」, 『국어교육학연구』 11, 국어교육학회,
  2000.
최지현, 『문학교육과정론』, 도서출판 역락, 2006.
최현섭 외, 『국어교육학개론』 제2판, 삼지원, 1999.
Culler, J, *Structuralist Poetics*, NY ; Cornell University Press, 1975.
Salthe, S. N., "Two forms of hierarchy theory in Western discourses", *International
  Journal of General Systems* 18 : 251~264, 1991.
Valerie Ahl & Timothy F. H. Allen, *Hierarchy Theory*, New York : Columbia
  University Press, 1996.
Wilby, J., A critique of hierarchy theory, *Journal of Systems Practice*, 7, 1994.

제 14 장

학습자의 문학 체험과 문학능력, 문학교육

김 선 희
대전 남선초등학교

1. 서론

2009년부터 2007년 개정 교육과정(이하 개정 교육과정)이 적용되었다. 문학교육은 여전히 국어교육의 한 영역으로 7차에서와 마찬가지로 문학능력 신장을 교육 목표로 삼고 있다. 이것은 또한 문학 학습의 목표이기도 하다. 교육 목표가 곧 교육의 내용이 되는 셈 이다. 문학교육의 목표가 문학능력을 통해 인간의 삶에 대한 총체적 이해와 문학적 상상력을 향상시키는 것이라고 할 때 문학능력은 대단히 포괄적인 의미를 지닌다. 문학능력은 구체적으로 문학에 대한 지식과, 실제 문학 작품의 생산과 수용 능력, 이를 통한 인간의 삶에 대한 통찰, 미래 지향의 문학 문화 창조 능력을 핵심으로 간주한다. 문학능력의 신장에 선행되어야 할 것은 문학에 대한 기조척인 지식의 체계적인 학습이다. 문학에 대한 지식은 문학 작품의 수용을 통해 인간의 삶을 총체적으로 이해하는 능력과 심미적 정서를 함양하는 데 지적 기반이 되기 때문이다.

문학교육을 통해 학습자의 문학능력은 얼마나 신장되었는가라는 질문에 대한 대답은 모호하다. 문학능력에 대한 정의 자체가 매우 포괄적이고 학교 현장에는 그 용어 자체가 익숙하지 않다. 문학교육을 통해 학습자에게 요구하는 능력에 대한 기술이 매우 추상적이기 때문이다. 문학능력의 구체적 실천 양상을 교육과정을 바탕으로 살피면 문학에 대한 지식과 문학 작품의 생산과 수용에 대한 교육 내용은 학년별 내용에 제시되어 있다. 이것을 보면 문학능력을 학습자의 발달과 관련지어 위계화가 가능한 개념으로 파악한 것으로 보인다. 또한 문학능력의 개념에 개인의 발달·성장이 고려된 것처럼 생각된다. 그런데 문학능력의 요소 중 '문학 경험과 문학에 대한 태도'와 관련된 정의적 요인은 학년별 교육 내용에 제시되어 있지 않다. 물론 7차 교육과정에서는 '태도' 범주를 설정하여 '동기, 흥미, 습관, 가치' 등을 교육 내용으로 배치하였으나 이것은 문학을 통해 기르고자 하는 '심미적 감수성'이나 '문학적 감상 능력'과는 거리가 있다. 학교 현장에서 구체화할 수 있는 근거가 없는 셈이다. 이러한 사정은 개정 교육과정에서는 더욱 심하다.

문학교육에서 문학능력을 신장시키는 것은 학습자 개인이다. 문학 교실에서 학습자는 교사를 통해 동일한 작품을 만나게 된다. 하지만 학습자는 자신의 삶을 통해 축적된 서로 다른 체험을 갖고 있다. 학습자는 정체된 상태가 아니라 끊임없이 세계와 소통하고 성장하는 개인이다. 그러므로 교사를 통해 같은 교실에서 같은 문학 작품을 만나게 되더라도 거기에는 학습자만큼의 문학 체험이 존재한다. 문학능력 신장을 위해 개인의 문학적 체험을 강조해야 할 이유가 여기에 있다.

이 글에서는 교육과정에서 정의하는 문학능력이 무엇인지 대략적으로 살피고, 문학교육에서 문학 체험을 통한 문학능력 신장이 어떻게 가능한지에 대하여 논의한다. 특히 이 글에서의 문학 체험은 문학적 정서 체험을 의미하며, 전통 시가인 시조에 대한 학습자의 정서 체험을 논의의 대상으로 한다.

2. 문학능력과 문학교육

교육과정에서 문학능력을 정의하고 있는 실태를 확인하고, 문학능력 신

장을 위한 문학교육의 방향을 탐색하기로 한다. 문학능력에 관한 교육과
정 분석은 7차와 개정 교육과정의 '국어'와 '문학'을 대상으로 한다.

1) 문학에서의 문학능력

문학능력에 대한 구체적인 제시는 제7차 교육과정의 '문학' 교과서에
서 비롯되었는데 '1. 성격'에서 문학능력을 다음과 같이 정의하였다.

> 문학능력은 학습자가 문학 현상에 능동적으로 참여하여 문학 문화를
> 형성하는데 필요한 능력이다. 이 능력은 문학 행위와 관련지어 일정한
> 계층을 형성하는데 표층에는 문학적 소통 능력이 있고, 문학적 사고력과
> 문학 지식이 이를 뒷받침하며, 문학 경험과 문학에 대한 가치와 태도 측
> 면이 기저가 되어 통합적으로 발현된다(교육부, 1997 : 150).

이것은 물론 고등학교 심화 과목인 '문학'에서의 문학능력을 의미한
다. 그러나 국민공통 기본 '국어' 교과의 '문학' 영역의 학습 내용을 심
화, 발전시킨 과목이 '문학'이란 점을 감안할 때 문학에서 궁극적으로
추구하고자 하는 목표를 찾아볼 수 있다. 문학교육의 목표가 문학능력
신장이란 점에 주목하여 문학교육의 목표를 살펴보면 다음과 같다.

> 문학의 수용과 창작 활동을 통하여 문학능력을 길러, 자아를 실현하고
> 문학 문화 발전에 능동적으로 참여하는 바람직한 인간을 기른다.
> 　가. 문학 활동의 기본 원리와 문학에 대한 체계적인 지식을 이해한다.
> 　나. 작품의 수용과 창작 활동을 함으로써 문학적 감수성과 상상력을
> 　　　기른다.
> 　다. 문학을 통하여 자아를 실현하고 세계를 이해하며, 문학의 가치를

자신의 삶으로 통합하려는 태도를 지닌다.
라. 문학의 가치와 전통을 이해하고 문학 활동에 능동적으로 참여하여
문학 문화 발전에 기여하려는 태도를 지닌다(교육부, 1997 : 151).

교육과정의 '성격, 목표'에서 문학능력이란 '문학 활동의 기본 원리와 문학에 대한 체계적인 지식, 문학적 사고력과 문학적 소통 능력, 문학 경험과 문학에 대한 가치와 태도'를 의미한다. 즉 문학교육을 통해 추구 해야할 문학에 관한 지식, 문학의 수용과 생산 활동(기능), 문학에 대한 태도에 대한 능력을 의미한다.

한편 7차 교육과정과 달리 2007년 개정 교육과정에서는 문학능력이란 직접적인 표현을 삼가고 '1. 성격'에서 다음과 같이 나타내었다.

문학은 인간과 사회 및 역사의 본질을 심미적 언어로 형상화하고, 이를 바탕으로 개인의 자아를 실현하며 공동체의 삶과 문화를 발전시키는 데 그 가치가 있다. 학습자는 문학을 통하여 창의적인 언어 능력과 사고력을 기르고, 정서와 심미 의식을 함양하고 가치관을 확립하며, 더불어 살아가는 존재로서 자아를 발전시킬 수 있다(교육인적자원부, 2007 : 112).

문학교육은 문학을 통해 학습자가 바람직한 문학 주체로 성장하고 인간다운 삶이 가능한 사회를 만드는 데 기여하도록 도움을 주는 것을 목적으로 한다. 그 구체적인 목표는 다음과 같다.

문학의 올바른 이해와 폭넓은 경험을 바탕으로 문학 작품을 수용하고 생산하는 능력을 기르며 자아를 실현하고 공동체의 발전에 기여하는 태도를 함양한다.

　가. 문학에 대한 지식과 경험을 바탕으로 하여 능동적으로 문학 활
　　　동을 한다.
　나. 문학 작품의 수용과 생산 활동을 통하여 언어에 대한 통찰력을
　　　기르고, 창의적으로 사고하고 소통하는 능력을 함양한다.
　다. 문학을 통하여 인간과 세계를 총체적으로 이해하고, 문학의 가치
　　　와 아름다움을 향유하며, 공동체의 문화 발전에 적극적으로 참여
　　　한다(교육인적자원부, 2007 : 112).

　여기서의 문학능력은 '문학에 대한 지식과 경험, 문학 활동(작품의 수용과 생산), 언어에 대한 통찰력, 창의적 사고력, 창의적 소통 능력, 인간과 세계의 총체적 이해, 문학의 가치와 아름다움 향유, 공동체의 문화 발전에 참여'라고 할 수 있다. 문학 목표에 의해 파악한 문학능력은 7차와 마찬가지로 문학에 관한 지식, 문학의 수용과 생산 활동(기능), 문학에 대한 태도와 관련이 있다. '문학에 관한 지식과 경험'을 지식으로, '작품의 수용과 생산, 언어에 대한 통찰력, 창의적 사고력, 소통 능력'은 기능(문학의 내용 체계에서는 수용과 생산 영역)으로, '인간과 세계의 총체적 이해, 문학의 가치와 아름다움 향유, 공동체의 문화 발전에 참여'는 태도 영역으로 볼 수 있다. 인지적 영역의 지식 전반에 관한 것뿐만 아니라 통찰, 사고, 소통의 능력까지 포함시킨 것은 문학능력을 전반적으로 확장한 것으로 보인다.

2) '국어'에서의 문학능력

　교육과정에서 초등학교에서의 문학능력에 대하여는 구체적으로 명시한 곳이 없다. '국어'과의 목표항에서 문학교육과 관련된 내용을 추출하

여 문학능력을 무엇이라고 잠정적으로 정의하였는지 추출해 보겠다.

언어활동과 언어와 문학의 본질을 총체적으로 이해하고, 언어 활동
의 맥락과 목적과 대상과 내용을 종합적으로 고려하면서 국어를 정확하
고 효과적으로 사용하며, 국어 문화를 바르게 이해하고, 국어의 발전과
민족의 언어 문화 창달에 이바지할 수 있는 능력과 태도를 기른다.
　가. 언어활동과 언어와 문학에 대한 기본적인 지식을 익혀, 이를 다
　　　양한 국어 사용 상황에서 활용하는 능력을 기른다.
　나. 정확하고 효과적인 국어 사용의 원리와 작용 양상을 익혀, 다양
　　　한 유형의 국어자료를 비판적으로 이해하고 사상과 정서를 창의
　　　적으로 표현하는 능력을 기른다.
　다. 국어 세계에 흥미를 가지고 언어 현상을 계속적으로 탐구하여, 국
　　　어의 발전과 국어 문화 창조에 이바지하려는 태도를 기른다(교육
　　　인적자원부, 1997 : 29).

‘문학에 대한 기본적인 지식, 작품의 수용과 생산 활동, 문화 창조에
이바지하려는 태도’를 문학능력으로 볼 수 있다. 개정 교육과정의 국어
과 목표는 다음과 같다.

국어 활동과 국어와 문학의 본질을 총체적으로 이해하고, 국어 활동
의 맥락을 고려하면서 국어를 정확하고 효과적으로 사용하며, 국어 문화
를 바르게 이해하고, 국어의 발전과 민족의 국어 문화 창조에 이바지할
수 있는 능력과 태도를 기른다.
　가. 국어 활동과 국어와 문학에 대한 기본적인 지식을 익혀, 이를 다
　　　양한 국어 사용 상황에 활용하면서 자신의 언어를 창조적으로 생
　　　산한다.
　나. 담화와 글을 수용하고 생산하는 데 필요한 지식과 기능을 익혀,
　　　다양한 유형의 담화와 글을 비판적이고 창의적으로 수용하고 생

산한다.

다. 국어 세계에 흥미를 가지고 언어 현상을 계속적으로 탐구하여, 국
어의 발전과 미래 지향의 국어 문화를 창조한다(교육인적자원부,
2007 : 2).

개정 교육과정에서는 문학능력을 '문학에 대한 기본적인 지식, 담화와 글을 수용하고 생산하는 능력, 국어 문화의 창조'이다. '문학' 교과에서 살핀 문학능력과 별반 다를 것이 없다. 물론 국어 교과의 한 영역인 문학의 심화 과정이 문학이기 때문에 그럴 수밖에 없긴 하다. 결국 교육과정에서의 문학능력에 대한 정의는 지식, 기능, 정의적 영역에 대하여 학습자가 갖추어야 할 문학적 지식, 문학의 수용과 생산, 문학에 대한 태도를 의미한다고 볼 수 있다.

국어 교육과정에서의 문학능력은 문학교육을 통해 학습자가 '알아야 할 것(지식 · 이해), 실천해야 할 것(실천 · 기능), 지녀야 할 태도(정의 · 정서)'라고 볼 수 있다. 문학교육은 문학능력이 딱히 무엇이라고 정의되건 간에 학습자가 알아야 할 지식이나 기능 습득 중심으로 이루어져 온 것은 간과할 수 없다. 하지만 문학교육을 통해 학습자를 변화시키고자 추구하는 궁극적인 목적은 '인간과 세계를 총체적으로 이해하고, 문학의 가치와 아름다움을 향유하며, 공동체의 문화 발전에 적극적으로 참여'하는 정의적인 태도 영역이다.

문학교육은 인지적 영역의 교육과 정의적 영역의 교육을 동시에 수행해야 한다. 인지적 영역의 교육에는 정서와 감정 같은 것들이 어떤 방식으로든 관련되어 있으며, 정의적 영역의 교육에도 지식 또는 사고가 어떤 방식으로든 관련되어 있다. 그러므로 문학교육에서 이 두 영역은 상

호관련을 맺고 있으며 이분법적인 사고로는 문학교육의 총체적 목표를
수행할 수 없다.

문학적 감수성과 상상력, 문학에 대한 지식, 태도 및 가치가 학습자
안에서 유기적으로 통합될 수 있어야 문학교육의 목적인 문학능력을 세
련시킬 수 있다. 문학적 감수성과 상상력, 가치, 태도는 문학교육의 정의
적 영역에 대한 내용이고, 문학에 대한 지식은 인지적 영역에 대한 내용
이다. 인지적 영역에 대한 내용은 인간의 사고와 관련된 내용이며, 정의
적 영역은 인간의 정서와 관련된 내용이다.

그 동안의 문학교육은 인지적 영역을 중시하는 입장에서 이루어졌기
때문에 정의적 연구에 관련된 논의는 많지 않다. 특히 문학 작품에 나타
난 작가의 정서를 어떻게 학습자의 것으로 수용하는가에 대한 정서 체
험과 관련된 연구는 더욱 부족한 실정이다. 학습자의 체험과 관련된 연
구는 문학적 지식과 관련된 이론을 구축하는 현실태가 된다. 문학 작품
에 대한 지식이나 기능은 학습자의 문학적 체험과 관련이 있을 때 비로
소 의미를 갖는다. 아무리 좋은 문학 작품이라고 할지라도 학습자의 문
학적 체험이 없을 때 그 작품은 학습자에게는 아무 의미도 없는 종잇조
각에 불과하다. 그러므로 학습자의 문학능력을 신장시키기 위한 방안으
로 학습자의 문학적 체험이 중요시된다.

3. 학습자의 문학적 체험

문학은 인간의 체험과 상상력을 바탕으로 인간의 총체적인 삶을 심미
적인 언어를 매개로 표현한 예술이다. 학습자는 문학 작품에 작가가 나

타내고자 의도한 것을 자신의 체험과 상상력을 바탕으로 수용하게 된다. 문학교육에서 주체가 되는 것은 교사이기보다는 학습자이다. 문학 작품은 학습자의 체험을 통해 구체화되고 학습자의 새로운 작품으로 탄생되기 때문이다. 이때 문학 작품은 더 이상 객관적 대상물이 아니라 학습자와의 상호작용 속에 구체화되어 나타난 새로운 또 하나의 문학 작품이 된다.

'月印萬川'이란 말이 있다. 하늘에는 하나의 달이 존재하지만 그것이 千江萬水에 비쳐 달은 천 개가 되고 만 개가 된다. 하지만 千江萬水에 비친 달은 하늘에 있는 하나의 달이 장관한다. 물론 이것은 개별적인 理는 보편적인 하나의 理와 동일하다는 주희의 '理一分殊論'과 맥을 같이 한다. 모든 사물은 하나의 이치를 지니고 있으나 개개의 사물 현상은 그 상황에 따라 그 이치가 다르게 나타난다는 것이다. 즉 보편적 원리의 바탕 위에서 개별적인 특수성을 설명하는 것이다. 여기서 '달'을 작가가 탄생한 원 작품이라고 보면 '千江萬水에 비친 달'은 그 작품을 접한 모든 학습자에게 수용되어 나타난 작품에 해당한다. 학습자의 개별적인 특성에 따라 원 작품은 또 다른 모습으로 나타날 수밖에 없다. 그렇다고 해서 원래의 '달'이 다른 '달'이 되지는 않는다. 물론 이때 하늘에 떠 있는 달이 아무리 많은 강을 비추어도 그것을 보지 않으면 달은 없는 것이나 마찬가지이다. 결국 문학(작품)은 학습자의 체험과 관련을 맺지 않으면 더 이상 존재할 수 없는 것이다.

학습자의 문학 체험은 '月印萬川'이다. 학습자의 수만큼 문학 작품이 존재한다고 할 수도 있다. 학습자의 문학 체험에 관한 상황 변인은 학습자의 수보다 더 많이 존재할 수밖에 없다. 하지만 그 동안의 문학교육에서는 학습자의 체험을 그다지 중요하게 여기지 않았다. 문학교육의 주체가 문학 작품과 학습자, 교사라고 할 때 문학을 객관적 대상물로 바라보는 교사는 있으나 문학을 자신의 삶의 일부로 구체화하는 학습자는 멀리 있었던 것이 사실이다. 특히 학습자의 삶과 관련된 정의적 영역, 그 중에서도 문학적 정서와 관련된 내용은 교육의 장에 있거나 연구된 적이 별로 없다.

1) 7차 교육과정에 나타난 정의적 영역의 문학교육 내용

7차 교육과정에서는 '태도' 범주를 설정하여 '동기, 흥미, 습관, 가치' 등을 의도적으로 정의적 교육 내용으로 삼았다. 그리고 학년별 문학교육 내용으로 구성하였다. 국민공통교육과정 '국어' 교과에서의 문학 영역의 '태도' 범주와 관련된 학년별 내용은 다음과 같다.

문-1-(3)　작품을 즐겨 읽는 습관을 지닌다.
문-2-(4)　작품에 흥미를 가지고 즐겨 읽는 습관을 지닌다.
문-3-(5)　작품을 스스로 찾아 읽는 습관을 지닌다.
문-4-(6)　읽은 작품에 대해 독서록을 작성하는 태도를 지닌다.
문-5-(6)　작품에 대한 생각이나 느낌을 글로 표현하려는 태도를 지닌다.
문-6-(7)　가치 있는 작품이나 영상 자료 등을 선별하여 읽는 태도를 지닌다.
문-7-(7)　작품의 사회적, 문화적, 역사적 상황에 나타난 그 시대의 가치를 이해하려는 태도를 지닌다.
문-8-(7)　작품에 드러난 우리 민족의 전통이나 사상을 비판적으로 수용하는 태도를 지닌다.
문-9-(7)　작품 세계를 창조적으로 수용하려는 태도를 지닌다.
문-10-(7) 한국 문학의 전통을 창조적으로 계승, 발전시키려는 태도를 지닌다(교육부, 1997 : 37, 44, 51, 59, 69, 78, 85, 94, 102, 111).

한편, 고등학교 '문학' 교과의 정의적 영역의 내용은 다음과 같다.

> 가) 문학적 가치 인식
> ① 인식적, 미적, 윤리적 관점에서 문학의 가치를 판단하는 기준과 원
> 리를 이해한다.
> ② 주체와 맥락에 따라 작품의 가치를 평가한다.
> 나) 문학 활동에의 능동적 참여
> ① 작품의 수용과 창작 활동에 적극적으로 참여한다.
> ② 문학 활동을 통해 인간과 세계를 통합적으로 이해한다.
> 다) 문학에 대한 태도
> ① 문학 활동을 하면서 문학 문화 발전에 능동적으로 참여하는 태도
> 를 지닌다.
> ② 통일 문학, 세계 문학과 관련하여 한국 문학의 가치를 찾고, 계승,
> 발전시키는 태도를 지닌다(교육부, 1997 : 153~154).

7차 교육과정에서 문학의 정의적 영역 내용으로 간주한 것은 대부분 문학교육을 통해 갖추어야 할 가치 덕목과 같은 것의 나열에 불과하다. 정의적 영역에서 궁극적으로 다루어야 할 내용은 학습자의 문학적 정서 체험이다. 문학에서의 가장 고차원적인 감상의 내용이 '심미적인 안목, 심미적 감수성'과 관련된다면 학습자의 정서 체험에 관한 내용이 교육과 정의 내용 항목으로 설정되어야 한다. 도덕 시간에 갖추어야 할 성싶은 가치 덕목을 문학교육의 정의적 내용으로 삼는 것은 문학 작품을 통해 문학능력을 기르고자 하는 문학교육의 목표와 부합하지 않는다. 그 결과 개정 교육과정에서는 태도 영역의 교육 내용 설정의 문제를 모든 범주 에 분산하여 드러나지 않게 구성하는 방식을 선택한 것으로 보인다.

2) 문학적 정서

문학적 정서는 문학교육의 정의적 영역인 문학적 감수성과 상상력, 문학에 대한 태도 및 가치와 관련이 깊다. 문학에서는 체계적인 지식이나 논리보다는 정서적인 측면이 강하게 반영되며, 이를 통해 학습자는 상상력의 작용에 의해 감동을 경험하게 된다. 이때 학습자가 문학 작품에 표현된 어떤 정서를 파악하기 위해서는 먼저 텍스트 상황 파악에 대한 인지적 작용이 선행되어야 한다. 그러므로 정서는 인지와 상보적인 관계에 있다고 할 수 있다. 문학교육은 문학적 감수성과 상상력, 문학에 대한 지식, 태도 및 가치가 학습자의 내부에서 유기적으로 통합될 수 있어야 그 목적을 달성할 수 있다.

문학을 정서의 표현이라고 할 때 작가는 자신의 정서를 표현하며 독자는 문학 작품에 표현된 정서를 느낀다. 작가의 정서는 문학 작품으로 표현되기 이전에도 존재하며 독자를 위해 자신의 의도된 정서를 문학 작품에 표현하지는 않는다. 독자는 문학 작품을 보고 관념이나 사고의 결합만으로 그 작품에 표현된 정서를 파악하는 것이 아니라 대상 그 자체에 전체적으로 함유된 정서의 내용을 감각적으로 느끼게 된다. 독자는 사고와 관념과 더불어 대상에 표현된 정서를 읽어낸다. 정서는 예술 활동을 통해서 어떤 매체 속에서 분명히 말해질 때 파악될 수 있고, 그 점에서 공공적이고 소통할 수 있는 것이 된다(마이클 J 파슨즈, H 진 블로커, 1998 : 196). 즉 문학 작품에 표현된 정서는 작가의 정서이며 또한 독자에게 전달될 수 있다. 이때의 문학 작품은 작가의 정서를 독자에게 전달해 주는 통로이자 독자에게 정서를 환기시켜주는 자극제가 된다.

작가는 문학 작품을 만들어내는 과정 속에서 자신의 내부에서 계속되고 있는 느낌이 어떤 성격의 정서인가를 분명하게 인식하게 된다. 처음에는 통제할 수 없었고 의식할 수 없었던 감각 수준의 정서가 통제할 수 있고, 의식할 수 있는 인식수준의 정서로 변형되는 과정이다. 결국 작가는 문학 작품이 완성되었을 때 비로소 자신의 정서가 무엇인지 알게 된다. 창작 활동에서 정서라는 것은 문학 작품을 통해 표현된 정서만이 분명한 정서이며 표현되기 이전의 정서는 그것이 무엇인지 작가도 독자도 모두 분명하게 모른다.

이 글에서의 문학적 정서는 신경생리학적인 감정 수준의 정서가 아니라 사고 수준의 정서로 일정한 방식으로 사고하기 때문에 일어날 수 있는 정서이다. 문학적 정서는 의식 작용에 의해 조절이 가능하다. 문학적 정서는 문학이라는 매개물을 통해 저절로 일어나는 것, 즉 톨스토이의 표현에 의하면 '감염'[1])에 의해 일어나는 것이 아니다. 문학적 정서는 학습자와 작가가 문학 작품과의 소통을 통해 체험하는 형태로 발생하는 것이다. 학습자의 문학적 정서 체험은 작가의 정서를 상상 작용을 통해 수용하게 되는데, 상상 작용을 하기 위해서는 바로 인지 작용이 필수 조건이 된다. 그러므로 작품에 나타난 정서와 학습자와의 경험을 관련짓는데 인지적 요소인 사고의 작용이 반드시 수반된다.

---

1) 톨스토이(Tolstoi Lev Nikolaevich, 1984 : 56~64)는 정서의 감염에 의해 예술가의 경험과 동일한 것이 감상자에게 전달될 때에만 예술이 성립된다는 입장을 보인다. 예술가의 정서는 감염의 결과로서 감상자에게 전달되며, 그 정서는 사실이어야 하고 예술가와 감상자에게 모두 동일하게 느껴져야 한다는 입장이다. 이때 예술은 정서를 전달하는 하나의 매체의 역할을 한다. 이 역할을 제대로 하지 못하면 진정한 예술이라고 할 수 없다는 것이다. 예술가에게서 흘러나와 예술 작품에 감염된 정서를 감상자는 다시 감염에 의해 수용하게 된다. 이때 감상자는 내부의 능동적인 작용 없이 외부로부터 수동적으로 수용하게 된다. 이 논의를 그대로 작가가 문학 작품을 창작하는 과정에 반영하면 정서의 감염에 의한 학습자의 수동적인 문학 감상의 과정을 알 수 있다. 하지만 정서는 감염에 의해 작가의 것과 똑같은 것이 전달되는 것이 아니고 학습자나 예술 감상자의 능동적인 인식 작용의 결과 수용하게 되는 정신의 하나라고 볼 수 있다.

3) 문학교육에서의 정서 체험

인간 마음을 구성하는 요소 가운데 하나인 정서가 교육적 논의의 대상이 되는 경우는 예술 교육의 경우를 제외하고는 드문 일이었다. 인간 마음의 심층부에 정서가 자리하고 있으며, 인지(사고)는 정서의 표면에 해당한다. 따라서 인간의 보다 심미적인 진솔한 모습은 마음의 표면에 해당하는 사고보다는 마음의 심층부에 해당하는 정서에서 찾을 수 있다. 이러한 맥락에서 감성적 요소인 정서가 직접 교육적 논의의 대상이 될 수 있을 뿐만 아니라 정서의 표현과 관련하여서는 정서를 논의의 핵심으로 삼는 문학교육 방법을 생각해 볼 수 있다.

그 동안의 문학 정서와 관련된 연구는 대체로 정서에 대한 인접 학문의 연구 결과를 바탕으로 이루어져 왔다. 문학적 정서에 관한 연구, 특히 문학 정서 체험과 관련한 문학교육 연구는 거의 이루어지지 않았다. 이 글에서는 문학을 자신의 삶의 일부로 느끼는 문학능력 중 태도와 관련하여 문학적 정서의 심미적 체험에 관하여 논의한다. 글의 전개 방식은 문학적 경험과 구분되는 정서의 체험과 문학에서의 '심미'의 속성에 대해 논의하고, 실제로 시(시조)에서의 문학적 정서의 심미적 체험에 관하여 논의한다.

정서는 인간의 정신세계를 나타내는 것으로 사고라는 인지적 작용과 무관할 수 없다. 작가가 작품에 언어로 표현하기 전부터 자신의 내부에서 불분명하게 느끼고 있던 정서를 상상이라는 사고 작용을 통해 언어로 작품에 표현한다. 작가는 자신의 정서를 작품에 언어로 표현하는 과정에서 자신의 정서를 명료하게 느끼게 된다. 학습자는 작가가 작품에 표현한 정서를 상상작용을 통해 작가와는 다른 자신의 정서로 수용하게 된다.

학습자는 작품에 나타난 기호를 표상함으로서 정서를 환기하게 된다. 환기된 정서는 발산되어 사라지거나 또 다른 정서 반응을 일으켜 구체화되거나 학습자의 내부에 내면화되어 충전되기도 한다.

'체험'2)이란 독일어 'Erlebnis'를 번역한 철학상의 용어이다. 경험이라는 말이 대상과 얼마간의 거리를 예상한 것임에 대해 체험은 대상과의 직접적이고 전체적인 접촉을 의미한다. 경험(Erfahurung)은 '외부 세계의 이런 저런 것을 경험을 통해 알게 된다.'는 지식 획득의 계기를 강조한다면 체험(Erlebnis)은 '기쁨, 슬픔, 환멸, 고통 등을 겪거나 가슴으로 느낀다.'는 자아 내부의 흔들림을 나타내는 용어로 감정적인 계기를 강조한다(김유동, 1992 : 130). 경험은 감각이나 지각을 통해 얻어지는 내용으로 지식과 관련되어 있으며 체험보다는 간접적이고 인지적인 인식의 함축성을 지닌다. 반면에 체험은 유기체가 직접 경험한 심적 과정으로 경험과는 달리 인지, 언어, 습관에 의한 구성이 섞이지 않고 근원적인 것을 이루는 것으로 비논리적 인식 방식이라고 할 수 있다. 즉 체험은 사람의 인식을 주관과 객관으로 나누기 전의 개인의 주관 속에 직접적으로 볼 수 있는 생생한 의식 과정이나 내용이라고 할 수 있다.

체험은 '삶속에서 직접적으로 살아있다'는 의미를 지니며 삶과의 직접적인 만남, 즉 '직접적, 무매개적 체험'을 뜻한다(딜타이, 2002 : 46). 여

---

2) 체험이란 용어는 傳記 분야에서 사용되었다. 철학적으로 깊은 뜻을 가지게 된 것은 딜타이에서 비롯되었다. 그에 의하면 철학은 '체험-표현-양해'라고 하는 그의 생의 철학 도식의 한 항목으로서 역사성·사회성과의 연결이 강조되고, 그 중에서도 예술은 이 도식 연관을 단적으로 표현하는 것이라고 한다(딜타이, 2002). 미의 체험이란 미를 궁극적인 가치 내용으로 하는 가치체험이며, 이는 주로 의식의 출발점으로서 객관성, 보편성의 요구를 함축하는 이른바 경험(Empirimus)과는 달리 인격적, 개성적, 주관성에 존립 근거를 갖는 체험(Erlebnis)이라는 점에서 경험과 구별된다(백기수, 1993 : 28).

기서 체험은 나에게 현존하는 실재이며, 감정, 인식, 의지 등의 요소들이 나와 함께 통일된 것이다. 이러한 체험은 본래 역사성을 지니고 있다. 체험은 의미의 통일성 속에서 과거의 회상뿐만 아니라, 미래에 대한 예기의 의미를 총체적으로 포괄한다.

이 글에서 체험은 학습자가 문학 작품과의 직접 접촉으로 경험하는 일체의 심적 과정을 의미한다. 문학 작품에 언어로 표현되어 내재된 작가의 체험뿐만 아니라 독서를 통한 학습자의 문학적 체험이 모두 학습자의 체험이 된다. 즉 작품에 나타난 체험을 자신의 실생활 속에 재구성하는 의미의 체험이다. 작가는 현실에서 있을 수 있을 법한 일을 작품에 표현하게 된다. 학습자는 일상적인 삶을 작품에서 발견할 때 자신의 체험일 수도 있다는 심정적 일치감을 유발하게 된다. 그리고 그 심정적 일치감은 학습자 자신의 동일한 체험을 연상할 수 있도록 돕는다. 이것은 작품을 통한 학습자의 간접 체험으로 작가의 정서를 자신의 정서로 체험하게 되는 과정이기도 하다.

문학 작품의 언어는 대상언어(對象言語)3)의 속성을 갖는다. 즉 작가가 세계를 언어화한 것으로 그 언어가 표현하고자 하는 대상의 내적 구조와 인상을 표현하고자 한다. 이런 대상 언어의 읽기가 작가와 학습자와의 직접적인 의사소통의 방식으로 문학적 체험이 가능해 진다. 심미적 체험은 단순한 감각적 미감을 향수하는 수준의 분절된 경험을 의미하는 것이 아니라 문학적(예술적) 체험이 갖는 체험의 총체성을 의미하는 것으

---

3) 의미론과 논리학에서 세계 안에 있는 사물이나 대상들에 관해 이야기할 때 사용하는 일상언어, 수준이 낮은 제1의 언어를 가리키는 용어이다. 반면 언어학자 등이 대상언어 자체의 문장이나 요소를 분석 또는 기술하기 위해 사용하는 인조어(人造語)를 메타언어(metalanguage)라고 한다. 가령 '4+4=8'은 수(數)라는 대상에 관해 말한 대상언어이나, '4+4=8은 산수의 명제이다'는 메타언어이다(두산동아백과대사전). 이 양자는 상대적인 것이어서 메타언어라 할지라도 보다 높은 메타언어에 대해서는 대상언어가 될 수 있다.

로 보아야 한다.

'심미적'은 개념이 '무엇'이라고 규정되는 것이 아니라 '어떻게'에 그 바탕이 있다(이저, 1983 : 283). 심미적인 것은 그 구조 속에 존재하며 그것이 어떻게 작용하는가에서 나타나게 된다. '심미적'이라는 언어의 사용도 그 자체로서 논술·개념적인 어떤 의견을 정확히 표현하고 있지 않다. 구체적인 언어로 이루어지는 대화에서 '아름답다.' 또는 '아름답게 느낀다.' 등의 표현은 아무것도 의미하지 않는 것은 아니지만 무언가 이 언어 표현이 의미하고 있는 것 이외의 어떤 다른 것도 의미하지 않는다는 뜻에서(아름답다 = 아름답다) 그 표현 의미가 인정되고 있을 뿐이다. 이처럼 '심미적'의 고유한 속성은 그 내용이 규정되지 않고 그 표현 자체가 스스로를 의미하는 것이다. 따라서 심미적 독서 행위에서 중요한 것은 학습자가 '무엇'을 파악하느냐보다는 그것을 '어떻게' 파악하느냐이다.

문학 작품은 문학이란 특수한 기능과 효과를 통해 세상에 없는 것이 생겨난다는 의미에서 창작이기 때문에 곧 심미적 성격을 띠고 있다. 따라서 문학 작품의 구체화는 의미구성에만 제한되어서도 안 되고, 문학 작품의 심미적인 것과 개념적인 것의 복합적인 차원에 놓인 심미적 효과가 구체화의 바탕이 되어야 한다. 심미적인 것은 내용을 규정할 수 없으며 심미적 가치도 규정할 수 없다.

정서의 심미적 체험은 정서를 학습자의 내부로 끌어들이기 시작하는 것이다. 작가는 심미적 대상을 감각적 현상의 내용으로 표출한다. 학습자가 직관과 의식의 작용으로 작가가 표현한 미의 특질을 파악하여 자신의 내부에 새로운 내용을 생성하게 된다. 학습자의 내부에서는 정서 참조체계의 정서 조각을 이용하여 유사한 감정을 갖게 되고, 정서적으로 그 대상을 미적으로 느끼게 되는 것이다. 작가가 표현한 정서가 학습자에게 전달되는 과정이라고 할 수 있다. 학습자는 개별 작품이 갖는 효과 구조에 대해 심미적 정서 체험을 가질 수 있다. 정서를 확인하는 데는 인지적 사고가 작용을 하게 된다. 그 작품만이 갖는 작품의 구조적 특질, 미적 특질 등이 학습자의 문학적 경험을 바탕으로 '따져 보기(discriminating)'[4]가 되는 것이다. 이 '따져 보기'는 정서의 심미를 규정하는 과정이고 그 정서를 체험하는 것은 '느끼기(feeling)'[5]에서 비롯된다.

문학 영역에서 시가는 정서와 더욱 깊은 관련을 맺는다. 시는 자기 인식과 정서 표현의 형식이라는 내적 형식과 율격이나 언어적 표현 방식인 외적 형식을 매개로 자신의 정서를 드러낸다. 시에서 내적 형식의 차이는 외적 형식의 차이보다는 별로 크지 않다. 예를 들면 김소월의 근대시 '진달래꽃'과 고려가요 '가시리'나 민요 '아리랑', 황진이의 시조 등을 비교해 보면 정서의 표현이라는 내적 형식의 차이보다는 노래나 시조, 근대시라는 외적 형식의 차이를 더 크게 느낄 수 있다(나병철, 2000 : 150). 시가 형식은 시가가 향유될 당시의 담화 공동체에 의한 공동의 창

---

4) 정서적 텍스트를 감상하기 위해서는 일차적으로 작품을 이루고 있는 언어적 의미에 대한 인식(認識), 즉 '알기(knowing)'가 전제되어야 한다. 이를 토대로 작가가 형상화하고 있는 세계의 타당성이나 합리성을 분변(分辨)하는 활동, 즉 '따지기(discriminating)'가 이루어진다. 인지적 영역은 '앎'이란 것을 전제로 그것의 속성에 따라 객관적 사실에 대해 알기와 이를 토대로 하여 어떤 사물이나 현상을 분변해 낼 수 있는 따지기로 이루어진다. 따지기란 작품에 대한 비판적 사고능력을 말한다. 정서적 텍스트의 감상력과 밀접한 관계를 갖는다. 언어 표현과 이해의 과정에서 여러 가지 준거에 의하여 분석된 것을 바탕으로 그 적절성 또는 가치 및 우열을 판단하는 능력이다(김중신, 2003 : 260, 210~214).
5) 정서는 객관적 대상에 대한 주체의 감각에 의거한 감응(感應), 즉 '느끼기(feeling)'에서 비롯된다. 이것은 결과적으로 주체가 감상 대상이 형성하고 있는 세계에 대한 적극적이고 주체적인 향유(享有), 즉 '즐기기(enjoying)' 활동으로 귀결된다. 느낌은 감각 기관을 통해 외부의 사물을 인식하는 작용으로 외부의 사물이 사람의 마음에 주는 감각을 말한다. 정서적 텍스트의 교수·학습 활동에서의 느낌은 작품을 읽고 마음에 느끼어 일어나는 정신 작용으로서 주로 작품에 대한 '인상'을 말한다. 인상은 과거의 체험과 현재를 연결 짓는 정신 작용이다(김중신, 2003 : 215~217).

작물이다. 담화 공동체에 의해 창작된 시가 양식은 그 시대 사람의 정서를 가장 잘 담아낼 수 있는 그릇이라고 볼 수 있다.

학습자가 시조를 통해 심미적 정서를 체험하는 과정은 장르적 특징에 기인한다. 정형시로서의 시조가 갖는 율격, 각 장의 유기적 의미 구조, 시적 표현법 등에 의한 텍스트 구조의 효과에 의해 작가가 형상화한 텍스트의 세계를 '따져 보는' 활동에서 심미 체험이 비롯된다. '따져 보는' 활동은 미(美)의 특질을 규정하는 것으로 인지적 사고의 작용에 의해 이루어진다. 심미적 정서 체험은 인지적 사고 작용과 동시에 일어난다고 볼 수 있다.

다음에 제시한 시조는 '말'이라는 낱말을 거듭 사용함으로써 시의 리듬을 형성한다. 작가는 시에서의 음악적 효과를 창조하기 위해 소리를 모형화하는데 이것이 곧 리듬이다. 운율적 언어의 사용은 시의 한 행에서 나타날 수 있는 모든 리듬이 등장성(동일한 시간 지속의 규칙이 반복적)이라는 공통점을 지니고 있다. 시간적 동일성 반복이라는 음악적인 장에 따라 단어들이 질서를 이루고 있다. 시가 체험의 질서화라고 할 때 이 질서화는 말할 것도 없이 시의 리듬(김준오, 1987 : 92)에 있는 것이다. 시조의 운율은 어절로 표상된 시간적 단위로 볼 수 있는 음보율이라고 할 수 있다. 다음의 시조는 '말'의 반복을 통한 시의 리듬 체험은 물론 구조적으로 말놀이 형태를 취하고 있어 학습자의 일상 체험을 독서 체험과 관련짓기에 매우 효과적이다.

> ㉠말ᄒᆞ기 죠타 ᄒᆞ고 ᄂᆞᆷ의 ㉡말을 ㉢마롤 거시
> ᄂᆞᆷ의 ㉣말 내 ᄒᆞ면 ᄂᆞᆷ도 내 ㉤말 ᄒᆞᄂᆞᆫ 거시
> ㉥말로셔 ㉦말이 만흐니 ㉧말 ㉨마롬이 죠해라.

— 서경덕, 〈靑丘永言〉

이 시조에 '말'이라는 낱말이 7번이나 나오는데, ㉢과 ㉩의 '마롤'과 '마름'까지 '마ㄹ'로 시작하는 낱말로 포함하면 9번이나 된다. 시조에서 ㉠, ㉡, ㉣, ㉤, ㉥, ㉦, ㉧은 '언어'를 의미하고, ㉢과 ㉩은 '말다.' 곧 '중지하다'라는 뜻으로 쓰였다. 이 시조에 나타난 '말'의 의미는 대부분 '화행(話行)'의 의미보다는 '비방'이라는 비판적인 의미로 사용되었다. 그나마 ㉠과 ㉥의 '말'은 '화행'에 가깝다고 볼 수 있으나 그 밖의 말은 '비방'의 의미에 가깝다. '중지'를 나타내는 '말ㅡ'과 '비방'을 나타내는 '말'은 작품 전체에 부정적인 의미를 강하게 나타낸다(허왕욱, 2003 : 348). 하지만 시조를 읽는 과정에서는 의미 전달의 심각성과는 달리 반복되는 낱말에 의한 청각 표상이 강하게 일어난다. 학습자는 '말'이라는 낱말이 반복될 때마다 자신의 의미 체계를 참조하여 '말'에 해당하는 청각 영상을 의미로 표상을 하게 되는 것이다. '말'이라는 의미의 청각적 표상으로 정서의 환기가 일어나게 되고, 학습자는 이 시조가 가진 형식적 구조의 '따지기' 활동으로 구체화한 심미적 정서를 자신의 체험으로 수용하게 된다.

또한 신중한 언어 사용에 대한 강조는 이 시조가 창작될 당시나 현대에 있어서나 변함이 없다. 문학 작품에 대한 심미성은 시대에 따라 다르게 나타나지만 이 시조의 경우에 있어서는 과거의 거기에 존재하는 것이 아니라 현재의 여기에 존재하는 문학이다. 따라서 학습자는 고전 작품을 과거와의 시간적 거리를 넘어서 현대적 의미로 수용하게 된다. 즉 고전문학 작품을 통한 정서의 간접 체험이 학습자의 일상적인 삶의 체험으로 전환되어 정서의 심미적 체험이 가능해진다. 문학의 기능의 하나인 도덕적 교훈을 마음에 새겨 학습자의 일상생활에 드러나게 된다.

고시조에서의 '말놀이' 시조 유형은 현대시조에서도 찾아볼 수 있다.

다음에 보이는 시조는 '섬'이라는 낱말을 반복하여 사용함으로써 시조의 음성상의 율격을 형성한다. 또한 시조의 중장을 음보식으로 행 배열을 함으로써 '섬'이 늘어가는 이미지를 형상화하고 있다.

<다도해>라는 제목에서 섬이 많은 바다와 관련된 표상을 통해 작품에 표현된 정서를 환기하게 된다. 학습자는 상상력을 바탕으로 작품의 의미를 재구성한다. 초·중장에 '섬'이라는 낱말을 반복하여 사용함으로써 학습자의 마음에는 '섬'의 수가 늘어가는 모습이 점점 많게 표상된다.

> 푸른 섬이 섬을 안고
> 안은 섬이 섬을 안아
>
> 섬 섬이
> 섬을 낳고
> 낳은 섬이
> 섬을 지어
>
> 오오래 재롱부리며
> 사랑이라 이르리.

— 허연, 〈다도해〉

이 시조에서는 섬이 늘어가는 과정을 의인화하여 표현함으로써 개체 증식이 불가능한 '섬'에게 생명을 부여하였다. 인간 사회에서 가족 구성원의 증가와 관련된 일상의 일이 '섬'에게서 일어난다. 학습자는 무생물의 섬을 생물처럼 표현하는 활유법적 사고에 익숙하다. 자기중심적으로 생각하고, 물활론적 사고가 강하며 자신의 행동 양식에 맞춰 작품을 해석하는 경향이 강하다. '섬'이라는 작품에는 이런 학습자의 일상적인 행동 양식이나 사유 체계가 반영된 것을 볼 수 있다. 작가의 체험과 관련된 정서가 학습자와 심정적인 일치를 가져올 때 바로 정서적 체험이 이루어진다.

이 시조가 갖는 구조적인 힘이 학습자의 의식 수준의 정서 작용에 영향을 미치고, 그 영향으로 작품의 심미적 자질이 규명된다. 즉 이 시조에 나타난 '섬'이라는 낱말의 반복에 의한 음성상의 율격 형성과 각 장의 유기적 결합을 이루는 의미구조와 대구를 이루는 의미의 율격이 미적 특질로 인식되어 심미적 정서를 체험하게 한다. '푸른 섬이 섬을 안고'와 '안은 섬이 섬을 안아'는 의미적으로 대구를 이루고, 이를 통해 의미상의 율격6)을 형성한다. 시조에서 대구적인 표현은 단순한 시어의 배열이 아니라 시의 음악성까지 고려한 표현으로 학습자의 심미적 정서의 '느끼기' 활동을 자극한다.

시조의 각 장은 하나의 주제를 중심으로 서로 다른 의미를 지닌 장들이 모여 의미 구조를 이루면서 새로운 의미를 생성한다. 여기서 구조란 형식을 포함하는 것으로서 문학 작품의 각 부분이 상호 관련된 총체로서 전체를 이루는 체계(김대행, 1976 : 5)이다. 또 작품의 구조는 작가가 세계를 받아들이는 형식이며 동시에 독자와 소통 관계를 이루는 대화의 통로(허왕욱, 1999 : 1035)로도 볼 수 있다. <다도해>는 초·중·종장이 상호 유기적 관련성을 유지하고 있는데 초장과 중장이 의미상 병렬 관계를 이루고, 종장과는 접속 종결의 형태를 갖는다. 초장의 '섬을 안고'와 중장의 '섬을 낳고'는 병렬로 시상 전개를 보이다가 종장에서 '재롱 부리며 사랑'하는 섬으로 한데 묶이고 있다. 초·중장에 병렬적으로 존

---

6) 의미의 율격에 대한 논의는 김대행(1999), 『시가 시학 연구』, 이화여자대학교 출판부, 145~152면 참고.

재하던 것이 종장에 와서 하나의 이미지로 결합하는 것이다. 시조에서 종장의 구조적 기능은 초·중장의 병렬을 접속시켜 종결시키는 것이다. 초장과 중장에서의 객관적 대상과의 관계로 제시되었던 시상이 종장에 이르러 자신과의 동일화, 즉 주관화를 거쳐 서정성을 획득하게 되는 것이다. 시조가 동일한 시적 태도에 의해 창작된 것은 아니라고 하더라도 시조가 갖는 구조적 원리의 이해와 그 장르의 관습적 미학에 대한 이해는 작품에 대한 구체화를 갖게 한다. 이는 곧 시조의 구조가 갖는 심미적 정서 체험을 위한 미적 특질이라고도 볼 수 있다.

작품의 형식적 구조와 더불어 내용이나 장면이 갖는 구조적인 힘 또한 학습자의 심미적 정서 체험을 유발한다. 작가는 다도해의 옹기종기 모여 있는 섬을 보고 사랑을 만들어내는 공간으로 파악함으로써 아름다운 생각을 하게 된다. 작가의 시신경을 통해 보인 장면은 미적 정감을 불러일으키는 의식 작용을 거쳐 정서적 감동을 갖게 된다. '섬'이라는 대상을 친족 관계를 이루어나가는 따뜻한 가족처럼 표현하는 과정을 통해 의식의 주체인 작가는 그 마음을 인간 세계로까지 확대한다. 학습자는 작가의 정서가 표현된 작품을 통해 심미적 정서를 체험하게 된다. 학습자는 '섬'에서 느껴지는 작가의 정서를 가족 구성원이 서로 사랑하는 모습으로, 교실에서 친구들이 옹기종기 모여 정답게 생활하는 장면으로, 할아버지, 할머니에게서 비롯된 친척 간의 다정한 모습 등 자신의 일상 생활의 정서로 확대하게 된다.

동네서
젤 작은집
분이네 오막살이

동네서
젤 큰 나무
분이네 살구나무

밤사이
활짝 펴올라
대궐보다 덩그렇다.

— 정완영, 〈분이네 살구나무〉 전문

이 시조는 작가의 서정적 정서가 잘 드러나 있다. 작품의 구조를 보면 초장과 중장의 '동네서 젤 작은집'과 '동네서 젤 큰 나무', '분이네 오막살이'와 '분이네 살구나무'는 대구를 이루며 의미상 병렬을 보이다가 종장에서 '밤사이 활짝 펴올라 대궐보다 덩그런' 살구나무로 시상을 한데 모으고 있다. 종장에서 '대궐보다 덩그렇게 핀 살구나무 꽃'은 초장에서의 오막살이 초라한 분이네 집의 어두운 분위기를 환하게 전환시키는 기능을 한다. 고향을 연상시키는 분이네 집의 가난함이 작가의 의식 작용에 의해 활짝 핀 살구나무의 환한 모습으로 풍요롭게 전환된다. 살림살이는 초라하고 보잘것없어도 마음만은 대궐보다 커다란 모습으로 표현하여 고향에 대한 정서를 구체화하고 있다. 작가의 정서적 표현인 작품을 통해 독자는 아름다움을 표상하게 된다. 고향에 대한 일상경험을 마음속에 갖고 있는 독자는 이 시조를 통해 자신의 정서를 마음으로 느끼게 되어 정서를 체험하게 된다.

이 작품의 내용 구조가 심미적 정서 체험을 전제한다고 하더라도 자신의 인지 구조에 이 시조와 연관된 정서 조각이 존재하지 않는 학습자라면 어떤 심미적 체험도 할 수 없을 것이다. 이는 심미성의 시대적 변화라고도 볼 수 있다.[7] 앞에서 살펴본 '말하기 좋다 하고'와 같은 경우는 말을 신중하게 하라는 도덕적인 교훈이 시대가 변해도 사회 구성원[8]이 공통으로 갖고 있는 가치 기준이지만 '분이네 살구나무'의 경우는 작품이 갖는 정서적 체험에서 느낄 수 있는 미적 인식이 변한 것이 사실이다. 작품은 작가와 독자의 협동에 의해 구체화되는 것이라고 할 때 학습자의 발달이나 사회 구성원이 공통적으로 갖고 있는 의식의 변화에 따라 심미적 체험의 내용은 달라진다고 할 수 있다.

학습자는 텍스트가 갖는 효과 구조에 의해 정서의 심미적 체험을 할 수 있다. 시인의 정서가 담겨 있는 시적 텍스트를 읽을 때도 기본적으로 인지적 사고가 작용을 하게 되는데 이것이 바로 심미적 대상을 표출한 내용을 독자가 파악할 수 있는 의식 수준의 정서의 작용이다.

4. 학습자의 정서 체험과 문학교육

학습자의 심미적 문학 체험을 위한 문학교육의 방편으로 동일시와 성찰, 감정이입을 들 수 있다. 작가의 정서를 자신의 정서로 체험하게 될 때, 학습자는 그 정서를 자신이 몸소 체험한 것처럼 깊이 이해하게 되어 자신의 정서로 재구성하게 된다. 즉 텍스트에서 발견한 작가의 정서에

---

7) '분이네 살구나무'에 대한 학습자의 정서 체험을 질적으로 분석한 경우는 김선희(2007 : 166~167면) 참고.

8) 김중신(1993)은 동일한 작품이라도 시대에 따라 감동이 달라지는 이유는 문학 텍스트에 대한 심미주체의 보편적 평균 체험이 변화되기 때문이라고 보았다. 개인의 보편적 평균 체험을 구성하는 두 가지 요인으로 사회 구성원이 공통적으로 가지고 있는 집단적 준거 의식(reference consciousness)의 변인과 성장과 인지 발달에 따라 변화되는 개인적 측면으로 나누어 고찰하였다.

자신의 정서를 동일시하고, 자신의 내면에 있는 정서의 참조 체계를 성찰함으로써 학습자만의 정서로 새롭게 수용하여 재구성하게 되는 것을 정서를 체득하는 과정이라 할 수 있다.

학습자는 상상력을 통해 작품의 세계를 자신의 세계로 수용하게 된다. 작가가 작품을 통해 표현한 정서와 사고를 상상력을 바탕으로 자신의 것으로 재구성하게 된다. 그런데 현행 교육과정에서의 상상력은 학습자가 겪은 일과 작가의 작품에 나타난 정서를 동일시하는 데 작용하는 힘으로 보고 있다. 그러나 문학적 정서를 수용하는 데 필요한 상상력은 작품 이전부터 작가의 내면에 존재한 정서와 사고를 구체화하여 재구성하는 힘이다.

동일시는 예술 작품이나 자연 대상의 요소 속에 자신의 상상이나 정신을 투사하여 자기와 대상과의 융화를 의식하는 심적 작용을 의미한다. 문학 작품을 통한 동일시는 작품 속 인물과 독자 자신을 일체로 생각하는 심리 작용이다. 이 연구에서 동일시는 학습자가 텍스트를 매개로 작가의 정서를 자신이 체험한 정서로 수용하는 심리 작용을 의미한다. 전적으로 작가의 정서를 수용만 하는 것이 아니라 자기 자신의 정서를 바탕으로 작가의 정서에 대해 상상하는 능력을 의미한다. 이는 텍스트의 구조가 갖고 있는 여러 요소들에 의해 일어나지만 독자의 일상의 삶이나 구체적 사건을 떠올리게 되는 경험으로 더 강력해진다. 동일시는 명확한 의식의 지각 작용이라기보다는 잠재의식적인 반응의 결과이다. 강한 동일시는 텍스트를 이해하고 공감하게 도와주면서 작가의 사고나 정서를 자신의 내면에 수용하게 된다. 이는 작가의 사고나 정서를 스스로 깨달음으로써 학습자 자신과 작가는 물론 타인에 대한 통찰을 가능하게 한다.

　　감정이입은 지각 대상에 자신의 감정을 투입시켜 객관화하는 작용이다. 시 텍스트의 상황맥락이나 등장인물에 독자 자신을 동일시한 것을 드러내는 반응을 감정이입으로 본다. 학습자가 텍스트 맥락에 자신을 이입시킨다는 점에서 텍스트화라는 용어가 어울릴듯하나 학습자의 자아가 텍스트의 정서나 상황맥락에 온전히 합일되어 학습자의 정서체험을 깊게 한다는 점에서 '텍스트화'이면서 동시에 '자기화'된 것으로 볼 수 있다.

　　현행 문학 영역에서 시(시조) 교육은 표상과 관련된 말의 재미나 운율을 바탕으로 한 내용뿐만 아니라 학습자의 일상 경험인 '내가 겪은 일'과 관련된 것이 매우 많다. 제7차 교육과정에서 '국어' 교과서에 나타난 시(시조) 텍스트에 대한 '겪은 일'과 관련된 내용이다.

(a) 시나 이야기를 듣고, 내가 겪은 일과 비교하여 말할 수 있다(말하기 · 듣기 3-1-4).
(b) 시에 나오는 인물을 생각하며 시를 읽고, 내 경험을 떠올려 시를 써 봅시다(말하기 · 듣기 3-2-4).
(c) 겪은 일과 관련지으며 시나 이야기를 읽을 수 있다(읽기 3-1-4).
(d) 아는 내용이나 겪은 일과 관련지으며 글을 읽고, 문단의 중심 내용을 정리할 수 있다(읽기 3-1-5).
(e) 겪은 일이 잘 드러나게 글을 쓸 수 있다(말하기 · 듣기 · 쓰기 4-2-5).

　　교육과정의 문학 내용으로 '작품에는 일상의 세계와 비슷한 상상의 세계가 있음을 알기'와 관련된 내용이다. 학습자는 상상력을 통해 작품의 세계를 일상의 세계와 비슷한 자신의 세계로 수용하게 된다. 교육과정에서 의미하는 상상은 겪은 일과 작가의 작품을 동일시하는, 일대일 대응의 관계로 연결 짓는 역할을 한다. 반면에 문학적 정서를 체험하기 위한 의미에서의 상상력은 텍스트 이전부터 작가의 내면에 존재한 정서와 사고를 마음으로 수용하게 하는 힘이다.

텍스트에 표현된 작가의 정서는 재구성을 통해 수용이 가능하게 된다. 작가의 정서를 이해하게 되는 것은 학습자의 의식 안에서 자신의 관념을 재구성하는 능력에 달려 있다. 이 재구성이 바로 상상의 작용이고, 학습자의 경험과 관련된 정서 조각이 준비되어 있지 않으면 이루어질 수 없다. 정서 수용자로서의 학습자는 자신의 정신 작용 속에 작가의 상상적 경험을 정확히 재구성하고자 끝없이 탐구하지만 엄밀하게 말하면 이런 재구성은 부분적으로만 실현이 가능하다. 따라서 작가의 정서를 학습자의 내면에 있는 정서 참조체계를 바탕으로 하여 재구성을 하게 되면 새로운 텍스트가 생산된다고 볼 수 있다.

작품에 대한 학습자의 '겪은 일'과 관련된 교육 내용은 일상 경험으로 학습자의 정서적 측면에서의 체험과는 거리가 있는 내용이다. 또한 이를 바탕으로 작품의 일부분을 바꾸어 쓰는 활동은 문학을 통한 정서의 총체적 체험을 방해한다. 시 교육은 전체적인 텍스트를 대상으로 학습자의 상상력에 의해 텍스트의 재구성이 가능하도록 이루어져야 한다. 학습자는 시를 텍스트로만 이해하는 것이 아니라 자신의 일상적인 경험을 바탕으로 총체적으로 수용한다. 분절된 경험을 떠올려 작품의 일부분만 수용하는 방법으로는 학습자의 문학적인 정서 체험을 기대할 수 없다. 따라서 일부만 바꾸어 말하거나 쓰도록 하는 것은 학습자의 정서 체험을 분절적으로 만들고, 단순히 표현 기능만을 강조하는 것이 된다. 따라서 학습자가 시(시조) 텍스트 전체를 하나의 유기체로 수용하여 문학적인 정서를 수용할 수 있도록 교육내용이 구성되어야 한다.

앞에서 보았듯이 교육과정의 문학 영역 교육 내용을 보면 학습자는 '겪은 일'을 바탕으로 텍스트에 표현된 작가의 정서와 동일시하게 된다. 자신의 정서를 기본적인 관점으로 유지한 채 작가의 정서에 대해 상상함으로써 작가의 정서를 이해하게 된다. 상상 속에서 작가가 되어봄으로써 정서를 여러 관점에서 보게 된다. 자기의 정서에만 몰입하지 않고 작가의 입장을 생각하면서 객관성을 유지하게 된다. 작가의 정서와 내 정서를 동일시하여 무조건적으로 수용을 하는 것이 아니라 자신의 의식의 조절에 의해 작가의 정서를 수용하게 되는 것이다.

성찰은 자기 자신이나 타인에 대해서 올바른 객관적 인식을 갖는 것을 의미한다. 학습자는 동일시를 바탕으로 자신의 정서를 의식하게 되는데 이것은 정서에 대한 인지적 성찰이 된다. 작품 속 인물과 정서적 동질성을 바탕으로 하되 이질적인 것에서 오는 차이를 이해할 수 있을 때, 그 차이를 독자의 의미로 구성해나갈 때 실제적으로 새로운 통찰이 이루어진다(변학수, 2005). 인물과의 정서적 일체감에서 인지적 거리두기로 초점이 이동하게 됨을 의미한다. 정서적 동질성에 의해 감정을 배출했다면 이질성을 인지적으로 이해하고 구성하는 것은 감정을 조절할 수 있는 힘을 강화하게 된다. 또한 감정을 배출함으로 해서 정서적인 안정을 기하였다면, 감정을 조절하는 힘을 강화하여 정서적인 성숙을 기하게 되는 것이다. 이러한 통찰의 경험은 이제까지 왜곡된 사고를 전환시키고, 생산적인 행동으로 바꿀 수 있는 기회를 제공한다.

많은 학습자들이 텍스트에 내재된 정서를 확인하긴 하지만 자신의 사고와 정서 참조체계에 비추어 왜 그런 정서를 갖게 되었는지 설명하는데 어려움을 느낀다. 텍스트에 대해 '근심 걱정이 느껴진다.'라고 하지만 '그 정서가 내게 어떤 의미가 있는가'를 잘 파악하지 못한다. 시(시조) 교

육이 텍스트에 나타난 인지적 요소 중심의 교육과 사회 문화적인 공동
체의 정서 탐색을 중심으로 이루어졌기 때문이다. 학습자는 텍스트와의
소통을 통해 자신의 정서를 보다 분명히 하는 성찰이 필요하다. 이 과정
을 통해 텍스트에 대한 자신의 어떤 정서를 더욱 높은 수준으로 함양시
킬 것인지 고려하게 된다.

학습자의 정서 반응에 대한 질적 분석 결과9)에 의하면 학습자는 자신
의 과거 경험을 결합하여 잘못된 상상작용을 하게 되어 잘못된 정서의
동일시가 발생하기도 한다. 고시조 '말하기 좋다하고'의 경우는 '비방과
관련된 말에 대한 경계심'이 기본적인 정서로 담겨 있다. 그런데 학습자
는 자신의 정서 참조체계에 있는 정서 조각을 움직여 텍스트의 화자(작
가)와 동일시하게 된다. 자신이 갖고 있던 정서를 성찰하여 '말조심'이라
는 일반적인 정서로 재구성하게 된다. 이 경우 학습자가 작가의 정서를
동일시하기 전에 작가의 정서를 객관화시켜 자신의 정서 참조체계를 바
탕으로 성찰하는 과정에서 오류가 발생한 것으로 보인다. 정서적 거리두
기를 통한 성찰을 통해 그 정서가 나에게 어떤 의미가 있는지 밝히고,
자신의 정서로 재구성할 수 있도록 해야 한다.

학습자의 텍스트에 대한 정서 수용 과정은 참조 체계에 있는 정서 조
각들을 동원하기 위한 조직화된 노력으로 텍스트와 학습자의 정서 참조
체계 사이에 연결을 만듦으로써 정서의 망을 만들게 된다.10) 내적 정서

---

9) 질적 분석 내용과 결과는 김선희(2007) 참고.
10) Hartman(1995)은 이를 '내적 텍스트(inner text)'라 명명하고 그 특징을 다음과 같이 말
　　하고 있다. 기호학적 전통에서 내적 텍스트 구성은 인지적인 생산 기제 속에서 사회문
　　화적인 담화의 관습적인 영향을 받아서 이루어진다. 즉 개인적인 의미의 구성이지만 독
　　자가 속해 있는 담화공동체의 담화 관습에 따라 내적 텍스트가 형성된다. 문식성 이론
　　의 전통에서 독자는 활성화된 텍스트뿐만 아니라 과거 텍스트로 내적 텍스트를 구성하
　　면서 텍스트에 대한 현행 경험을 통해 이미 가지고 있던 텍스트를 새롭게 고침으로써

참조체계는 정서 조각 사이를 활성화시키기도 하고, 강화시키기도 하고, 비활성화시키거나 약화시키기도 한다. 이때 영향을 미치는 것은 사회문화적인 담화공동체의 영향과 독자가 개인적으로 형성하여 갖고 있는 과거의 정서 조각들로 이루어진 정서 참조체계이다.

학습자의 시조 정서 체험에 관한 질적 연구 분석 결과를 보면 학습자의 감정이입을 통한 텍스트에의 동일시는 자신이 갖고 있는 정서 참조체계의 적절한 운용에 의해 일어나는 것을 알 수 있다. 그러므로 학습자의 문학능력 신장을 위한 방안의 하나로 학습자가 텍스트를 처음 접할 때 문학 지식과 관련된 개념이 아니라 자신이 갖고 있는 정서 참조체계를 활용할 수 있도록 일차적인 독서가 안내되어야 한다. 어떤 텍스트라도 학습자의 정서 조각이 움직이지 않으면 작가의 정서를 동일시하거나 자신의 정서로 재구성하기는 어렵다. 정서의 재구성은 학습자의 정서의 재생산을 가능하게 하기 때문에 일차적인 독서에 정서 참조체계를 활용할 수 있도록 한다.

한편 현행 문학 영역에서 시(시조) 교육은 4학년 이후에는 시의 개념과 관련된 학습이 안내된다. 즉 작품의 구성 요소인 주제[11]와 시적 표현에 관련된 내용으로 '비유적 표현,[12] 인상 깊은 표현,[13] 감각적 표현'[14] 등

텍스트 사이의 연결이 이루어진다(김도남, 2003 : 133).

11) 시에는 글쓴이가 읽는 이에게 말하고자 하는 중심생각이 있습니다. 이를 시의 주제라고 합니다. 시의 주제는 글쓴이가 겪은 일과 그 일에 대한 글쓴이의 생각이나 느낌을 살펴보면 알 수 있습니다. 그리고 글쓴이의 생각이나 느낌을 내가 겪은 일과 관련지어 보아도 시의 주제를 알 수 있습니다(교육인적자원부, 2003a : 92).

12) 시에는 비유적 표현이 많이 담겨 있습니다. 비유적 표현은 '구슬처럼 투명한 물방울', '개나리꽃은 봄의 신호등'처럼 하나의 대상을 다른 대상에 빗대어 표현하는 것을 말합니다. 비유적 표현이 나타난 시를 읽을 때는 무엇을 무엇에 비유하였는지, 두 대상 사이의 공통점이 무엇인지 생각하며 읽어야 합니다(교육인적자원부, 2002f : 6).

13) 시를 읽다 보면, 새로운 표현이나 재미있는 표현, 또는 자기의 경험에 비추어 공감할 수 있는 표현을 발견할 수 있습니다. 이런 표현들을 읽을 때 우리는 '인상 깊다'라는

을 구조화하여 교육 내용으로 고시하였다. 제7차 교육과정 '국어' 교과서에 나타난 인지적 시(시조) 교육과 관련된 내용이다.

> (a) 시와 줄글의 다른 점을 알아봅시다(읽기 4-1-2).
> (b) 시나 이야기를 읽고, 주제를 말할 수 있다(읽기 4-2-2).
> (c) 시나 이야기에서 찾은 인상적인 표현에 대하여 말하거나 쓸 수 있다
>   (말하기 · 듣기 · 쓰기 5-2-1).
> (d) 시를 읽고, 인상 깊은 표현을 찾을 수 있다(읽기 5-2-1).
> (e) 작품을 읽거나 듣고, 다른 형식의 글로 바꾸어 쓸 수 있다(말하기 · 듣
>   기 · 쓰기 6-1-3).
> (f) 여러 가지 감각적 표현을 음미하며 시를 읽을 수 있다(읽기 6-1-3).

  4학년 이상의 학습자는 시(시조) 학습에 필요한 문예학적 이론이라고 할 수 있는 개념 학습을 하게 된다. 문학교육의 문학능력 중 '알아야 할 것(지식)'이 강조된 것으로 시(시조)에 대한 이해를 위해 우선되어야 할 교육 내용이라고 할 수 있다. 개념에 대한 불명료한 기술이나 학습자의 발달 단계를 고려한 내용 구성의 여부는 이 글의 논의와 직접 관련은 없다. 그러나 시(시조)에 대한 인지적 요소의 학습은 시(시조)를 총체적으로 이해하는데 정서의 작용과 더불어 꼭 필요한 내용이다. 학습자가 텍스트에 나타난 작가의 정서를 수용할 때 사고 수준의 정서를 바탕으로 작품의 심미적 특질을 규정하게 되는데 이때 필요한 것이 인지적 영역의 학

느낌을 갖게 됩니다. 그런데 '인상 깊은 표현'은 읽는 이의 경험이나 생각에 따라 다를 수 있습니다(교육인적자원부, 2003b : 6).
14) 감각적 표현이란 사물에서 받은 인상이나 느낌을 보거나 듣거나 만져보는 것처럼 표현하는 것입니다. 시에서는 글쓴이가 받은 인상이나 느낌을 좀 더 실감나게 나타내기 위하여 감각적 표현을 자주 사용합니다. 따라서 감각적 표현을 음미하면서 시를 읽으면 시의 분위기나 글쓴이의 마음을 좀 더 잘 이해할 수 있습니다(교육인적자원부, 2002g : 106).

습 내용이다. 하지만 인지적 영역의 요소를 강조하다보면 실제로 학습자
가 문학을 통해 즐거움을 느낄 수 있는 기회가 줄어들게 된다.

학습자가 시(시조)를 대하기 전에 개념적 지식의 주입이나 지나친 강조
는 시(시조)에 대한 부정적 선입견을 조장하기도 한다. 한편, 시(시조)를
심미적 정서 체험 자료로 인식하는 것이 아니라 문학 지식이나 이해를
위한 자료로 인식하게 하는 오류를 빚을 수 있다. 또한 텍스트를 읽기
전에 주어진 시(시조) 개념으로 텍스트를 보도록 제한시켜 학습자의 생생
한 정서 체험을 기대하기 어렵게 만들 수도 있다. 텍스트와 학습자의 소
통이 일어나기 전에 시적 개념과 관련된 지식이 먼저 제시되는 것은 바
람직하지 않다.

작가의 정서를 바탕으로 한 문학의 적극적 수용의 결과는 자연스럽게
창작의 행위로 연결된다. 공자는 "근원이 있는 물은 솟구쳐 나와 밤낮을
쉬지 않고 흘러가며, 움푹 패인 웅덩이들을 다 채운 후에 앞으로 나아가
사해까지 이른다."15)고 하였다. 학습자가 심미적으로 체험한 정서는 생
활 장면이나 다른 텍스트를 경험하게 될 때 밤낮을 쉬지 않고 흐르는 물
과 같이 살아서 작용을 하며, 충전된 정서는 밖으로 표출되어 텍스트를
생산하는 표현 활동에까지 이르게 한다. 이는 표현 활동을 교육의 내용
에 포함하지 않아도 작가의 정서 수용이 자연스럽게 또 다른 문학 작품
의 생산으로 이어질 수 있는 가능성을 보여준다.

이상에서 문학적 정서의 심미적 체험을 위한 방안으로 텍스트에 나타
난 작가의 정서와 동일시하는 감정이입과 자신의 내면에 있는 정서 참
조체계를 통한 성찰, 앞의 논의를 연결하여 텍스트를 재구성하는 것을

---

15) 『孟子』, <離婁> 章句下 "孟子曰 原泉混混 不舍晝夜 盈科而後進 放乎四海 有本者如是
　　是之取爾 苟爲無本 七八月之間雨集 溝澮皆盈 其涸也 可立而待也. 故聲聞過情 君子恥之"

들었다. 교육과정과 관련지어서는 일상적인 경험 요소를 총체적 정서 체험이 될 수 있도록 교육 내용을 구성하여 텍스트에 나타난 정서를 자신의 정서로 재구성할 수 있도록 해야 한다는 점을 들었다.

5. 학습자의 문학 체험과 문학능력, 문학교육

이 글에서 교육과정에서 의미하는 문학교육의 목표이자 내용인 문학능력이 무엇인지 살피고, 문학교육에서 본질적으로 추구해야 할 문학능력을 문학 체험으로 설정하고, 구체적인 문학 체험의 예로 시조에서의 심미적 정서체험을 들었다. 이 글에서는 문학능력에 대한 여러 논의는 별개로 하고 교육과정에서 추구하는 문학능력은 문학교육을 통해 학습자가 '알아야 할 것(지식·이해), 실천해야 할 것(실천·기능), 지녀야 할 태도(정의·정서)'로 상정하였다.

학습자의 문학능력을 신장하는 데 우선적으로 필요한 것은 인지적 영역의 문학적 지식이라는 데는 동의하지만 문학교육이 본질적으로 추구하는 것은 문학적 정서의 함양이라고 파악하였다. 그래서 문학적 정서를 심미적으로 체험할 수 있는 방안을 모색하였다. 우선 문학적 정서가 무엇인지 규명하고, 문학의 심미적 체험에 대한 사전적, 미학적 의미를 탐색하여 논의를 전개하기 위한 단초를 마련하였다.

문학적 정서는 신경생리학적인 감정 수준의 정서가 아니라 일정한 방식으로 사고하기 때문에 일어날 수 있는 사고 수준의 정서이다. 문학적 정서는 학습자와 작가가 문학 작품과의 소통을 통해 체험하는 형태로 발생하는 것이다. 이 글에서 체험은 학습자가 문학 작품과의 직접 접촉으로 경험하는 일체의 심적 과정을 의미한다. 문학 작품에 언어로 표현되어 내재된 작가의 체험뿐만 아니라 독서를 통한 학습자의 문학적 체험이 모두 학습자의 체험이 된다. 즉 작품에 나타난 체험을 자신의 실생활 속에 재구성하는 의미의 체험이다. '심미적'의 고유한 속성은 그 내용이 규정되지 않고 그 표현 자체가 스스로를 의미하는 것이다. 따라서 심미적 독서 행위에서 중요한 것은 학습자가 '무엇'을 파악하느냐보다는 그것을 '어떻게' 파악하느냐이다. 정서의 심미적 체험은 정서를 학습자의 내부로 끌어들이기 시작하는 것이다. 작가는 심미적 대상을 감각적 현상의 내용으로 표출한다. 학습자가 직관과 의식의 작용으로 작가가 표현한 미의 특질을 파악하여 자신의 내부에 새로운 내용을 생성하게 된다. 학습자의 내부에서는 정서 참조체계의 정서 조각을 이용하여 유사한 감정을 갖게 되고, 정서적으로 그 대상을 미적으로 느끼게 되는 것이다. 작가가 표현한 정서가 학습자에게 전달되는 과정이라고 할 수 있다.

학습자의 문학적 정서의 심미적 체험을 시조와 관련지어 논의하였다. 시조가 갖는 형식 미학의 구조와 학습자 내면의 정서 참조체계는 학습자의 심미적 정서 체험을 가능하게 한다. 문학적 정서의 심미적 체험을 위한 방안으로는 텍스트에 나타난 작가의 정서와 동일시하는 감정이입과 자신의 내면에 있는 정서 참조체계를 통한 성찰, 앞의 논의를 연결하여 텍스트를 재구성하는 것을 들었다. 교육과정과 관련지어서는 일상적인 경험 요소를 총체적 정서 체험이 될 수 있도록 교육 내용을 구성하여 텍스트에 나타난 정서를 자신의 정서로 재구성할 수 있도록 해야 한다는 점을 들었다.

문학교육의 목표인 문학능력의 개념을 무엇으로 정의하는가도 중요하지만 그보다 중요한 것은 문학능력이 구체화되어 학교 현장에 투입되는 것이다. 그리고 교육과정 상에 문학능력을 어떻게 구체화할 것인지에 대하여도 고려할 필요가 있다. 학년별 성취기준에는 '알아야 할 것'과 '(작품의) 수용과 생산'이 구조적으로 나타나 있다. 하지만 '지녀야 할 태도'와 관련된 정의적 영역의 문학능력은 제시되어 있지 않다. 또한 문학능력을 어떻게 잴 것인지에 대한 평가 부분도 정의적 영역에 대한 것은 논의의 여지가 있다.

문학교육은 정규 교육과정에서 뿐만 아니라 학습자 스스로 문학과 접하는 잠재적 교육과정에서 더 빛을 발하는 경우가 많다. 물론 교사를 매개로 하는 직접적인 교수·학습은 일어나지 않지만 생활 속 문학과 마주한다. 개인의 문학능력은 이럴 때 더욱 발현된다. 그렇다면 일상생활 속에서 학습자는 문학능력의 어떤 측면을 강하게 표출할까에 대한 답이 바로 문학교육의 내용이 되어야 한다.

참고문헌

孟子集 全, 명문당, 1983.

교육부, 교육부 고시 제1997-15호 별책 5, 국어과 교육과정, 대한교과서, 1997.

교육인적자원부, 「초등학교 교육과정 해설(Ⅲ)」, 대한교과서주식회사, 1999.

교육인적자원부, 『초등학교 국어(읽기) 5-1』, 대한교과서주식회사, 2002a.

교육인적자원부, 『초등학교 국어(읽기) 6-1』, 대한교과서주식회사, 2002b.

교육인적자원부, 『초등학교 국어(읽기) 4-2』, 대한교과서주식회사, 2003a.

교육인적자원부, 『초등학교 국어(읽기) 5-2』, 대한교과서주식회사, 2003b.

교육인적자원부, 교육부 고시 제2007-79호 별책 5, 국어과 교육과정, 세원문화사, 2007.

교육과학기술부, 「초등학교 교육과정 해설(Ⅲ)」, 한솔사, 2008.

구영산, 「시 감상에서 독자의 상상작용 연구 : 정서 체험을 중심으로」, 서울대학교 석사학위논문, 2001.

김대행, 『시가시학연구』, 이화여자대학교 출판부, 1999.

김도남, 『상호텍스트성과 텍스트 이해 교육』, 도서출판 박이정, 2003.

김선희, 「문학적 정서 함양을 위한 시조 교육 연구」, 한국교원대학교 박사학위논문, 2007.

김유동, 「아도르노의 심미적 세계체험과 예술론」, 서울대학교 박사학위논문, 1992.

김중신, 『문학 교육의 이해』, 태학사, 1997.

김중신, 『한국 문학교육론의 방법과 실천』, 한국문화사, 2003.

김창원, 「문학 능력과 교육과정, 그리고 매체」, 『문학교육학』 제26호, 한국문학교육학회, 2008.

나병철, 『문학의 이해』, 문예출판사, 2000.

두산동아, 『두산 세계 대백과사전』, 두산동아, 2002.

박을수, 『한국시조대사전』상·하, 아세아문화사, 1992.

백기수, 『미의 사색』, 서울대학교 출판부, 1993.

변학수, 『문학치료』, 학지사, 2005

신득렬, 「정서교육」, 『교육철학』 제8집, 한국교육철학회, 1990.

신헌재, 『초등 국어과 교수·학습 방법』, 박이정, 2005.

염창권, "시조텍스트의 수용과 창작 지도 방법," 『문학교육학』 제14호, 한국문학교육
　　　학회, 2004.

이홍우, 『성리학의 교육 이론』, 誠敬齊, 2003.

진선희, 『문학 체험 연구』, 박이정, 2006.

한국초등국어교육학회, 『문학수업방법』, 박이정, 2000.

허왕욱, 『생활정서로 그려낸 시조 미학』, 이회, 2003.

Dilthey Wilhelm, 이한우 역, 『체험·표현·이해』, 서울 : 책세상, 2002.

마이클 J 파슨즈, H 진 블로커, 김광명 역, 『미학과 예술 교육』, 현대미학사, 1998.

볼프강 이저, 차봉희 역, 『독자반응비평』, 1993.

톨스토이, 김영국 역, 『톨스토이의 예술론』, 정음사, 1984.

R. G. Collingwood(1937), 문정복 역, 『예술의 원리』, 형설출판사, 1984.

R. G. Collingwood(1937), 김혜련 역, 『상상과 표현』, 고려원, 1996.

제 15 장

문학 수업을 통해 본 초등학생의 문학능력

염 창 권
광주교육대학교 국어교육과

1. 들어가며

일반적으로, 교육과정의 실현을 위한 노력은 수업결과로 나타나는 학생들의 성취 수준에 따라 점검받는다. 학생들의 학습 경험이 생활 현장에서 어느 정도 사용되는가가 교육의 질과 성패를 가늠하는 척도가 되기 때문이다. 이러한 관점에서 보면, 미시적 수준에서 수업의 맥락을 살피고 학습 활동과 학습 결과를 관찰하는 일은 매우 중요하다. 또한 학생들의 학습 경험을 교육과정에 송환하여 교육과정을 체계화하는 근거로 사용할 필요도 있다.

Gage와 Corey(1967)는 teaching을 instruction에 비하여 넓은 의미를 내포하고 있는 것으로 파악했다. teaching은 instruction보다 덜 분명하고 무의도적으로 가르치는 행위까지를 포함하는 총칭적인 용어인 반면, instruction은 계획적이고 체계적이며 의도적인 행위로 한정하였다. 그리고 Corey는 instruction을 teaching의 한 특수한 형태로 규정하고, instruction을 주로 사용하였다(주삼환 외, 1999, 13~14에서 Gage & Corey 참조). 이와 같은 Corey의 견해에 근거한다면, 수업은 교수의 특수한 형태로서 보다 조직적이며 의도적인 교수 활동이며, 더 나아가 학교 교육과 관련된 복합적인 요소들을 포함하고 있는 것으로 규정할 수 있다. 특히 한자어 '授業'을 통해서 볼 때, 교수 활동에 관련된 일체의 활동과 관련하여 '業'의 의미는 '가르치는 본업'이라는 직업적인 추구 의식과 연관되어 있다고 볼 수 있다.

이러한 수업에 대한 개념 정의는, 수업에 복잡한 상황 요인이 내포되어 있음을 드러내는 셈이다. 교수, 학습, 교재 동원, 학습 환경, 문화적 요인 등의 수업 요소들과, 교사의 의도적인 노력을 통하여 이들을 통합하는 과정과 결과가 수업이라는 용어 속에 내재되어 있다.

이상에서의 수업에 대한 개념 정의에 따른다면, 수업 분석에는 다양한 요건들이 참조되어야 함을 알 수 있다. 본고에서 주요하게 다루어야 할, "문학 수업에 나타나는 학생들의 문학능력"의 문제에 있어서도, 학생들의 문학 활동에 대하여 현상적으로 접근하기 이전에 그 활동들이 이루어지는 환경과 맥락에 대한 요소를 아울러야 하는 까닭이다.

그동안 문학 수업 현상에 미시적으로 접근하는 다양한 연구들이 진행되어 왔다. 수업의 절차나 구조, 그리고 학생 반응 양상과 유형들이 주요한 주제로 다루어져 왔다. 그러나 그동안의 연구가 주로 수업 문화의 양상을 규명하고, 또 수업의 질을 평가하면서 교사의 역할을 점검하거나 전략 적용의 효과를 검증하는 쪽에 치우쳐온 감이 없지 않다(정재찬, 2001 ; 진선희, 2005 ; 최지현, 2006 ; 정현선·이미숙, 2006 ; 노철, 2008). 반면에 수업 중 학생들의 역할과 성취, 활동 양상에 대하여 세부적으로 접근한 예는 많지 않다(염창권, 2002 ; 진선희, 2004). 즉, 교사가 이끌어가는 수업 문화를 중심에 놓은 연구에서 교사에 대한 역할 지시는 많아도, 수업의 주체 중 하나인 학생들을 이해하고, 이들의 학습 동기와 행동을 세부적으로 묘사한 연구물은 부족한 실정이다.

이 글에서는 먼저 초등학생들의 문학 학습이 이루어지는 수업 맥락과 소통의 조건들을 점검해 볼 것이다. 다음으로는 이러한 맥락적 기반 하에서 수업을 통하여 드러난 초등학생의 활동과 능력의 요소들을 기술할 것이다. 학생 행동을 관찰하고 능력 기준을 설정하는 데 목적을 두지 않고, 학생들이 수업에서 직면하고 있는 과제와 해결의 양상, 그리고 학생 발표 등을 통하여 나타나는 능력 요소들을 현상적으로 기술하고자 한다. 우려되는 것은 결론적으로 도출되는 내용이 우리가 상식적으로 파악하고 있는 내용의 재진술에 불과할 지도 모른다는 점이다.

본 연구의 한계로 지적할만한 사항은 다음과 같다.

첫째는, 본 연구의 기술물로 취합한 일반 수업 3종과, 연구 수업 4종은 연구자의 근거리에 소재한 학교의 것으로 표집 방법 면에서 한계가 있다. 우선적으로 확보된 수업은 주로 연구 수업의 형태를 띤 것으로, 일상적인 수업을 통하여 드러날 수 있는 학생들의 모습을 찾아보기에는 제한이 있다고 판단하였다. 흔히 연구 수업이라 지칭되는 교사 공개 수업은 실제 수업의 1% 미만일 것이므로, 연구 수업에 나타난 학생들의 학습 활동을 자료로 하여 일반화시킨다는 것에는 문제가 있다. 이로 인하여, 연구자의 근거리에 있는 학급에서 수행된 2종의 일반 수업과 다소 오래된 수업의 전사본을 추가하였다. 연구의 일정상, 광범위한 수준에서 할당표집방법(quota sampling)을 사용하지 못하였다.

둘째는, 위에서 제한점으로 내세운 바와 같이 주로 도시지역 학급의 수업을 수집하였다는 점이다. 도시 학교 학생들은 도시 지역의 문화적 환경을 공유하고 있으므로, 도서 및 시골 지역 학생들의 반응 양상과 차이를 보일 수 있다.

셋째는, 교사들이 선택한 수업 제재의 대부분이 텍스트에 대한 반응을 표현하는 활동으로 되어 있으며, 주로 생각과 느낌을 발표하는 활동이었다. 즉, 학생 활동의 제재에 있어서 다양한 국면을 포착하지 못한 점이다. 특히, 교사들은 수업 공개에 있어서 『읽기』 학습을 기피하였고, 『말하기・듣기・쓰기』나 『쓰기』 제재에 편중을 보였다. 이러한 점을 고려하여, 최종 단계에서는 일반 수업을 제공 받은 교사에게 특별히 『읽기』

수업을 요청하였다.

그러나 이상의 세 가지 제한점에도 불구하고, 기왕에 수집된 수업 자료들에 의존하지 않을 수 없었다. 부족한 자료이지만, 수업 중에 나타난 학생 문학능력의 일면이나마 조망한다는 데 의의를 두고자 한다.

수업 현상을 통하여 학생들의 경험된(되고 있는) 학습의 성취 수준을 살펴본다는 점에서, 질적 연구 중 문화기술지적 방법론을 소박한 수준에서 차용하였다. 연구자 스스로가 초등학교 수업 문화에 어느 정도 익숙하다는 판단 하에, 연구 수업과 일반 수업의 두 유형을 가정하고 각각의 유형에 3종 이상의 수업을 수집하고 이를 수업 문화 분석의 자료로 활용하였다.

2. 문학능력과 문학 수업의 구조

1) 문학능력의 개념

문학교육의 목적(goal)이 '왜 가르치는가?'와 같은 궁극적인 질문에 답하는 것이라면, 목표(objective)는 '무엇을 어느 수준에 도달시켜야 하는가?'와 같은 당면 과제의 설정이다. 목적이 이념적 지향을 보여준다면, 목표는 특정의 과제 해결을 요구하는 것으로 실천적 지향이라고 할 수 있다(Ronald v. White. 1988 ; 김상욱, 1997 : 68 참조).

7차 및 현행 교육과정상에서 문학교육의 목표는 '문학능력의 향상'으로 수렴할 수 있다. 다시 말하면, '학생들의 문학능력의 향상'은 문학교육이 추구해야 할 당면 과제이자 실천적 지향점이라 할 수 있다.[1]

　　아래 그림은 7차 교육과정, 문학교육론 등에서 찾아볼 수 있는 문학교육에서 추구해야 할 목표의 개념적 위계를 나타낸 것이다. 본질적 목표는 앞에서 언급한 바와 같이 문학교육의 목적에 해당한다고 볼 수 있다. 이는 문학 및 문학교육공동체의 합의를 토대로 항목들을 늘려나갈 수 있다. 그러나 이 본질적 목표는 수업의 과정에서 즉시성을 가진 과제 형태로 제시하기에는 어려움이 있다. 이들 항목들은 실천적 목표 추구의 결과로서 달성되기를 기대하는 가치들이다. 아래의 위계에서 둘은 서로 분리된 것이 아니라, 상호 연관성 속에 있다고 보아야 한다. 즉, 문학 지식과 기능을 추구하는 수업 활동이 본질적 목표와의 연관성을 놓치거나 예언도가 떨어진다면 진정한 목표를 추구하고 있다고 볼 수 없을 것이기 때문이다.

[표 1] 문학교육 목표의 본질과 실천의 연관

문학적 국어 문화 창조	문학적 상상력 향상	삶의 총체적 이해	미적 정서 함양

(문학교육의 본질적 목표→목적, 이념)

↑　　　↑　　　↑　　　↑

문학의 수용과 창작을 위한 능력(지식, 기능)과 태도의 신장

(문학교육의 실천적 목표→내용과 수준)

　　개정(2007) 교육과정의 <성격> 부분에서도 이와 같은 관점은 여전히 유효하다. "문학 학습은 문학 작품을 찾아 읽고 해석하며, 문학 작품을

---

1) 예컨대, 김상욱(1997 : 76)은 '인간에 대한 이해', '삶의 본질에 대한 통찰' 등은 문학 활동 속에서 달성되는 효과일 뿐, 문학교육을 통해 구성될 수 있는 특정의 능력일 수 없다고 하며, 이들은 공통적으로 이념의 층위에서 논의될 성질의 것이라고 한다.

생산하는 학습 활동을 함으로써 작품에 나타난 인간의 삶을 총체적으로 이해하고 문학적 상상력이 향상되도록 한다.”에서 ‘문학 작품의 이해(읽고 해석)→삶의 총체적 이해, 상상력의 향상’과 같은 순차적 인식을 보여주고 있기 때문이다.

김창원(2008)은, 국어과 전체 목표에 투사하여 얻어낸 문학능력의 내용 구조를 ‘지식→수행→언어·사고·소통 능력의 발달’의 구조로 파악하고 최상층에 ‘인지·정서·문화’를 배치하여, 개정 교육과정이 문학능력의 총체성을 추구하고 있다고 보고 있다. 이 경우에는 언어 능력과 문학능력이 내적으로 통합되었다고 볼 수 있으며, 문학 활동이 이루어지는 복합적인 장면을 모두 포함하고 있는 것으로 보인다.

그렇다면, 수업의 실천적 장면과 관련하여 순수하게 문학능력을 구성하고 있다고 보는 요소는 무엇인가. 편의상 아래 내용 체계를 토대로 하여 필수적인 문학능력의 구성 요소를 찾아보기로 한다.

[표 2] 문학 영역의 내용 체계(개정 교육과정)

작품의 수용과 생산의 실제	
−시(시가)　　−소설(이야기)　　−극(연극, 영화, 드라마)　　−수필·비평	
지식 • 문학의 본질과 속성 • 문학의 양식과 갈래 • 한국 문학의 역사	**수용과 생산** • 내용 이해 • 감상과 비평 • 작품의 창조적 재구성 • 작품 창작
맥락 • 수용·생산의 주체　　• 사회·문화적 맥락　　• 문학사적 맥락	

우선적으로 문학 수업의 배경을 형성하고 있는 것은, 문학의 갈래와

관련된 문학텍스트 현상이다. 다음으로는 이 현상이 소통되는 맥락이 표
층적으로 등장할 수 있으며, 최종적으로는 학습의 가능성이 되는 학생의
문학 지식의 형성과 수행(수용과 생산)을 통한 기능 형성의 국면이다. 위
의 내용 체계에서 연역된 것으로, 수업의 현상과 관련하여 문학능력의
작용 양상을 구조화하면 다음과 같다.

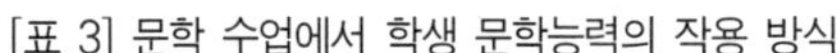

[표 3] 문학 수업에서 학생 문학능력의 작용 방식

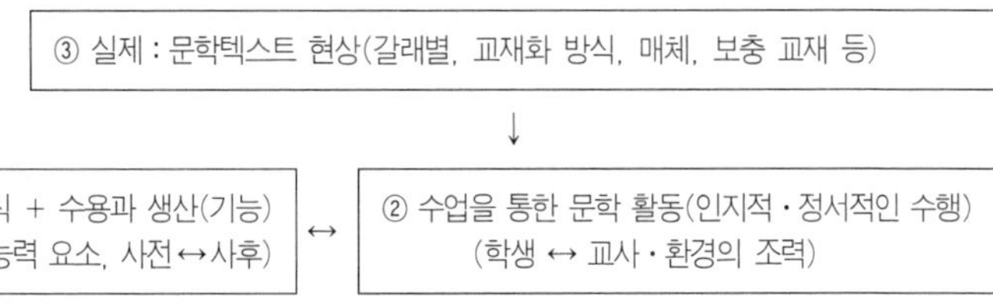

실제 수업에 있어서는 ③, ④의 경우는 국가 수준에서 정해진 것으로,
수업의 배경으로 작동되는 것이라고 보아야 한다. 실질적으로 학습자의
고유한 문학능력이 나타나는 장면은 수업의 실천 과정에서 ①, ②의 상
호작용을 통하여 이루어진다고 보아야 한다. 문학교육에서 '①↔②'의
거듭된 교섭적 노력의 결과가 ①의 상태를 충분히 상승시키는 것이 수
업의 내적 추구과정이라 하겠다.

필자는, 위의 도식에서 문학능력을 학생 개개인이 가지고 있는 ①의
수준에 초점을 맞추었다. 수용과 생산을 '기능' 범주로 제안하고 있는데,
문학 활동이 문학과 관련하여 인지적·정서적인 측면에서 목표를 추구
하는 과정이라 할 때, 지식과 변별되는 또 다른 내적 기제를 설명하기

위한 것이다. 문학 수업은 ②의 장면을 지칭하는 것이고, 학생의 문학능력은 ②→①의 절차로 추론되며, 이를 위해서 문학 수업 고유의 평가적 노력이 필요하다.

문학 수업은 ①~④가 종합적으로 작용하는 과정이며, 학생 문학능력의 평가는 수업 목표와 관련하여 ①의 수준을 추론하는 과정이다.

지금까지의 논의에 따라 수업 중 학생 문학능력을 정의하자면, "문학능력은 문학텍스트 현상과 소통의 맥락을 종합적으로 고려하면서, 문학지식을 바탕으로 문학 작품을 수용하고 생산하는 과정과 결과를 통해 추론할 수 있는 학생의 내적 수준을 말한다."로 정리할 수 있다.

2) 문학능력 설정의 층위

교육과정은 고시 문서를 매개로 전개되는 교육적 경험에 따라 층위를 나누어 볼 수 있다(천경록 외, 2004 : 41).

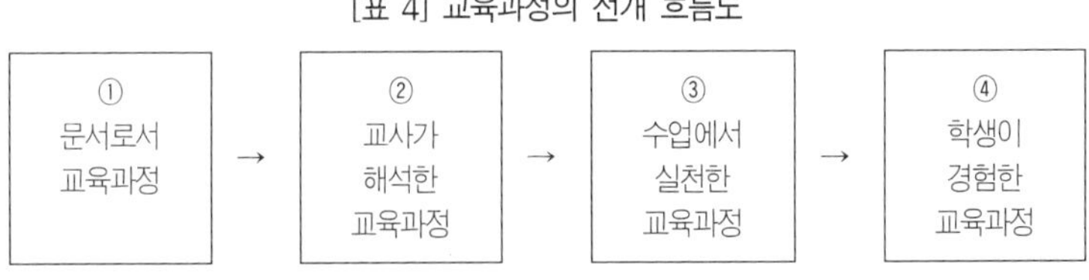

[표 4] 교육과정의 전개 흐름도

같은 교실에 모여 있는 학생들이, 한 교사의 지도를 받더라도 모두가 동일한 교육적 경험을 얻는 것은 아니다. 학생의 지적, 정의적 상태에 따라 다양한 경험을 할 수 있다. 즉 교육의 최종 결과인 ④의 수준에서 다양한 차이를 가져올 수가 있다. 여기서 ①~②단계를 합쳐서 '의도된 교육과정(envisioned curriculum)', ③단계를 '전개된 교육과정 (enacted curriculum)', ④단계를 '경험한 교육과정(experienced curriculum)'이 라고 하는데, 물론 교육적 지향은 이 ④단계에서 확인할 수 있는 능력 수준을 최상의 상태로 이끄는 데 있다. 문학능력에서도 위와 같은 전 개를 예상할 수 있다.

교과서가 교육과정을 전국 수준에서 해석하고 관리하는 매개체 역할 을 한다면, 이 교과서를 통해 해석된 교육과정에도 주목할 필요가 있다. 특히, 문학 영역에서는 교재화의 방법과 교재가 수업에서 동원되는 양상 은 매우 중요하다. 다시 말하면, 실제 수업에서 교사는 교육과정을 해석 하여 필요한 교재를 동원하기보다는, 제공된 교과서와 보충 교재를 이해 하고 수업 목표와 절차 및 학생의 능력 기준을 마련하는 것, 그리고 필 요에 따라 보조 교재를 동원하는 것이 일반적이라는 것이다.

문학 수업과 관련하여 문학능력 설정의 층위를 작성한다면, 먼저 ① 교육과정에 제시한 수준, ② 교과서에서 해석하고 교재화한 능력 수준, ③ 수업 상황에서 교사가 설정한 능력 기준, ④ 학생이 학습의 과정이나 그 후에 갖는 만족도나 성취감, 그리고 타인 인정의 정도 등과 같이 능 력을 점검하는 층위를 설정할 수 있다. 이와 같이 가정할 때 가장 효율 적인 교육 시스템은 ④의 수준과 ①의 교육과정에서 설정한 능력 수준 이 일치를 이루는 것(① = ④)이다. 왜냐하면 ④의 수준이 ①의 수준에 비해 지나치게 높게 나타났다면, ①의 예측이 빗나갔다는 것을 의미하는 것이기 때문이다. 그러나 교육과정은 전국 규모의 일반화를 지향하기 때 문에 문화적 환경에 따라서 ① < ④, ① > ④와 같은 극단적인 경향이 존재할 수 있다.

수업 중 나타나는 문학능력을 판정하는 층위에 관련된 요소들을 정리하면 다음과 같다.

① 교육과정의 차원
  • 문학능력을 구성하는 요소의 위계화와 배열
  • 전국 규모 학생들의 발달 수준을 예측하고 배열
  • 텍스트 및 문학 활동의 위계화와 배열
  → 전국 규모의 능력 수준 제공
② 교과서의 차원
  • 교육과정의 해석
  • 원전 텍스트의 교재화
  • 수업 목표 제시와 학습 활동의 배열
  • 지도서를 통한 수업 예시안의 제공
  → 교재와 활동에 있어서 능력 수준의 사용
③ 수업의 차원
  • 교육과정과 교과서에 대한 교사의 이해
  • 학생 및 수업 환경에 대한 이해와 수업 계획
  • 학생의 반응과 교수의 진행
  • 학생 반응에 대한 정서적 태도
  → 학습 목표 또는 교사 자신만의 기준에 의한 능력(성취) 수준 사용
④ 학습자의 차원
  • 수업 목표와 교재의 확인
  • 교사, 교재의 안내에 따른 학습 활동
  • 수업 분위기 및 학습자의 수업에 대한 의지
  • 교사와 수업, 학습 결과에 대한 정서적 태도
  → 제시된 학습 과업에 대한 형성도 및 만족도(외적, 내적 평가)

이 글은 수업을 통하여 초등학생들의 문학능력이 어떻게 나타나는가를 현상적으로 살피고 문화적 유형을 찾아내는 데 목표를 두고 있음을

앞에서 밝힌 바 있다. 위의 네 가지 층위에서 나타나는 문학능력의 수준이, 수업 현상에서 다르게 나타날 수 있음을 가정할 수 있다.

특히, 초등학교 문학 수업의 특성이 담임교사제에 있고, 매 시간의 수업 활동이 일회성으로 끝나기 때문에, 학생 수준에 대한 고려 없이 교과서 수준에서 일방적으로 진행될 우려가 있다. 만약 이러한 특성이 수업의 기제로 작용하고 있다면, 교육과정, 교사, 학생의 능력 기준이 상이하게 나타날 수도 있을 것이다. 이러한 위험에 대한 경계심을 암묵적으로 유지하면서 실제 수업 현상에 나타난 초등학생의 문학능력을 살펴보기로 한다.

3. 초등학교 문학 수업의 사례 분석 : 문학능력의 사용 양상을 중심으로

1) 전제 : 수업의 소통 형식

수업이 소통되는 형식에 따라, 일반 수업, 연구 수업, 수업 연구, 교사 창안 수업 등 네 가지 유형의 수업 형태를 가정할 수 있다.

먼저, '일반 수업'의 경우는 ①의 기본적인 수업 상황에서 수업의 소통이 교사와 학생 간의 자족적인 양상으로 이루어지는 것을 말한다. 이 경우 수업의 실제 모습은 직접적으로 공개되지 않으며, 다만 간접적으로 지역 사회 및 학교에 소통되는 경우를 말한다. 다시 말하면, 수업 참관자가 없기 때문에 수업의 만족도는 교사와 학생 간의 인지적, 정서적 피드백에 따라 결정된다. 초등학교 문학 수업의 대부분이 이 경우에 속한다.

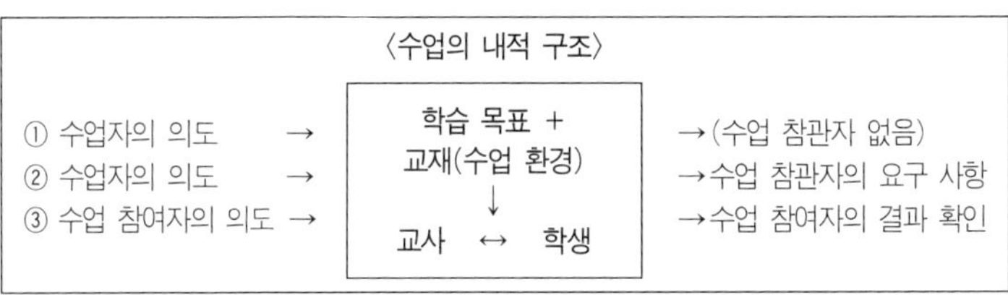

다음으로 '연구 수업'은, ②의 소통 맥락에서 이루어지는 수업을 말한다. 이 경우에는 '수업 참관자의 요구 사항'이 교수·학습 과정에 직간접적으로 영향을 미친다. 직접적이라 함은 교수·학습 계획안이 작성되는 과정에서 연구부장·교감 등이 개입을 하는 경우이다. 간접적이라 함은, 참관자들의 요구 사항을 이해하고, 이에 부합하기 위하여 교사가 수업을 전개하는 경우를 말한다.

'수업 연구'의 경우는 수업이 공개된다는 점에서 ②의 양상과 동일하지만 다른 점은, 수업 참관자가 공동으로 수업 계획을 세우고, 수업의 결과에 대해서도 공동으로 책임을 진다는 점에서 차이가 있다. 대개 이 경우는 학회에서 특정의 수업 모형을 시험적으로 적용해 보고자 할 때 이루어지는 것으로 공개 수업 중에서 매우 드문 경우에 속한다.

특수한 상황으로, '교사 창안 수업'의 장면이 있을 수 있는데, 이 경우는 국가가 제공한 '수업 목표 + 교과서 상황'에 의존하지 않고, 교사가 문학교육적으로 의의가 있다고 생각하여 자체적으로 교재와 목표 상황을 개발하여 수업을 전개하는 것을 말한다. 이 경우는 교과서 진도에 크게 의존하지 않는다. 예를 들면, 키팅 선생(<죽은 시인의 사회>에서)처럼, 자체적으로 특별한 문학교육의 상황을 만들어 교수·학습 활동을 전개하는 경우를 말한다. '교사 창안 수업' 장면은 매우 역동적일 가능성이

크며, 앞에서 거론한 수업의 일부에 편입되어 있을 수도 있다. '계발 활
동(문예부)' 시간이나, '방과 후 활동' 등에서 '교사 창안 수업'이 빈번하
게 이루어질 수 있다. 이때의 교사는 우수한 문학능력을 가진 것으로 간
주되며, 그때그때 수업에서 도달해야 할 성취 기준을 교사가 결정한다.
본고에서 분석 대상으로 수집한 수업은 아래 목록과 같다.

- 일반 수업
  가. 『읽기』. 5-2-3. 16 / 18차시. 되돌아보기(2008. 11. 13). 108~111면.
     광주시
  나. 『쓰기』. 3-2-4. 9 / 18차시(3 / 6)(2008. 11. 11). 64~65면. 광주시
  다. 『말하기·듣기·쓰기』. 5-1-13. 2 / 3차시(2001. 5. 14). 104~105면.
     6차 교과서. 광주시
- 연구 수업
  A. 『말하기·듣기·쓰기』. 4-2-2. 7 / 18차시(2008. 10. 8). 38~39면. 광
     주시
  B. 『읽기』. 2-2-5. 6 / 9차시(2008. 11. 6). 102~105면. 목포시
  C. 『말하기·듣기·쓰기』. 5-2-3. 2 / 18차시(2007. 11. 14). 68~70면. 광
     주시
  D. 『읽기』. 2-1-5. 10 / 21차시(2007. 6. 11). 120~121면. 광주시[2]

---

2) 대상이 되는 수업에서, '단원 학습 목표, 수업자의 의도, 교수·학습 계획안, 교과서 상
   황, 수업의 한 장면(전사본), 학생 산출물' 등에서 유의미하다고 생각하는 부분만(문화적
   성분만)을 '수업 현상의 종합적 재구성' 항목에 수합하였다. 기존의 문화기술지적 연구가
   실제 수업 현상을 피상적으로 관찰함으로써 수업의 심층을 확인하는데 한계가 있다고
   보고, 수업의 내·외적 요인을 복합적으로 파악하고자 모아진 자료를 '수업 현상의 종합
   적 재구성'에 입체적으로 통합하였다.

2) 연구 수업의 경우

수업 중 학생 표현 활동이 강조되는 양상은 연구 수업의 전 장면에서 발견되었다. 이에 따라 수업에서 발표 준비(과제 해결)와 발표에 많은 시간이 할애 되었다. 이는 초등학교 연구 수업의 특징을 보여주는 장면이자, 또 수업의 제재가 『말하기·듣기』, 『쓰기』 및 『말하기·듣기·쓰기』에 편중된 까닭이기도 하다. 교사들은 연구 수업에서 앞의 영역에 해당하는 교과서 활동이 갖는 역동성에 비하여, 『읽기』 제재가 갖는 활동의 제약 때문에 연구 수업에서 『읽기』 제재를 선호하지 않았다. 이는 연구 수업의 소통과 관련된 변인으로, 참관자가 교육과정의 충실한 해석이나 수업 목표의 도달보다는, 학생들을 잘 안내하고 고무시켜 적극적으로 발표에 참여하게 하는 역동성 있는 수업 전략이나 기술(기법) 등을 토대로, '교사의 수업 능력'을 평가하기 때문이다. 즉, 참관자는 수업 중에 잘 사용할 수 있는 전략을 배워 자신의 학급에 적용하는데 일차적인 참관의 의의를 둔다고 볼 수 있다.

(1) 수업자의 의도 : 정의적 표현 활동의 강조

'수업자 의도' 중에서

A : 본 수업에서는 역할놀이의 일종인 인터뷰 활동을 활용하고자 한다. 인터뷰 활동은 연기에 대한 부담을 줄이고 등장인물 또는 기자가 되어 묻고 답하는 활동을 하면서 자연스럽게 작품에 대한 감상 활동이 이루어질 수 있기 때문이다.(4학년)

B : 글을 자세히 읽고, 내용을 알아본 후 인물이 한 일에 대한 생각과 느낌을 다양한 방법으로 표현해 보게 하여 작품을 깊이 있게 감상하고, 작

> 품 속에 등장하는 인물을 통하여 바람직한 삶의 모습을 이해하고 내면
> 화하도록 한다.(2학년)
> C : 학습자의 다양한 체험과 반응의 활성화를 통해 시를 올바르게 이해하
> 고 수용할 수 있도록 하는 다양한 시 감상 교육의 방법을 구체적으로
> 제시하여 전원 참여를 유도한다.(5학년)
> D : 그리기의 형식에 얽매이지 않고 다양한 방식으로 그릴 수 있도록 한다.
> 그 다음에는 학생들이 그림으로 표현한 것을 말로 설명하도록 함으로
> 써, 반응의 형식에 있어서 그림과 함께 구어적 표현이 결합되도록 한
> 다.(2학년)

위에 나타난 수업자의 의도를 통해서 살펴볼 수 있는 것은, 교사가 제
시한 학생들의 성취 기준이 '생각과 느낌'을 얼마나 창의적으로 발표하
는가에 있음을 알 수 있다. 흔히 학생 발표의 역동성은 연구 수업을 평
가하는 내적 기준으로 작용하게 됨을 수업 평가의 장면에서 목격할 수
있다. 위의 네 장면의 수업은 모두 '연구 수업'이라는 소통의 장면에 위
치해 있고, 학년별 텍스트 수준만 다를 뿐 학습 활동 양상은 거의 유사
하다. 수업 활동의 역동성을 강화하기 위한 전략으로 A 수업은 인터뷰
활동, B 수업은 학습지(일기, 편지, 인터뷰, 그림 등)의 활용, C 수업은 그림,
역할극, 모형물, 노래 등, D 수업은 그림(이미지) 활동과 이의 구어적 해
석 활동 등을 사용하였다. 대부분의 수업이 활기차게 진행되었으며, 교
사는 학생 표현 활동을 위한 시간 확보에 노력하였다. 수업에서 학생 활
동(전략의 적용)에 배려한 시간은, A 수업 13분, B 수업 10분, C 수업 19
분 10초 등이었다. 수업의 많은 부분을 생각과 느낌의 '다양한 표현 활
동→ 발표 및 피드 백' 순으로 진행되었다.

이들 수업에서 성취도가 높다고 교사로부터 칭찬을 받는 경우는, 텍스트의 바른 이해에 기반을 둔 표현의 독특성과 적절성이었다. D 수업의 경우는 2학년 어린이들이 갖는 발상의 참신성에 높은 가치를 두고 있었다.

이와 같은 활동 중심의 수업은 학생들로 하여금 상상 세계에 동참하게 한다는 점에서 문학교육의 본질적 목표 추구에 연결된다고 볼 수 있다. 그러나 실천적인 목표의 추구 면에서 결손이 발생하기도 했다.

B. 수업에서(2학년 2학기)

<교과서 상황>

제재 내용 확인 : '풍년 고드름'을 읽고, 물음에 답하여 봅시다.

  (1) 함박눈은 고드름이 되기 위하여 어떻게 하였나요?

  (2) 방 안에서 사람들은 무엇을 하고 있었나요?

  (3) 할머니께서 어떤 해에 풍년이 든다고 하셨나요?

<수업 상황>

◉ 내용 알아보기[3]

  T. 인물의 마음과 한 일을 중심으로 질문을 만들어 봅시다.

  Sn. 교과서에 밑줄을 그으며 질문을 만든다.

<학생의 실제 활동>

  Sq. 함박눈은 무엇이 되고 싶다고 했나요?

  S. 고드름이 되고 싶다고 했습니다.

  Sq. 고드름이 되려면 어디에 내려앉아야 한다고 했나요?

  S. 지붕 위에 내려앉아야 한다고 했습니다.

<교사의 교정 질문>

  Sq. 마침내 나는 무엇이 되었습니까?

  S. 고드름이 되었습니다.

  Sq. 할머니가 낸 수수께끼의 답은 무엇입니까?

> S. 고드름입니다.
>
> T. 함박눈은 왜 풍년 고드름이 되고 싶었나요? 2명의 답을 종합하여 교사가 구성함
>
> ● 학습 내용 정리
> <교사의 예상 질문과 응답>
>
> T. '풍년 고드름'을 읽고, 알게 된 점이나 느낀 점은 무엇인가요?
>
> S. 고드름이 길게 자라서 처마 끝에 발을 엮어 주면 풍년이 든다는 것을 알게 되었습니다.
>
> S. 내가 하고 싶은 일을 하기 위해 노력하겠다.
>
> S. 나도 풍년 고드름처럼 남을 기쁘게 해 주는 보람 있는 일을 하고 싶다고 생각했습니다.
>
> <학생의 실제 활동>
>
> Sn. 내가 되고 싶은 것이 되기 위해 노력하겠다. 3명
>
> S. 고드름을 가지고 칼싸움을 하면서 놀고 싶다. 1명

위의 장면에서는 교사가 질문 만들기의 책임을 전적으로 학생들에게 이양함으로써, 교과서 수준에 상응할만한 질문－응답 활동이 이루어지지 않음을 알 수 있다. 학생들은 전체적으로 텍스트가 제시하는 주제에 관심을 보이기보다는 지나치게 등장인물에 감정 이입이 이루어짐으로써, 교과서 제시 수준에 인지적으로 도달하지 못하였다. 달리 말하면, '타인 배려'라는 주제 설정이 2학년 어린이들에게 실감 있게 도달하지 못하였다는 점에서, 텍스트의 세계관이 어린이 수준에 맞지 않는다고 말할 수

---

3) 수업 기호는 다음을 사용하였다.(이하 동일)
　　Sq : 학생 질문 활동, S : 학생 응답 활동, Sn : 전체 학생 반응, T : 교사 질의·응답 활동

도 있다.

오른쪽 학습지를 보면, 등장인물에 강하게 정서적으로 일치되어 있음을 알 수 있다. 정서적으로 '함박눈'의 추구 의지에 자극을 받아 상상세계에 몰입하는 경험을 하고 있다. 그러나 인지적인 면에서 "왜 고드름이 되고 싶었나?"는 텍스트 상황과 크게 유리되어 있다. 교사용 지도서에서는 "풍년이 들게 하여 삼돌이, 삼순이와 같은 아이들에게 기쁨을 주기 위해서, 보람 있는 일을 하고 싶어서"등과 같이 태인 배려에 맞추어져 있다. 그러나, 활동 중심으로 수업의 역동성을 강화하다 보니, 텍스트의 전반적인 의미 파악에 소홀히 하게 되고(그 책임을 학생 질문 작성으로 이양함으로써), 결과적으로는 "내가 되고 싶은 것이 되기 위해 노력하겠다."와 같이 개인적인 성실성의 차원에서 주제(학생 독자가 구성한 주제)가 정리되고 말았다.

B 수업의 경우는 『읽기』 수업으로 텍스트의 인지적 추구와 함께, 연구 수업의 상황을 고려하여 역동적인 전략을 구사할 필요가 있었을 것이다. 이로 인해 교과서 질문을 사용하기보다는, 학생 활동에 초점을 맞춤으로써 인지적인 구성보다는 정의적인 반응에 수업의 강조점이 놓이게 되었다. 대다수 활동 중심의 수업이 정의적 구성 활동을 강조함으로써 인지적인 구성 활동이 약하게 드러난다고 본다. 이는 교과서 밀착형의 『읽기』 수업과 매우 다른 점이다.4)

(2) 활동을 통한 학생 문학능력의 통합적 점검

활동 중심 수업에서 학생들의 문학능력은 종합적으로 드러나게 되고, 교사의 성취도 판정도 통합적으로 관리되고 있었다. 다음『듣기』수업 장면의 경우는 인터뷰라는 구어적 표현 활동을 통해서 내용 파악의 정도와 적용의 정도를 확인하고 있었다. 즉, 인터뷰를 통한 구어적 표현력은 성취도 판정의 유일한 기준으로 작용하고 있다.

A 수업에서(4학년 2학기)

◉ 인터뷰 활동(총 13분)

<전체 인터뷰의 한 장면>

Sq. 저는 시멘트 운전기사에게 묻겠습니다. 그 일이 끝나고 시멘트 운전사는 경찰에 끌려가지는 않았습니까?

S. 저는 다행히 저는 과자 만드는 사람이 잘못해서 그랬다고 해서 끌려가지는 않았습니다. 그래서 다시 밀가루를 가지러 갔습니다.

Sq. 예, 저는 과자 만드는 사람에게 묻겠습니다. 예, 과자 만드는 사람은 옛날부터 과자를 만들었는데 밀가루가 아닌 줄 알지 않았겠습니까?

S. 예, 저는 새로 나온 밀가루 인줄 알았습니다.

Sn. (웃음)

◉ 적용 발전 단계 : 이야기 바꾸어 보기

T. 만약에 이야기 속 등장인물들이 '알 게 뭐야!'라는 말을 하지 않고 (등장인물들이) 책임감을 갖게 되었다면 이야기는 어떻게 바뀌었을까요?

---

4) 교과서 밀착형 수업에서는 학생들이 자발적으로 구성한 주제를 오류로 보고, 원 텍스트의 의미에 정확하게 도달하도록 독려할 가능성이 크다.

<학생 실제 응답>

　S. 저는 집이 안 무너지고 빵도 제대로 만들어지니까 사람들이 맛있게
　　 먹을 것 같습니다.

　S. 시멘트 차 운전사는 시멘트를 싣고 공사장으로 가서 일꾼들은 열심히
　　 집을 짓고, 밀가루차 운전사는 단골 과자 집으로 가서 과자 만드는 사
　　 람이 과자를 잘 만들어 사람들이 맛있게 먹을 것이라고 생각합니다.

<변화된 교사 질문과 응답>

　T. 이야기가 그렇게(등장인물들이 책임감 있게) 바꾸어지면 여러분은 어
　　 떤 생각과 느낌이 들것 같습니까?

　S. 저는 이 이야기를 듣고, 운전기사와 일꾼, 과자 만드는 사람처럼 책임
　　 감 있게 살아가야겠다고 생각할 것입니다.

　S. 저는 옛날에 장난감을 가지고 놀다가 부서지니까 아무 곳에나 두어서
　　 엄마가 밟아서 다친 적이 있습니다. 저는 밀가루 차 운전사, 시멘트
　　 차 운전사처럼 책임감 있게 살아야겠다고 생각할 것입니다.

위의 장면에서 <전체 인터뷰의 한 장면>을 살펴보면, 교과서 삽화와 '듣기'교재(교사는 듣기 자료를 총 3회 들려줌)를 통해 전달받은 이야기의 구조를 충분히 이해하고 있다. 즉, "운전기사들이 차를 바꾸어 타게 된 이유는 무엇입니까?"와 같은 핵심적인 내용 파악 활동이 생략되었음에도 불구하고, 학생들은 인터뷰에서 전후 인과관계를 잘 사용하고 있었다. "저는 시멘트 운전기사에게 묻겠습니다. 그 일이 끝나고 시멘트 운전사는 경찰에 끌려가지는 않았습니까?"와 같은 질문의 경우, 문제 사태에 대해 추론적 이해에 이르고 있음을 알 수 있다. 그리고 응답자의 경우에도 "저는 다행히 저는 과자 만드는 사람이 잘못해서 그랬다고 해서 끌려가지는 않았습니다. 그래서 다시 밀가루를 가지러 갔습니다."와 같이,

"알게 뭐야"에 맞는 등장인물의 성격 유형을 적용하여 응답하고 있음을 알 수 있다. 그러나, 앞의 B 수업과 같이 텍스트의 문제 제기가 '책임감의 부족'에 있음을 확실하게 이해하지 못하고 있다. 인터뷰 내용이 내용 이해를 잘 반영하려면, "알 게 뭐야"로 대변되는 '책임감의 부족'이 사태의 원인이므로, 이의 해결과 관련된 내용으로 활동이 전개되었어야 한다고 본다. 교과서 간 횡적 연관성을 따질 때에도, 『말하기 · 듣기 · 쓰기』 단원의 목표가 "생각이나 느낌을 여러 가지 방법으로 표현할 수 있다." 이고, 『읽기』 단원 학습 목표가 "시나 이야기를 읽고, 주제를 알 수 있다."라는 점에서 교사는 교과서 텍스트 사용에 주의할 필요가 있다. 즉, 위의 수업은 텍스트에 대한 이해에 대해서 교사나 학생들이 충분히 주의하지 않고, 학생 활동을 어떻게 흥미롭게 전개할 것인가에 초점을 둔 것으로, '연구 수업'이 빠지기 쉬운 함정이라 하겠다.

위의 수업에서 교사는 교사용 지도서에 예시되어 있는 '짝과 역할 나누기 활동'을 사용하지 않고, '공식적인 인터뷰' 상황을 구성하여 수업을 전개하고 있다. 이를 위해 방송 멘트를 비롯하여 여러 가지 소도구가 동원되었다. 또한 교사는 적용 발전 단계로 '이야기 바꾸어 보기' 활동을 추가하고 있는데, 텍스트 상황이 돌연하게 바뀌어 "저는 밀가루 차 운전사, 시멘트 차 운전사처럼 책임감 있게 살아야겠다고 생각할 것입니다."와 같은 반응을 불러일으킴으로써, 전후 맥락에서 주제의 통일성을 실현시키지 못하고 있다.

다음 수업은 학생의 다양한 반응, 특히 창의적인 반응(그리기와 이에 대한 구어적 해석)에 강조점을 두되, 수업의 과정 속에서 학생 능력을 점검하는 형태를 보여준다. 이 경우도 위의 2)와 같이 학생 능력은 통합적으로 점검되는 데, 학생의 산출물은 수업 후에 각자의 포트폴리오에 추가되었다.

D 수업에서(2학년 1학기)

<수업자의 의도>

    ◦ 갤러리에 붙여진 학습지와 칭찬 카드 25장

    ◦ 선정된 작품 : 칭찬의 빈도가 높게 나온 작품을 실물화상기에 2~3개를 제시하고 그림읽기 질문을 통해 공감적 감상 활동이 이루어지도록 질문을 하고 교사도 갤러리 활동에 참여하여 특징이 잘 드러나 있는 작품을 골라 추천하도록 한다.

<실제 수업>

(칠판에 부착된 그림 — A4 용지, 25매 — 에 대해 교사는 순서대로 학생과 감상을 주고받으며)

  T. 선생님도 상준이의 설명… 호진이의 설명을 듣고 보니까 상준이 동생의 표정 중에서 정말 개구쟁이처럼 보이는데… (어 그래)
자 그러면 우리 실물화상기로 한번 자세히 볼까? 자. 여기에 있는 그림을 보고 여러분이 더 아까 칭찬카드에 씌어지지 않은 내용 중에서도 더 발견한 내용, 떠오르는 생각을 말해주길 바랍니다. 자 먼저 방금 상준이 걸 봤으니까 (상준이 그림을 화상기에 놓으며) 볼까요?
(실물화상기 띄우는 중)

  S. 선생님!(발표 요청)

  T. 지나

  S. 상준이는 자기 동생이 상자에서 무엇을 꺼내 먹고 있는 거 같습니다.

  T. 아, 선생님은 이게 굉장히 궁금했는데 상자에서 뭔가 꺼내서 먹고 있다 또?
혜선이

  S. 우체통 앞에서 사진을 찍는데 침을 흘려… 흘린 거 같습니다.

  T. 아 그렇구나. 우체통 앞에서. 우리학교에 우체국 있어. 상준이네 가족은 산책을 많이 해

  T. 다음 그림 한번 볼까? 지나의 작품인데. 고양이가 아주 잘 표현되어 있더라구.

고양이라는 걸 어떻게 알았을까? 선생님은 상당히 궁금한 게 하나 있어요.(그림의 기차를 짚으며) 여기에 보면 기차가… 기차일거 같은 데. 기차에 표정이 있는데 왜 이 기차는(아이들을 보다가 지명한다.) 진화는 왜 이렇게 표현했을까?

S. …… (일어서서 한참을 머뭇거린다)

T. 와, 이렇게 생각이 많아? 어. 지윤이

S. 더 재미있고 실감나게 하려고 기차 표정을 그린 거 같습니다.

T. 아 실감나게… 호산

S. 기차는 철로를… 철로가 도와주어 기차는 갈 수 있는데 철로가 없어 기차 가 땅위에서 그냥 가니까 힘들어서 철로를 만들어 주라고 구조 요청을 하는 것 같습니다.

(다 같이 박수)

"자 그러면 우리 실물화상기로 한번 자세히 볼까?"와 같이 학습 활동을 전환시키면서, 교사는 자연스럽게 특별한 발상을 보이는 학생의 그림을 4~5점 선정하여 학생들과 감상을 주고받는다. 위에 인용된 활동 내용은 "상준이 그림"에 대하여 4명의 학생이 칭찬을 하면서, 나름대로 그림에 대한 해석 내용을 발표하는 장면이다. 그림에 대한 감상 활동은 교과서에 제시된 동시 <개구쟁이 낙서>의 내용을 상상적으로 확장시킨 것이다. 그리고 칭찬 카드는 학생 상호평가의 형식으로 사용하고 있었으며, 이 카드는 학부모의 평가적 반응까지 수합하는 역할을 하였다. 이 칭찬 카드도 포트폴리오에 추가되었다.

(3) 연구 수업에서 학생 문학능력의 사용

연구 수업을 분석한 결과, 학생의 문학능력이 분석적이기보다는, 통합적인 측면에서 가능성의 영역 내에서 평가되었다. 능력 기준도 객관적이기보다는 교사의 자의적인 판단에 의존하였고, 외연으로 드러나는 발표나 산출물을 중심으로 평가되었다. 또한 연구 수업이라는 분위기와 긴박한 의사결정 상황으로 인하여 수준 차에 따른 학생들의 상태를 일일이 검증하지 못하고 발표를 잘 하는 학생 위주로 수업을 진행하는 경향이 있었다. 이는 학생의 이해 능력이나 기타 추론 능력 등이 지필 평가를 통하여 검증받아야 하는 까닭이다.

4종의 연구 수업에 나타난, 수업 중 문학능력의 사용 비중을 아래 표와 같이 정리할 수 있다.

[표 6] 연구 수업에서 문학능력의 사용 양상[5]

수업 유형	능력 수준	교사가 사용한 능력 수준				학생의 수행에 나타난 능력 수준				수업 기제	
		인지적		정의적		인지적		정의적			
		문학지식	내용파악	정서감응	경험연결	문학지식	내용파악	정서감응	경험연결	교과서	활동
연구 수업	A	·	−	+	+	·	−	+	+	−	+
	B	·	−	+	+	·	−	+	+	−	+
	C	+	·	+	+	·	·	+	+	·	+
	D	+	·	+	+	+	·	+	+	·	+

5) 평가 기준은 교사와 학생의 활동에서, 교과서 제시 수준보다 수업의 비중과 추구 의지가 높을 경우에 (+)로, 제시 수준보다 낮다고 생각할 때 (−)로 표시를 하였다. 교과서 제시 수준을 확인할 수 없거나 동일하다고 판단할 때는 (·)로 표시하였다. 이 삼단계의 척도는 연구자가 설명의 편의를 위해 자의적으로 설정한 것이다. 앞으로 정교화 될 필요가 있다.

위 표는 연구 수업의 특징을 보여준다. 수업의 다양한 제재 중에서 교사들은 정의적인 측면이 강조되는 제재를 선택하였다. 학생들의 문학 반응도 정서 감응이나 경험 연결 등의 발전·적용 단계의 성격을 지닌 것이고, 문학능력도 이 범주 내에서 관리되고 있었다.

활동 중심 수업의 경우, 효율적인 문학 활동은 문학 지식, 텍스트의 내용, 발전·적용 등이 통합되면서 나타난다. 학생 능력의 평가도 이들 요소가 통합되는 발표 장면과 산출물을 포트폴리오에 추가함으로써 이루어지고 있었다.

3) 일반 수업의 경우

단순 무선 표집으로 초등학교 문학 수업을 수집한다면, 가장 가까운 모습이 '일반 수업'이다. 연구 수업은 한편으로는 교사의 교수 능력의 공개를 의미하는 것이기 때문에, 실수에 대한 두려움과 개인적 프라이버시로 인하여 꺼리게 된다. 교내 혹은 연구학교에서 이루어지는 '연구 수업'의 대부분은 교사의 교수 능력을 점검하고 개선시키기 위한 프로그램의 일환이다.

연구자의 입장에서 '연구 수업'의 장면을 확보하기에는 용이하였으나, 자연스런 상태의 '일반 수업'을 확보하기에는 어려움이 많았다. 초등학교의 수업의 특성 중 하나가 '일회성의 연속'에 있기 때문에, 매 시간의 수업에 충분한 투자가 어려운 실정이다. 그러므로 특별히 준비되지 않은 일상적인 수업 상황에서의 교수·학습 양상을 살펴보는 것, 그리고 대다수의 수업의 전형을 살펴보는 것이야말로 진정한 의미에서 교실 안을 들여다보는 것이라고 생각한다.

(가)와 (나) 수업의 교사는 부설초등학교 교사로 국어과를 전공으로 하고 있는 교사이며, (다) 수업의 교사는 보통의 성실한 남자 교사이다.[6] 이 세 수업으로 '일반 수업'의 전형을 삼기에는 부족함이 있으나, 아쉬운 대로 이들을 통해 '일반 수업'에서의 학생 활동과 문학능력의 사용 양상을 살펴보고자 한다.

(1) 활동과 표현 사이 : 주저함, 시간의 지연

'일반 수업'에서 첫 번째로 만나는 문제는, 시간의 지연이다. 학생들은 발표를 주저하거나 집중하지 못하는 일이 발생하는 데, 이로 인하여 수업의 밀도가 떨어지게 된다. 수업에 대한 준비가 이루어지지 않은 교사가 "이번 시간에는 어디부터이지요?" 하고 묻는 경우에는 교사로 인하여 시간의 손실이 발생하게 된다.

아래의 경우에는 학생 발표에서 시간의 지연을 가져오는 경우이다.

나. 수업에서(3학년 2학기)

● 그림보고 이야기하기

  T. 교과서 64~65면 그림을 살펴봅시다. 어떤 장면입니까? 모둠 친구와 함께 이야기하여 봅시다.

<교과서 장면>

  2. 모둠별로 1~3에서 한 장면을 골라 봅시다. 그리고 친구와 그 장면에 나오는 인물들이 되어 이야기를 주고받아 봅시다.

---

6) 이 세 편의 수업도, 연구자와의 소통을 전제로 전개된 것이므로, '일반 수업'의 전형으로 삼기에는 한계가 있다.

<학생 발표 장면>

S1. 네로 : 파트라슈! 힘들어도 꾹 참아!!, 파트라세 : 멍멍, 핵핵핵, 멍멍!!(2번 삽화 말주머니)"하고 짖었습니다. 저는 이 말 풍선을 만들면서 제가 이 장면이었다면 파트라슈는 쉬고 있고 제가 이 일을 할 것 같았습니다.

T. 에, 그 다음에 말풍선의 내용을 목소리까지 흉내 내어 말해 볼 사람?

S2. 아로아 : 내 얼굴을 그려줘, 알았지! 네로 : 응 알았어, 잘 그려줄게. 파트라세 : 나두 나두 잘 그려줘!!하고 말할 것 같습니다.

T. 어떤 생각과 느낌이 들었어요.

S2. 음 ……(좀 지체한 후 자기 자리로 들어간다.)

S3. "아로아 : 꽃 목걸이 고마웠어, 그런데 예쁘게 그려줘, 네로 : 예쁘게 그려줄게, 조심해야 돼!, 파트라세 : 나도 아로아처럼, 아주 예쁘게 그려줘(1번 삽화 말주머니)"하고 말할 것 같습니다.

T. 이 말풍선을 채우면서 떠오른 느낌을 말해 보세요.

S3. 이 장면을 보면서 ……, 음 … (시간을 지체한 후 들어간다.)

T. 어디 저도 한번 같이 얘기를 나눠볼…지윤이…지윤이 나와서 얘기해 보세요. 어? 지윤이도 3번 번호가 적혀져 있어요. 네.

S4. 저… 저는 곧 있으면 네로가 죽기 때문에 "그동안 고마… 고마웠어. 이제 소원을 이루었으니까 됐어. 안녕"이렇게 말을 했고, 그리고 파트라슈는 "나를 살려준 것은 고마웠어. 하늘나라에 가서도 너에게 충성할게"라고 했습니다. 그리고 루벤스 작품은 이 대화를 듣고 "너희들은 정말 착한 아이야. 복을 내려줄게(3번 삽화 말주머니)"라고 말을 하였습니다. 저는 이 장면을 보고 네로와 네로와 파트라슈가 얼마나 절친한 사이였는지 알게 되었고… 알게 되었습니다.

T. 그래요. 지윤이 마음을 들으니까 또 마음이… 약간… 좀 그런 거 같애.

교사는 말주머니를 채우면서 짝과의 활동을 지시하였고, 전체 발표의 장면에서 5명의 학생을 순차적으로 지명하여 발표시켰다. S1 학생이 "이 말풍선을 만들면서 제가 이 장면이었다면 파트라슈는 쉬고 있고 제가 이 일을 할 것 같았습니다."와 같이 삽화의 장면에 대한 생각과 느낌을 말하자, 교사는 이후 학생들에게, 삽화의 장면에 대한 "생각과 느낌"을 추가하여 질문한다.

> T. 이 말풍선을 채우면서 떠오른 느낌을 말해 보세요.
> S3. 이 장면을 보면서……, 음… (시간을 지체한 후 들어간다.)

S2, S3 학생은 이에 대한 적절한 답을 하지 못함으로써 시간을 지연시켰고, S4 학생은 양자를 종합하여 성공적으로 응답하였다. 교사는 학생의 발표에 "그래요. 지윤이 마음을 들으니까 또 마음이… 약간… 좀 그런 거 같애."와 같은 긍정적 피드백을 제공하고 있다.

이는 매 수업의 역동성을 보여주는 장면이다. 교사는 성적 우수자(지윤이)의 발표를 맨 뒤에 배치함으로써 교사를 대신해서 미진하게 끝난 활동을 종합하고자 하였다.

이와 같이 학생들은 활동에 적극 참여하더라도 자신의 생각이나 느낌을 구어적으로 잘 표현하지 못하는 경우가 있었다. "얼마나 절친한 사이였는지 알게 되었고… 알게 되었습니다."에서도, "되었고…"에 연결되는 느낌을 언어화하지 못해 그만두는 모습을 보여준다. 발표 내용의 유창성 면에서, '연구 수업'에서 보았던 학생들의 활발한 발표와 차이가 나는 대목이다. 이는 '연구 수업'에 참여하는 교사와 학생 모두가 해당 수업에 대한 준비도가 높았음을 보여주는 것이다.

(나) 수업에서, '말주머니를 채우며 상상 속의 인물이 되어 말을 주고

받기' 학습 활동은 난이도가 높지 않기 때문에 대다수 학생들이 쉽사리 수업 목표에 도달하였다. 그러나 '연구 수업'에서 보았던 것처럼 박진감 있는 분위기는 아니었다. 교사는 교과서에 말주머니를 붙여 사용하게 하는 등, 적극적인 의미에서 교과서를 변용하였다.

잘 준비된 수업은 수업의 밀도를 높여줄 수 있으나, 모든 수업이 충분히 준비될 만큼 여유를 갖지 못하기 때문에, 교사는 적은 준비로도 수업의 효율성을 높일 수 있는 기술을 연마해야 한다.

아래의 (가) 수업에서는 교과서뿐만 아니라, 학습 내용을 정리하는 데 공책을 적극 사용하는 장면을 보여준다.

가. 수업에서 학생 공책에 기록된 내용(5학년 2학기)

(김명재)

<손이 혼자>

  뜻 : 손이 추워서 자연스럽게 들어간 것을 손이 뇌에서 시키지도 않았는데 스스로 자연스럽게 들어간 것을 생각(손이 혼자 유일하게 정을 나눌 수 있다. 무심코, 차가운 손을 녹이려고)

    생각이나 느낌–경험상 손이 추워서 자연스럽게 들어간 것이 생각난다.

친구 생각

- 경재 : 친구에 따뜻함, 손만 유일하게 정을 나눌 수 있다.
- 다빈 : 손만 주머니 안에 있다.

<아름다운 이별>

  생각 느낌 : 할머니를 위한 노력, 효심, 소중함, 사랑

  (김수지)

<손이 혼자>

  친구와의 우정과 친구를 위한 따뜻한 마음이 느껴진다.

생각

느낌

(조수빈)

<손이 혼자>

뜻 : 다른 곳은 안 그러는데 손 안주머니 속에 넣었다.(모르는 사이에)

• 희원 : 손이 추워서 혼자 들어간 것

• 경재 : 특히 손만 정을 나눌 수 있다.

생각 느낌 – 나도 겨울에 손이 추워 주머니 속에 넣었다가 친구 손을 잡았는데 친구가 따뜻하다고 말한 적이 있다.

<아름다운 이별>

생각 느낌 : 할머니를 위해 가족들이 노력이 아름답고, 감동적이어서 제목이 '아름다운 이별'인 것 같다.

앞의 장면에서 학생들의 기록에는 차이가 있으나, 내용을 모두 이해하고 있으며 자신의 생각과 느낌을 적는데 무리가 없어 보인다. 김명재의 경우는 성실하게 공책에 기록하였고, 김수지 학생의 경우는 자신의 생각만을 간단히 기록하고 있다. 언어적 구성이 두드러진 조수빈의 경우는, 자신의 경험을 잘 연결시켜 느낌을 적고 있다. 세 학생 모두 자신의 경험을 동원하기 쉬운 <손이 혼자>에 적극적인 반응을 보이고 있다. 반면에 할머니의 죽음을 다룬 <아름다운 이별>에 대해서는 소극적임을 알 수 있다.

이 수업에서 교사는 교과서와 함께 공책을 사용하였고, 별 다른 소도구나 학습용지를 사용하지 않았다. 조별 활동 이외에는 모두 개별, 전체 학습에 해당하는 것이었고, <되돌아보기> 학습의 특성상 학습자의 인지적·정의적인 측면 모두를 활성화시키면서 수업을 진행하였다.

(2) 교사의 비계 제공 : 적극적인 이해의 중재자

수업 중 텍스트 이해에 대한 책임 이양의 정도에 따라, '① 어느 정도 학생에게 이양한 경우, ② 적극적인 교사 비계 제공형의 경우, ③ 과제 제시 및 방임형의 경우' 등의 세 가지로 나누어 볼 수 있다. 수집한 수업에서 ③의 유형을 발견되지 않았다.

앞 장에서 언급한 '연구 수업 A, B(활동 중심)'는 ①의 수준에서 책임이양이 이루어지고 있다고 판단할 수 있다. 반면에 '일반 수업(이해 중심)'의 (다)는 ②의 유형으로 볼 수 있다.

다. 수업에서(5학년 1학기)

T. 그렇지요. 손님이 올 때 차도 한 잔 내고 과일도 내는 작은 상이지요. 그래서 내는 상이 소반이지요. 그 다음에 체가 나와요. 체가 무엇이지요? 무엇인가 이렇게 알갱이가 크고 작은 것을 고를 때 쓰지요. 자, 그럼 답을 달아보세요.

S. (학습지를 해결한다.)

T. (교사는 형식적으로 궤간 순시를 하는데 그저 쓰윽 둘러본다. (잠시 후) 다 한 사람은 다 한 사람끼리 모둠에서 답을 비교해 보도록 하세요 (잠시 후) 자, 이제 같이 해 봅시다. 선생님 쪽으로 몸을 돌려야지요? 자, 참새와 생선 장수의 공통점은 무엇입니까?

S. 떠들기를 잘 해요.

T. 떠들기를 잘 한다. 그러냐?　　S. 예

T. 예, 그러죠. 참새란 놈은 떠들기를 잘 하니 생선 장수로 돌리고 그랬습니다. 그 다음 앵무새와 변호사의 공통점은 무엇입니까? 김주연!

S. 예, 말을 잘 합니다.

T. 그렇습니까?　　　　　　S. 예

T. 그래요. 나도 그렇다는 표시를 팍 해야지요. 지금 물어보지도 않았는

데 손드는 것은?

다음은 앵무새란 놈은 말을 잘 하니 변호사로 돌리고 그랬지요. 그
럼, 거머리와 소반 장수의 공통점은 무엇입니까? 이미선!

S. 한 번 붙으면 잘 떨어지지 않기 때문입니다.

T. 어디 그렇게 생각한 사람은?

S. (동의 표시를 한다.)

T. 그래요. 저기 거머리란 놈은 붙기를 잘하니 소반 장사로 돌리고 그랬
지요. 그러니까 잘 붙는 것이 공통점이지요. 소반 장수는 여자 치마
를 잡아당기며 사라고 그러네요. 아유, 거머리 같네요. 그 다음에 거
미와 체 장수의 공통점은 무엇입니까? 김지은!

위의 장면의 경우, 교사는 비계(어휘 및 내용 이해)를 적극적으로 제공하
며 수업을 이끌어가고 있다. 비계가 강조되는 까닭은 '듣기 제재'에 대
한 이해가 수업 목표로서 중요하다고 생각하기 때문이다. 재미있는 부분
을 찾아서 이를 표현 활동으로 풀어내기보다는, 듣기 제재의 내용 파악
(비유적 표현의 이해)에 집중을 하고 있다. 학생들이 '소반'이나 '체'에 대
한 배경지식이 없다는 판단 하에 이를 자세히 설명하고 있다.

학생들의 발표는 지극히 제약되어 있으며, 이로 인해 교사의 부연 설
명이 장황하게 제공된다. 특히 "그러니까 잘 붙는 것이 공통점이지요.
소반 장수는 여자 치마를 잡아당기며 사라고 그러네요. 아유, 거머리 같
네요."와 같은 경우는 교사가 정서적인 반응까지 제시함으로써 학습의
책임을 교사가 전적으로 지고 있는 양상이다. 학생들은 학습 훈련과 준
비가 되어 있지 않으므로, 교사의 역할이 커지게 되었다. 교사는 수업
중에 "나도 그렇다(동의 표시)는 표시를 팍 해야지요."와 같은 수업 지시
를 수시로 하게 되면서, 완전히 교사 중심 수업이 되었다.

(가) 수업에서도 교사의 비계가 제공되고 있으나, 여기서는 학생 발표
에 대한 평가적 반응으로 나타난다.

가. 수업에서(5학년 2학기)

T. 그 다음

S. 저는 발이나 손 같은 코와 귀 같은 신체부위 중에서 손만이 정을 나
눌 수 있고 친구의 따뜻함을 느낄 수 있다고…, 때문에 생각합니다.

T. 너는 다른 친구와는 새로운 생각이로구나 그래서 혼자구나. 손만 정
을 나눌 수 있다. 과연 그럴까 손만 정을 나눌 수 있을까 어쨌거나
요것은 다른, 친구들과는 다른― 세 사람 정도 발표하였는데 친구들
과 다른 생각이로군요.

S. (혜지)저는 아까 선생님 손이 두 개라고 하였는데 친구 손과 제 손, 내
손이 모이면은 그   두 손이 되니까 친구와 제가 하나 되는 우정을
생각할 수 있습니다.

T. 여기서는 상당히 재미있는 생각이로구나.
원래는 두 개지만 하나 되었으니까 또 의미가 있어요. 그 다음에,

S. (도윤)저는 손이 주머니 속에서 손을 무심코 넣어놓고 있다가 그렇게
그 생각하지 않고 있는데 우연히 손이 따뜻해지니까 응 손이 혼자라
고 표현한 것 같습니다.
(…중략…)

T. 음 그렇게 생각할 수도 있겠어요.
자 아무튼 손이 혼자라는 뜻이 무엇인지는 잘 말하기는 어렵지만 여
러분 생각을 들으니까 선생님도 생각이 좀 정리되는 듯한 느낌이 듭
니다. 자 그러면 우리가 시의 내용도 살펴보고 시의 제목이 가지고
있는 뜻도 알아보았는데 이런 것들을 바탕으로 해서 여러분들이 이
시를 읽고 난 여러분만의 생각이나 느낌을 공책에다가 한 두 줄 정
도로 깊이 생각해서 기록해주기 바랍니다. 기록해 주세요.

Sn. (모두 공책에 자신의 생각과 느낌을 기록한다.)

T. 그래요. 나도 그렇다는 표시를 팍 해야지요. 지금 물어보지도 않았는
   데 손드는 것은?
   다음은 앵무새란 놈은 말을 잘 하니 변호사로 돌리고 그랬지요. 그
   럼, 거머리와 소반 장수의 공통점은 무엇입니까? 이미선!
S. 한 번 붙으면 잘 떨어지지 않기 때문입니다.
T. 어디 그렇게 생각한 사람은?
S. (동의 표시를 한다.)
T. 그래요. 저기 거머리란 놈은 붙기를 잘하니 소반 장사로 돌리고 그랬
   지요. 그러니까 잘 붙는 것이 공통점이지요. 소반 장수는 여자 치마
   를 잡아당기며 사라고 그러네요. 아유, 거머리 같네요. 그 다음에 거
   미와 체 장수의 공통점은 무엇입니까? 김지은!

위의 장면에서는 "세 사람 정도 발표하였는데 친구들과 다른 생각이
로군요."나, "여기서는 상당히 재미있는 생각이로구나. 원래는 두 개지만
하나 되었으니까 또 의미가 있어요."와 같이 평가적 반응을 하면서 서로
다른 생각들을 종합하는 중재자의 역할을 하고 있다.

(다) 수업에서 교사가 이해의 매개자 역할을 하였다면, (가) 수업에서
교사는 중재자 역할을 하고 있다고 볼 수 있다. (다) 수업은 학생들의 학
습 훈련이 되어 있지 않고 학습 준비도가 낮은 경우에 볼 수 있는 수업
의 유형이고, (가) 수업은 학생의 학습 훈련도와 준비가 잘 되어 있는 경
우에 볼 수 있는 수업 유형이다. 따라서 교사는 수업의 내적 환경이라
할 수 있는, 학습 훈련 및 예습적 과제 등에 대하여 충분히 배려하고 안
내를 하여야 수업의 효율성을 높일 수 있을 것이다.

(3) 일반 수업에서 학생 문학능력의 사용

수집한 일반 수업을 통해 살펴본 문학능력의 사용 양상은 다음 표와 같다. 연구자가 수집한 3종의 수업이 모두 교과서 중심으로 이루어지고 있음을 알 수 있다. 학생 활동은 당연히 교과서 지시사항에 충실하였고, 문학능력도 교과서 제시 범위 내에서 사용되었다.

수업 유형	능력 수준	교사가 사용한 능력 수준				학생의 수행에 나타난 능력 수준				수업 기제	
		인지적		정의적		인지적		정의적			
		문학지식	내용파악	정서감응	경험연결	문학지식	내용파악	정서감응	경험연결	교과서	활동
일반 수업	가	·	+	+	+	·	+	+	+	+	·
	나	·	·	+	+	·	·	+	+	+	+
	다	·	+	+	+	·	+	·	·	+	−

위의 세 가지 수업 중에서, (가)에서는 약식의 교수·학습 계획안이 작성되었고, 학습자의 학습 훈련도 잘 되어 있었다. 수업에서 교사가 중점을 두는 부분에 학생들도 관심을 가졌다.

매 수업의 양상은 교사의 추구와 취향에 의존할 수밖에 없다. 문학 영역에 교사가 취향을 드러낸다면, 학생들은 문학에 관심을 보이게 될 것이다.

연구자가 확보한 일반 수업이 3종에 불과하며, 더구나 '원리학습' 제재가 아닌 적용·발전 단계나 '되돌아보기' 제재에 해당되므로, 인지적 추구가 잘 나타나지 않고 있다. 문학 단원의 수업을 종적으로 추적해 가면, 각 항목들에 대한 종합적인 정보를 얻을 수 있을 것이다. 학생들의 자기주도형 참여 수업은 초등학교에서 추구하는 이상적인 모습이다. 교사는 인지 활동이 강조되는 수업을 연구자에게 제공하지 않았는데,

이 부분이 교사의 교수 능력을 보여주기에는 제약이 크다고 보았기 때문이다.

한편으로, 교사가 처한 상황이 매우 다르기 때문에 수업의 양상도 다양하게 전개될 수밖에 없다. (나) 수업에서는 교사의 몸 상태가 좋지 않음으로 평소에 비해 수업 활력이 떨어졌고, (다)의 경우는 교사 자신의 이해와 감상 활동을 잘 이루어지고 있으나, 교사 주도의 수업 전개로 인하여 학생들의 적극적인 참여가 따르지 않았으며 표현의 기회도 제약되었다.

4. 나오며

초등학교 수업의 특성 중 하나는, 담임교사의 수업 활동이 교과 전반에 걸쳐 있다는 점이다. 흔히 일회성으로 끝나는 수업 준비를 위해 수고와 헌신을 아끼지 않는다. 그러나 현실적으로 교사의 노력이 교과 전반에 분산되어야 한다는 점에서 집중도를 높이기는 어렵다.

제언을 곁들여, 지금까지 논의된 내용을 정리하면 다음과 같다.

첫째, 4종의 '연구 수업'에서는 "생각과 느낌"을 다양한 방식으로 표현하는 활동이 중심을 이루고 있었다. 2학년과 4학년, 그리고 5학년의 학습 활동 양상이 크게 다르지 않았다. 즉 텍스트 수준만 다를 뿐, 학년을 두고 반복적으로 사용하는 활동 방법에는 진전이 없었다. 특히, "생각과 느낌"을 표현하는 활동을 강조했을 뿐, 생각과 느낌을 인지적·정서적으로 구성하는 방법에 대한 학습은 없었다. 이를 통해서 볼 때, 수업에서 '표현 방법'이나 '생각과 느낌의 구성' 전략도 위계적으로 계발·적용되어야 할 필요가 있다.

평가의 측면에서는, 학습 활동이 주로 텍스트 내용을 학생 경험에 연결하거나 정서적 반응을 발표하는 방식이었으므로, 인지적 구성 능력은 추론을 통해서 평가할 수밖에 없었다. 교사는 학생 능력을 학습의 과정에 대한 관찰이나 산출물을 통하여 통합적으로 평가하였고, 이를 위해 포트폴리오를 사용하고 있었다.

둘째, 3종의 '일반 수업'은 모두 교과서 중심으로 이루어지고 있었다. 학생 활동은 당연히 교과서 지시사항에 충실하였고, 문학능력도 교과서 제시 범위 내에서 사용되었다. '읽기'와 '듣기' 수업에서는 내용 파악 활동이 강조되었다. 학생들은 동의 표시(손가락 신호)를 보냄으로써 교사의 평가에 응답하였다. 시간의 사용상 학생의 성취도가 개별적으로 점검되지 못하였으며, 동료 학생의 응답과 잘된 표현을 받아들이는 것으로 과정적 성취를 인정하였다.

한편, 교과서 밀착 수업에서 교사는 소통의 매개자나 중재자의 역할을 하게 마련인데, 학습의 준비도가 낮은 경우에 교사 주도형 수업으로 흘렀다. 수업의 내적 환경이라 할 수 있는 학습 훈련과 함께 예습적 과제 등에 대하여 충분한 안내가 이루어져야 하는 까닭이다.

평가의 측면에서는, 학생 발표와 산출물이 있는 경우에는 과정 평가가 이루어질 수 있었으나, 일문일답식 교사 중심 수업에서는 교사의 수업 만족도가 중요한 평가 기준이었다.

셋째, 단위 수업의 성취 기준은, 한편으로는 상위 수준의 활동을 통해 통합적으로 추구될 수 있고, 다른 한편으로 학습 목표로 제시된 하위 능력을 중심으로 추구될 수도 있다. 이들 단위 수업의 추구는 전체 문학능력으로 투사될 수 있어야 하지만 앞의 수업에서 이러한 전망을 보여준 경우는 없었다.

넷째, 앞에서 언급한 바 모든 수업 준비가 일회성으로 소모되고 만다는 점에서 교수·학습 자료의 효율적인 관리를 맡아 줄 '수업 도우미'의 운영이나, 준교과담임제(교사가 교과를 분담하여 동학년별로 운영함)와 같은 교육과정 운영 방식도 생각해 볼 필요가 있다.

본 연구자가 수집 분석한 자료에 나오는 교사는 지역 사회에서 촉망받는 우수 교사들이다. 많은 교사들이 이들의 수업을 보고, 전형으로 생각하고 모방한다. 이를 역으로 생각하면, 일반적인 수업 상황에서는 학생들의 문학능력이 잘 관리되지 않을 수 있음을 추론할 수 있다.

참고문헌

김상욱, 「문학교육의 이념과 목표」, 『문학교육과정론』, 삼지원, 1997.

김신정, 「다매체 문화 환경과 문학 능력」, 『문학교육학』 26, 한국문학교육학회, 2008.

김창원, 「문학 능력과 교육과정, 그리고 매체」, 『문학교육학』 26, 한국문학교육학회, 2008.

노 철, 「문학 수업에서 교사화법과 감상능력의 상관성 고찰」, 『문학교육학』 25, 한국
　　　문학교육학회, 2008.

박윤우, 「기호·소통·문화로 본 매체언어와 문학어, 문학 능력」, 『문학교육학』 26, 한
　　　국문학교육학회, 2008.

박태호, 『초등 국어 수업 관찰과 분석』, 정인출판사, 2009.

선주원, 『어린이 문학교육의 방법』, 박이정, 2006.

염창권, 「초등학교 문학수업의 문화기술적 연구―학생 반응의 형식을 중심으로」, 『한
　　　국초등국어교육』 21, 한국초등국어교육학회, 2002.

염창권·조은주, 「학습일지(Learning Logs)에 나타난 6학년 학생들의 문학 반응 양상」,
　　　새국어교육 65, 한국국어교육학회, 2002.

이용숙·김영천 편, 『교육에서의 질적 연구―방법과 적용』, 교육과학사, 1999.

정재찬, 「질적연구방법론의 국어 교육적 의의」, <국어교육학회> 제15회 학술발표대회, 2001.

정현선·이미숙, 「초등학교 저학년 문학 수업에 대한 실행 연구」, 『문학교육학』 21,
　　　한국문학교육학회, 2006.

주삼환 외, 『수업관찰과 분석』, 원미사, 1999.

진선희, 「학습독자 반응 연구의 문학교육적 함의 및 연구 방향」, 『문학교육학』 16, 한
　　　국문학교육학회, 2005.

천경록 외, 『국어과교육론』, 교육과학사, 2004.

천호성, 『수업 분석의 방법과 실제』, 학지사, 2008.

최지현, 「문학교사는 존재하는가」, 『문학교육학』 21, 한국문학교육학회, 2006.

최지현, 『문학교육과정론』, 도서출판 역락, 2006.

R. J. Rodrigues, & D. Badaczewski, *A Guidebook for Teaching Literature*, Allyn and
　　　Bacon, inc., 1978.

Spradley, *The Ethnographic Interview*, Harcourt Brace Jovanovich College Publishers, 1979.

제 16 장

문학능력 평가의 방향

- 학습과 평가의 연계를 중심으로 -

김 정 우

이화여자대학교 국어교육과

1. 문학능력 평가의 문제 인식

우리 교육은 오랫동안 교과에 상관없이 선발을 위한 결과 중심의 객관식 평가가 대세를 이루어 왔다. 그렇지만 이러한 결과 중심의 객관식 평가는 국어 교과에서 학습자들의 문학능력을 측정하고자 할 때 근본적으로 한계를 가질 수밖에 없다. 문학 텍스트의 의미를 선택형 답지 하나의 진술로 환원하기 쉽지 않기도 하고, 학습자들의 다양한 반응, 특히 정서적 변화나 내면화의 여부 등을 일회적인 객관식 평가로 온전히 확인하는 것이 매우 어려운 일이기 때문이다.

전통적인 평가 방식의 이러한 한계를 인식하고, 문학능력의 평가에 대해 새로운 방안을 모색하기 위한 노력은 지속적으로 전개되어 왔다. 예를 들어 김종철 외(1998)에서는 문학 평가의 기본 방향을 ① 과정 평가 지향, ② 학습자 중심 평가, ③ 인지와 정의의 균형이 이루어지는 평가, ④ 태도 형성을 위한 평가, ⑤ 평가 척도의 다양화 등을 다섯 가지로 제시하면서 제7차 교육과정 문학 영역 평가의 기본적인 토대를 마련한 바 있다. 이러한 방향 설정은 이후 교육과정 개정, 교과서 개발, 교실에서의 문학 평가 실천 등에 일정한 정도 영향을 주었다고 볼 수 있다.

그렇지만 아직 이러한 방향으로의 변화가 문학 교수·학습에 온전히 정착되었다고 보기에는 무리가 있다는 것이 이 글의 기본적인 판단이다. 여전히 학습자들을 한 줄에 세우는 결과 중심의 평가는 힘을 발휘하고 있는 반면, 의욕을 가지고 다양한 평가도구를 개발하고 실천하려는 교사들의 노력은 현실을 잘 모르는 초임 교사들의 낭만적인 자기만족적 실천으로 취급되곤 하는 것이 현실이다. 물론 이러한 어려움의 근본적인 원인은 경쟁을 기본 원리로 하는 선발 중심의 교육 체제를 변화시키지 못하고 있기 때문이다. 그렇지만 교사들이 문학능력을 평가하기 위한 구체적인 방법을 잘 모르고 있거나, 교사의 평가 전문성이 충분히 갖추어져 있지 못해서 보다 바람직한 평가를 시행하지 못하는 경우도 적지 않은 것으로 보인다.

기존의 문학능력 평가는 주로 문학에 대한 지식을 확인하는 평가, 문학 텍스트의 부분과 전체에 대해 '적절한' 해석과 감상을 할 수 있는지 확인하는 평가가 주를 이루었고, 여기에 '창작'에 대한 평가가 부분적으로 추가되었다. 평가의 형태는 선택형 평가가 주를 이루는 가운데, 7차 교육과정부터 '수행평가'가 도입되어 교사와 학생의 평가관에 일정한 변화를 일으켰고, 학습자의 실제 언어 평가의 중요성과 가치를 인식하게 되었다(최미숙, 1998). 이 수행평가에 대해 비효율성, 적절한 자료의 부족, 질 관리의 어려움 등의 현실적 문제점(박도순, 2007)이 지적되기도 했지만, 2007년 개정 국어과 교육과정 역시 국어 과목 평가의 방법으로 가급적 질적 평가, 비형식적 평가, 직접 평가, 수행평가를 적극 활용할 것을 권장하고 있고, 고등학교 선택 과정인 문학 과목에서도 선택형 평가 외에 수행평가 등 다양한 평가 방법을 활용할 것을 권장하고 있다.

이제 과제는 이러한 기본적인 변화의 동향을 정확히 인식하고, 그 가운데 실천적인 힘을 가질 수 있는 평가의 방향을 모색하면서 다양한 평가 방법들을 개발하는 일이 될 것이다. 또 인간의 생활 조건 및 학습 환경의 변화에 따라 변화하는 문학능력의 개념을 인식하고, 그에 따라 문학능력을 평가하는 일 또한 일정한 변화를 요구받는다는 점도 염두에 두어야 할 것이다. 구체적으로는 평가 목표를 선명하게 하고 평가해야 할 내용을 충분하게 개발하며, 신뢰도 높은 평가를 가능하게 하는 평가 방법을 개발하는 작업이 될 것이다.

이 글은 이러한 과제들 가운데 문학능력의 평가에 적합한 형태로 인식되는 수행평가에 초점을 맞추고, 이 수행평가가 교수·학습과 긴밀히 연계되는 평가가 될 수 있는 방안을 모색해 보고자 한다. 이를 위해 우선 현행 수행평가의 실태와 문학교육 평가에 대한 교사의 인식, 그리고 그 가운데에 나타나는 한계점들을 짚고, 개선 방향을 생각해 볼 것이다.

2. 교실에서의 문학능력 평가 실태

제7차 국어과 교육과정 운영에 대한 연구(조용기 외, 2004)[1]에서는 국어과 교육과정을 개발하거나 국어과 수업을 운영할 때 평가와 관련하여 발생하는 문제점을 조사하였는데, 국어 교사들에게 직접 문제점을 서술해 달라고 한 결과 아래와 같은 문제점들이 정리되었다.

순위	비율	내 용
1	46.1%	객관적이며 타당한 다양한 평가 자료와 방법의 개발과 보급이 필요하다.
2	16.7%	평가의 객관적인 기준 마련이 어렵다.
3	14.1%	교사의 자율적인 평가권을 확대해야 한다.
4	7.6%	학생 수 과다와 시간 부족으로 제대로 된 평가가 어렵다.

상위 1, 2위를 차지한 교사들의 어려움은 교사의 평가 전문성의 신장

---

1) 이 연구는 16개 시도 교육청 지역별로 약 5%(중학교 140개교 / 고등학교 100개교)를 대상으로 제7차 국어과 교육과정의 운영 실태를 조사한 연구이다.

이 절실하다는 점을 확인하게 해 준다. 국어과 교사들은 평가 자료, 평가 기준 등을 개발하는 데 많은 어려움을 느끼고 있고, 그러한 부분에 대한 체계적 지원, 연수, 다양한 평가 도구나 평가 기준의 개발 보급 등을 원하고 있는 것이다.

그렇다면 구체적으로 어떠한 점들이 보완되어야 할 것인지를 파악해 볼 필요가 있겠다. 아래에서는 2008년 A광역시 교육청에서 교사의 평가 전문성 신장을 위해 마련한 직무 연수에서 수집한 자료를 바탕으로 교실에서 문학능력 평가를 어떻게 시행하고 있는지 수행평가를 중심으로 확인하고, 문제점들을 짚어보기로 한다. 자료들은 이번 연구를 위해 별도로 제작한 자료는 아니며, 연수에 참여한 교사들이 각 학교에서 최근 사용한 평가 계획이나 평가 도구의 원 모습 그대로를 제출한 것이다.[2]

1) 평가 목표가 불분명한 평가

대부분의 학교에서는 지필평가 형식으로 이루어지는 중간고사와 기말고사 이외에 '수행평가'를 따로 하도록 되어 있다. 그 비중은 학교마다 다르지만 대개 학습자들이 받는 점수의 약 30% 정도는 반드시 수행평가를 하도록 되어 있다. 그런데 이 수행평가가 요식 행위에 그치거나, 어쩔 수 없이 일정 비중은 차지하되, 평가 목표나 평가의 취지가 불분명한 경우가 많다.

아래 학교의 경우 국어과 수행평가 중에서 문학능력과 직접 관련이

---

2) 이 직무 연수에 참여한 교사들은 각 학교의 평가계획과 평가문항 등을 비교하면서 자신들의 평가전문성을 높이기 위해 노력하고 있었다. 이런 성격의 모임이 적극적으로 활성화되고 지원되어야 할 것이다. 연수를 위해 수집한 사례들이 애초 목적과 다르게 활용되지 않게 하기 위해 지역 및 학교명은 익명으로 처리한다.

있는 수행평가로 '시 외워쓰기'가 있다.

[사례 1] ㄱ 중학교 3학년
1) 평가 내용

학기	구분	평가 방법		배점
1학기	중간 고사	지필 평가		100점
	기말 고사	지필 평가		100점
	수행 평가	독서평가	100점(50%)	100점
		시 외워쓰기	100점(30%)	
		태도	100점(20%)	

2) 평가 방법
　－시 외워쓰기 (100점) －1학기
(1) 관련 단원 : 문학
(2) 평가 내용 : 학기 초에 미리 제시한 작품을 외워 쓰도록 하여
　　수행 능력을 평가하되 미응시한 경우에는 최하점의 차하점을
　　주도록 한다.

계획서에서 볼 수 있는 것처럼 이 사례는 평가 계획이 매우 소략하다. 왜 이런 수행평가를 하는지 평가의 목적이 불분명하다. 수업 시간에 배운 내용들과는 어떤 연관이 있는지 알기 어렵고, 이 평가를 통해서 어떤 문학능력을 확인하고자 하는지 학습자가 알 수 없다. 평가 계획은 평가의 목표와 내용을 알 수 있게 해 주는 기본적인 틀이다. 또 평가 자체가 교육의 일환이므로 평가의 과정을 통해서 학습자들에게 일어나게 되기를 기대하는 변화에 대한 정보도 담을 필요가 있다.

또한 이 계획에는 평가의 방법에 대한 정보가 부족하여 외워서 쓰게 한다는 것 이외에 구체적으로 평가의 진행 과정이나 방법을 알기 어렵다. 그리고 채점의 기준이 마련되어 있지 않아서 채점자의 일관되지 않

은 주관이 개입할 가능성도 크다.

평가는 교사와 학습자가 학습의 출발 단계에서 목표 또는 도달해야
할 성취기준을 함께 공유하는 데에서 시작된다. 그렇지 않고 왜 하는지
도 모르면서 일단 하고 보는 식의 평가가 된다면, 그것은 학습자에게 큰
효과를 가지지 못하는 부담만 주게 된다. 특히 수행평가는 평가의 취지
와 목표를 분명히 하고, 학습자의 상대적 서열이 아니라 일정한 기준에
의 도달 여부를 확인하는 데 초점을 맞추는 평가이다(천경록, 2001 : 22).
[사례 1]과 같이 평가의 목적이나 평가에서 확인하고자 하는 바가 불분
명하다면 평가가 학습에서 성취된 어떤 능력과 연관이 있는 것인지 알
수가 없으므로 평가의 타당성을 판단할 수 없다.

제7차 국어과 교육과정에서 '5. 평가'에 해당하는 부분을 보면 각 영
역별 특성을 반영하여 평가 목표를 설정할 것을 분명하게 밝히고 있고,
2007년 개정 국어과 교육과정 역시 그러한 부분을 강조하고 있다. 문학
영역의 평가 목표는 아래와 같이 설정하도록 안내하고 있다.

- 제7차 교육과정 문학 영역 평가 목표
  문학의 본질에 대한 이해, 문학의 수용 능력을 위주로 설정하되, 문
  학 작품을 즐겨 읽는 태도를 포함시켜 설정한다.
- 2007년 개정 국어과 교육과정 문학 영역 평가 목표
  문학 지식에 대한 이해, 문학 작품의 수용과 생산 능력에 중점을 두
  어 설정한다.

문학 영역에서는 제7차 교육과정이나 2007년 개정 교육과정 모두 문
학에 관한 지식의 이해 정도를 평가하는 한편, 문학 텍스트의 수용 능력,
생산 능력 평가에 중점을 둘 것을 강조하고 있다. 이러한 지침을 기준으

로 본다면 [사례 1]의 '시 외워쓰기' 평가는 문학에 대한 지식이나 작품 수용·생산의 능력 등과 어떤 연관이 있는지 잘 나타나 있지 않다. 교육 현장에서의 수행평가가 단순히 '평가의 다양성'이라는 요건을 충족하기 위해 형식적으로 시행하는 평가에 그치지 않으려면 학습의 과정과 연관 되는 지점을 분명히 밝혀줄 필요가 있다. 평가 목표를 생략하거나 분명 히 밝히지 않은 채, 어떤 방식으로 '점수'를 산출하는지 알려주는 것으 로 평가에 대한 정보를 충분히 제공했다고 생각하는 경우가 많은데, 이 는 평가를 매개로 한 의사소통이 원활하게 이루어지지 못하는 중요한 원인이 된다.

2) 평가 기준이 모호한 평가

아래에서 살펴볼 [사례 2]는 [사례 1]과 마찬가지로 평가를 왜 하는 지, 어떤 능력을 확인하고자 하는지 명확하게 제시되어 있지 않다. 다만 평가 기준과 채점 기준이 마련되어 있어서 [사례 1]에 비해 진일보한 모 습을 보인다.

〈사례2〉 ㄴ 중학교 1학년
  1) 애송시 낭독하기
   ■ 평가 기준 및 채점 기준

평가 기준
1. 시의 정서와 분위기를 잘 살려 읽는다.
2. 배경음악과 발표 자료를 성실하게 준비한다.
3. 정확한 발음으로 시의 내용을 잘 전달한다.
4. 낭독하는 목소리 크기와 어조, 태도가 알맞다.

채점 기준	점수
위의 기준 모두에 적합하거나 1가지가 조금 부족한 경우	100
위의 기준 중 2~3가지가 부족한 경우	90
위의 기준 중 모든 기준에 미달인 경우	80
위의 기준에 도달하지 못하면서 발표 자료를 제작하지 않은 경우	70
발표 자료 및 시 선정을 전혀 하지 않은 경우	0

* 평가 시기를 지키지 못한 경우는 5점씩 감점한다.

2) 시 노트 작성

■ 평가 기준 및 채점 기준

평가 기준
1. 시를 준비하고 바른 태도로 낭독한다.
2. 시를 읽고 느낀 바를 적절한 분량으로 진솔하게 표현한다.
3. 학급의 모든 추천 시를 잘 듣고 느낀 바를 기록한다.
4. 시에 어울리는 시화를 그린다.

채점 기준	점수
위의 기준 모두에 적합한 경우	100
위의 기준 중 1~2가지가 조금 부족한 경우	90
위의 기준 중 2~3가지 기준에 미달인 경우	80
위의 기준에 모두 미달인 경우	70
위의 기준에 모두 현저히 미달인 경우	60
과제를 제출하지 않은 경우	0

* 평가 시기를 지키지 못한 경우는 5점씩 감점한다.

이 평가에 대해 교사 스스로 자신의 평가 방식을 평한 기록을 보면 평가의 의도나 평가상의 어려움을 알 수 있다.

[사례 2] 담당교사의 자기 평가

시 낭독 평가는 학생이 시 1편을 고르고 낭독에 쓸 수 있는 멀티미디어 자료를 준비하게 했다. 학생들이 좀 더 시와 친숙하게 된 계기가 된 것 같았고, 바탕화면이 제시되고 음악이 함께 흘러나오자, 예상보다 학생들이 훨씬 관심 있게 평가에 참여하였다.

시 노트 작성하기는 매 수업시간 5분을 할애하여 학급 내 모든 학생들이 돌아가며 자신이 선택한 시에 대한 낭독과 감상을 발표하게 했고, 다른 학생들은 그 시를 듣고 발표한 학생이 준비한 유인물을 보며 그 시에 대한 각자의 감상을 기록하고 시화를 그리게 했다. 한 학기 동안 약 30편의 시를 읽을 수 있어서, 학생들이 시에 대한 안목을 넓힐 수 있었고 또한 시는 '고상하고 이해하기 어렵다'는 편견을 깨고 시에 대해서 더욱 쉽고 친숙하게 다가가게 한 수행평가였던 것 같다. 딱딱한 개념설명이나 구절풀이가 아니라 감상 위주의 활동이어서 훨씬 더 학생들에게 시다운 울림을 줄 수 있는 시간이었다. 또한 한 학기 전체의 활동을 포트폴리오를 통해 수행과정을 평가할 수 있었던 점도 좋았다.

하지만 대부분의 수행평가가 그렇듯이 <u>평가 기준이 모호해서 평가 기준을 좀 더 명확하게 세분화할 필요가 있는 것 같다. 또한 2명의 선생님이 학년을 나누어서 평가를 해서, 각 반별 평균을 80점 근처로 맞추려고 하다 보니, 사실 평가가 공정하지 못한 점도 있었던 것 같다.</u> (밑줄 인용자)

위 진술에서 확인할 수 있듯이 이 평가는 전반적으로 평가의 목표와 의도, 그리고 그에 따른 효과가 비교적 분명하다. 그러나 교사 스스로 밝히고 있듯이 평가 기준을 학습자들의 능력에 따라 세분화하지 못한 한계가 있다. 예를 들어 학습자들이 "1. 시의 정서와 분위기를 잘 살려 읽는다."는 기준에 도달하기 위해 구체적으로 무엇을 준비하고 어떤 행동을 나타내야 하는지 알기 어렵다. 이는 다른 평가 기준에서도 발견되는데 무엇을 어떻게 준비해야 '성실하게 준비한다'는 기준을 충족시킬 수 있는지, 또 낭독하는 목소리의 크기와 어조가 '알맞다'고 판단할 때 그 기준이 어느 정도인지 학습자들이 쉽게 알기 어렵다. 학습자들이 평가 활동을 준비하면서 구체적으로 무엇에 초점을 맞추어야 하는지 잘 알 수가 없고, 교사 역시 평가가 끝난 후에 점수는 제공할 수 있어도 개별 학생들의 부족한 부분을 정확하게 세밀하게 진단하거나 그에 대한 처방을 마련해 주기 어렵다.

평가 기준이 이렇게 모호한 상태를 벗어나지 못한다면 수행평가가 가질 수 있는 장점, 즉 성취기준을 중심으로 개별 학습자의 성취 정도나 수준을 분명하게 파악할 수 있게 해 주는 준거지향평가(criterion-referenced evaluation)를 제대로 하기 어렵게 된다. 평가 기준에 준거, 즉 학습자들이 도달해야 할 지점이 분명하고 상세하게 기술되어 있으면, 학습자들이 자신의 현재 상태를 파악하고, 앞으로 해야 할 일을 구체적으로 인식하는 데 도움을 줄 수 있다.

또 교사의 자기 평가에도 언급된 것처럼 같은 학년을 두 명 이상의 교사가 담당하고 있을 경우, 평가 기준이 분명하지 않으면 평가의 신뢰도 면에서 어려움을 겪을 수 있다. 그런데 이러한 어려움을 피하기 위해 평가 기준을 더 상세하게 구성하는 대신 개별 학습자들의 성취 정도에 관계없이 평균점을 중심으로 안정적인 분포를 나타내는 결과를 미리 설정해 두고, 학습자들의 도달 결과를 적당히 그 분포에 맞게 배치하는 방법을 취하는 것이 현실이다. 이는 손쉬운 대안이기도 하고, 또 각 학급이 유사한 분포를 보이는 것이 바람직하다고 생각하는 학교나 학부모의 요구를 충족시키기 위해 어쩔 수 없는 측면이 있기도 하다. 그러나 결국 수행평가의 겉모습을 띠면서 실상은 성취 정도를 제대로 파악하지 못하고 여전히 상대적 서열만을 확인하게 하는 평가라면, 들이는 노력에 비해 학습자에게 송환해 줄 정보의 질이나 양은 여전히 제한적일 수밖에 없다. 평가 기준을 보다 더 상세하고 구체적으로 구성하는 방향으로의 변화가 필요하다.

3) 학습의 과정과 유리된 평가

세 번째 사례는 인문계 고등학교 1학년을 대상으로 한 수행평가 사례이다.

[사례 3] ㄷ 고등학교 1학년
1) 성적 반영 비율 및 배점

구분	정기 고사		수행 평가	합 계
	중간 고사	기말 고사		
반영 비율	35%	35%	30%	100%

2) 평가 방법
가) 평가 내용 및 배점

1학기 단행본 읽기 (목록 중 1권)	평가 내용	줄거리 및 내용 정리	느낌 및 생각 정리	모르는 단어 정리	충실도	만점은 반드시 100점
	배점	40	30	20	10	합계 100
2학기 단편소설 읽기 (자율선택 10편)	평가 내용	줄거리 및 내용 정리	느낌 및 생각 정리	모르는 단어 정리	충실도	만점은 반드시 100점
	반영 비율	40	30	20	10	합계 100

나) 평가 방법
① 수행방법 : 선택한 책이나 작품을 10부분으로 나누고, 각 부분 줄거리 및 내용 정리함. 그리고 각 부분에 대한 느낌 및 생각을 적음. 그리고 읽으면서 모르는 단어의 뜻을 찾아 정리함.
② 채점 기준
• 각 부분별로 줄거리 및 내용 정리 4점(4점×10부분)으로 40점 만점,
• 느낌 생각 정리 3점(3점×10부분)으로 30점 만점,
• 모르는 단어 정리 2점(2점×10부분)으로 20점 만점

• 충실도는 5단계로 나누어 그 정도에 따라 평가한다.
   (A-10점, B-8점, C-6점, D-4점, E-2점).
③ 매 학기 초에 평가에 대한 안내를 하고, 학기 중에 계속 실시하
   여 각 학기말 고사 전에 수합날짜를 공고한 뒤 수합하여 평가
   한다.
④ 제출 기한을 어길 시에는 늦게 내는 날짜의 일수만큼 받은 총
   점수에서 감한다.

이 사례는 인문계 고등학교 1학년 학생들에게 가급적 많은 독서를 시켜서 학습자들의 읽기 능력과 문학능력을 신장시키려고 하는 교사의 의지가 반영된 평가라고 할 수 있다. 이 평가에서 우선 눈에 뜨이는 것은 모든 글을 열 개의 부분으로 나누고, 그에 따라 활동을 하게 한다는 점이다. 점수를 계량화하기에 편하게 만든 장치라는 점을 알 수 있지만, 이는 학습자들의 독서를 왜곡할 가능성이 있다고 판단된다. 많은 수의 학생들을 대상으로 하는 평가에서 점수의 계산이나 분포 등을 고려한 일종의 고육지책으로 볼 수도 있겠지만, 단편소설 한 편을 10개의 단위로 나누는 것이 학습자들에게 쉬운 일이 아닐 수도 있고, 또 그러한 활동이 어떤 교육적 의미를 가지는지 알기 어렵다.

이러한 문제가 나타나는 원인은 평가가 수업 시간의 학습과 큰 연관이 없이 평가 자체를 위한 평가가 이루어진다는 점을 들 수 있다. 수업 시간에 배우는 학습의 내용과 관계가 없거나 심지어 그 내용과 어긋나거나 모순되는 내용을 평가하는 경우도 있다. 가급적 수업 시간에 이루어지는 학습의 내용과 과정에 긴밀하게 연관되는 평가가 이루어질 필요가 있다.

또한 평가의 시기나 시행 방법도 문제가 될 수 있다. 이 평가를 담당

한 교사는 문제점과 효과에 대해 다음과 같이 인식하고 있다.

[사례 3] 담당교사의 자기 평가

입시 위주의 인문계 고등학교에서 실시하기에는 부담감이 크다는 염려 속에서 실시한 평가였다. 그래도 이왕 해야 할 수행평가라면 그나마 시간이 있는 1학년 때에라도, 학생들에게 진짜로 도움이 되게 해 보자고 의논한 뒤 결정하였다. (…중략…) 이런 준비로 시작하였음에도 불구하고, 아이들의 독서 정리 공책을 수합하는 것부터도 쉽지 않았다. 아무리 일찍 공고를 하였어도 마감 기일이 임박해서야 읽기 시작하는 학생들이 적지 않았기 때문이었다. 그건 학생 탓만 할 일이 아니었다. 이러다 보니 읽기나 정리를 덜하고도 기한 안에 제출하는 아이들과, 비록 기한을 넘겨도 충실히 읽고 꼼꼼히 정리하여 내는 아이들에 대한 평가를 할 때는 적지 않은 고심을 해야 했었다.

예상은 했었지만 600명에 가까운 아이들의 공책을 3명의 교사가 읽고 평가 하는 것은 엄청난 압박감으로 다가왔다. 왜 이런 평가를 계획했을까 하는 때늦은 후회와 함께 말이다. (…중략…) 평가를 하면서 아이들이 예상보다 훨씬 더 다양한 분야의 책을 선정하여 읽었다는 것을 알았다. 물론 무조건 분량이 얇은 책을 선정한 아이들도 더러 있기도 했지만, 두 권 이상으로 연결된 책을 읽은 학생들도 많았다. 그리고 그 책을 선정한 이유를 쓰게 하였는데, 학생들의 관심과 호기심의 분야가 참 다양하다는 것도 알게 되었다.

밤늦은 시간까지 남아 평가를 해야만 하는 아주 힘든 채점 기간도 있었지만, 정말 의미 있는 독서였다는 학생들의 느낌을 읽을 때나, 너무나 개성적인 정리 방법을 보았을 땐 저절로 그 힘듦이 잊혀졌었다. 교사나 학생 모두 조금만 더 여유가 있었으면, 틈틈이 노트를 걷어 독서 과정도 평가했으면 진짜 좋았을 거라는 한 선생님의 무서운(?) 아쉬움이 남은 평가였다.

한 학기에 열 편의 단편소설을 읽고 일정한 분량의 글을 쓰는 활동에 대한 평가와 채점을 학기말에 한 번 몰아서 하는 데에 여러 부작용이 있음을 확인하게 된다. 가능한 한 수업과 연계된 활동을 개발하거나, 앞서 [사례 2]에서처럼 매 수업 시작 때 5분을 활용하는 방식으로 활동의 과정이나 평가 결과를 누적해 가면서 지속적으로 확인할 수 있는 방법을 찾는 것이 나을 수 있다. 지속적인 노력이 요구되기는 하지만, 일시에 수백 명의 활동 결과를 수합하여 채점하는 부담과 그에 따르는 채점의 신뢰도 저하 등을 피하기 위해서는 활동과 평가가 일관되게 여러 번 이루어지도록 하는 것이 필요하다. 평가의 효과 면에서 볼 때에도 짧은 검사를 자주 시행하는 것이 긴 검사를 오랜만에 하는 것보다 효과가 크다 (Black & Wiliam, 1998).

이상에서 교실에서 이루어지고 있는 문학능력 평가의 몇 가지 사례들을 중심으로 문제점을 살펴보았다. 이밖에도 영역 간 통합이 제대로 이루어지지 않는다거나, 전문계 고등학교 학습자들의 특성을 반영한 평가 도구가 부족하다는 등의 문제들을 다른 사례들을 통해 확인할 수 있었다.

이러한 문제들을 해결하기 위해서는 교실 환경 개선, 입시 관련 제도의 변화, 평가에 대한 학부모나 사회의 인식 변화 등 거시적이고 장기적인 변화가 필요하다. 그렇지만 그와 동시에 교사의 평가전문성이 신장되고, 다양한 평가 도구와 방법을 개발하는 노력 역시 함께 이루어져야 한다. 여기에서는 특히 교수·학습과 평가가 긴밀하게 연계되는 것이 중요하다는 관점을 가지고 문학능력 평가의 대안적 가능성을 탐색해 보도록 한다.

3. 바람직한 문학능력 평가의 방향

1) 학습을 위한 평가 강화

평가는 서열 매기기의 수단에 그치지 않으며, 학습자에 대한 정확한 진단, 교수·학습 과정의 효과성 판단 등 바람직한 교수·학습이 이루어지게 하기 위한 정보를 제공해 주는 다양한 기능을 담당한다는 인식은 그 실천 여부와 상관없이 많이 확산되어 있는 듯하다. 그렇지만 여전히 학습과 평가, 평가와 학습을 분리해서 사고하는 경향이 강한데, 이러한 문제를 극복하기 위한 방안의 하나가 '학습을 위한 평가(assessment for learning, AfL)'를 보다 더 강조하는 것이다.

'학습을 위한 평가'는 전통적인 평가가 대개 '학습의 평가(assessment of learning)', 즉 주로 총괄평가나 결과 평가로 이루어져 왔음을 비판하고, 그 대신 형성평가와 유사하되 그보다 더 교수·학습 과정과의 연계를 강화한 방식의 평가를 개발하고 시행하는 것이 매우 필요하다는 관점을 취한다(Black & Wiliam, 1998 ; 김명숙, 2008 등). 전통적인 형성평가는 쪽지시험이나 퀴즈, 검사지에 의한 평가 등이 주를 이루었던 데 비해 '학습을 위한 평가'는 교수·학습에 도움이 되는 정보를 얻기 위한 모든 활동, 특히 교사의 관찰, 교실에서의 질문과 토론, 그리고 다양한 형태의 수행평가 등이 모두 포함된다.

'학습을 위한 평가'는 수업 중 전개되는 매 단계마다 교수·학습 활동을 활성화하며 학생 수준을 파악하고, 교수와 학습을 개선해 나가기 위해 정보를 수집하는 활동이다(김수동 외, 2005 : 3). 수업 중 가르친 내용을 단순히 점검하는 차원의 평가가 아니라, 수업 진행 과정에 투입되는 평가를 통해 학습 활동의 활성화를 꾀하고, 학생의 학습활동을 이해함과 동시에 후속 지도를 달리 할 수 있게 된다.

평가의 주체 면에서 볼 때, 학습을 위한 평가는 평가의 참여자를 교사에 한정하지 않고, 학습 동료나 학습자 자신으로 확대한다는 특징을 가지고 있다. 이는 지식에 대한 관점의 변화에서 비롯되는 것으로 특히 사회적 구성주의의 학습 이론에 기반을 두고 있다. 교실에서 일어나는 교육적 변화와 성장은 1인의 교사에서 다수의 학습자를 향한 일방향적 의사소통을 통해 일어난다고 보는 관점에서 탈피하여, 교사와 학습자, 학습자와 학습자 간의 협력적 구성 행위를 통해 일어나는 것임을 전제로 하고 있는 것이다. 평가의 활동이나 평가 기준을 개발할 때 교사 혼자서 하는 것이 아니라, 학습의 과정 가운데 평가가 자연스럽게 결합할 수 있게 하는 것이 좋으며, 평가의 계획 단계에서부터 학습자들이 교사와 함께 평가를 준비하고 진행하며 결과를 함께 분석해 보는 경험이 필요하다.

이러한 변화된 평가관이 이전의 평가에 비해 문학능력을 평가하는 데 보다 더 적합하며, 실제적이고 적절한 피드백이 가능한 평가의 기본 바탕을 이룰 수 있다고 생각된다. 문학교육을 학습자의 문학 행위와 문학 활동을 중심부에 놓는 교육으로 상정하고, 문학교육의 지식이 학습자인 인간을 대상화시키지 않게 하는 것이 필요하다고 본다면(박인기, 2008 : 31~32) 평가 역시 학습자의 문학 행위와 활동을 활성화하고, 그 활동들이 바람직한 방향으로 변화하는 데 필요한 정보를 제공해 주는 역할을 담당해야 할 것이다.

교육평가를 역사적으로 분석한 연구에 따르면, 교육평가는 아래와 같이 네 가지 세대로 나뉜다고 본다(Guba & Lincoln, 1989).

- 제1세대(측정의 세대) : '진리'로 알려진 지식을 가르치고 완전한 습득을 확인
- 제2세대(서술의 세대) : 타일러식 관점의 목표와 교육과정의 장단점 서술
- 제3세대(판단의 세대) : 수업의 효과나 프로그램의 성과 여부를 판단
- 제4세대(반응적, 구성주의적 평가 세대) : 평가 관련자의 특성을 열거, 이견이나 관심사를 확인하고 협력적으로 조정

여기서 제4세대 평가는 이전 세대의 평가에 비해 '학습을 위한 평가'의 성격이 뚜렷해진다. 학습을 위한 평가는 '교사와 학생이 공유하는 평가', '학생들이 방관자가 아니라 참여자이게 하는 평가', '학습자의 흥미와 관심이 반영된 개별화 평가' 등을 중요한 특징(황윤한, 2008 : 54~55)으로 나타내며, 아울러 평가가 학습의 과정에 필요한 정보를 계속해서 제공하는 순환적 관계를 형성하게 된다.

이러한 평가관의 변화는 문학교육의 평가에 적지 않은 시사점을 줄 수 있다. 문학 작품의 수용은 대개 특정한 의미로의 일의적 환원이 어렵고, 각자의 경험에 따라 여러 가지 의미로 해석이 가능한 경우가 많으며, 무엇보다도 정서적 반응이 모호하고 다양하게 나타날 수밖에 없다는 점 때문에 객관적이고 신뢰도 높은 평가를 하기가 어렵다는 점이 항상 논의되어 왔다. 그렇지만 그러한 어려움의 원인 중 하나는 문학교육에서의 평가가 기본적으로 측정 중심의 평가관에 근거하는 데에서 발생한다. 학습자의 구성적 능력이나 문학 텍스트의 특수성 등을 고려한다면 결과 중심 일변도의 평가로부터 '학습을 위한 평가'의 비중을 늘려가는 쪽으로 변화를 꾀할 필요가 있다.

학습을 위한 평가의 핵심 전략 가운데 가장 중요한 것은 학습목표를 명시하고, 학습자로 하여금 이 목표를 충분히 이해하게 하여 교사와 학

습자가 목표를 공유할 수 있도록 하는 것이다. 학습을 위한 평가는 학습자의 현재 상태와 학습자가 지향해야 할 곳을 분명히 인식하는 것이 필수적이다. 이 두 지점 사이의 격차를 줄이기 위한 노력이 곧 학습을 위한 평가이기 때문이다. 그러므로 학습자 스스로 자신의 현재 '성취수준'을 정확히 파악할 수 있게 하는 평가에서 시작하여, 학습자가 지속적으로 '성취기준', 즉 학습의 목표에 어느 정도 가까이 왔는가를 확인할 수 있게 하는 평가들이 필요하다.

이와 관련하여 흥미로운 연구를 하나 살펴보기로 한다. 홍미영 외 (2008)에 따르면 우리나라 중학교 국어 교실과 핀란드·호주의 중학교 국어 교실을 비교할 때 '학습 목표에 대한 인지 정도'에서 많은 차이를 보인다. 우리나라의 중학교 국어 교실에서는 수업 시작할 때마다 그 시간의 학습 목표를 학습자들이 일제히 함께 읽는 것이 관행처럼 되어 있어서 명시적으로 학습 목표 확인의 절차가 있는데, 그러나 막상 수업 후에 면담 조사를 통해 학습 목표의 인지 여부를 조사해 보면 학습자들이 학습 목표를 거의 인지하고 있지 못하는 것으로 나타난다는 것이다. 반면 핀란드와 호주는 수업 시작할 때 명시적으로 학습 목표를 따라 읽는 식의 확인 과정이 뚜렷하지 않음에도 불구하고, 수업 초반에 학습자들이 흥미를 가질 수 있는 다양한 활동들을 배치하여 자연스럽게 수업에서 배워야 할 것, 도달해야 할 지점을 인식하게 한다. 이때 학습 목표를 인식하게 하는 활동들은 상당 부분 진단평가와 형성평가의 성격이 복합된 짧은 평가 활동들로 이루어진다. 학습을 위한 평가는 이러한 성격의 평가들이 다양하게, 그리고 비중을 높여서 시행되는 평가이다. 학습 목표를 명시적으로 강조한다고 해서 그 목표가 목표로 충분히 인식된다고 보기 어렵다. 학습 목표는 실제로 구현될 수 있는 것이어야 하고, 설정된 목표는 지속적이고 실질적으로 학습자들에게 환기될 수 있도록 노력을 기울이는 것이 중요하다.

예를 들어 2007년 개정 국어과 교육과정의 8학년에 "문학 작품의 세계가 누구의 눈을 통해 전달되는지를 파악한다."라는 성취기준에 도달하기 위한 수업을 한다면, 교사는 수업의 각 단계마다 학습자들이 성취기준을 다시 확인하고 인식하며, 자신의 도달 정도를 판단하게 하는 평가를 준비하는 것을 생각해 볼 수 있다. 교육과정의 성취기준에 도달하기 위한 구체적인 하위 목표들이 마련되어 있을 터인데, 학습자들이 일제히 소리 내어 그 목표들을 한 번 읽고 마는 것으로 목표에 대한 인식이 충분히 이루어졌다고 볼 수 없을 것이며, 수업의 각 단계별로 시적 화자나 소설의 서술자의 특성을 이해했는지 확인하는 평가, 화자/서술자의 특성과 주제의 연관성을 이해했는지 확인하는 평가, 다른 작품으로의 적용 능력을 확인하는 평가 등을 지속적으로 시행하여 그 평가의 단계마다 학습 목표를 인식하게 하는 것이 필요하다. 학습 목표를 인식하게 하고, 목표에의 도달 여부에 대한 정보를 제공해 주는 평가, 즉 학습을 위한 평가가 이어지면서, 자연스럽게 전체 학습의 목표를 놓치지 않는 효과적인 학습을 기대할 수 있게 될 것이다.

2) 상위 인지에 대한 평가 확대

문학 텍스트는 기본적으로 수용자들의 다양한 발산적 반응을 낳게 마련이지만, 교육의 장에서 학습자들의 다양한 발산적 반응들은 충분히 인정되지 않고, 흔히 교사가 설정한 기준에 근거하여 하나로 수렴되는 경우가 많다. 그러나 학습자들의 다양한 발산적 반응은 가급적이면 그 자체로 존중되어야 한다. 다만 그 다양한 반응들은 교사의 교육적 조치, 학습자 상호간의 평가 등이 활발하게 이루어지는 가운데 교육적 의사소통의 장에서 받아들여질 만한 담론이 될 수 있게 다듬고 조정되어 갈 필요가 있다.

이 조정의 과정은 교육의 장에서 분명하게, 그리고 의식적으로 행해진다. 이는 정해진 정답에 이르는 과정으로 받아들여지기 쉬우나, 그보다는 텍스트가 허용할 수 있는 반응과 그렇지 못한 반응의 경계를 확인하는 과정으로 그 성격을 분명히 하는 것이 좋다. 즉 창의적 해석과 받아들여지기 어려운 오독을 비교하면서 문학 소통의 관습을 익히는 동시에, 자신의 수용 결과를 반복적이되 발전적으로 조정해 가면서 작품을 매개로 한 창의적 수용의 가능성을 지속적으로 탐색해 가는 과정이다. 이러한 과정을 통해 학습자는 자신의 문학능력의 부족한 부분을 확인하게 되고, 다른 학습자들의 활동을 평가하면서 잘된 점과 부족한 점을 평가하는 안목이 형성된다. 또 교사의 지도를 통해 그러한 담론들이 안정적으로 조정되어 가면 향후 능동적인 문학 향유자로 살아가는 데 필요한 해석 능력과 평가 능력을 형성하게 된다.

이때 필요한 부분이 바로 학습자의 상위인지 능력이다. 상위인지란 스스로 자신의 인지와 인지 과정에 대해 인식하고, 그것을 조절하고 통제하는 능력이다(Eggen & Kauchak, 2006). 문학교육의 장에서는 문학 텍스트와 자신 사이에 일어나는 여러 현상 혹은 변화를 객관적으로 인식하고 조절하는 능력이 문학능력에서 요구되는 상위인지라 할 수 있다. 다른 사람과의 소통을 염두에 두고, 자신의 반응의 수용가능성을 높일 수 있게 하는 방향으로의 조정이 수월하게 이루어지려면 자신과 자신의 해석을 객관화하면서 일정한 거리를 유지할 필요가 있다.

　　읽기의 경험이란 예술 작품과 독자 자신을 동시에 객관화시키는, 객관
화시키려는 이중적 작업이 된다. 독자는 읽기 속에서 작품과 마찬가지로
자신과도 관계하기 때문이다. 이런 객관화에 이르기 위해서 독자는 간단
히 말하여 두 가지의 요소, 참여자의 열정과 관찰자의 냉정을 동시에 지
녀야 한다. (…중략…)

　　읽기를 통한 이해는 타자 이해이자 자기 이해를 내포한다. 이 과정에
서 이루어지는 이해의 확대는 자기 지평의 확대―세계 앞에서의 주체 영
역의 확대와 결부되어 있다. 우리는 이해하고 해석하면서 작품의 의미를
넓히듯, 이렇게 해석하는 주체 자신의 의미를 넓힌다. 여기서 대상과 해
석, 그리고 주체는 변증법적으로 상호 삼투한다.

―문광훈, 2006 : 55~56

　　참여자의 열정이란 독자가 작품에 자신의 주관적 감정 이입을 해 가
는 동력이 되고, 관찰자의 냉정은 작품에 대한 객관적 비판, 나아가 작
품을 만나 무엇인가 자신의 것을 드러내어 작품에 투사하는 자기 자신
에 대한 거리두기를 수행할 수 있는 힘이다. 바른 읽기는 이 열정과 냉
정 사이의 부단한 왕래이자 긴장이며, 이러한 움직임이야말로 '아는 것
만 이해하는' 단계를 넘어서서 '모르는 것을 이해하는' 단계에 진입할
수 있게 하는 문학능력이라고 할 수 있다. 주체는 이해와 해석을 통해
자기 세계를 상상적으로 넓혀 가고, 이렇게 넓혀진 주체의 세계는 다시
현실의 가능성을 탐구하는 데 도움을 준다. 주체의 상상적 영토는 이해
와 해석의 영토가 넓어지는 것에 상응하여 확대되는 것이다.

　　문학교육에서의 상위 인지는 이러한 지속적인 움직임을 학습자 스스
로 명확하게 인식하는 일이다. 참여자의 열정이 부족하거나 과잉된 부
분, 관찰자의 냉정을 잃거나 지나친 부분, 타자 이해에 어려움을 겪는
부분, 자기 이해가 적극적으로 되지 않는 부분 등을 스스로 인식하면서

그에 대한 조절과 통제를 수행해 가는 능력이다. 작품이라는 대상에 몰입하는 동시에 그 대상에 대한 몰입의 과정이나 그것을 계기로 일어나는 주체의 변화를 함께 볼 수 있는 힘을 기른다면, 학습자의 문학능력은 훨씬 더 크게 성장할 수 있다.

　기존의 문학교육이 이러한 부분에 대해 큰 비중을 두지 않았기 때문에 평가 역시 문학과 학습자와의 사이에서 필요한 상위인지에 대해 충분히 평가하지 못하였다. 문학에 대한 정해진 지식의 확인, 그리고 텍스트의 수용에 대한 반응의 적절성을 평가하는 데 치중해 왔지만, 이제 학습자가 자신이 문학 텍스트와 만나서 경험하는 텍스트 해석과 자기 이해에 대한 상위인지도 평가의 내용에 포함을 시킬 필요가 있다. 교육의 장에서 문학능력을 신장시켜 가는 과정이 본질적으로 그러한 능력, 즉 교사와 동료 학습자를 염두에 두고 자신의 해석과 반응을 보다 더 그럴 듯한, 그래서 수용될 가능성이 높은 것으로 만들어 가는 객관화를 요구하기 때문이다. 그리고 그러한 거리두기와 냉정한 자기 인식에 대한 능력이 향상될 때, 향후 능동적인 문학 향유자로서의 자질 중 중요한 부분을 갖추게 될 것이다.

3) 평가 기준의 구체화 : 루브릭의 개발

　수행평가는 관찰과 판단에 의한 평가이다. 수행평가가 원활하게 이루어지려면 이 관찰과 판단이 정확하게 이루어져야 한다. 학습자가 과제를 수행하면서 나타내는 반응을 평가하거나 판단하는 데 필요한 수행 기준이 '루브릭(rubric)'3)인데, 이 루브릭이 제대로 구성되어 평가자가 학습자에게 기대하고 있는 것이 무엇인지 나타낸다면 학습자에게 적지 않은 도움을 준다. 특히 '과정' 중에, '학습자 주도적'으로 상위인지적 활동을 할 수 있게 되며, 자연스럽게 문학 실천에 관한 바람직한 '태도'를 형성하게 되는 등 앞에서 언급한 문학능력 평가의 방향을 구현하는 데 적합하다고 할 수 있다.

체계적이고 상세화된 루브릭은 평가뿐 아니라 교사의 교수 행위 자체에 많은 도움을 줄 수 있다. 또한 단순히 평가를 위해 기계적으로 구성하는 채점표에서 진일보한 '교수 루브릭(instructional rubric)'으로의 진화가 필요하다. Andrade(2000)에 제시된 교수 루브릭은 중학생들을 대상으로 설득적 에세이 쓰기에 사용할 수 있는 루브릭을 개발하여 보여주면서, 아래와 같이 '교수 루브릭'의 개념과 필요성, 그리고 효과를 밝히고 있다.

> 첫째, 루브릭은 학생의 학습과 사고 기능의 발달을 돕는 교수 도구이다. 주로 장기 과제, 에세이, 조사 보고서 등 단순하지 않은 과제에 사용되며, 학습자의 활동 과정 중에 정보를 피드백해 주고, 최종 산출물에 대한 세부적인 평가를 제공한다.
> 둘째, 루브릭의 형태는 학습의 목표나 내용, 학습자의 상황 등에 따라 매우 다양할 수 있지만 기본적으로 준거(criteria)와 등급(gradation)의 두 축으로 이루어진다.
> 셋째, 루브릭은 전통적 평가에 비해 학습자로 하여금 자신의 강점 및 개선이 필요한 점을 확실하게 인식할 수 있게 하는 정보를 충분히 제공해 준다. 루브릭을 제공받고 과제를 수행한 경우와 그렇지 않은 경우, 학

---

3) 루브릭은 원래 라틴어의 'ruber(붉은)'에서 기원한 것으로, 오래 전에 법 혹은 전례 관련 설명을 붉은 색으로 쓴 것에서 유래되었다. 즉 루브릭은 법을 토대로 어떤 상황을 공정하게 판단하는 과정을 뜻한다. 교육학에서는 '하나의 과제나 활동을 통해 학생들이 만든 작품을 준거에 의해 목록화하고, 등급을 결정하며, 점수화하기 위한 도구'라는 의미로 사용한다.

습자들은 교사의 평가를 수용하는 데에 차이를 보였고, 이는 자연스럽게 학습자의 원활한 자기평가(self-assessment) 수행의 차이로 이어졌다.

넷째, 교수 루브릭을 제작할 때에는 교사 혼자 힘으로 하는 것도 나쁘지 않지만, 교사가 담당하는 학습자들과 머리를 맞대고 잘된 상태에서 좋지 않은 상태까지, 대개 4단계 정도로 나누는 기준에 대해 토의를 해 가면서 만드는 것도 좋은 방법이다. 학습자들은 이 루브릭 제작에 참여하면서 능동적 태도로 학습에 참여하게 되고, 학습해야 할 내용이나 과제에 대해 루브릭 제작 과정을 통해 이미 많은 것을 배우게 된다.

— Andrade, 2000 : 14~15

흔히 평가기준 정도로 이해되어 온 이 루브릭을 '교수 루브릭'으로 재개념화하면서 평가와 학습, 학습과 평가가 긴밀한 연관을 맺게 만드는 것을 볼 수 있다. 이렇게 학습자가 평가의 과정에 실질적으로 참여하게 함으로써 학습자는 학습 목표를 구체적으로 확인하게 되고, 자신이 학습 목표에 도달할 수 있는지에 대해 판단하며, 그에 대한 믿음을 가지거나 부족한 부분을 보완해야 한다는 인식을 하게 된다. 이는 앞서 보았던 것처럼 목표와 무관한 평가를 하게 되는 것을 막아줄 수 있고, 또 학습자들이 수업 과정 중에 자신의 학습 목표를 지속적이고 구체적으로 인식할 수 있게 해 주는 효과를 가진다.

이와 함께 학습자가 교수 루브릭의 구성에 참여하는 것은 정의적인 면에서도 중요한 효과를 가진다. 만약 학습자가 자신의 학습이 가능할 것이라고 긍정적으로 판단을 내리지 않는다면 그 학습은 목표에 도달하기 쉽지 않을 것이고, 교수·학습의 효과를 기대하기 어려울 것이다. 학습자가 자신의 학습, 그리고 목표에 도달하게 될 것이라는 믿음을 가지고 있어야 교수자의 교수 활동이 비로소 실질적인 의미를 가지는 것이다(Stiggins, 2006 : 17).

학습자 스스로가 그러한 믿음을 계속 유지할 수 있게 하는 것은 학습이 효과적으로 이루어지기 위해 중요한 전제가 되며, 평가 역시 그러한 점을 중시하면서 설계될 필요가 있다. 학습자가 평가의 기준이 되는 루브릭 설계에 참여하게 되면 학습 목표를 보다 분명히 인식하고, 거기에 도달하기 위해 갖추어야 할 요소들을 탐구하게 됨으로써 자신이 목표에 도달하게 되리라는 믿음과 기대를 가지게 되는 것이다.

루브릭 제작은 ① 좋은 사례와 좋지 못한 사례 비교하기, ② 두 사례의 차이를 낳게 된 원인 토의하기, ③ 준거 후보 개발하기, ④ 준거 선정하여 준거 목록 완성하기, ⑤ 수준 등급에 따른 기준 결정하기, ⑥ 루브릭 완성하기, ⑦ 루브릭 수정하기 등의 단계로 이루어진다. 이때 준거 목록은 교육과정의 성취기준을 재편성하는 것이 좋다. 수준 등급을 결정하는 기준은 가급적 구체적이고 상세하게 작성하는 것이 도움이 되는데, 4단계를 기본 구조로 할 때, 성취기준을 중심으로 '초과(exceed)ー도달(meet)ー근접(approach)ー미달(begin)'의 네 단계를 설정하는 것이 일반적이다.

이 4단계 등급을 가지는 루브릭을 상세하게 설계하는 것이 다소 어려울 때에는 성취기준을 중심으로 해서 '완전 긍정, 부분 긍정, 부분 부정, 완전 부정(yes – yes but – no but – no)'를 활용하면, 다소 기계적이 될 수는 있으나 루브릭 작성이 쉬워질 수 있다.

위에서 살펴본 '교수 루브릭' 개발의 방향을 참고하면 '문학' 과목 교육과정의 성취기준 일부를 대상으로 다음과 같은 루브릭을 개발할 수 있다.

ㄱ. 교육과정

> 2007년 개정 국어과 교육과정 고등학교 선택 과목 '문학'
>
> (2) 문학 활동
>
> (가) 문학의 수용
>
> ① 내용, 형식, 표현의 유기적인 연관을 고려하여 작품을 수용한다.
>
> ② 섬세한 읽기를 바탕으로 작품을 다양한 맥락에서 이해하고 감상
> 하며 평가한다.
>
> ③ 이해와 감상 및 평가의 결과를 자신의 삶과 관련하여 내면화한다.

ㄴ. 루브릭으로 구성한 예

등급 준거	4 초과	3 도달	2 근접	1 미달
내용, 형식, 표현의 유기적 연관	내용, 형식, 표현을 모두 유기적으로 연관 지어 수용한다.	내용, 형식, 표현 각각에 대한 이해는 어느 정도 이루어지만 연관 짓는 능력은 부족하다.	내용은 이해하고 있으나 형식과 표현의 기능과 의미는 제대로 파악하지 못한다.	내용과 형식, 표현에 대한 인식이 제대로 이루어지지 않는다.
섬세한 읽기 능력	작품을 구성하는 요소들을 풍부하게 인식하고, 작품의 맥락을 능동적으로 구성하여 수용한다.	작품을 구성하는 요소들을 어느 정도 인식하고 있고, 기본적인 맥락을 파악한다.	작품의 구성 요소들을 구별하여 인식할 수 있으나 관계를 형성하여 맥락을 파악하지 못한다.	작품의 구성 요소를 제대로 인식하지 못한다.
작품의 수용과 자신의 삶과 관련한 내면화	자신의 삶의 경험을 작품 속의 경험과 비교하면서 자신의 가치관을 새롭게 정립한다.	작품 속의 경험과 관련된 자신의 경험을 떠올리고 비교할 수 있으나, 내면화에 대한 인식은 부족하다.	작품 속의 경험과 유사한 자신의 경험을 찾기는 하지만 적절히 비교하지 못한다.	작품으로 인한 내면의 변화를 인식하지 못한다.

앞서 2장에서 [사례 1]~[사례 3]을 통해 현재 교실 수행평가의 평가 계획이나 평가 기준 등을 살펴본 바 있는데, 그 사례들과 비교해 볼 때

앞의 루브릭이 보여주는 분명한 차이점은 각 준거의 등급에 위치한 평가의 기준들이 그대로 학습자들에게 활동의 구체적인 지침이 되어 준다는 사실이다. 이는 교수 루브릭의 평가 기준이 단순히 채점 기준(scoring criteria)의 차원을 넘어서서 교수·학습과 평가의 연계성과 상호작용을 강화하는 쪽으로 진일보한 것이라고 할 수 있을 것이다.

위의 예는 연구자가 잠정적으로 구안한 것이고, 학습자 수준과 교실 여건 등 다양한 변인에 의해 구체성의 정도가 달라질 수 있을 것이다. 중요한 점은 실제 교실에서는 이러한 틀이 최종적인 채점 기준이 아닌 출발점이 되는 것이 바람직하다는 점이다. 다양한 사례들을 바탕으로 학습자들이 협력적 소통의 과정을 거면서 자신들의 의견을 반영하고 수정하는 과정이 여기에 더해질 때 진정한 의미의 교수 루브릭이 된다고 할 수 있다. 그러한 공론화(公論化) 과정을 통해 학습자들은 자기 주도적 학습자가 되는 데 필요한 성취 기준과 규칙을 내면화하게 된다(Herman, Aschbacher & Winters, 2000 : 95). 그리고 학습 목표와 학습 내용, 그리고 활동의 방향과 지침을 이해할 수 있게 되고, 자신의 성취 정도에 대한 확신을 바탕으로 정의적인 학습의 동력을 마련할 수 있게 될 것으로 기대할 수 있다.

4. 맺음말

지금까지 문학능력의 평가의 바람직한 방향에 대해 수행평가를 중심으로 학습과 평가가 연계될 수 있는 가능성에 대해 살펴보았다. 현재 일선 학교에서 수행평가가 어떤 방식으로 이루어지고 있는지 몇 가지 사례를 제시하고, 문학교육 평가의 바람직한 방향으로 논의되어 왔던 과정 중심의 평가, 학습자 중심의 평가, 인지와 정의가 균형을 이루는 평가 등을 염두에 두고 그 사례들의 문제점이 무엇인지 점검하였다. 그리고 그러한 문제점들을 극복할 수 있는 대안적 방향으로 학습을 위한 평가, 상위인지에 대한 평가, 교수 루브릭을 활용한 평가 기준의 구체화에 대해 생각해 보았다.

이상의 논의들은 보완하고 구체화해야 할 여지가 아직 많지만, 문학능력을 평가하는 데 어려움을 느끼는 교사들에게 조금이나마 막연함을 덜고, 바람직한 평가 도구나 기준을 개발하는 데 도움이 될 수 있을 것으로 기대한다. 특히 학습자가 평가의 주체가 되는 구체적인 실천이 각 교실의 상황에 맞게 이루어진다면 평가와 학습이 바람직한 상호작용을 일으키는 선순환의 관계가 될 것이다. 물론 대도시의 학급 인원수가 많은 교실에서는 시행이 어려울 수밖에 없고, 수행평가가 본질적으로 교사의 높은 열정과 많은 노력을 요구하는 것이기 때문에 실천이 말처럼 쉬울 수는 없을 것이다. 그렇지만 학습자도 평가의 한 주체로 참여하는 한다는 것이 그저 학습자 상호평가지 리스트의 칸을 기계적으로 메우는 정도가 아니라, 평가의 기준과 활동을 개발하는 데 참여하고 수업을 교사와 함께 설계하는 차원으로 발전될 수 있다면 열악한 교실 환경 내에서도 개별 학습자들의 문학능력의 신장에 도움을 줄 수 있을 것이고, 다양성을 포용하는 학습과 평가가 이루어질 수 있을 것이다.

참고문헌

김명숙, 「교육과정, 교수·학습 및 평가의 연계 : 학습을 위한 평가」, 『교수학습 혁신 세미나 자료집』, 한국교육과정평가원, 2008.

김수동 외, 『국어 수업에서 학생평가를 잘 하려면』, 한국교육과정평가원, 2005.

김종철·김중신·정재찬, 『문학 영역 평가의 이론과 실제 : 제7차 교육과정을 중심으로』, 서울대학교 국어교육연구소 학술대회자료집, 1998.

김창원, 『국어교육론 : 관점과 체제』, 삼지원, 2007.

김창원, 「문학 능력과 교육과정, 그리고 매체」, 『제48회 한국문학교육회 학술대회 자료집』, 한국문학교육학회, 2008.

문광훈, 『숨은 조화 : 심미적 경험의 파장』, 아트북스, 2006.

박도순, 『교육평가 : 이해와 적용』, 교육과학사, 2007.

박인기, 「문학교육과정의 평가」, 우한용 외, 『문학교육과정론』, 삼지원, 1997.

박인기, 「문학교육과 문학 정전의 새로운 관계 맺기」, 『문학교육학』 25, 한국문학교육학회, 2008.

이인제 외, 『국어과 교사의 학생 평가 전문성 신장 모형과 기준』, 한국교육과정평가원, 2004.

정구향 외, 『제7차 교육과정에 따른 초등학교 국어과 성취기준과 평가기준 예시평가 도구 개발 연구』, 한국교육과정평가원, 2004.

조용기 외, 『제7차 교육과정의 현장 운영 실태 분석(Ⅱ)-중등학교 국어과』, 한국교육과정평가원, 2004.

천경록, 『국어과 수행평가와 포트폴리오』, 교육과학사, 2001.

최미숙, 「국어교육에서의 평가 : '수행평가'를 중심으로」, 『국어교육연구』 5, 서울대학교 국어교육연구소, 1998.

최미숙 외, 『국가 교육과정에 근거한 평가 기준 및 도구 개발 연구』, 한국교육과정평가원, 1998.

최미숙, 「문학교육에서의 평가 연구」, 『국어교육학연구』 11, 국어교육학회, 2000.

홍미영 외, 『국내외 교실학습연구(Ⅱ) : 한국, 핀란드, 호주의 중학교 국어 수업을 중심으로』, 한국교육과정평가원, 2008.

황윤한, 「교실 수업에서의 평가와 학습의 연계 : 개별화수업(DI)에서의 평가를 중심으로」, 『교육과정연구』 26권 4호, 한국교육과정학회, 2008.

Andrade, H. G., "Using rubrics to promote thinking and learning", *Educational Leadership*, 57(5), 2000.

Black, P. & Wiliam, D., "Inside the black box : Raising standards through classroom assessment", *Phi Delta Kappan* 80(2), 1998.
(online : http://pdkintl.org/kappan/kbla9810.htm)

Eggen, P. & Kauchak, Don, 신종호 외 역, 『교육심리학』, 학지사, 2006.

Guba, E. G. & Lincoln, Y. S., *Fourth generation evaluation*, Newbury Park, Calif : Sage, 1989.

Herman, J. L., Pamela R. Aschbacher & Lynn Winters, 김경자 옮김, 『수행평가 과제 제작의 원리와 실제』, 이화여자대학교 출판부, 2000.

McMillan, J. H., *Classroom Assessment*, Boston : Pearson Education, 2004.

Mislevy, Robert J. and Knowles, Kaeli T., *Performance assessments for adult education*, National Academy Press, 2002.

Popham, W. James, *Classroom assessment : what teachers need to know*, Boston : Pearson Education, 2005.

Stiggins, Rick etc., *Classroom assessmet for student learning*, Boston : Pearson Education, 2006.

출처(논문 게재 순)

우한용, 「문학교육의 목표이자 내용으로서 문학능력의 개념, 교육 방향」, 『문학교육학』 제28호, 2009.

염은열, 「문학능력의 신장을 위한 문학교육 지식론의 방향 탐색」, 『문학교육학』 제28호, 2009.

김성진, 「작품 읽기와 비평 이론―〈고향〉에 대한 재평가와 관련하여」, 『문학교육학』 제28호, 2009.

김성룡, 「고전 비평과 문학능력」, 『문학교육학』 제28호, 2009.

박윤우, 「기호·소통·문화로 본 매체언어와 문학어, 문학능력」, 『문학교육학』 제26호, 2008.

김신정, 「다매체 문화 환경과 문학능력」, 『문학교육학』 제26호, 2008.

김창원, 「문학능력과 교육과정, 그리고 매체―교육과정 목표를 통해 본 문학능력관과 매체의 수용」, 『문학교육학』 제26호, 2008.

정현선, 「이야기의 문화적 가치 탐구를 중심으로 한 컴퓨터 게임 서사 교육에 관한 고찰」, 『문학교육학』 제28호, 2009.

이희중, 「창작 교육의 현재적 조건과 그 한계」, 『문학교육학』 제27호, 2008.

이명찬, 「시 창작교육 방향의 탐색―창작 과정에 대한 이해를 바탕으로」, 『문학교육학』 제27호, 2008.

박태진, 「서사 능력과 서사물 쓰기의 새로운 방법 모색―고등학교 자기서사 창작교육의 활성화를 모색하며」, 『문학교육학』 제27호, 2008.

황혜진, 「고전서사를 활용한 창작교육의 가능성 탐색―〈수삽석남(首插石枏)〉의 소설화 자료를 대상으로」, 『문학교육학』 제27호, 2008.

최지현, 「문학능력의 위계적 발달·평가 모형」, 『문학교육학』 제28호, 2009.

김선희, 「학습자의 문학 체험과 문학능력, 문학교육」, 『문학교육학』 제28호, 2009.

염창권, 「문학 수업을 통해 본 초등학생의 문학능력」, 『문학교육학』 제28호, 2009.

김정우, 「문학능력 평가의 방향―학습과 평가의 연계를 중심으로」, 『문학교육학』 제28호, 2009.

저자 소개(논문 게재 순)

우한용   서울대학교 국어교육과 교수
염은열   청주교육대학교 국어교육과 교수
김성진   대구대학교 국어교육과 교수
김성룡   호서대학교 한국어문화학부 교수
박윤우   서경대학교 국어국문학과 교수
김신정   인천대학교 국어국문학과 교수
김창원   경인교육대학교 국어교육과 교수
정현선   경인교육대학교 국어교육과 교수
이희중   전주대학교 국어교육과 교수
이명찬   덕성여자대학교 국어국문학과 교수
박태진   성남 성일고등학교 교사
황혜진   건국대학교 국어국문학과 교수
최지현   서원대학교 국어교육과 교수
김선희   대전 남선초등학교 교사
염창권   광주교육대학교 국어교육과 교수
김정우   이화여자대학교 국어교육과 교수

문학교육총서 ❸

문학능력

초판 인쇄 2010년 8월 16일 | 초판 발행 2010년 8월 26일
엮은이 한국문학교육학회
펴낸이 이대현 | 책임편집 권분옥 | 편집 이소희 박선주
펴낸곳 도서출판 역락 | 등록 1999년 4월 19일 제303-2002-000014호
주소 서울시 서초구 반포4동 577-25 문창빌딩 2층
전화 02-3409-2060(편집부), 2058(영업부) | 팩시밀리 02-3409-2059
전자우편 youkrack@hanmail.net
ISBN 978-89-5556-848-6 93370
      978-89-5556-845-5(전3권)

정가 38,000원
* 잘못된 책은 교환해 드립니다.